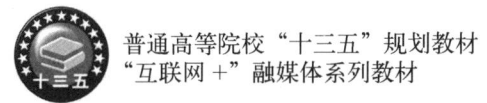

普通高等院校"十三五"规划教材
"互联网＋"融媒体系列教材

企业运营综合仿真实训

U0781035

黄静　彭良军／编著

立信会计出版社
LIXIN ACCOUNTING PUBLISHING HOUSE

图书在版编目(CIP)数据

企业运营综合仿真实训 / 黄静,彭良军编著. — 上海:立信会计出版社,2022.1(2023.7 重印)
ISBN 978 - 7 - 5429 - 6979 - 8

Ⅰ.①企… Ⅱ.①黄… ②彭… Ⅲ.①企业经营管理—仿真系统—应用软件 Ⅳ.①F272.7

中国版本图书馆 CIP 数据核字(2021)第 254740 号

策划编辑　　郭　光
责任编辑　　郭　光
助理编辑　　张忠秀

企业运营综合仿真实训

QIYE YUNYING ZONGHE FANGZHEN SHIXUN

出版发行	立信会计出版社			
地　　址	上海市中山西路 2230 号	邮政编码	200235	
电　　话	(021)64411389	传　　真	(021)64411325	
网　　址	www.lixinaph.com	电子邮箱	lixinaph2019@126.com	
网上书店	http://lixin.jd.com	http://lxkjcbs.tmall.com		
经　　销	各地新华书店			

印　　刷	上海万卷印刷股份有限公司
开　　本	787 毫米×1092 毫米　　　1/16
印　　张	18.25
字　　数	455 千字
版　　次	2022 年 1 月第 1 版
印　　次	2023 年 7 月第 3 次
书　　号	ISBN 978 - 7 - 5429 - 6979 - 8/F
定　　价	56.00 元

如有印订差错,请与本社联系调换

前　言

伴随数字化信息时代的到来,为适应"互联网＋教育"的发展需求以及对学生实践能力培养的重视,教育主管部门相继发布了《关于学习贯彻全国教育大会精神推进学校高质量发展的意见》《本科教育创一流行动计划》《新文科建设》《关于完善本科教育质量保障体系的实施办法》等一系列政策举措。其中,深化产教融合、优化人才培养过程,是应用型本科院校教改的重要内容。目前高等院校通过融合现代信息技术,改进实践教学的方法,积极推进专业人才培养实践教学改革的同时,也相继建立与课程相关的实践基地,旨在培养更能适应经济高质量发展的复合型人才。然而,当前高等院校的实践教学与经济高质量发展所需的人才培养模式与目标之间仍存在差距。为提升学生就业的竞争力,实现学科知识的交叉融合,各院校纷纷将企业搬进校园,将一些如"企业运营综合仿真实训"等综合仿真实训课程引入高校,旨在推动实践教学的改革,努力构建创新型人才培养体系,为社会输送复合应用型经管专业人才。

企业运营综合仿真实训的课程顺应了社会发展潮流,有利于培养社会所需的专业性和综合性人才,有助于实现高校课程改革的合理有序推进。希望经管类本科生能够通过"企业运营综合仿真实训"课程的学习,了解商业社会不同类型企业间的基本工作内容与流程;掌握企业中各类型岗位的主要职责、分工与协作;进行市场分析、市场预测、市场定位、竞争分析、营销策划等方面的基本技能;不断提高自身的职业素养与职业胜任力。在学习先进管理实践的同时,培养市场竞争的意识、团队协作的精神、诚信守法的职业道德和奋发有为的积极思想。

本教材是基于新道科技股份有限公司 VBSE 综合实践教学平台 v3.6 软件的课程教学使用而编著的,综合了多门经管类专业知识,具体涉及会计、审计、金融、行政管理、国际贸易、工商企业管理、人力资源、营销等专业课程。该平台结合校园实际情况,与企业深度合作,为学生提供仿真实习环境;通过系统模拟企业的岗位、部门以及商业社会环境,使学生能够全面了解并熟悉企业内外部不同岗位工作的任务与特点;通过扮演相关岗位角色并完成岗位工作任务的形式,提升学生的综合实践能力、决策能力以及创新能力,逐渐形成良好的职业道德素养,促进未来就业。本教材是多专业学习与实践的综合实战教材,除了适用于经管类本专科大学生毕业前进行跨专业、跨学科的综合实训,也适用于有志于了解企业经营运作全流程的社会人士。

本教材由广州工商学院黄静、彭良军编著。广州华立学院李季霞、张丽宏,东莞城市学院黄庆泉,华南农业大学珠江学院李立涛、广州工商学院范春杰、彭馨莹等老师以及新道科技股份有限公司广东省区徐启超参与了教材的编写。另外,特别感谢新道科技股份有限公司华南区总经理、广东省区总经理黄堪敬先生的大力支持。

由于编者的水平有限,书中难免存在不妥之处,恳请读者批评指正,以便编者修改完善。

编者

2021 年 9 月

目　录

第一章 实训企业基本情况

企业是社会经济的基本单位,企业的发展受自身条件和外部环境的制约。企业的生存与企业间的竞争不仅要遵守国家的各项法律法规及行政管理规定,还要遵守行业内的各种约定。在开始企业模拟竞争之前,各岗位工作人员必须了解并熟悉这些规则,企业才能做到合法经营,才能在竞争中求生存、求发展。

第一节 | 制造业经营规则

(一) 仓储规则

在期初交接的时候,制造业拥有一座普通仓库,普通仓库用于存放产成品、半成品、原材料。仓库信息如表1-1所示。

表1-1　　　　　　　　　　　　　　　　仓库信息表

仓库名称	仓库编码	可存放物资
普通仓库		钢管、坐垫、车篷、车轮、经济型童车包装套件、镀锌管、记忆太空棉坐垫、数控芯片、舒适型童车包装套件、豪华型童车包装套件
		经济型童车车架、舒适型童车车架、豪华型童车车架
		经济型童车、舒适型童车、豪华型童车

仓库容量信息如表1-2所示。

表1-2　　　　　　　　　　　　　　　　仓库容量信息表

仓库类型	使用年限(年)	仓库面积(平方米)	仓库容积(立方米)	仓库总存储单位	售价(万元)
普通仓库	20	500	3 000	300 000	540

普通仓库可存放物资种类与数量信息如表1-3所示。

表1-3　　　　　　　　　　　普通仓库可存放物资种类与数量信息表

存货编码	存货名称	存货占用存储单位
P0001	经济型童车	10
P0002	舒适型童车	10
P0003	豪华型童车	10
M0001	经济型童车车架	10
M0002	舒适型童车车架	10

（续表）

存货编码	存货名称	存货占用存储单位
M0003	豪华型童车车架	10
B0001	钢管	2
B0002	镀锌管	2
B0003	坐垫	4
B0004	记忆太空棉坐垫	4
B0005	车篷	2
B0006	车轮	1
B0007	经济型童车包装套件	2
B0008	数控芯片	1
B0009	舒适型童车包装套件	2
B0010	豪华型童车包装套件	2

存货办理入库后立即占用仓库容量，办理出库后立即恢复仓库容量。制造业在办理领料的时候不会恢复仓库容量，在派工之后才会恢复仓库容量。

仓储部负责原材料及成品的原材料采购入库、生产领料出库、生产完工入库、成品销售出库和保管工作。

在制造业工作中，原材料只用于采购、生产领料工作中，不能进行销售；半成品只用于完工入库和生产领料工作中，不能进行销售；成品只用于完工入库和销售工作中，不能进行采购。

原材料信息如表 1-4 所示。

表 1-4　　　　　　　　　　　原材料信息表

物料名称	物料编码	单位	规格	来源
钢管	B0001	根	Φ外 16/Φ内 11/L5 000(mm)	外购
镀锌管	B0002	根	Φ外 16/Φ内 11/L5 000(mm)	外购
坐垫	B0003	个	HJM500	外购
记忆太空棉坐垫	B0004	个	HJM600	外购
车篷	B0005	个	HJ72×32×40	外购
车轮	B0006	个	HJΦ外 125/Φ内 60 mm	外购
经济型童车包装套件	B0007	套	HJTB100	外购
数控芯片	B0008	片	MC×3154A	外购
舒适型童车包装套件	B0009	套	HJTB200	外购
豪华型童车包装套件	B0010	套	HJTB300	外购

半成品信息如表1-5所示。

表 1-5   半成品信息表

物料名称	物料编码	单位	规格	来源
经济型童车车架	M0001	个	无	自制
舒适型童车车架	M0002	个	无	自制
豪华型童车车架	M0003	个	无	自制

成品信息如表1-6所示。

表 1-6   成品信息表

物料名称	物料编码	单位	规格	来源
经济型童车	P0001	辆	无	自制
舒适型童车	P0002	辆	无	自制
豪华型童车	P0003	辆	无	自制

注：物料清单(BOM)由经济型童车、舒适性童车和豪华型童车构成。

经济型童车产品结构图如图1-1所示。

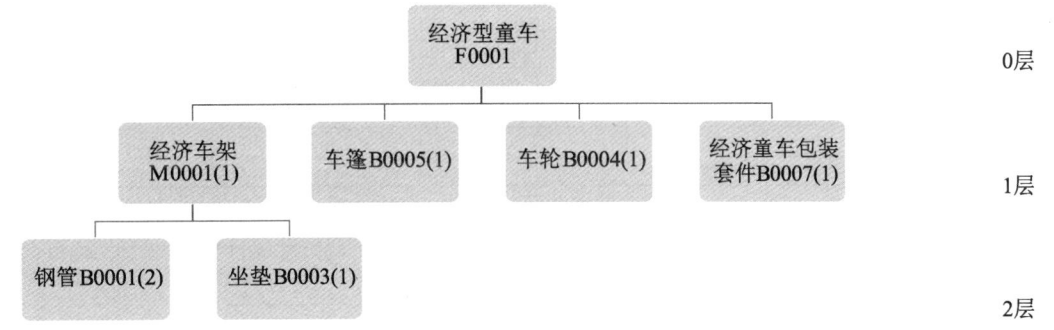

图 1-1 经济型童车产品结构图

经济型童车产品物料清单(BOM)如表1-7所示。

表 1-7   经济型童车产品物料清单表

结构层次	父项物料	物料编码	物料名称	规格型号	单位	用量	备注
0		P0001	经济型童车		辆	1	自产成品
1	P0001	M0001	经济型童车车架		个	1	自产半成品
1	P0001	B0005	车篷	HJ72×32×40	个	1	外购原材料
1	P0001	B0006	车轮	HJΦ外125/Φ内60 mm	个	4	外购原材料
1	P0001	B0001	经济型童车包装套件	HJTB100	套	1	外购原材料
2	M0001	B0001	钢管	Φ外16/Φ内11/L5 000(mm)	根	2	外购原材料
2	M0001	B0003	坐垫	HJM500	个	1	外购原材料

舒适型童车产品结构图如图 1-2 所示。

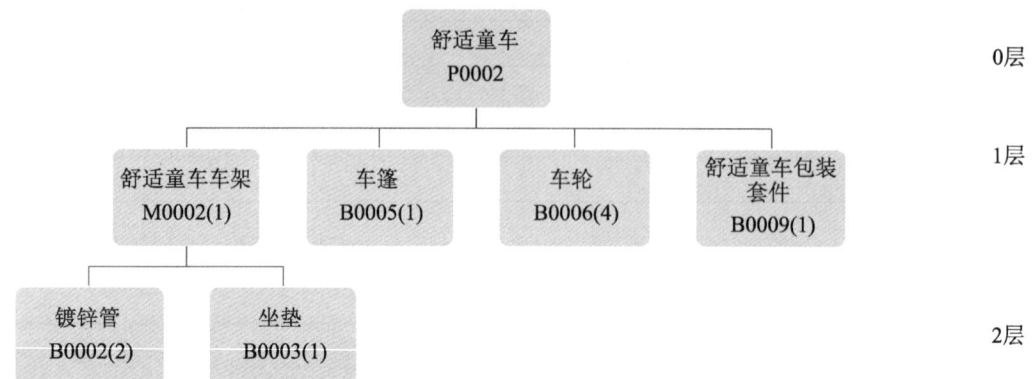

图 1-2　舒适型童车产品结构图

舒适型童车物料清单(BOM)如表 1-8 所示。

表 1-8　　　　　　　　　　　　舒适型童车物料清单(BOM)表

结构层次	父项物料	物料编码	物料名称	规格型号	单位	用量	备注
0		P0002	舒适型童车		辆	1	自产成品
1	P0002	M0002	舒适型童车车架		个	1	自产半成品
1	P0002	B0005	车篷	HJ72×32×40	个	1	外购原材料
1	P0002	B0006	车轮	HJΦ外 125/Φ内 60 mm	个	4	外购原材料
1	P0002	B0009	舒适型童车包装套件	HJTB200	套	1	外购原材料
2	M0002	B0002	镀锌管	Φ外 16/Φ内 11/L5 000(mm)	根	2	外购原材料
2	M0002	B0003	坐垫	HJM500	个	1	外购原材料

豪华型童车产品结构如图 1-3 所示。

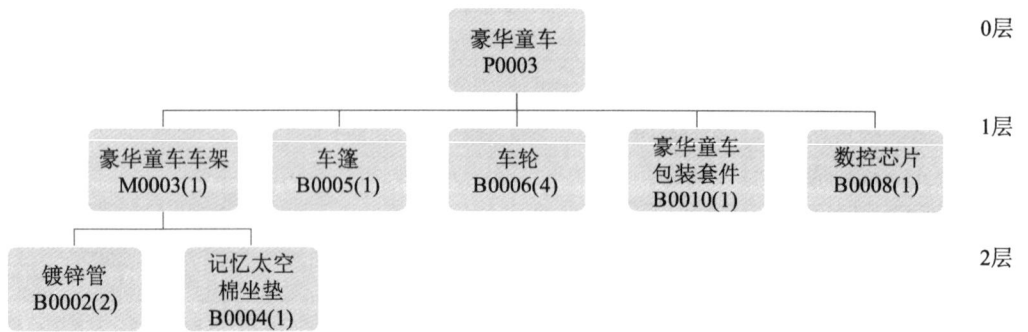

图 1-3　豪华型童车产品结构图

豪华型童车物料清单(BOM)如表 1-9 所示。

表 1-9　　　　　　　　　　　　豪华型童车物料清单表

结构层次	父项物料	物料编码	物料名称	规格型号	单位	用量	备注
0		P0003	豪华型童车		辆	1	自产成品
1	P0003	M0003	豪华型童车车架		个	1	自产半成品
1	P0003	B0005	车篷	HJ72×32×40	个	1	外购原材料
1	P0003	B0006	车轮	HJΦ外125/Φ内60 mm	个	4	外购原材料
1	P0003	B0008	数控芯片	MC×3154A	片	1	外购原材料
1	P0003	B0010	豪华型童车包装套件	HJTB300	套	1	外购原材料
2	M0003	B0002	镀锌管	Φ外16/Φ内11/L5 000(mm)	根	2	外购原材料
2	M0003	B0004	记忆太空棉坐垫	HJM600	个	1	外购原材料

(二)生产规则

在虚拟商业社会中只有制造业开展生产工作,企业生产离不开厂房、生产设备等基本生产场地及生产设施。在 VBSE 虚拟商业社会中制造业期初交接时,企业拥有一座大厂房,大厂房内安装 10 台普通机床和 1 条组装生产线,且各设备无损坏,运行良好。

1. 厂房规则

(1)期初交接的大厂房经营期间不得出售。

(2)在经营过程中,如遇厂房容量不足的情况可以向服务公司进行购买,服务公司只提供小厂房。

(3)厂房容量与安装设备数量之间的关系为:1 个机床位可以安装 1 台普通机床;2 个机床位可以安装 1 台数控机床;4 个机床位可以安装 1 台组装流水线。

(4)厂房没有租赁业务,只能购买。

厂房信息如表 1-10 所示。

表 1-10　　　　　　　　　　　　厂房信息表

厂房类型	价值(万元)	使用年限(年)	容量	面积(平方米)
大厂房	720	20	20 台机床位	500
小厂房	480	20	12 台机床位	300

2. 设备规则

(1)企业根据生产经营状况,可以向服务公司随时购买生产设备。

(2)设备安装周期:虚拟 1 天。

(3)折旧:生产设备按月计提折旧,企业所得税法规定,火车、轮船、机器、机械和其他生产设备,折旧年限为 10 年,购买当月不计提折旧。

(4)电费收费标准:电 1.5 元/度,日常电费忽略不计。普通机床耗电 1 478.4 度/月,组装流水线耗电 4 329.6 度/月;数控机床耗电 2 640 度/月,管理部门忽略不计;固定数据阶段电费按照给定数据进行核算。

设备信息如表1-11所示。

表1-11 　　　　　　　　　　　　设备信息表

生产设备	购置费（万元）	使用年限（年）	折旧费（元/月）	维修费（元/月）	生产能力（台/虚拟1天）			出售
					经济	舒适	豪华	
普通机床	21	10			500	500		按账面价值出售
数控机床	72	10			3 000	3 000	3 000	
组装流水线	51	10			7 000	7 000	6 000	

生产设备对生产工人的要求如表1-12所示。

表1-12 　　　　　　　　　生产设备对生产工人要求表

设备	人员级别	要求人员配置数量
普通机床	初级	2
数控机床	高级	2
组装流水线	初级	5
	中级	15

生产设备生产各种童车的能力如表1-13所示。

表1-13 　　　　　　　　生产设备生产各种童车能力表

设备名称	产品	定额生产能力（台数×单台生产产能/虚拟1天）	所属部门
普通机床	经济型童车车架	10×500	生产计划部
	舒适型童车车架	10×500	
数控机床	经济型童车车架	1×3 000	生产计划部
	舒适型童车车架	1×3 000	
	豪华型童车车架	1×3 000	
组装流水线	经济型童车	1×7 000	生产计划部
	舒适型童车	1×7 000	
	豪华型童车	1×6 000	

3. 产能规则

生产设备根据各自生产能力进行派工，派工时应注意以下几点。

（1）派工数量应小于或等于该设备的生产能力。

（2）一条生产线只允许生产一个品种的产品。例如给一条组装流水线上安排生产5 000台经济型童车，剩下的2 000台产能不能用于生产舒适型童车与豪华型童车，必须等该资源产能全部释放后才允许安排不同种类的产品生产。

（3）需要根据产品的物料清单（BOM）检查原材料是否齐套，原材料没有达到齐套要求，不能派工。

特别提示： 齐套是指要生产某一产品时，根据产品物料清单（BOM）中所需的材料、用量都达到要求。

4. 工艺路线

工艺路线又称加工路线,是指企业各项自制件的加工顺序和在各个工序中的标准工时定额情况,是一种计划管理文件,主要用来进行工序排产和车间成本统计。

经济型童车工艺路线如表 1-14 所示。

表 1-14　　　　　　　　　　　经济型童车工艺路线表

工序	部门	工序描述	工作中心	加工工时
10	生产计划部—机加车间	经济型童车架加工	普通(或数控)机床	虚拟 1 天
20	生产计划部—组装车间	经济型童车组装	组装生产线	虚拟 1 天

舒适型童车工艺路线如表 1-15 所示。

表 1-15　　　　　　　　　　　舒适型童车工艺路线表

工序	部门	工序描述	工作中心	加工工时
10	生产计划部—机加车间	舒适型童车架加工	普通(或数控)机床	虚拟 1 天
20	生产计划部—组装车间	舒适型童车组装	组装生产线	虚拟 1 天

豪华型童车工艺路线如表 1-16 所示。

表 1-16　　　　　　　　　　　豪华型童车工艺路线表

工序	部门	工序描述	工作中心	加工工时
10	生产计划部—机加车间	豪华型童车架加工	数控机床	虚拟 1 天
20	生产计划部—组装车间	豪华型童车组装	组装生产线	虚拟 1 天

5. 购买研发费用

制造业初始默认的生产许可为经济型童车。随着运营能力提高,企业需要生产舒适型或豪华型童车,该企业则在服务公司购置相应的生产技术成果,代表企业已完成新产品的研发,可以立即开工生产。舒适型、豪华型童车产品研发时间为虚拟 1 天。

舒适型购买研发费用为 1 000 000 元,豪华型购买研发费用为 1 500 000 元。

6. ISO 认证

制造业进行生产前,首先要进行 ISO9000 的资质认证,制造业生产计划部需要前往服务公司办理本企业的 ISO9000 资质认证的业务。ISO9000 认证的具体费用为 50 000 元/次,认证一次即可。

7. 3C 认证

制造业进行销售出库前,首先要进行 3C 的资质认证,初始默认的生产许可为经济型童车,制造业生产计划部需要前往服务公司办理相应产品的 3C 认证。3C 认证的具体费用为 22 000 元/次,认证一次即可。

3C 认证费用如表 1-17 所示。

表 1-17　　　　　　　　　　　3C 认证费用表

产品	3C 认证费用(元)
经济型童车	22 000
舒适型童车	22 000
豪华型童车	22 000

(三) 采购规则

在 VBSE 虚拟商业社会中,制造业的原材料采购只能从工贸企业类型的企业进行采购,不能从其他类型的企业进行采购。

原材料信息如表 1-18 所示。

表 1-18   原材料信息表

采购商品编码	采购商品名称	规格	计量单位	来源	参考市场供应平均不含税单价（元）	参考市场供应平均含税单价（元）
B0001	钢管	Φ外 16/Φ内 11/L5 000(mm)	根	外购	104.59	121.33
B0002	镀锌管	Φ外 16/Φ内 11/L5 000(mm)	根	外购	171.43	198.86
B0003	坐垫	HJM500	个	外购	78.88	91.50
B0004	记忆太空棉坐垫	HJM0031	个	外购	217.71	252.54
B0005	车篷	HJ72×32×40	个	外购	141.98	164.70
B0006	车轮	HJΦ外 125/Φ内 60 mm	个	外购	26.29	30.50
B0007	经济型童车包装套件	HJTB100	套	外购	89.40	103.70
B0008	数控芯片	MC×3154A	片	外购	267.14	309.88
B0009	舒适型童车包装套件	HJTB200	套	外购	189.31	219.60
B0010	豪华型童车包装套件	HJTB300	套	外购	221.91	257.42

特别提示: 此处的增值税税率为 13%。

采购双方需要签订纸质《购销合同》,制造业根据《购销合同》在系统中制作采购订单,由工贸企业进行确认,确认后工贸企业可以发货,制造业接货入库,双方再根据《购销合同》中的结算约定进行收付款。

(四) 销售规则

(1) 制造业销售童车给经销商、国际贸易类型企业,不得销售给其他类型企业,须与经销商类型企业签订合同并在系统中录入订单相关信息,订单相关信息作为系统中发货、结算的依据。

(2) 制造业还可以参与招投标公司的招投标业务,中标后可以进行销售、发货、开发票、收款等业务活动。

(3) 制造业销售童车给华中地区的虚拟经销商。销售之前,需要先完成市场开拓,然后投放广告。

(4) 制造业每月固定销售童车给国贸企业(约生产量的 3%),以供国贸企业出口。

(五) 市场开拓规则

(1) 制造业进行生产销售前,要先进行市场开拓。制造业市场专员需要前往服务公司办理市场开拓的业务,首先开拓中部市场,具体费用为 531 000 元。

(2) 制造业可以通过委托服务公司进行华中地区市场开拓,开拓后投入广告费,广告费的投放金额为 10 万元起投,以万元为单位递增,投入广告费后,依据得分由高到低依次选择华中地区的市场订单。

成品信息如表 1-19 所示。

表 1-19　　　　　　　　　　　　　　　成品信息表

存货编码	存货名称	单位	规格	市场平均含税单价(元)
P0001	经济型童车	辆	无	1 011.00
P0002	舒适型童车	辆	无	1 499.00
P0003	豪华型童车	辆	无	1 886.00

特别提示：市场平均含税单价(元)是根据历史数据估算出来的,仅供参考。

(六) 财务规则

1. 会计期间

在会计分期假设下,企业的会计期间分为年度和中期,此案例的会计期间是月度(2019 年 1 月),虚拟财务工作日为 5 日与 25 日。

2. 结算方式

结算方式采用现金结算、转账支票和电汇三种方式。原则上,日常经济活动,低于 2 000 元的可以使用现金,超过 2 000 元的一般使用转账支票结算(差旅费或支付给个人业务除外),转账支票用于同一票据交换区内的结算。异地付款一般采用电汇方式。

3. 税种类型

税种类型主要包括增值税、个人所得税、企业所得税、城市建设维护税和教育费附加等。

(1) 增值税。销售货物和购进货物增值税税率均为 13%。

(2) 个人所得税。个人所得税税率如表 1-20 所示。

表 1-20　　　　　　　　　　　　　　　个人所得税表

级数	全年应纳税所得额	税率
1	不超过 36 000 元的部分	3%
2	超过 36 000 元至 144 000 元的部分	10%
3	超过 144 000 元至 300 000 元的部分	20%
4	超过 300 000 元至 420 000 元的部分	25%
5	超过 420 000 元至 660 000 元的部分	30%
6	超过 660 000 元至 960 000 元的部分	35%
7	超过 960 000 元的部分	45%

特别提示：本表中的全年应纳税所得额是指居民个人全年取得综合所得,以每一纳税年度收入额减除费用 60 000 元以及专项扣除、专项附加扣除和依法确定的其他扣除后的余额。

（3）企业所得税。企业所得税按应纳税所得额的 25% 缴纳。

（4）城市建设维护税。城市建设维护税按增值税税额的 7% 缴纳。

（5）教育费附加。教育费附加按增值税税额的 3% 缴纳。

4. 存货计价

存货核算按照实际成本核算，原材料计价采用实际成本计价，材料采购按照实际采购价入账，材料发出按照全月一次加权平均计算材料成本。

全月一次加权平均的相关计算公式如下：

$$材料平均单价 = \frac{期初库存数量 \times 库存单价 + 本月实际采购入库金额}{期初库存数量 + 本月实际入库数量}$$

$$材料发出成本 = 本月发出材料数量 \times 材料平均单价$$

5. 记账凭证账务处理程序

财务部门根据各种记账凭证逐笔登记总分类账。

6. 固定资产取得方式及折旧

固定资产均通过购买的方式取得。固定资产购买当月不计提折旧，从次月开始计提折旧，出售当期须计提折旧，下月不提折旧。固定资产折旧按照直线法计提。

折旧相关信息如表 1-21 所示。

表 1-21　　　　　　　　　　　折旧相关信息表

固定资产名称	使用年限（月）	开始使用日期	原值	残值	月折旧额
办公楼	240	2017-9-15	12 000 000.00	600 000.00	47 500.00
普通仓库	240	2017-9-15	5 400 000.00	270 000.00	21 375.00
大厂房	240	2017-9-15	7 200 000.00	360 000.00	28 500.00
普通机床（机加工生产线）	120	2017-9-15	210 000.00	—	1 750.00
组装生产线	120	2017-9-15	510 000.00	—	4 250.00
笔记本电脑	48	2017-9-15	6 000.00	—	125.00

7. 制造费用的归集及分配

（1）各生产车间发生的各项直接费用和共同发生的间接费用分配计入制造费用（车间发生直接费用分别计入制造费用——X 车间，间接费用按分配标准分配后再计入各车间制造费用）。

（2）生产计划部发生的各项费用计入制造费用，如管理人员的工资、固定资产的折旧、办公费等。

8. 成本核算规则

（1）产品成本包括直接材料、直接人工和制造费用。

（2）完工产品和在产品之间费用的分配方法为在产品所耗原材料计算法。

（3）月末在产品只计算其所耗用的原材料费用，不计算制造费用和人工费用，即产品的加工费用全部由完工产品成本负担。

9. 成本归集规则

（1）直接材料成本归集按照材料出库单的发出数量乘以平均单价计算。

（2）人工成本为当月计算的生产车间的生产工人工资。

10. 半成品核算规则

车架为半成品，车架核算的范围为车架原材料、生产车架发生的人工费、制造费，以及分摊的相关生产制造费用。

11. 产品之间费用分配

如果同一车间生产不同产品，以各产品完工数量为分配标准，分配该车间的制造费用。

12. 坏账损失

（1）制造业采用备抵法核算坏账损失。

（2）坏账准备每年按照年末应收账款账户余额的3%提取。

（3）已经确认为坏账损失的应收账款，并不表明公司放弃收款的权利。如果未来某一时期收回已作坏账的应收账款，应该及时恢复债权，并按照正常收回欠款进行会计核算。

13. 利润分配

公司实现当期利润，应当按照法定程序进行利润分配。根据公司章程规定，按照当期净利润的10%提取法定盈余公积金，根据董事会决议，自行提取任意盈余公积金。

14. 票据使用规则

（1）企业使用的支票必须到银行购买，任何企业和个人不得自制支票。

（2）从银行取得的支票，发生的费用计入财务费用。

（3）企业制定完善的票据，按照登记制度，记入支票登记簿，以备检查。

（4）企业为一般纳税人开具增值税专用发票。

（5）取得的增值税专用发票，增值税进项税额需要进行申报、抵扣联认证、缴纳。

（6）购销双方的结算必须以增值税发票为依据，不取得发票的不能进行结算。

（7）税务局有定期的发票使用情况检查，税务局有权对发票使用不合法企业进行行政罚款。

15. 企业抵押贷款规则

制造业、经销商、工贸企业、国贸企业、连锁企业可向中国工商银行申请抵押贷款。贷款金额为0～1 000万元，贷款期限为1—12个月，企业可根据自身情况申请贷款金额与期限。企业抵押贷款利率如表1-22所示。

表1-22　　　　　　　　　　　企业抵押贷款利率表

年利率	6%	7%	8%	9%	10%	11%	12%
月利率	0.50%	0.58%	0.67%	0.75%	0.83%	0.92%	1.00%

申请企业抵押贷款所需基本资料包括营业执照、法人代表身份证、银行开户许可证、最近一期财务报表（均需加盖财务印鉴）、抵押保证（房屋产权）。

还款方式为一次还本付息。

（七）人力规则

（1）人员信息如表1-23所示。

表 1-23 人员信息表

部门	岗位名称	岗位级别	在编人数	直接上级
企业管理部	总经理（兼企管部经理）	总经理	1	董事会
	行政助理	职能管理人员	1	总经理
营销部	营销部经理	部门经理	1	总经理
	市场专员	职能管理人员	1	部门经理
	销售专员	职能管理人员	1	部门经理
生产计划部	生产计划部经理	部门经理	1	总经理
	车间管理员	职能管理人员	1	部门经理
	生产计划员	职能管理人员	1	部门经理
	初级生产工人	工人	25	车间管理员
	中级生产工人	工人	15	车间管理员
仓储部	仓储部经理	部门经理	1	总经理
	仓管员	职能管理人员	1	部门经理
采购部	采购部经理	部门经理	1	总经理
	采购员	职能管理人员	1	部门经理
人力资源部	人力资源部经理	部门经理	1	总经理
	人力资源助理	职能管理人员	1	部门经理
财务部	财务部经理	部门经理	1	总经理
	出纳	职能管理人员	1	部门经理
	财务会计	职能管理人员	1	部门经理
	成本会计	职能管理人员	1	部门经理

（2）薪酬信息如表 1-24 所示。

表 1-24 薪酬信息表

人员类别	月基本工资
总经理	12 000 元/月
部门经理	7 500 元/月
职能管理人员	5 500 元/月
营销部员工	4 500 元/月
初级/中级/高级生产工人	3 600 元/月、4 000 元/月、4 600 元/月

（3）薪酬项目包括基本工资、养老保险、医疗保险、生育保险、失业保险、工伤保险、住房公积金、缺勤扣款、代扣个人所得税、辞退补偿。

（4）个人所得税如表 1-25 所示。

表 1-25   个人所得税表

级数	全年应纳税所得额	税率
1	不超过 36 000 元的	3%
2	超过 36 000 元至 144 000 元部分	10%
3	超过 144 000 元至 300 000 元部分	20%
4	超过 300 000 元至 420 000 元部分	25%
5	超过 420 000 元至 660 000 元部分	30%
6	超过 660 000 元至 960 000 元部分	35%
7	超过 960 000 元的部分	45%

特别提示： 本表中的全年应纳税所得额是指居民个人全年取得综合所得，以每一纳税年度收入额减除费用 60 000 元以及专项扣除、专项附加扣除和依法确定的其他扣除后的余额。

（5）五险一金缴纳比例如表 1-26 所示。

表 1-26   五险一金缴纳比例表

险种	缴纳比例		
	单位承担	个人承担	合计
养老保险	20%	8%	28%
医疗保险	10%	2%＋3%	12%＋3%
失业保险	1%	0.20%	1.20%
工伤保险	0.30%	0	0.30%
生育保险	0.80%	0	0.80%
住房公积金	10%	10%	20.00%

特别提示： 单位养老保险缴费 20%，其中 17% 划入统筹基金，3% 划入个人账户。实训中以员工转正后的基本工资金额数为社会保险和住房公积金的缴费基数。

（6）辞退福利。企业辞退员工需支付辞退福利，辞退福利一般为三个月基本工资。辞退当月的薪酬的计算公式如下：

辞退当月薪酬＝实际工作日数×（月基本工资÷当月全勤工作日数）＋辞退福利

（7）招聘费用。服务公司人员派遣费用标准：初级工人 1 000 元/人，中级工人 1 200 元/人，高级工人 1 400 元/人。

（8）考勤管理。VBSE 实训中实行月度考勤，但因每月只设计 2 个虚拟工作日，在考勤统计时依照下列规则计算：

员工出勤天数＝当月虚拟工作日出勤天数÷当月虚拟工作日总天数×21.75

员工缺勤天数＝21.75－员工出勤天数

考勤周期：实行月度考勤，考勤周期为本月 26 日至次月 25 日。

（八）物流规则

物流运输只针对工贸企业与制造业间的购销业务、制造业与经销商间的购销业务，其他类型组织的物流运输不走物流公司；物流费用的支付由购货方支付；物流费为货值货款金额的 5％（含税）。运费分配率的计算公式如下：

$$运费分配率＝运费÷材料总数量$$

第二节 商贸企业（经销商）规则

（一）人力资源规则

人力资源是企业生产经营活动的基本要素。公司的员工配置、工资标准及核算、员工招聘与培训，要在遵循本规则的前提下，做出科学合理的规划安排，以保证公司的生产经营活动协调、有序、高效进行。企业组织结构图如图 1-4 所示。

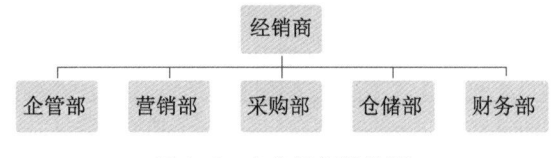

图 1-4　企业组织结构图

商贸企业岗位及人员设置如表 1-27 所示。

表 1-27　　　　　　　　　　商贸企业岗位及人员设置表

部门	岗位名称	在编人数	直接上级
企管部	总经理	1	—
企管部	行政经理	1	总经理
营销部	营销部经理	1	总经理
采购部	采购部经理	1	总经理
仓储部	仓储经理	1	总经理
财务部	财务部经理	1	总经理
财务部	出纳	1	财务部经理

（二）企业薪酬规则

职工薪酬是指企业为获得职工提供的服务而给予各种形式的报酬以及其他相关支出。在企业管理全景仿真中，职工薪酬主要由以下几个部分构成：职工工资、奖金（奖金按年度计算，根据企业本年度的经营状况而定）；医疗保险费、养老保险费、失业保险费、工伤保险费和生育保险费等社会保险费;住房公积金;因解除与职工的劳动关系给予的补偿,即辞退福利;职工薪酬的计算及发放。企业人员的薪酬的计算公式如下:

年度总薪酬=月基本工资×12+年度绩效奖金+企业应缴福利

职工每月实际领取的工资=月基本工资－缺勤扣款－个人应缴五险一金－个人所得税

缺勤扣款=缺勤天数×(月基本工资÷当月全勤工作日数)

(1)基本工资标准如表1-28所示。

表1-28 基本工资标准表

人员类别	月基本工资
总经理	12 000 元/月
部门经理	7 500 元/月
职能主管	5 500 元/月

(2)年度奖金与绩效如表1-29所示。

表1-29 年度奖金与绩效表

人员分类	年度绩效奖金
总经理	12 000×4
部门经理	7 500×4
职能主管	5 500×4

季度奖金实际发放金额与个人业绩考核评定结果挂钩,业绩考核采取百分制,业绩评定85分及以上者发放全额季度绩效奖金,低于85分的发放季度绩效奖金的80%。

特别提示:总经理绩效得分为企业员工得分的平均数。

(3)五险一金。五险一金缴费基数及比例各地区操作细则不一,本实习中社会保险、住房公积金规则参照北京市有关政策规定设计,略作调整。社保中心行使社会保障中心和住房公积金管理中心职能。五险一金缴费基数于每年3月核定,核定后的职工月工资额即为缴纳基数。五险一金缴费比例如表1-30所示。

表1-30 五险一金缴纳比例表

险种	缴纳比例		
	单位承担	个人承担	合计
养老保险	20%	8%	28%
医疗保险	10%	2%+3%	12%+3%
失业保险	1%	0.20%	1.20%
工伤保险	0.30%	0	0.30%
生育保险	0.80%	0	0.80%
住房公积金	10%	10%	20.00%

特别提示：单位养老保险缴费 20%，其中 17% 划入统筹基金，3% 划入个人账户。实训中以员工转正后的基本工资金额数为社会保险和住房公积金的缴费基数。

（4）个人所得税。个人所得税计算采用 2019 年 1 月 1 日起开始执行的综合所得税税率表。个人所得税计算方式如下：

$$本月实缴个税 = 累计应缴个税 - 累计已缴个税$$
$$累计应缴个税 = 累计应税所得额 \times 预扣率 - 速算扣除数$$

累计已缴个税应当从上月工资表中取数，如员工当月新入职，则取当月数据。

综合所得税税率表如表 1-31 所示。

表 1-31   综合所得税税率表

级数	全年应纳税所得额（含税级距）	税率	速算扣除数
1	不超过 36 000 元	3%	0
2	超过 36 000 元至 144 000 元的部分	10%	2 520
3	超过 144 000 元至 300 000 元的部分	20%	16 920
4	超过 300 000 元至 420 000 元的部分	25%	31 920
5	超过 420 000 元至 660 000 元的部分	30%	52 920
6	超过 660 000 元至 960 000 元的部分	35%	85 920
7	超过 960 000 元的部分	45%	181 920

（5）辞退福利。企业辞退员工需支付辞退福利，辞退福利为三个月基本工资，辞退当年无绩效奖金。辞退当月的薪酬的计算公式如下：

$$辞退当月薪酬 = 实际工作日数 \times (月基本工资 \div 当月全勤工作日数) + 辞退福利$$

（三）考勤规则

每天的实训开始后，学生必须登录 VBSE 系统点击"考勤"按钮进行考勤签到。

VBSE 实训中对实际业务进行了抽象处理，一个实际工作日完成一个月的工作内容，每月工作任务集中在 2 个虚拟工作日。

计算出勤天数时，实训学生因病、事休假一个实际工作日的按 3 个工作日计算，休假类型按照实际情况确定。例如，学生 A 因病没有参加当天的课程，则他的实际出勤天数＝当月应出勤天数－3 天，休假类型为病假。其中应出勤天数为当月实际工作日天数。

迟到、早退按照实际情况计算，每次罚款 30 元。考勤扣款从当月工资中扣除。

（四）销售规则

商贸企业将童车卖到虚拟市场中，虚拟市场分为东部、南部、西部、北部、中部，其中东部、南部、西部、北部四个地区由商贸企业经营，中部地区只能由制造企业经营。虚拟市场的订单需要先到服务公司开拓市场，再投放广告费。市场开拓费用：北部（351 000 元）、东部（368 000 元）、南部（351 000 元）、西部（334 000 元）广告费的投放在固定经营阶段按照系统给定的数据投放，在自主经营阶段，广告费的投放金额是 10 万元起投，以万元为单位递增，这样服务公司才能根据投放金额派发订单（一个区域内的虚拟订单派发依据是已投放金额占本区域总投放金额的比例,由高至低依次进行选单,每次选择一笔虚拟订单,直至虚拟订单选完)。市场开拓一次一年有效,广告投放一次有效期限为一个虚拟日,转下一个虚拟日需要重新投放广告费。

虚拟市场的订单,可以在库存充足的情况下,提前发货、收款。在与虚拟客户的销售过程中,遵循先发货后收款的原则,在系统中未销售出库的订单不支持收款。

(五)采购规则

商贸企业的商品采购途径,在固定数据阶段只从制造企业采购,在自主经营阶段可以从制造企业、其他商贸企业采购。

表品采购相关信息如表1-32所示。

表1-32　　　　　　　　　　**表品采购相关信息表**　　　　　　　　金额单位:元

商品编码	商品名称	规格	计量单位	商品属性	市场平均含税单价
P0001	经济型童车	无	辆	外购	1 011.00
P0002	舒适型童车	无	辆	外购	1 499.00
P0003	豪华型童车	无	辆	外购	1 886.00

特别提示: 价格只为参考价格,在自主经营阶段,价格需要供需双方进行谈判确认。

(1)市场平均含税单价(元)是根据历史数据估算出来的,仅供参考。

(2)经济型童车采购价格在固定数据阶段为1 010.32元(含税);自主经营阶段采购价格则由双方协商制定。

(3)商品从供应商送达企业时会发生相应的运输费用,运输费用为采购订单金额的5%(含税),运费结算以物流公司的运单金额为准。

(六)仓储规则

(1)仓库。商贸企业现有一座仓库用于存放各种采购来的商品。

(2)仓库信息如表1-33所示。

表1-33　　　　　　　　　　**仓库信息表**

仓库名称	仓库编码	可存放物资
普通仓库	A库	经济型童车、舒适型童车、豪华型童车

(3)企业的成品清单如表1-34所示。

表1-34　　　　　　　　　　**成品清单表**

物料编码	物料名称	规格	单位	来源
P0001	经济型童车		辆	外购
P0002	舒适型童车		辆	外购
P0003	豪华型童车		辆	外购

(4)储位管理。仓储经理担任仓管职能,负责采购入库、保管商品以及销售出库。普通仓库不做储位管理。

(七) 财务规则

(1) 会计分期。在会计分期假设下，企业的会计期间分为年度和中期，此案例的会计期间是月度(2019 年 1 月)，虚拟财务工作日为 5 日与 25 日。

(2) 财务业务规则。财务业务规则主要包括会计核算制度、会计管理制度、账簿设置与会计核算程序等方面的主要规则，各公司必须按照本规则的各项规定组织会计核算，进行会计管理。

(3) 记账凭证账务处理程序。记账凭证账务处理根据各种记账凭证逐笔登记总分类账。

(4) 固定资产分类如表 1-35 所示。

表 1-35　　　　　　　　　　固定资产分类表

分类编码	分类名称	折旧年限(月)	折旧方法	残值率
01	房屋及土地	240	直线法(一)	5%
02	生产设备	120	直线法(一)	0
03	办公设备	60	直线法(一)	0

特别提示：会计科目参考期初数据中的科目余额表，可以根据实际业务的发生进行增加。

(5) 企业抵押贷款规则。制造业、经销商、工贸企业、国贸企业、连锁企业可向中国工商银行申请抵押贷款。贷款金额为 0~1 000 万元，贷款期限为 1—12 个月，企业可根据自身情况申请贷款金额与期限。企业抵押贷款利率如表 1-36 所示。

表 1-36　　　　　　　　　　企业抵押贷款利率表

年利率	6%	7%	8%	9%	10%	11%	12%
月利率	0.50%	0.58%	0.67%	0.75%	0.83%	0.92%	1.00%

申请企业抵押贷款所需基本资料包括营业执照、法人代表身份证、银行开户许可证、最近一期财务报表(均需加盖财务印鉴)、抵押保证(房屋产权)。

还款方式为一次还本付息。

(八) 税务规则

商贸企业从事生产经营活动，涉及国家或地方多个税种，包括企业所得税、增值税、城建税、教育费及附加、个人所得税。

(1) 税种类型。按照国家税法规定的税率和起征金额进行税额的计算，企业所得税按照利润总额的 25% 缴纳，增值税税率为 13%，城建税为增值税税额的 7%，教育费附加为增值税税额的 3%。

(2) 日常纳税申报及缴纳税款。在税收征收期内，按照公司的经营情况，填制各税申报表，携带相关会计报表，到税务部门办理纳税申报业务，得到税务部门开出的税收缴款书，并到银行缴纳税款。依据税务部门规定，每月初进行上月的纳税申报及缴纳。如遇特殊情况，可以向税务部门申请延期纳税申报。

(九) 会计核算规则

商贸企业可以采用现金结算、转账结算和电子银行三种方式。原则上,日常经济活动,低于2 000元的可以使用现金,超过2 000元的一般使用转账支票和电子银行结算,结算货款、代扣代缴各种税费通过电子银行结算,其他业务可以使用转账支票结算。

银行支票主要使用转账支票,转账支票用于同一票据交换区内的结算(主要用于商贸企业购买服务类的商品和一些费用的支出等)。异地付款一般采用电子银行转账的结算方式(主要用于货款的结算、代扣代缴的结算等)。

第三节 | 工贸企业(供应商)规则

(一) 人力资源规则

人力资源是企业生产经营活动的基本要素。公司的员工配置、工资标准及核算、员工招聘与培训,要在遵循本规则的前提下,做出科学合理的规划安排,以保证公司的生产经营活动协调、有序、高效进行。企业组织结构图如图1-5所示。

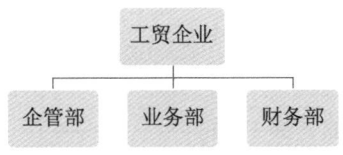

图1-5 企业组织结构图

工贸企业岗位及人员设置如表1-37所示。

表1-37 工贸企业岗位及人员设置表

部门	岗位名称	在编人数	直接上级
企管部	总经理	1	—
企管部	行政经理	1	总经理
业务部	业务经理	1	总经理
财务部	财务部经理	1	总经理

(二) 企业薪酬规则

职工薪酬是指企业为获得职工提供的服务而给予各种形式的报酬以及其他相关支出。在企业管理全景仿真中,职工薪酬主要由以下几个部分构成:职工工资、奖金(奖金按年度计算,根据企业本年度的经营状况而定);医疗保险费、养老保险费、失业保险费、工伤保险费和生育保险费等社会保险费;住房公积金;因解除与职工的劳动关系给予的补偿,即辞退福利。职工薪酬的计算及发放企业人员的薪酬的计算公式如下:

年度总薪酬＝月基本工资×12＋年度绩效奖金＋企业应缴福利
职工每月实际领取的工资＝月基本工资－缺勤扣款－个人应缴五险一金－个人所得税
缺勤扣款＝缺勤天数×(月基本工资÷当月全勤工作日数)

(1) 基本工资标准如表1-38所示。

表1-38 基本工资标准表

人员类别	月基本工资
总经理	12 000元/月
部门经理	7 500元/月

（2）年度奖金与绩效如表 1-39 所示。

表 1-39　　　　　　　　　　　年度奖金与绩效表　　　　　　　　　　金额单位：元

人员分类	年度绩效奖金
总经理	12 000×4
部门经理	7 500×4
职能主管	5 500×4

年度奖金实际发放金额与个人业绩考核评定结果挂钩，业绩考核采取百分制，业绩评定 85 分及以上者发放全额季度绩效奖金，低于 85 分的发放季度绩效奖金的 80％。

（3）五险一金。五险一金缴费基数及比例各地区操作细则不一，本实习中社会保险、住房公积金规则参照北京市有关政策规定设计，略作调整。社保中心行使社会保障中心和住房公积金管理中心职能。五险一金缴费基数于每年 3 月核定，核定后的职工月工资额即为缴纳基数。五险一金缴费比例如表 1-40 所示。

表 1-40　　　　　　　　　　　五险一金缴纳比例表

险种	缴纳比例		
	单位承担	个人承担	合计
养老保险	20％	8％	28％
医疗保险	10％	2％+3％	12％+3％
失业保险	1％	0.2％	1.20％
工伤保险	0.30％	0	0.30％
生育保险	0.80％	0	0.80％
住房公积金	10％	10％	20.00％

特别提示： 单位养老保险缴费 20％，其中 17％划入统筹基金，3％划入个人账户。实训中以员工转正后的基本工资金额数为社会保险和住房公积金的缴费基数。

（4）个人所得税。个人所得税计算采用 2019 年 1 月 1 日起开始执行的综合所得税税率表。个人所得税计算方式如下：

本月实缴个税＝累计应缴个税－累计已缴个税

累计应缴个税＝累计应税所得额×预扣率－速算扣除数

累计已缴个税应当从上月工资表中取数，如员工当月新入职，则取当月数据。

综合所得税税率如表 1-41 所示。

表 1-41　　　　　　　　　　　综合所得税税率表

级数	全年应纳税所得额（含税级距）	税率	速算扣除数
1	不超过 36 000 元	3％	0
2	超过 36 000 元至 144 000 元的部分	10％	2 520

（续表）

级数	全年应纳税所得额（含税级距）	税率	速算扣除数
3	超过 144 000 元至 300 000 元的部分	20%	16 920
4	超过 300 000 元至 420 000 元的部分	25%	31 920
5	超过 420 000 元至 660 000 元的部分	30%	52 920
6	超过 660 000 元至 960 000 元的部分	35%	85 920
7	超过 960 000 元的部分	45%	181 920

（5）辞退福利。企业辞退员工需支付辞退福利，辞退福利为三个月基本工资，辞退当年无绩效奖金。辞退当月的薪酬如下：

辞退当月薪酬＝实际工作日数×（月基本工资÷当月全勤工作日数）＋辞退福利

（三）考勤规则

每天的实训开始后，学生必须登录 VBSE 系统点击"考勤"按钮进行考勤签到。

VBSE 实训中对实际业务进行了抽象处理，一个实际工作日完成一个月的工作内容，每月工作任务集中在 2 个虚拟工作日。

计算出勤天数时，实训学生因病、事休假一个实际工作日的按 3 个工作日计算，休假类型按照实际情况确定。例如，学生 A 因病没有参加当天的课程，则他的实际出勤天数＝当月应出勤天数－3 天，休假类型为病假。其中应出勤天数为当月实际工作日天数。

迟到、早退按照实际情况计算，每次罚款 30 元。考勤扣款从当月工资中扣除。

（四）销售规则

工贸企业将商品销售给制造企业，双方进行合同洽谈，并签订纸质合同，制造企业在 VBSE 系统中提交订单后，工贸企业进行确认作为后续交易依据。如出现延期交货，按双方合同中的约定进行处理，如出现争议，提交工商局进行调解或处罚。

（五）采购规则

工贸企业可从系统中虚拟供应商选择采购的商品品种及数量。工贸企业采购的商品如表 1-42 所示。

表 1-42 　　　　　　　　　　　　　**商品采购相关信息表**

商品编码	商品名称	规格	计量单位	商品属性	平均单价（元）
B0001	钢管	Φ外 16/Φ内 11/L5 000(mm)	根	外购	86.28
B0002	镀锌管	Φ外 16/Φ内 11/L5 000(mm)	根	外购	
B0003	坐垫	HJM500	个	外购	65.16
B0004	记忆太空棉坐垫	HJM0031	个	外购	
B0005	车篷	HJ72×32×40	个	外购	117.62
B0006	车轮	HJΦ外 125/Φ内 60 mm	个	外购	21.94
B0007	经济型童车包装套件	HJTB100	套	外购	73.48
B0008	数控芯片	MC×3154A	片	外购	
B0009	舒适型童车包装套件	HJTB200	套	外购	
B0010	豪华型童车包装套件	HJTB300	套	外购	

钢管、坐垫、车篷、车轮、经济型童车包装套件的采购价格在固定数据阶段按照表 1-42 中的采购价格采购,采购价格含税;自主经营阶段采购价格由双方协商制定。

商品从供应商送达企业时会发生相应的运输费用,运输费用为采购订单金额的5%,运费结算以物流公司的运单金额为准。

工贸企业在向虚拟供应商下达采购订单后,先进行付款,付款后才能进行采购入库操作,没有付款,系统的入库无法完成。

工贸企业在付款后,依据采购订单到税务局代开虚拟供应商的销售发票(增值税专用发票)。

(六) 仓储规则

(1) 仓库。企业现有一座仓库用于存放各种采购来的商品。

(2) 仓库信息表如表 1-43 所示。

表 1-43 仓库信息表

仓库名称	仓库编码	可存放物资
商品库	A库	钢管、坐垫、车篷、车轮、包装套件、镀锌管、记忆太空棉坐垫、数控芯片、舒适型童车包装套件、豪华型童车包装套件

(3) 物料及成品。行政主管担当仓管职能,负责采购入库、生产出库和保管,成品的完工入库和销售出库。企业的物料和成品清单如表 1-44 所示。

表 1-44 物料和成品清单表

物料编码	物料名称	规格	单位	来源
B0001	钢管	Φ外 16/Φ内 11/L5 000(mm)	根	外购
B0002	镀锌管	Φ外 16/Φ内 11/L5 000(mm)	根	外购
B0003	坐垫	HJM500	个	外购
B0004	记忆太空棉坐垫	HJM0031	个	外购
B0005	车篷	HJ72×32×40	个	外购
B0006	车轮	HJΦ外 125/Φ内 60 mm	个	外购
B0007	经济型童车包装套件	HJTB100	套	外购
B0008	数控芯片	MC×3154A	片	外购
B0009	舒适型童车包装套件	HJTB200	套	外购
B0010	豪华型童车包装套件	HJTB300	套	外购

(4) 储位管理。普通仓库不做储位管理。

(七) 财务规则

(1) 会计分期。在会计分期假设下,企业的会计期间分为年度和中期,此案例的会计期间是月度(2019 年 1 月),虚拟财务工作日为 5 日与 25 日。

(2) 财务业务规则。财务业务规则主要包括会计核算制度、会计管理制度、账簿设置与会计核算程序等方面的主要规则,各公司必须按照本规则的各项规定组织会计核算,进行会计管理。

（3）记账凭证账务处理程序。记账凭证账务处理根据各种记账凭证逐笔登记总分类账。

（4）固定资产分类如表1-45所示。

表1-45　　　　　　　　　　　　　固定资产分类表

分类编码	分类名称	折旧年限（月）	折旧方法	残值率
01	房屋及土地	240	直线法（一）	5%
02	生产设备	120	直线法（一）	0
03	办公设备	60	直线法（一）	0

特别提示：会计科目参考期初数据中的科目余额表，可以根据实际业务的发生进行增加。

（5）企业抵押贷款规则。制造业、经销商、工贸企业、国贸企业、连锁企业可向中国工商银行申请抵押贷款。贷款金额为0～1 000万元，贷款期限为1—12个月，企业可根据自身情况申请贷款金额与期限。企业抵押贷款利率如表1-46所示。

表1-46　　　　　　　　　　　　　企业抵押贷款利率表

年利率	6%	7%	8%	9%	10%	11%	12%
月利率	0.50%	0.58%	0.67%	0.75%	0.83%	0.92%	1.00%

申请企业抵押贷款所需基本资料包括营业执照、法人代表身份证、银行开户许可证、最近一期财务报表（均需加盖财务印鉴）、抵押保证（房屋产权）。

还款方式为一次还本付息。

（八）税务规则

工贸企业从事生产经营活动，涉及国家或地方多个税种，包括企业所得税、增值税、城建税、教育费及附加、个人所得税。

（1）税种类型。按照国家税法规定的税率和起征金额进行税额的计算，企业所得税按照利润总额的25%缴纳，增值税税率为13%，城建税为增值税税额的7%，教育费附加为增值税税额的3%。

（2）日常纳税申报及缴纳税款。在税收征收期内，按照工贸企业的经营情况，填制各税申报表，携带相关会计报表，到税务部门办理纳税申报业务，得到税务部门开出的税收缴款书，并到银行缴纳税款。依据税务部门规定，每月初进行上月的纳税申报及缴纳。如遇特殊情况，可以向税务部门申请延期纳税申报。

（九）会计核算规则

工贸企业可以采用现金结算、转账结算和电子银行三种方式。原则上，日常经济活动，低于2 000元的可以使用现金，超过2 000元的一般使用转账支票和电子银行结算，结算货款、代扣代缴各种税费通过电子银行结算，其他业务可以使用转账支票结算。

银行支票主要使用转账支票，转账支票用于同一票据交换区内的结算（主要用于商贸企业购买服务类的商品和一些费用的支出等）。异地付款一般采用电子银行转账的结算方式（主要用于货款的结算、代扣代缴的结算等）。

第四节 物流企业规则

实习模型的物流企业组织结构如图 1-6 所示,分为 1 个管理层次,2 个部门。总经理可以对企管部、业务部下达命令或指挥。各职能部门经理对本部门下属有指挥权,可以指导其他部门业务但没有指挥权。

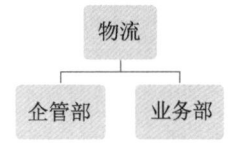

图 1-6 企业组织结构图

(一)人力资源规则

人力资源是企业生产经营活动的基本要素。公司的员工配置、工资标准及核算、员工招聘与培训,要在遵循本规则的前提下,做出科学合理的规划安排,以保证公司的生产经营活动协调、有序、高效进行。物流企业岗位及人员设置如表 1-47 所示。

表 1-47　　　　　　　　　　　物流企业岗位及人员设置表

部门	岗位名称	在编人数	直接上级
企业管理部	总经理	1	无
业务部	业务经理	1	总经理

(二)考勤规则

每天的实训开始后,学生必须登录 VBSE 系统点击"考勤"按钮进行考勤签到。

VBSE 实训中对实际业务进行了抽象处理,一个实际工作日完成一个月的工作内容,每月工作任务集中在 2 个虚拟工作日。

计算出勤天数时,实训学生因病、事休假一个实际工作日的按 2 个工作日计算,休假类型按照实际情况确定。例如,学生 A 因病没有参加当天的课程,则他的实际出勤天数=当月应出勤天数-3 天,休假类型为病假。其中应出勤天数为当月实际工作日天数。

(三)办公用品采购规则

服务公司出售 VBSE 实训所需的各项办公用品,如表单、胶棒、曲别针等。买卖双方可对结算方式进行协商,即可选择当场结清价款,也可自行约定结算时间,如月结(每月统一结账)。办公用品价款可采用现金或支票进行结算。

服务公司提供的办公用品项目及价格如表 1-48 所示。

表 1-48　　　　　　　　　　　服务公司商品价目表

序号	商品名称	单价
1	表单	10 元/份
2	胶棒	20 元/支
3	印泥	30 元/盒
4	长尾夹	10 元/个
5	曲别针	5 元/个
6	复写纸	10 元/页
7	A4 白纸	5 元/张

企业办公用品管理由业务员承担,业务员每月月初收集、统计办公用品采购需求,统一购买、按需发放。

行政主管依照员工使用需求发放办公用品并做好领用记录。

(四) 运输规则

物流企业与其他企业签订运输合同年限为 1 年。费用结算以运单为依据,详见合同,如出现争议,提交工商局进行协调。运费为货款金额的 5%。物流公司车辆信息如表 1-49 所示。

表 1-49　　　　　　　　　　　　　物流公司车辆信息表

车型	最大载重(吨)	最大容积(立方米)	车厢尺寸	数量(辆)
短途运输车	4	13	4 m×1.8 m×1.8 m	40
短途运输车	8	40	7 m×2.4 m×2.5 m	20
40 尺柜牵引车	20	75	12.5 m×2.5 m×2.5 m	20

(五) 财务规则

财务业务规则主要包括会计核算制度、会计管理制度,预算管理方法、筹资规则、投资规则、账簿设置与会计核算程序等方面的主要规则,各公司必须按照本规则的各项规定组织会计核算,进行会计管理。

(六) 税务规则

物流企业从事生产经营活动,涉及国家或地方多个税种,包括企业所得税、城建税、车船使用税、教育费及附加、个人所得税。

(1) 税种类型。按照国家税法规定的税率和起征金额进行税额的计算,企业所得税按照利润总额的 25% 缴纳,增值税税率为 10%,城建税为增值税税额的 7%,车船税按车辆缴纳;教育费附加为增值税税额的 3%。个人所得税计算采用 2019 年 1 月 1 日起开始执行的综合所得税税率表。个人所得税的计算方式如下:

$$本月实缴个税 = 累计应缴个税 - 累计已缴个税$$
$$累计应缴个税 = 累计应税所得额 \times 预扣率 - 速算扣除数$$

累计已缴个税应当从上月工资表中取数,如员工当月新入职,则取当月数据。

综合所得税税率表如表 1-50 所示。

表 1-50　　　　　　　　　　　　　综合所得税税率表　　　　　　　　金额单位:元

级数	全年应纳税所得额(含税级距)	税率	速算扣除数
1	不超过 36 000 元	3%	0
2	超过 36 000 元至 144 000 元的部分	10%	2 520
3	超过 144 000 元至 300 000 元的部分	20%	16 920
4	超过 300 000 元至 420 000 元的部分	25%	31 920
5	超过 420 000 元至 660 000 元的部分	30%	52 920
6	超过 660 000 元至 960 000 元的部分	35%	85 920
7	超过 960 000 元的部分	45%	181 920

（2）日常纳税申报及缴纳税款。在税收征收期内,按照物流企业的经营情况,填制各税申报表,携带相关会计报表,到税务部门办理纳税申报业务,得到税务部门开出的税收缴款书,并到银行缴纳税款。依据税务部门规定,每月初进行上月的纳税申报及缴纳。如遇特殊情况,可以向税务部门申请延期纳税申报。

（七）会计核算规则

本企业可以采用现金结算、转账结算和电汇几种方式。原则上,日常经济活动,低于2 000元的可以使用现金,超过2 000元的一般使用转账支票结算(差旅费或支付给个人业务除外)。

银行支票分为现金支票和转账支票。现金支票用于提取现金,转账支票用于同一票据交换区内的结算。异地付款一般采用电汇方式。

第五节 国际贸易企业规则

（一）国际贸易规则

1. 英文函电格式和标点符号

（1）英文信封的格式有两点与中文信封书写的习惯几乎相反:一是寄信人信息在左上角;收信人信息在中间略靠下或略靠左。二是各自的信息都从小到大的顺序表达。

（2）信内的双方信息:寄信人信息在右上角,由小到大;并在最下行写上日期。如果公文纸中间最上方已有铅印好的公司信息,则右上角处不用再重复,只需将写信日期写在右上角即可。收信人信息写在左上角,略低于右上角的寄信人信息;信息排序依然是由小到大。

（3）信内称呼收信人后,要使用逗号;信尾结束语后也要使用逗号。

（4）英语书写中使用的句号永远是一个实心的点。

2. 举例说明

建交函

国贸进出口部门从网上查询并了解到一家意大利公司 Artigo S.P.A.经营童车产品,便给该公司书写了一封建交函,介绍自己公司的业务,表达希望能与 Artigo S.P.A.公司建立贸易伙伴关系(销售自己公司的童车产品)。收到对方回函询价后,双方便开始了洽谈,之后达成合同,并进而履行各自义务。

WuZhou Import & Export Co., Ltd.

June 28 of 2018

To：Artigo S.P.A.

Dear Sirs,

We are pleased to have learnt，from the Internet，that you are a reputable dealer of baby cart. We therefore take the liberty to write you for a possible start of business relationship with you.

Located in Beijing，China，our company is a baby cart supplier，with total capacity of 75,000 sets / year. Thanks to our products verifiable quality and our reliable service，we are foreseeing our market share in China to reach 3.9% by the end of year 2015，up from the 3.2% in 2011.

However，our recent business expansion to international market has proved that our products have good opportunities in other countries too. We thus enclose our product catalogue for your convenient reference，and wish you to join us for a successful business in your market.

Upon your specific enquiry，we will be happy to provide you with any further information in detail.

Sincerely yours，

Li Ming（Mr）

Sales Dept.

（二）CIF 报价计算规则

一个集装箱装货量报价的计算过程如下：

产品从工厂进货价(含 13％税)：1 010.32 元/辆。

出口退税税率：9％。

查询国际海运至热那亚每个 20 英尺货柜：2 800 美元。

保险费：按成交价格加成 10％；再投保一切险(0.9％)和战争险(0.1％)。

纸箱包装尺寸：110 cm×70 cm×20 cm。

净重：15 千克。

毛重：20 千克。

国内杂费(国内运费、港杂费、银行占款、报关费、商检费)大约：2 000 元。

公司预期利润：10％。

一个 20 英尺货柜的内容积为 25 个立方米，可承载 17.5 吨货物，但通常情况下都按体积来计算内装货物数量。因为按重量计算的话，一般货物要是有 17.5 吨重，那它的体积要远远大于 25 立方米，一个货柜是装不下的。

出口报价的计算公式如下：

$$CIF=\frac{实际采购成本＋国际运费＋国内杂费}{1－(1＋投保加成率)×保险费率－佣金率(如有)－公司预期利润率}$$

运用公式先分步计算分子(分母都是已知数，运算过程中保留小数点后四位)：

实际采购成本＝含税成本－[含税成本÷(1＋增值税税率)]×出口退税率

＝1 010.32－[1 010.32÷(1＋13％)]×9％＝929.85(元)

国际运费＝2 800 美元×6.20(汇率)＝17 360(人民币元)(一个 20 英尺货柜)

一个 20 英尺货柜内装数量＝内容积 25÷(1.1×0.7×0.2)＝162(辆)

所以每辆童车的国际运费＝17 360÷162＝107.160 5(人民币元)

每辆童车的国内杂费＝2 000 人民币元÷162 辆(一个集装箱内装数量)＝12.345 7(人民币元)

将所有已知数代入公式：

CIF 报价＝$\frac{932.6＋107.160 5＋12.345 7}{1－(1＋10％)×(0.9％＋0.1％)－10％}$＝1 177.62(人民币元)

CIF 报价＝1 177.62÷6.2＝189.94(美元)(对外报价前要换算为美元、保留小数点后两位)

总金额＝189.94×162×5＝153 850.54(美元)

（三）结算方式

（1）信用证结算。国际贸易支付方式除了信用证还有托收（D/P，D/A）和汇付（T/T，M/T，D/D），但是相对来讲信用证是最安全的支付方式。它属于银行信用，即买方通过其往来银行依据买卖双方签订的合同条款开出以卖方为受益人（Beneficiary）的银行付款担保；卖方交货后凭信用证规定的相关单据向指定银行议付货款；银行承担第一付款责任。

（2）销售合同说明。合同中，销售价格为含税价，增值税税率为13%，销售商品时需要给顾客开具增值税专用发票。本实训的通知行、议付行都是中国银行，开证行是 BANKA DI MILANO。在催证、审证、改证业务流程中，明确开证时间和种类、催开信用证、买方申请开证、买方银行开证（开证行）、开证行把信用证交给卖方银行（通知行）等等，这些业务活动因为没有出口商组织，也没有开证行组织，所以本实训，假设这些活动已经发生，并正确完成。

以 CIF 术语成交的出口合同，在信用证得到落实、货物准备工作尽在掌握之中的情况下，出口方应尽可能提前租船或订舱，以确保船货衔接、按时出运。租船或订舱是货物出运的前期工作，是交货环节中至关重要的部分。大多数情况下，这部分工作连同出口报关和储运业务，一并委托专业的涉外货运代理公司（货代）去做。相对出口企业自己来做，货代企业提供的服务往往更专业更高效，同时也可以节省出口企业自己做可能产生的更多成本。但是，为了让学生们体验这部分业务以便更好地掌握前面外贸环节的诸多知识点，我们将这部分工作设计为由国贸公司进出口经理代替货代公司完成。船公司的业务也由国贸公司进出口经理代替完成。国贸公司的进出口经理具有报关员证和报检员证。

（3）保险公司的保险费和船公司的船运费的转账说明。因为没有保险公司组织和船公司组织，保险费和船运费在国贸公司扣除后转到服务公司的指定账号上。

（四）采购规则

采购商品主要依据按销售预测制定采购计划，从童车制造企业采购，采购品种主要有三种。采购品种如表1-51所示。

表 1-51　　　　　　　　　　　采购品种表

商品编码	商品名称	规格型号	计量单位	市场供应平均单价（元）	安全库存
JJTC0111	经济童车		辆	1 010	200
SSTC0112	舒适童车		辆	1 800	200
HHTC0113	豪华童车		辆	2 400	100

特别提示： 此处单价为含税单价，增值税税率为13%。

移动平均法是用一组最近的实际数据值来预测未来一期或几期内公司商品的需求量的一种常用方法。移动平均法适用于近期预测。当商品需求既不快速增长也不快速下降，且不存在季节性因素时，移动平均法能有效地消除预测中的随机波动。移动平均法根据预测时使用的各元素的权重不同，可以分为简单移动平均和加权移动平均。

本实训用简单移动平均法进行销售量预测。

国际贸易公司销售的童车在 10 月、11 月、12 月的销售量分别为 1 000 辆、700 辆、1 000 辆,预测 2019 年 1 月份的销售量为:

$$\frac{1\,000+700+1\,000}{3}=900(辆)$$

12 份的实际销售量为 810 辆,则 2019 年 1 月份的预测销售量为:

$$\frac{700+1\,000+810}{3}=836(辆)$$

计划采购量=预测销售量-(剩余库存量-安全库存量)

即 836-(490-200)=546(辆)

采购商品的流程如下:

(1)国贸内陆业务部门根据销售预测、市场供求形势、采购提前期、安全库存以及采购批量等因素,编制采购计划表。

(2)国贸内陆业务部门与童车制造企业签订合同,确定未来一段时间里即将采购的商品品种、预计数量和约定价格等内容。

(3)每月月末,国贸内陆业务部门根据销售情况与童车制造企业签订纸质采购合同。

(4)制造企业根据约定的时间向国贸公司发货,国贸验收入库。

(5)货款结算的时间及金额依据双方签订的合同,并根据实际情况执行。

(五) 仓储规则

(1)仓库容量信息如表 1-52 所示。

表 1-52　　　　　　　　　　　仓库容量信息表

仓库类型	使用年限(年)	仓库面积(平方米)	仓库容积(立方米)	仓库总存储单位	售价(万元)
普通仓库	20	500	3 000	300 000	540

普通仓库可存放物资种类与数量信息如表 1-53 所示。

表 1-53　　　　　　　　　普通仓库可存放物资种类与数量信息表

存货编码	存货名称	存货占用存储单位
JJTC0111	经济型童车	10
SSTC0112	舒适型童车	10
HHTC0113	豪华型童车	10

(2)商品信息如表 1-54 所示。

表 1-54　　　　　　　　　　　　　商品信息表

商品编码	商品名称	规格型号	计量单位
JJTC0111	经济童车		辆
SSTC0112	舒适童车		辆
HHTC0113	豪华童车		辆

（3）货位信息如表1-55所示。

表 1-55　　　　　　　　　　货位信息表

商品编码	商品名称	单位	货位
JJTC0111	经济童车	辆	A0001
SSTC0112	舒适童车	辆	A0002
HHTC0113	豪华童车	辆	A0003

（六）企业贷款规则

制造业、经销商、工贸企业、国贸企业、连锁企业可向中国工商银行申请抵押贷款。贷款金额为 0～1 000 万元，贷款期限为 1—12 个月，企业可根据自身情况申请贷款金额与期限。企业抵押贷款利率如表1-56所示。

表 1-56　　　　　　　　　　企业抵押贷款利率表

年利率	6%	7%	8%	9%	10%	11%	12%
月利率	0.50%	0.58%	0.67%	0.75%	0.83%	0.92%	1.00%

申请企业抵押贷款所需基本资料包括营业执照、法人代表身份证、银行开户许可证、最近一期财务报表（均需加盖财务印鉴）、抵押保证（房屋产权）。

还款方式为一次还本付息。

第六节　招投标规则

人力资源是企业经营活动的基本要素。公司的员工配置、工资标准及核算、员工招聘与培训，要在遵循本规则的前提下，做出科学合理的规划安排，以保证公司的经营活动协调、有序、高效进行。

（一）人员配置情况

招投标企业岗位及人员设置如表1-57所示。

表 1-57　　　　　　　　招投标企业岗位及人员设置表

部门	岗位名称	在编人数	直接上级
董事会	总经理	1	—

（二）考勤规则

每天的实训开始后，学生必须登录 VBSE 系统点击"签到"按钮进行考勤签到。

VBSE 实训中对实际业务进行了抽象处理，一个实际工作日完成一个月的工作内容，每月工作任务集中在 3～5 个虚拟工作日。

计算出勤天数时，实训学生因病、事休假一个实际工作日的按 3 个工作日计算，休假类型按照实际情况确定。例如，学生 A 因病没有参加当天的课程，则他的实际出勤天数＝当月应出勤天数－3 天，休假类型为病假。其中应出勤天数为当月实际工作日天数。

（三）办公用品采购规则

服务公司出售 VBSE 实训所需的各项办公用品，如表单、胶棒、曲别针等。买卖双方可对结算方式进行协商,即可选择当场结清价款,也可自行约定结算时间,如月结(每月统一结账)。办公用品价款可采用现金或支票进行结算。服务公司提供的办公用品项目及价格如表1-58所示。

表 1-58　　　　　　　　　　　**服务公司商品价目表**

序号	商品名称	单价
1	表单	10元/份
2	胶棒	20元/支
3	印泥	30元/盒
4	长尾夹	10元/个
5	曲别针	5元/个
6	复写纸	10元/页
7	A4白纸	5元/张

企业办公用品管理由行政主管承担,行政主管每月月初收集、统计办公用品采购需求,统一购买、按需发放。行政主管依照员工使用需求发放办公用品并做好领用记录。

(四)销售规则

与业主双方进行合同洽谈,并签订纸质合同,作为后续交易依据。费用结算按双方合同中的约定进行处理,如出现争议,提交工商局进行协调。

(五)收费规则

招标代理服务收费标准如表1-59所示。

表 1-59　　　　　　　　　　**招标代理服务收费标准表**

服务类型 中标金额	货物招标	服务招标	工程招标
100万元以下	1.5%	1.5%	1.0%
100万元～500万元	1.1%	0.8%	0.7%
500万元～1 000万元	0.8%	0.45%	0.55%
1 000万元～5 000万元	0.5%	0.25%	0.35%
5 000万元～10 000万元	0.25%	0.1%	0.2%
1亿元～5亿元	0.05%	0.05%	0.05%
5亿元～10亿元	0.035%	0.035%	0.035%
10亿元～50亿元	0.008%	0.008%	0.008%
50亿元～100亿元	0.006%	0.006%	0.006%
100亿元以上	0.004%	0.004%	0.004%

特别提示:

(1)按本表费率计算的收费为招标代理服务全过程的收费基准价格,单独提供编制招标文件(有标底的含标底)服务的,可按规定标准的30%计收。

(2)招标代理服务收费按差额定率累进法计算。

例如,某工程招标代理业务中标金额为 6 000 万元,计算招标代理服务收费额如下:

$$100×1.00\%=1(万元)$$
$$(500-100)×0.70\%=2.8(万元)$$
$$(1\ 000-500)×0.55\%=2.75(万元)$$
$$(5\ 000-1\ 000)×0.35\%=14(万元)$$
$$(6\ 000-5\ 000)×0.20\%=2(万元)$$
$$合计收费=1+2.8+2.75+14+2=22.55(万元)$$

固定数据阶段不需缴纳投标保证金,自主经营阶段可由招投标总经理决定是否需缴纳投标保证金,付款方式为转账支票或网银转账。

(六)财务规则

财务业务规则主要包括:会计核算制度、会计管理制度,预算管理方法、筹资规则、投资规则、账簿设置与会计核算程序等方面的主要规则,各公司必须按照本规则的各项规定组织会计核算,进行会计管理。

(七)税务规则

招投标企业从事中介服务,涉及国家或地方多个税种,包括增值税、城建税、教育费及附加、个人所得税。按照国家税法规定的税率和起征金额进行税额的计算,城建税为增值税税额的 7%,教育费附加为增值税税额的 3%。个人所得税计算采用 2019 年 1 月 1 日起开始执行的综合所得税税率表。个人所得税计算方式如下:

$$本月实缴个税=累计应缴个税-累计已缴个税$$
$$累计应缴个税=累计应税所得额×预扣率-速算扣除数$$

累计已缴个税应当从上月工资表中取数,如员工当月新入职,则取当月数据。

综合所得税税率表如表 1-60 所示。

表 1-60　　　　　　　　　　　　综合所得税税率表　　　　　　　　　　　金额单位:元

级数	全年应纳税所得额(含税级距)	税率	速算扣除数
1	不超过 36 000 元	3%	0
2	超过 36 000 元至 144 000 元的部分	10%	2 520
3	超过 144 000 元至 300 000 元的部分	20%	16 920
4	超过 300 000 元至 420 000 元的部分	25%	31 920
5	超过 420 000 元至 660 000 元的部分	30%	52 920
6	超过 660 000 元至 960 000 元的部分	35%	85 920
7	超过 960 000 元的部分	45%	181 920

在税收征收期内,按照公司的经营情况,填制各税申报表,携带相关会计报表,到税务部门办理纳税申报业务,得到税务部门开出的税收缴款书,并到银行缴纳税款。依据税务部门规定,每月初进行上月的纳税申报及缴纳。如遇特殊情况,可以向税务部门申请延期纳税申报。

(八)会计核算规则

本企业可以采用现金结算、转账结算和电汇几种方式。原则上,日常经济活动,低于 2 000 元的可以使用现金,超过 2 000 元的一般使用转账支票结算(差旅费或支付给个人业务除外)。

银行支票分为现金支票和转账支票。现金支票用于提取现金,转账支票用于同一票据交换区内的结算。异地付款一般采用电汇方式。

第七节 | 连锁零售企业规则

(一)门店销售规则

订单中,销售价格为含税价,增值税税率为 13%,销售商品时需要给顾客开具增值税普通发票。本实训材料中给定值为 1,实训中具体扣率多少由实训人员自己设定。

在固定经营阶段,由计算机扮演顾客,选中 4 张订单小票。订单小票上写明客户名称、购买童车品种、数量、价格等信息。需要避免反复购买。订单小票如表 1-61 所示。

表 1-61   **订单小票表**   金额单位:元

客户名称	日期	货品名称	数量	单位	含税单价	应收金额
个人客户订单合计 1	2019-1-5	经济童车	100	辆	1 250.00	125 000.00
个人客户订单合计 2	2019-1-5	经济童车	100	辆	1 250.00	125 000.00
个人客户订单合计 3	2019-1-5	经济童车	100	辆	1 250.00	125 000.00
个人客户订单合计 4	2019-1-5	经济童车	100	辆	1 250.00	125 000.00

在自主经营阶段,销售订单如表 1-62 所示。

表 1-62   **销售订单表**   金额单位:元

客户名称	日期	货品名称	数量	单位	含税单价	应收金额	折扣率	赠品	实收金额
个人客户订单合计 5	2020-1-5	经济童车	100	辆	1 250	125 000	1	无	125 000
个人客户订单合计 6	2020-1-5	舒适童车	100	辆	1 850	185 000	1	无	185 000
个人客户订单合计 7	2020-1-5	豪华童车	100	辆	2 450	245 000	1	无	245 000
个人客户订单合计 8	2020-1-5	经济童车	100	辆	1 250	125 000	1	无	125 000
个人客户订单合计 9	2020-1-5	舒适童车	100	辆	1 850	185 000	1	无	185 000
个人客户订单合计 10	2020-1-5	豪华童车	100	辆	2 450	245 000	1	无	245 000
个人客户订单合计 11	2020-1-5	经济童车	100	辆	1 250	125 000	1	无	125 000
个人客户订单合计 12	2020-1-5	舒适童车	100	辆	1 850	185 000	1	无	185 000
个人客户订单合计 13	2020-1-5	豪华童车	100	辆	2 450	245 000	1	无	245 000
个人客户订单合计 14	2020-1-5	经济童车	100	辆	1 250	125 000	1	无	125 000
个人客户订单合计 15	2020-1-5	舒适童车	100	辆	1 850	185 000	1	无	185 000
个人客户订单合计 16	2020-1-5	豪华童车	100	辆	2 450	245 000	1	无	245 000

(二)门店补货规则

通常在第一次进货之后,要根据销售情况和计划进行补货,以免出现断货的情况。完善的货品管理可以减少货品流失的机会及提高补货质量,令货品的出入得以平衡。而有效的存货管理就在于出数与入数的有效管理。补货基本上属于连锁企业内部的业务流程范畴。有的连锁企业把补货工作称为"向配送中心点菜",这样的提法非常形象。

补货业务的要点如下：

（1）店长每天查看商品库存和销售情况。

（2）门店库存量设置最小、最大库存量。

（3）一次进货量保持在30天的销售范围内。

（4）店长根据最小库存量，即订货点法填制补货申请单。

（5）总部物流部配送员在规定时间内根据申请单要求组织送货到门店。

门店补货量计算公式如下：

计划补货量＝平均每天销售量×（补货周期＋交货期＋安全库存天数）＋

最小陈列量（货架容量×最小陈列系数）－最后库存量－在途补货量

月销售量＝平均每天销售量×订货周期

配送交货期库存量＝平均每天销售量×交货期

安全库存量＝平均每天销售量×安全库存天数

最小陈列数量＝货架容量×最小库存系数

补货点＝送货天数×每天销售量＋安全库存＋最小陈列数量

门店最小陈列量表如表1-63所示。

表1-63 最小陈列量表

门店	货架容量	系数	最小陈列量
东区门店	40	0.5	20
西区门店	40	0.5	20

一个门店的补货计划样表如表1-64所示。

表1-64 补货计划样表

项目	1月	2月	3月
月均销售量	400		
安全库存量（2天×13辆）	26		
配送交货期库存量（2天×13辆）	26		
店面最小陈列量	20		
最高库存量	472	472	472
期初库存量（400辆）	420	420	420
在途补货量	0	0	0
30天销售量	400	400	400
补货点（最低库存量）	72	72	72
月末补货量（下单）	400	400	400

（三）仓储中心补货规则

补货业务的要点如下：

（1）仓管员每天查看商品库存和配货情况。

（2）库存量设置最小、最大库存量。

（3）一次进货量保持在 30 天的配送范围内。

（4）仓管员根据最小库存量即订货点法的计算结果，填制补货申请表。

（5）总部采购部采购员依据仓储中心补货申请表编制采购计划。

仓储中心补货量的计算公式如下：

计划补货量＝平均每天配送量×（配送周期＋交货期＋安全库存天数）－最后库存量－在途订货量

月销售量＝平均每天销售量×订货周期

配送交货期库存量＝平均每天销售量×交货期

安全库存量＝平均每天销售量×安全库存天数

补货点＝交货天数×平均每天销售量＋安全库存量

仓储中心补货计划样表如表 1-65 所示。

表 1-65   补货计划样表

项目	1 月	2 月	3 月
月均配送量	1 600		
安全库存量（5 天×52 辆）	260		
采购交货期库存量（5 天×52 辆）	260		
最高库存量	2 120	2 120	2 120
期初库存量（2 000 辆）	2 000	2 000	2 000
在途订货量	0	0	0
月末一次配送量	1 200	1 200	1 200
订货点	520	520	520
月末补货量（下单）	1 200	1 200	1 200

（四）采购规则

采购商品主要从童车制造企业采购，采购品种主要有三种，采购品种如表 1-66 所示。

表 1-66   采购品种表   金额单位：元

商品编码	商品名称	规格型号	计量单位	市场供应平均单价
TC0111	经济童车		辆	1 000
TC0112	舒适童车		辆	1 500
TC0113	豪华童车		辆	2 000

特别提示： 此处单价为含税单价，增值税税率为 13%。

采购商品的流程如下：

（1）采购部门根据仓储中心库存净需求（仓储中心补货申请表）、市场供求形势、采购提前期、安全库存以及采购批量等因素，编制采购计划表。

（2）采购部门与童车制造企业签订合同，确定未来一段时间里即将采购的商品品种、预计数量和约定价格等内容。

（3）每月月末，采购部门根据库存情况与童车制造企业签订纸质采购合同。

（4）供应商根据约定的时间向连锁企业发货，连锁企业验收入库。

（5）货款结算的时间及金额依据双方签订的合同，并根据实际情况执行。

（6）采购运费的具体细节在采购合同中由双方进行约定。

（五）仓储规则

连锁零售企业有3个仓库：仓储中心库、东区门店库、西区门店库，东区门店库和西区门店库实际上仓库和店面是一体的，不单独设立仓管员。仓库信息如表1-67所示。

表1-67　　　　　　　　　　　　　仓库信息表

仓库编码	仓库名称	可存放商品
ZBCK01	仓储中心库	经济童车、舒适童车、豪华童车
AZCK02	东区门店库	经济童车、舒适童车、豪华童车
DDCK03	西区门店库	经济童车、舒适童车、豪华童车

仓储中心负责企业所需商品的采购入库、配送出库和保管。门店负责销售所需的商品补货入库、销售出库和保管。商品信息如表1-68所示。

表1-68　　　　　　　　　　　　　商品信息表

商品编码	商品名称	规格型号	计量单位
JJTC0111	经济童车		辆
SSTC0112	舒适童车		辆
HHTC0113	豪华童车		辆

（六）财务规则

本财务实训由会计师事务所代理记账。

（七）企业抵押贷款规则

制造业，经销商，工贸企业，国贸企业，连锁企业可向中国工商银行申请抵押贷款。贷款金额为0~1 000万元，贷款期限为1—12个月，企业可根据自身情况申请贷款金额与期限。企业抵押贷款利率如表1-69所示。

表1-69　　　　　　　　　　　　企业抵押贷款利率表

年利率	6%	7%	8%	9%	10%	11%	12%
月利率	0.50%	0.58%	0.67%	0.75%	0.83%	0.92%	1.00%

申请企业抵押贷款所需基本资料包括营业执照、法人代表身份证、银行开户许可证、最近一期财务报表（均需加盖财务印鉴）、抵押保证（房屋产权）。

还款方式为一次还本付息。

第二章　实习动员与团队组建

第一节 | 实习动员

仿真实习开始之前,实习组织者应就本次实习的目的、内容、时间安排、组织形式、实习要求、实习考核等内容做统一宣讲。通过实习动员会使学生理解本次实习的意义,明确实习的要求及工作规范,了解实习考核评价指标体系。

第二节 | 系统操作培训

(1) 基本操作如图 2-1 所示。

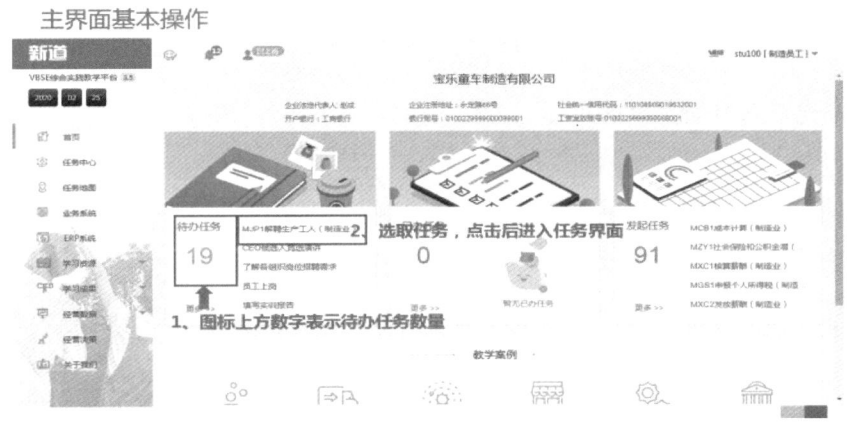

图 2-1　基本操作图

(2) 学生签到如图 2-2 所示。

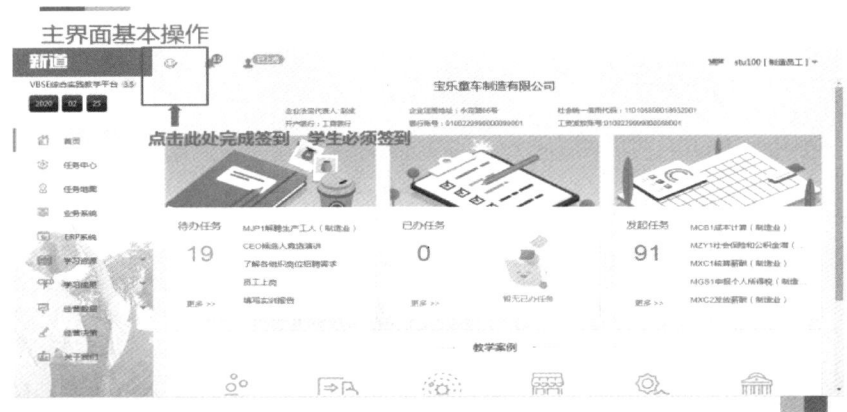

图 2-2　学生签到图

（3）报名参选如图 2-3 所示。

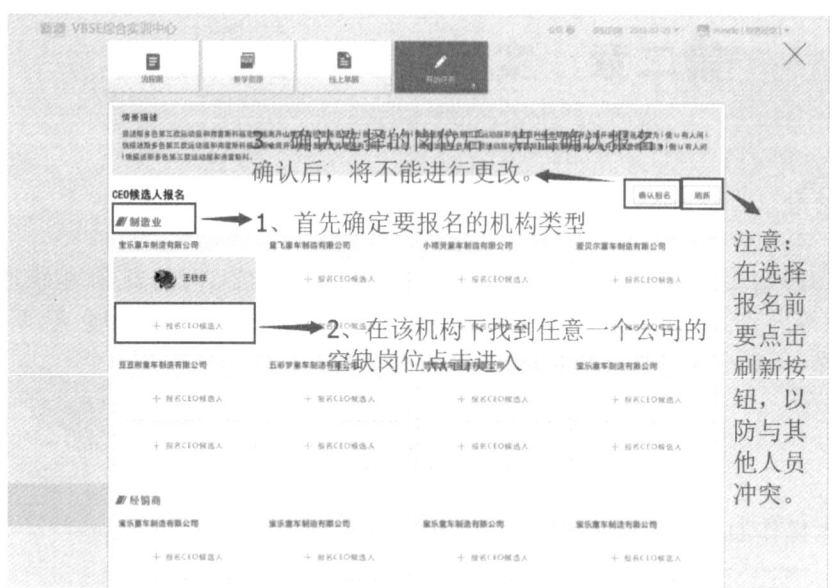

图 2-3　报名参选图

（4）选举投票如图 2-4 所示。

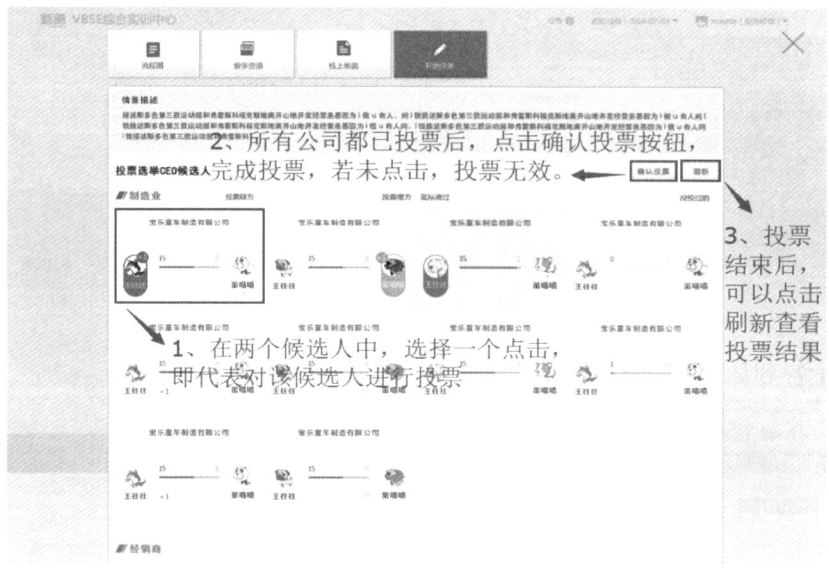

图 2-4　选举投票图

第三节 │ 综合素质测评

实习之前，实习组织者对所有学生做综合素质测评。综合素质测评由实习系统自动抽题、自动计分，题目类型包括基本素质、通用管理、营销、采购、生产、仓储、人力资源、行政管理、财务等各方面内容。

在参与仿真实习的学生中,根据岗位胜任力测评结果,选取综合测评最高的作为 CEO 备选人选,再参考个人意愿及教师推荐,指定若干位 CEO 候选人。

第四节 | 竞聘 CEO

CEO,即首席执行官。首席执行官是在一个企业中负责日常经营管理的最高级管理人员,也称行政总裁。CEO 向公司的董事会负责,在公司或组织内部拥有最终的执行经营管理决策的权力。

在企业全景仿真综合实习中,采用竞聘方式确定每个管理团队的 CEO。首先由竞聘者陈述对 CEO 角色的理解、价值主张、处事原则等。然后,所有参与实习的学生可以根据竞聘者的竞选发言参与投票。最终以竞聘者得票多少决定是否胜出。

第五节 | 招聘管理团队

为了快速组建公司管理团队,CEO 需要立即着手招聘企业人力资源主管。待人力资源主管选定后,和人力资源主管一起制作招聘海报、提出岗位职位要求,收集、筛选招聘简历,面试应聘人员。

每个学生持个人填写的应聘登记表去意向单位应聘,经过双向选择,最终确定自己的企业及岗位。

每个学生应充分重视这次面试,做好面试前的准备工作。

第六节 | 员工上岗

员工上岗分以下两种情况。

情况一:没有岗位的人员上岗(包含未参与 CEO 竞聘的所有人员和竞聘未当选 CEO 的人员)。

第一步如图 2-5 所示。

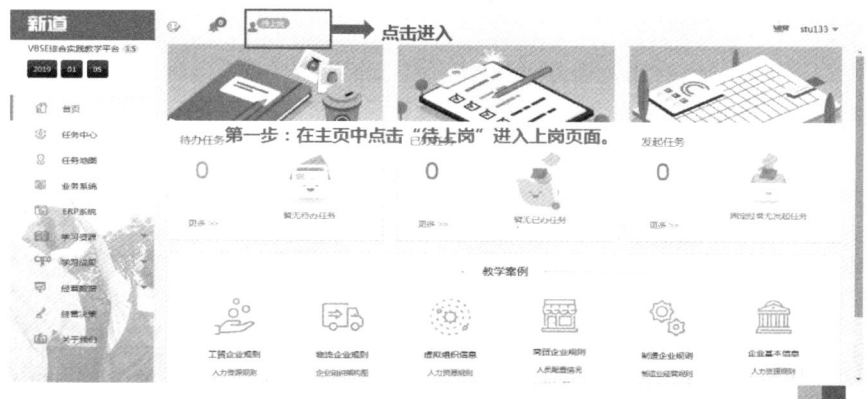

图 2-5 第一步图

在主页中点击"待上岗"进入上岗页面。

第二步如图 2-6 所示。

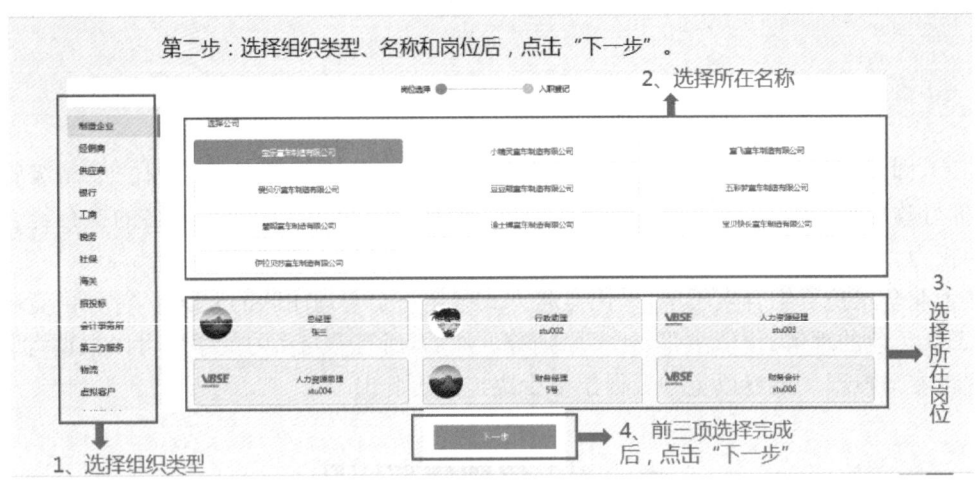

图 2-6　第二步图

在 1 处选择自己要上岗的机构,在 2 处选择自己要上岗的企业,在 3 处选择自己要上岗的岗位,在 4 处点击"下一步"维护个人信息。

第三步如图 2-7 所示。

图 2-7　第三步图

维护个人信息后,点击"提交",上岗操作完成。

情况二:已有岗位人员上岗(在 CEO 竞聘中当选为 CEO 的人员)。

第一步如图 2-8 所示。

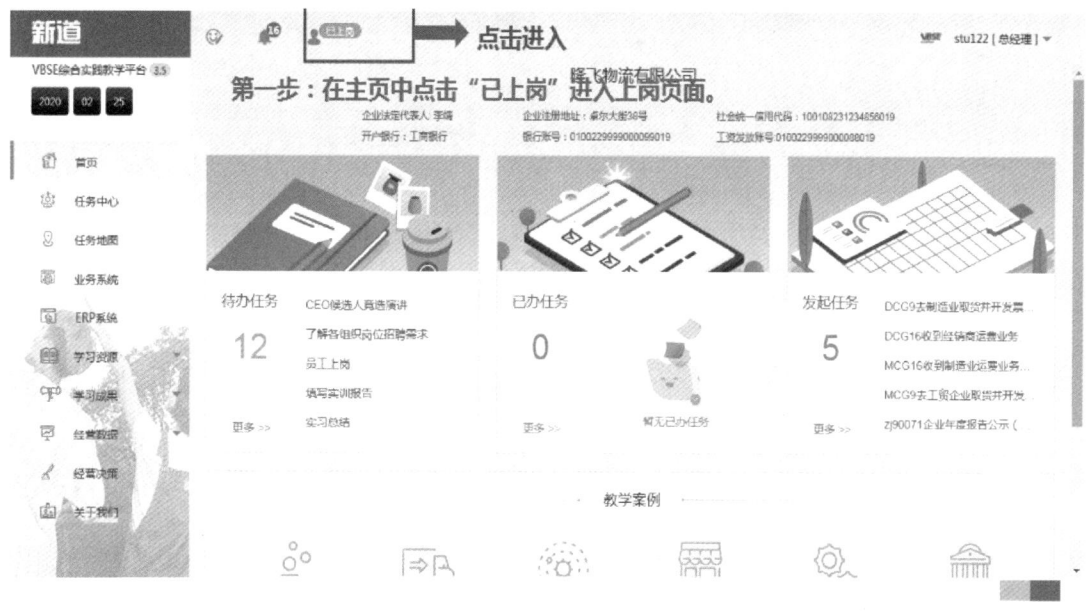

图 2-8　第一步图

在主页中点击"已上岗"进入上岗页面。

第二步如图 2-9 所示。

图 2-9　第二步图

进入后，直接点击"下一步"，进入到个人信息维护页面。

第三步如图 2-10 所示。

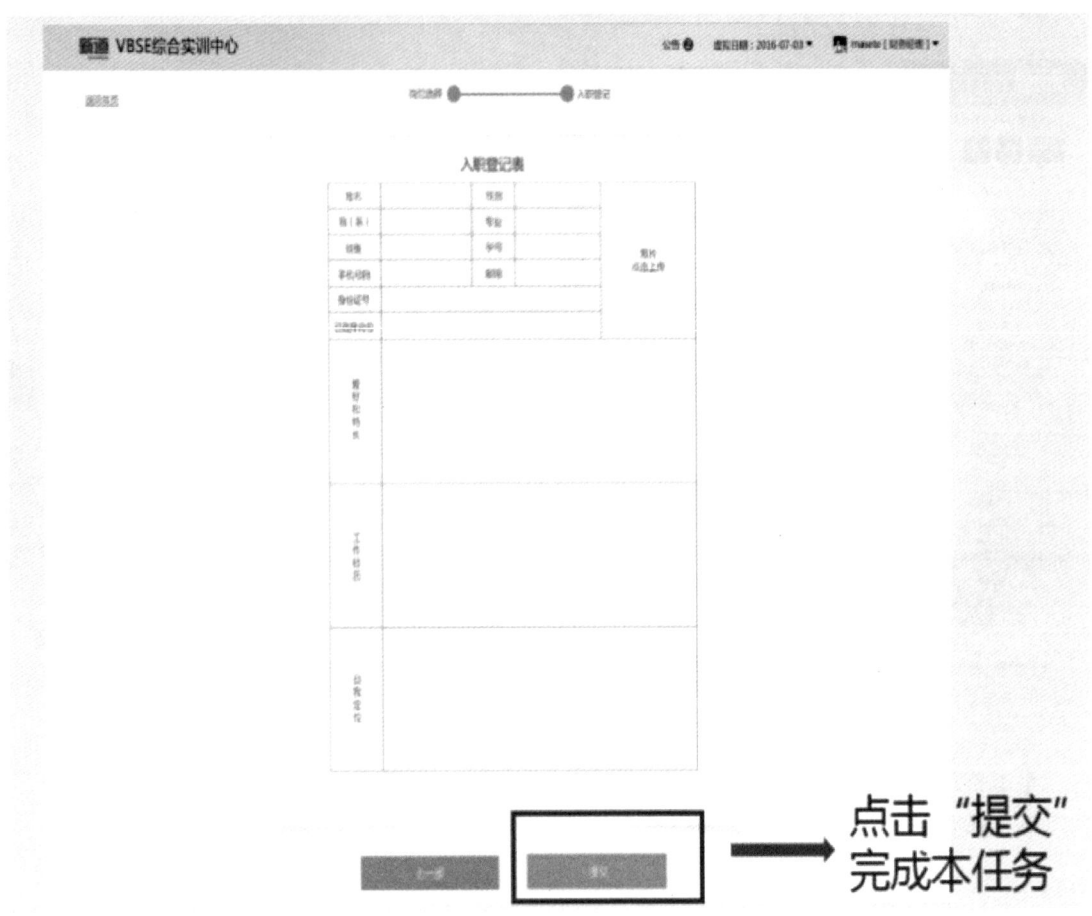

图 2-10　第三步图

维护个人信息后，点击"提交"，上岗操作完成。

点击"提交"完成本任务。

第三章 固定数据经营

第一节 | 工作交接

一、熟悉企业基本情况

公司管理团队确认后,CEO召开公司成立大会,介绍公司组织机构,对企业战略和企业未来发展前景与管理团队进行分享。

二、领取办公用品

在正式开始实习之前,需要领用必需的办公设备及办公用具。信息化时代,公司为每位管理人员配备了电脑,并安装配置在工位上。除此之外,还要领用实习用到的单据、账表、企业公章、模拟货币等。办公用品领用完成后,各企业各岗位可以布置自己的办公区,为自己打造一个舒适的办公环境。

三、岗前培训

在明确了各自的工作分工,并领取了开展工作必需的物品后,在正式上岗之前,每个人必须要接受岗前培训。

岗前培训要教会员工完成工作所必需的知识和技能,让新员工掌握干好本职工作所需要的方法和程序。换句话说,就是让他们工作起来更富有成效,犯错误的可能性更小。

在企业管理全景仿真实习中,岗前培训阶段必须掌握的内容有熟悉业务规则、理解关键任务和认知原始单据。

(1)熟悉业务规则。在企业管理全景仿真中,我们把企业必须遵守的内外部环境限制抽象为业务规则,企业竞争是在同一环境下的竞争,熟悉业务规则就会掌握竞争的主动权。

(2)理解关键任务。每个实习同学在企业中都扮演着不同的岗位角色,相应地具有不同的岗位职责。岗位职责明确规定了职工所在岗位的工作任务和责任范围。在企业管理全景仿真中,每个角色被定义了不同数量的关键任务,学会这些关键任务的处理即具备了该岗位的基本胜任能力。

(3)认知原始凭证。原始凭证是指经办单位或人员在经济业务发生或完成时取得或填制的,用以记录经济业务发生或完成的情况、明确经济责任的会计凭证,如购物取得的发票。

因此,无论你担任什么岗位,都要掌握原始凭证的填制、识别等基本要求。由于各项经济业务的内容和经济管理的要求不同,各种原始凭证的名称、格式和内容也是多种多样的。但是,所有的原始凭证(包括自制的和外来的凭证),都是作为经济业务的原始证据,必须详细载明有关经济业务的发生或完成情况,必须明确经办单位和人员的经济责任。因此,各种原始凭证都应具备一些共同的基本内容。

原始凭证所包括的基本内容,通常称为凭证要素,主要有原始凭证的名称、凭证的编号、填制凭证的日期、接受凭证单位名称(抬头人)与填制单位名称、经济业务简要内容、金额(单价、数量)、有关人员(部门负责人、经办人员)的签名盖章。

如果是开给外单位的原始凭证一定要加盖填制单位的公章或专用章。从外单位取得的原始凭证,也应由填制单位加盖公章或专用章。

为了保证岗前培训的效果,可以结合运用多种培训方式,包括教师现场培训、新手上路-多媒体课件和自学。

四、熟悉企业期初业务数据

新的管理团队成立之后,要与好佳童车厂上一代管理者进行各项业务的交接,尤其关键的是要理清各部门管理的未完结的各项业务,以使各项业务能够连贯地延续下去。部门职责不同,决定了其管理的业务类型不同。

1. 制造业企业信息化工作交接及财务期初建账

(1)总经理阅读期初数据。制造业总经理通过阅读前任的工作文档,了解和掌握企业的商业运行模式及财务状况,以便及时正确的领导本企业继续开展业务。业务流程步骤如表3-1所示。

表 3-1 业务流程步骤表

序号	操作步骤	角色	操作内容
1	总经理工作交接	总经理	阅读前任的工作交接文档

业务流程步骤如图 3-1 所示。

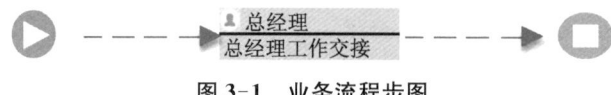

图 3-1 业务流程步图

(2)行政助理阅读期初数据。制造业行政助理通过阅读前任的工作文档,了解掌握企业的商业运行模式及财务状况,以便及时配合总经理,使得他(她)能够正确的领导本企业继续开展业务。业务流程步骤如表3-2所示。

表 3-2 业务流程步骤表

序号	操作步骤	角色	操作内容
1	阅读前任工作文档	行政助理	1. 阅读前任的工作交接文档 2. 按照交接的固定资产,填写《固定资产卡片》和《固定资产登记簿》

业务流程步骤如图 3-2 所示。

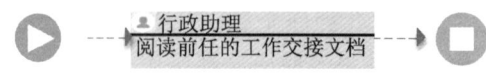

图 3-2 业务流程步骤图

（3）营销部经理阅读期初数据。营销部经理通过阅读前任的工作文档，了解本企业的客户资源、市场需求、客户订货、销售状况等信息，为本企业的商业活动开展提供支持。业务流程步骤如表3-3所示。

表3-3　　　　　　　　　　　　　业务流程步骤表

序号	操作步骤	角色	操作内容
1	阅读前任工作文档	营销部经理	阅读前任工作文档

业务流程步骤如图3-3所示。

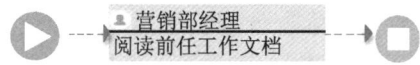

图3-3　业务流程步骤图

（4）销售专员阅读期初数据。营销部销售专员通过阅读前任的工作文档，了解本企业的客户资源、市场需求、客户订货、销售状况等信息，为本企业的商业活动开展提供支持。业务流程步骤如表3-4所示。

表3-4　　　　　　　　　　　　　业务流程步骤表

序号	操作步骤	角色	操作内容
1	阅读前任工作文档	销售专员	阅读前任工作文档

业务流程步骤如图3-4所示。

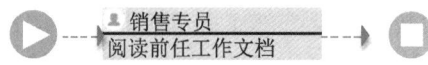

图3-4　业务流程步骤图

（5）市场专员阅读期初数据。营销部市场专员通过阅读前任的工作文档，了解本企业的客户资源、市场需求、客户订货、销售状况等信息，为本企业的商业活动开展提供支持。业务流程步骤如表3-5所示。

表3-5　　　　　　　　　　　　　业务流程步骤表

序号	操作步骤	角色	操作内容
1	阅读前任工作文档	市场专员	阅读前任工作文档

业务流程步骤如图3-5所示。

图3-5　业务流程步骤图

（6）生产计划部经理阅读期初数据。生产计划部经理通过阅读前任交接文档，了解本企业的生产需求、预测、产能状况、生产库存、物料清单、产品设计等信息，为今后的业务开展提供支持。业务流程步骤如表3-6所示。

表 3-6 业务流程步骤表

序号	操作步骤	角色	操作内容
1	阅读前任工作文档	生产计划部经理	阅读前任工作文档

业务流程步骤如图 3-6 所示。

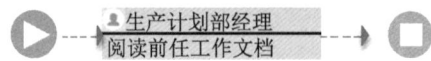

图 3-6　业务流程步骤图

（7）生产计划员阅读期初数据。生产计划员通过阅读前任交接文档，了解本企业的生产需求、预测、产能状况、生产库存、物料清单、产品设计等信息，为今后的业务开展提供支持。业务流程步骤如表 3-7 所示。

表 3-7 业务流程步骤表

序号	操作步骤	角色	操作内容
1	阅读前任工作文档	生产计划员	阅读前任工作文档

业务流程步骤如图 3-7 所示。

图 3-7　业务流程步骤图

（8）车间管理员阅读期初数据。生产部车间管理员通过阅读前任交接文档，了解本企业的生产需求、预测、产能状况、生产库存、物料清单、产品设计等信息，为今后的业务开展提供支持。业务流程步骤如表 3-8 所示。

表 3-8 业务流程步骤表

序号	操作步骤	角色	操作内容
1	阅读前任工作文档	车间管理员	阅读前任工作文档

业务流程步骤如图 3-8 所示。

图 3-8　业务流程步骤图

（9）仓储部经理期初建账。仓储部经理通过与前任的工作交接，了解本企业的物料与产成品的库存状况、生产加工模式，为企业的生产提供支持。业务流程步骤如表 3-9 所示。

表 3-9 业务流程步骤表

序号	操作步骤	角色	操作内容
1	与前任进行工作交接	仓储部经理	阅读前任的工作交接文档

业务流程步骤如图 3-9 所示。

图 3-9　业务流程步骤图

（10）仓管员期初建账。仓管员通过与前任的工作交接，了解本企业的物料与产成品的库存状况、生产加工模式，为企业的生产提供支持。业务流程步骤如表 3-10 所示。

表 3-10　　　　　　　　　　　　　　　　业务流程步骤表

序号	操作步骤	角色	操作内容
1	与前任进行工作交接	仓管员	1. 阅读前任的工作交接文档 2. 按照交接的库存期初，填写纸质单据《物料卡》

业务流程步骤如图 3-10 所示。

图 3-10　业务流程步骤图

（11）采购部经理期初建账。采购部经理通过阅读前任工作文档，了解本企业的供应商库、供需关系、原材料采购信息，为本企业开展商业采购提供服务支持。业务流程步骤如表 3-11 所示。

表 3-11　　　　　　　　　　　　　　　　业务流程步骤表

序号	操作步骤	角色	操作内容
1	阅读前任工作文档	采购部经理	阅读前任工作文档

业务流程步骤如图 3-11 所示。

图 3-11　业务流程步骤图

（12）采购员期初建账。采购部采购员通过阅读前任交接文档，了解本企业的供应商库、供需关系、原材料采购信息，为本企业开展商业采购提供服务支持。业务流程步骤如表 3-12 所示。

表 3-12　　　　　　　　　　　　　　　　业务流程步骤表

序号	操作步骤	角色	操作内容
1	阅读前任工作文档	采购员	阅读前任工作文档

业务流程步骤如图 3-12 所示。

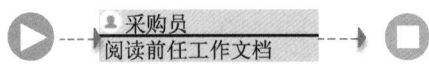

图 3-12　业务流程步骤图

（13）财务部经理期初建账。财务部经理通过与前任交接工作,了解本企业的现金、银行存款、资金往来的状况,为本企业开展的商业活动等各项业务提供财务帮助与支持。业务流程步骤如表 3-13 所示。

表 3-13　　　　　　　　　　　　　业务流程步骤表

序号	操作步骤	角色	操作内容
1	与前任进行工作交接	财务部经理	阅读前任的工作交接文档

业务流程步骤如图 3-13 所示。

图 3-13　业务流程步骤图

（14）出纳期初建账。财务部出纳通过与前任交接工作,了解本企业的现金、银行存款、资金往来的状况,为本企业开展的商业活动等各项业务提供财务帮助与支持。业务流程步骤如表 3-14 所示。

表 3-14　　　　　　　　　　　　　业务流程步骤表

序号	操作步骤	角色	操作内容
1	与前任进行工作交接	出纳	阅读前任的工作交接文档

业务流程步骤如图 3-14 所示。

图 3-14　业务流程步骤图

（15）财务会计期初建账。财务部会计通过与前任交接工作,了解本企业的现金、银行存款、资金往来的状况,为本企业开展的商业活动等各项业务提供财务帮助与支持。业务流程步骤如表 3-15 所示。

表 3-15　　　　　　　　　　　　　业务流程步骤表

序号	操作步骤	角色	操作内容
1	与前任进行工作交接	财务会计	阅读前任的工作交接文档

业务流程步骤如图 3-15 所示。

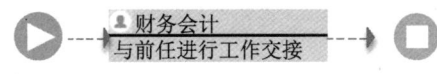

图 3-15　业务流程步骤图

（16）成本会计期初建账。财务部成本会计通过与前任交接工作，了解本企业的现金、银行存款、资金往来的状况，为本企业开展的商业活动等各项业务提供财务帮助与支持。业务流程步骤如表 3-16 所示。

表 3-16　　　　　　　　　　　业务流程步骤表

序号	操作步骤	角色	操作内容
1	与前任进行工作交接	成本会计	阅读前任的工作交接文档

业务流程步骤如图 3-16 所示。

图 3-16　业务流程步骤图

（17）人力资源部经理阅读期初数据。人力资源部经理阅读前任交接文档，了解本企业的岗位职能、组织架构、员工构成、在职状况、员工薪酬和社保等信息。业务流程步骤如表 3-17 所示。

表 3-17　　　　　　　　　　　业务流程步骤表

序号	操作步骤	角色	操作内容
1	阅读前任工作文档	人力资源部经理	阅读前任的工作交接文档

业务流程步骤如图 3-17 所示。

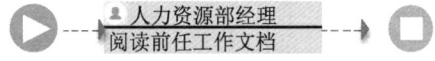

图 3-17　业务流程步骤图

（18）人力资源部助理阅读期初数据。人力资源部助理阅读前任工作文档，配合人力资源部经理了解本期业务的岗位职能、组织架构、员工构成、在职状况、员工薪酬和社保等信息。业务流程步骤如表 3-18 所示。

表 3-18　　　　　　　　　　　业务流程步骤表

序号	操作步骤	角色	操作内容
1	阅读前任工作文档	人力资源部助理	阅读前任的工作交接文档

业务流程步骤如图 3-18 所示。

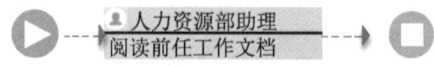

图 3-18　业务流程步骤图

2. 商贸企业工作交接及财务期初建账

商贸企业(经销商)的各个角色依据交接清单办理交接工作并阅读期初数据。业务流程步骤如表 3-19 所示。

表 3-19　　　　　　　　　　　　　　　　业务流程步骤表

序号	操作步骤	角色	操作内容
1	接到交接清单	总经理、行政经理、业务经理、财务部经理	接到本企业的期初清单
2	核对清单信息	总经理、行政经理、业务经理、财务部经理	核对清单信息
3	确认交接结果	总经理、行政经理、业务经理、财务部经理	核对清单信息无误后确认交接结果

业务流程步骤如图 3-19 所示。

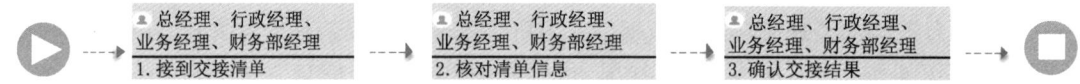

图 3-19　业务流程步骤图

3. 工贸企业工作交接及财务期初建账

(1) 工贸企业(供应商)财务部经理阅读期初数据。

工贸企业(供应商)财务部经理依据交接清单办理交接工作并阅读期初数据。业务流程步骤如表 3-20 所示。

表 3-20　　　　　　　　　　　　　　　　业务流程步骤表

序号	操作步骤	角色	操作内容
1	接到交接清单	财务部经理	财务部经理接到本企业的期初清单
2	核对清单信息	财务部经理	核对清单信息
3	确认交接结果	财务部经理	核对清单信息无误后确认交接结果

业务流程步骤如图 3-20 所示。

图 3-20　业务流程步骤图

(2) 工贸企业(供应商)业务经理阅读期初数据。

工贸企业(供应商)业务经理依据交接清单办理交接工作并阅读期初数据。业务流程步骤如表 3-21 所示。

表 3-21 　　　　　　　　　　　　　业务流程步骤表

序号	操作步骤	角色	操作内容
1	接到交接清单	业务经理	业务经理接到本企业的期初清单
2	核对清单信息	业务经理	核对清单信息
3	确认交接结果	业务经理	核对清单信息无误后确认交接结果

业务流程步骤如图 3-21 所示。

图 3-21 　业务流程步骤图

五、第一阶段考核

根据工作交接的内容,各个岗位完成第一阶段考核。

第二节 | 岗位体验

岗位体验是综合实习的主体内容,根据企业管理环境不同分为手工管理环境岗位体验和信息化管理环境岗位体验两个阶段。

(一)认知业务流程

业务流程是指为达到特定的价值目标而由不同的人分别共同完成的一系列活动。活动之间不仅有严格的先后顺序限定,而且活动的内容、方式、责任等也都必须有明确的安排和界定,以使不同活动在不同岗位角色之间能够相互配合协同完成。业务流程是对企业关键业务的描述。从中可以体现出企业资源的配置、企业组织机构的设置以及一系列管理制度。

传统的高等教育划分了多个专业方向,专业的划分有利于教学实施和专业化发展,但同时会弱化全局观、不利于工作协同。因此,仿真实习的首要目标是认知企业业务流程,学会与他人协同工作,共同实现企业目标。

(1)分发办公用品(服务公司)。企业整理办公用品,发放给本次实训课程的组织。业务流程步骤如表 3-22 所示。

表 3-22 　　　　　　　　　　　　　业务流程步骤表

序号	活动名称	角色	活动描述—操作指导
1	整理办公用品	总经理	1. 确定本次实训的机构数量 2. 整理每个机构应发放的办公用品 3. 通知服务公司业务员准备分发办公用品
2	通知并分发办公用品	业务员	1. 按顺序通知各机构到服务公司领用办公用品 2. 将总经理分配好的办公用品分发给各机构领用人员并做好登记

业务流程步骤如图 3-22 所示。

图 3-22　业务流程步骤图

（2）名称预先核准申请（招投标）。企业起名后到工商局办理名称核准。业务流程步骤如表 3-23 所示。

表 3-23　　　　　　　　　　　　　　　业务流程步骤表

序号	活动名称	角色	活动描述—操作指导
1	企业取名	总经理	1. 申办人应提前准备好公司名称 3～5 个,公司名称要符合规范,具体格式如：某地（地区名）＋某某（企业名）＋贸易（行业名）＋有限公司（类型） 2. 在实训中,公司名称已给定
2	填写企业名称预先核准申请表	总经理	1. 找到《企业名称预先核准申请书》 2. 填写已准备好的公司名称,完成企业名称预先核准申请表
3	到工商局审核申请书	总经理	到工商局,递交《企业名称预先核准申请书》,等待工商局审批结果
4	审核申请书	工商专员	1. 审核企业递交的《企业名称预先核准申请书》 2. 审核后,为企业发放《企业名称预先核准通知书》

业务流程步骤如图 3-23 所示。

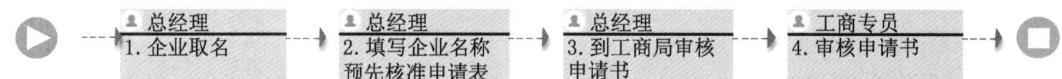

图 3-23　业务流程步骤图

（3）企业设立登记（招投标）。企业到工商局办理工商注册。业务流程步骤如表 3-24 所示。

表 3-24　　　　　　　　　　　　　　　业务流程步骤表

序号	活动名称	角色	活动描述—操作指导
1	填写企业设立登记	总经理	1. 找到《企业设立登记申请表》 2. 填写已准备好的公司名称,完成企业名称预先核准申请表
2	到工商局办理审核	总经理	携带《房屋租赁合同》《房产证复印件》（实训中未提供,可不带）《公司章程》《企业名称核准通知书》到工商局进行企业设立登记,等待工商局人员进行审核
3	工商局审核设立登记	工商专员	1. 接收企业申请的《企业设立登记申请表》 2. 审核《企业设立登记申请表》并发放营业执照

业务流程步骤如图 3-24 所示。

图 3-24　业务流程步骤图

（4）税务登记（招投标）。企业办理税务报到，完成税务登记。业务流程步骤如表3-25所示。

表 3-25　　　　　　　　　　　　　　业务流程步骤表

序号	活动名称	角色	活动描述—操作指导
1	签订税收代扣协议	总经理	到银行领取《同城委托收款协议》并填写
2	审核代扣协议（银行）	银行柜员	1. 收到企业填写的《同城委托收款协议》 2. 审核协议，并签署相关部分
3	填写税务登记	总经理	1. 到税务局领取并填写《税务登记表》 2. 将《税务登记表》提交国税局进行审核
4	审核登记表（税务）	税务专员	审核企业提交的《税务登记表》

业务流程步骤如图 3-25 所示。

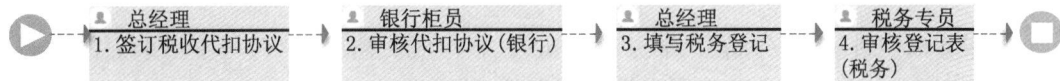

图 3-25　业务流程步骤图

（5）银行开户申请（招投标）。企业到银行开立企业的基本账户。业务流程步骤如表3-26所示。

表 3-26　　　　　　　　　　　　　　业务流程步骤表

序号	活动名称	角色	活动描述—操作指导
1	填写银行开户申请	总经理	1. 到银行领取《银行结算账户申请书》并填写 2. 填写后，将单据与营业执照、法人身份证、经办人身份证交由银行进行审核
2	审核开户申请（银行）	银行柜员	1. 收到企业填写的《银行结算账户申请书》 2. 审核协议，并签署相关部分

业务流程步骤如图 3-26 所示。

图 3-26　业务流程步骤图

（6）虚拟商业社会行政管理制度编制（工商局）。学习 VBSE 虚拟商业社会运营规则、工商知识，制订本次课程的《工商行政管理暂行规定》并制作成文档或PPT，与主讲老师沟通确认后，对《工商行政管理暂行规定》进行讲解。业务流程步骤如表 3-27 所示。

表 3-27　　　　　　　　　　　　　　业务流程步骤表

序号	活动名称	角色	活动描述—操作指导
1	学习、制订本次课程的工商行政管理暂行规定	工商专员	1. 学习 VBSE 虚拟商业社会运营规则、《工商行政管理暂行规定》，制订本次课程的《工商行政管理暂行规定》 2. 将制定的《工商行政管理暂行规定》制作成文档或 PPT

(续表)

序号	活动名称	角色	活动描述—操作指导
2	工商行政管理暂行规定讲解	工商专员	1. 与主讲老师沟通,确认讲解的方式和时间 2. 进行《工商行政管理暂行规定》讲解 3. 记录企业关于《工商行政管理暂行规定》的问题,再查找资料确认后给予答复

业务流程步骤如图 3-27 所示。

图 3-27　业务流程步骤图

(7) 税务知识讲解(税务局)。学习税务知识,制作成文档或 PPT,与主讲老师沟通确认后,对税务知识进行讲解。业务流程步骤如表 3-28 所示。

表 3-28　　　　　　　　　　业务流程步骤表

序号	活动名称	角色	活动描述—操作指导
1	学习、制作税务知识讲解 PPT	税务专员	1. 学习税务的基本知识 2. 根据学习的情况制作文档、PPT
2	税务知识宣讲	税务专员	1. 与主讲老师沟通,确认讲解的方式和时间 2. 进行税务知识讲解 3. 记录企业关于税收的问题,再查找资料确认后给予答复

业务流程步骤如图 3-28 所示。

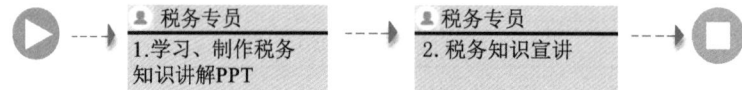

图 3-28　业务流程步骤图

(8) 虚拟商业社会社会保障制度编制(人社局)。学习 VBSE 虚拟商业社会运营规则、社保、住房公积金知识,制订本次课程的社会保障制度并制作成文档或 PPT,与主讲老师沟通确认后,对社会保障制度进行讲解。业务流程步骤如表 3-29 所示。

表 3-29　　　　　　　　　　业务流程步骤表

序号	活动名称	角色	活动描述—操作指导
1	学习、制订本次课程的社会保障制度	社保公积金专员	1. 学习 VBSE 虚拟商业社会运营规则,制定本次课程的社会保障制度 2. 将制定的社会保障制度制作成文档或 PPT
2	社会保障制度讲解	社保公积金专员	1. 与主讲老师沟通,确认讲解的方式和时间 2. 进行社会保障制度讲解 3. 记录企业关于社会保障制度的问题,再查找资料确认后给予答复

业务流程步骤如图 3-29 所示。

图 3-29　业务流程步骤图

（9）承接物流企业代理记账业务（事务所）。了解物流公司基本情况并确定服务项目及收费后承接物流企业代理记账业务。业务流程步骤如表 3-30 所示。

表 3-30　　　　　　　　　　　　业务流程步骤表

序号	活动名称	角色	活动描述—操作指导
1	与物流企业洽谈业务	项目经理	1. 物流企业财务部经理与会计师事务所项目经理进行洽谈 2. 项目经理询问物流企业基本情况，了解委托目的 3. 确定服务项目及收费
2	签订代理记账合同	项目经理	项目经理与物流企业将业务达成一致，签署代理记账合同并签字盖章
3	建立客户档案	审计助理	登记客户的基本信息
4	办理物流企业财务资料移交手续	审计助理	1. 接收物流企业交来的财务资料 2. 填写"资料移交清单"并在接交人处签字
5	准备期初建账	审计助理	1. 将移交的资料进行整理并妥善保管 2. 熟悉物流企业业务和常用的会计科目，准备期初建账

业务流程步骤如图 3-30 所示。

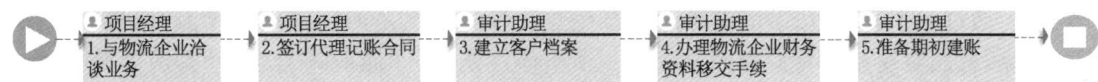

图 3-30　业务流程步骤图

（10）承接连锁企业代理记账业务（事务所）。了解连锁公司基本情况并确定服务项目及收费后承接连锁企业代理记账业务。业务流程步骤如表 3-31 所示。

表 3-31　　　　　　　　　　　　业务流程步骤表

序号	活动名称	角色	活动描述—操作指导
1	与连锁企业洽谈业务	项目经理	1. 连锁企业财务部经理与会计师事务所项目经理进行洽谈 2. 项目经理询问连锁企业基本情况，了解委托目的 3. 确定服务项目及收费
2	签订代理记账合同	项目经理	项目经理与连锁企业将业务达成一致，签署代理记账合同并签字盖章
3	建立客户档案	审计助理	登记客户的基本信息
4	办理连锁企业财务资料移交手续	审计助理	1. 接受连锁企业交来的财务资料 2. 填写"资料移交清单"并在接交人处签字
5	准备期初建账	审计助理	1. 将移交的资料进行整理并妥善保管 2. 熟悉连锁企业业务和常用的会计科目，准备期初建账

业务流程步骤如图 3-31 所示。

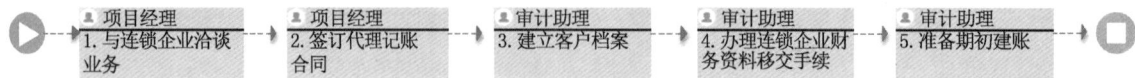

图 3-31　业务流程步骤图

(二)完成岗位工作

仿真实习中,每个岗位的岗位工作都划分为两类:一类是业务流程中相互对接的工作,与他人的活动有严密的逻辑关系,称之为业务工作,如计划员在编制主生产计划时一定要根据营销部提供的销售订单汇总和预测市场数据。另一类是与岗位相关,与其他部门无关的日常工作,如报销办公费等。

业务工作需要遵从逻辑关系,按照业务流程执行的先后顺序在系统提示下依序完成。日常工作可以根据需要随时完成。

(三)体验手工管理

这里的"手工"是指企业全部的业务处理及管理全部采用人工管理的方式。这是作为管理者必须亲身经历并深度体验的一个阶段。

制造企业通过生产过程将原材料转化为产品。要从这个转化过程中获得最大的价值,必须设计能高效生产产品的生产过程,进而必须管理作业从而更加经济地生产产品。管理作业就意味着对过程中使用的资源即人力、财力和物力进行计划和控制。管理层的计划和控制的主要方法是物料流动,物料流动控制着流程绩效。

手工管理方式下,无论是经济业务的发生,还是物流、信息流、资金流的流动都是以单据来体现的。通过手工管理方式,能清晰地洞察企业业务的发生是如何驱动了物流、信息流、资金流的流动,从而对企业经营管理的全貌有一个整体性认识。"懂业务会管理"是成为合格管理人才的必修课。

(四)体验信息化管理

经过一个时期的手工管理体验,企业深刻感受到信息化的必要性,因此准备采用信息化手段进行企业业务管理。

信息化不是对手工的简单复制,而是要结合企业业务需求和计算机系统的优势,对原有的业务进行梳理,优化业务流程,深化管理精度,提升管理效率。例如,信息化环境中,凭证只需录入一次,审核之后,系统自动完成记账,同时完成日记账、明细账、总账的记录。

企业信息化是一个复杂的系统工程,通过对信息化环境下岗位工作的完整体验,可以充分对比手工和信息化两种环境下的工作流程和岗位工作,体验信息化给管理工作带来的方便和快捷。

第三节 | 期初数据

(一)制造业期初数据

(1)组织机构如表 3-32 所示。

金额单位：元

组织机构表

表 3-32

组织机构类型	企业法定中文名称	办公电话	简称	注册资金	企业注册登记日期	企业法定代表人	企业注册地址	邮政编码	开户银行	银行账号	社会统一信用代码
制造业	宝乐童车制造有限公司	010-6234-5678	宝乐	15 000 000	2015-1-4	赵成	永定路66号	102202	中国工商银行	0100229999000099001	110108809018632001
制造业	小精灵童车制造有限公司	010-6234-5679	小精灵	15 000 000	2015-1-4	钱乾	越秀东路45号	102202	中国工商银行	0100229999000099002	11010880901863002
制造业	童飞童车制造有限公司	010-6234-5680	童飞	15 000 000	2015-1-4	孙鸿铭	康安北街5号	102202	中国工商银行	0100229999000099003	11010880901864003
制造业	爱贝尔童车制造有限公司	021-6234-5681	爱贝尔	15 000 000	2015-1-4	李刚	新园西路666号	102202	中国工商银行	0100229999000099004	11010880901863504
制造业	豆豆熊童车制造有限公司	021-6234-5682	豆豆熊	15 000 000	2015-1-4	周星星	武强北路722号	102202	中国工商银行	0100229999000099005	11010880901863605
制造业	五彩梦童车制造有限公司	020-6234-5683	五彩梦	15 000 000	2015-1-4	吴梦	天河北路11号	102202	中国工商银行	0100229999000099006	11010880901863706
制造业	慧聪童车制造有限公司	020-6234-5684	慧聪	15 000 000	2015-1-4	武岳	沿江中街144号	102202	中国工商银行	0100229999000099007	11010880901863807
制造业	迪士博童车制造有限公司	020-6234-5685	迪士博	15 000 000	2015-1-4	郑文	漕溪中路211号	102202	中国工商银行	0100229999000099008	11010880901863908
制造业	宝贝快长童车制造有限公司	028-6234-5686	宝贝快长	15 000 000	2015-1-4	王伟	天仙桥北路55号	102202	中国工商银行	0100229999000099009	11010880901864009
制造业	伊拉贝莎童车制造有限公司	028-6234-5687	伊拉贝莎	15 000 000	2015-1-4	朱玖	共和中路158号	102202	中国工商银行	0100229999000090010	11010880901864010

（2）部门信息如表 3-33 所示。

表 3-33　　　　　　　　　　　　部门信息表

所属组织类型	部门编号	部门名称
制造业	bm0101	企业管理部
制造业	bm0102	人力资源部
制造业	bm0103	财务部
制造业	bm0104	采购部
制造业	bm0105	仓储部
制造业	bm0106	生产计划部
制造业	bm010601	机加车间
制造业	bm010602	组装车间
制造业	bm0107	营销部

（3）岗位信息如表 3-34 所示。

表 3-34　　　　　　　　　　　　岗位信息表

所属组织类型	部门名称	岗位名称	角色名称
制造业	企业管理部	总经理	制造业总经理
制造业	企业管理部	行政助理	制造业行政助理
制造业	人力资源部	人力资源经理	制造业人力资源部经理
制造业	人力资源部	人力资源经理	制造业人力资源助理
制造业	财务部	财务部经理	制造业财务部经理
制造业	财务部	财务会计	制造业财务会计
制造业	财务部	成本会计	制造业成本会计
制造业	财务部	出纳	制造业出纳
制造业	采购部	采购部经理	制造业采购部经理
制造业	采购部	采购员	制造业采购员
制造业	仓储部	仓储部经理	制造业仓储部经理
制造业	仓储部	仓管员	制造业仓管员
制造业	生产计划部	生产计划部经理	制造业生产计划部经理
制造业	生产计划部	生产计划员	制造业生产计划员
制造业	生产计划部	车间管理员	制造业车间管理员
制造业	营销部	营销部经理	制造业营销部经理
制造业	营销部	市场专员	制造业市场专员
制造业	营销部	销售专员	制造业销售专员

（续表）

所属组织类型	部门名称	岗位名称	角色名称
制造业	车间	初级工人	初级工人
制造业	车间	中级工人	中级工人
制造业	车间	高级工人	高级工人

（4）人员信息如表 3-35 所示。

表 3-35　　　　　　　　　　　　　　人员信息表　　　　　　　　　　　金额单位：元

工号	姓名	部门	岗位	入职时间	基本工资	银行卡号
1	梁天	企业管理部	总经理		12 000	4231588997835001
2	张万军	人力资源部	人力资源部经理		7 500	4231588997835002
3	李斌	采购部	采购部经理		7 500	4231588997835003
4	何明海	仓储部	仓储部经理		7 500	4231588997835004
5	钱坤	财务部	财务部经理		7 500	4231588997835005
6	叶润中	生产计划部	生产计划部经理		7 500	4231588997835006
7	杨笑笑	市场营销部	营销部经理		7 500	4231588997835007
8	叶瑛	企业管理部	行政助理		5 500	4231588997835008
9	肖红	人力资源部	人力资源助理		5 500	4231588997835009
10	付海生	采购部	采购员		5 500	4231588997835010
11	王宝珠	仓储部	仓管员		5 500	4231588997835011
12	刘自强	财务部	成本会计		5 500	4231588997835012
13	朱中华	财务部	财务会计		5 500	4231588997835013
14	赵丹	财务部	出纳		5 500	4231588997835014
15	周群	生产计划部	生产计划员		5 500	4231588997835015
16	孙盛国	生产计划部	车间管理员		5 500	4231588997835016
17	马博	市场营销部	市场专员		4 500	4231588997835017
18	刘思羽	市场营销部	销售专员		4 500	4231588997835018
19	李良钊	机加车间	工人		3 600	
20	付玉芳	机加车间	工人		3 600	
21	张接义	机加车间	工人		3 600	
22	毕红	机加车间	工人		3 600	
23	吴淑敏	机加车间	工人		3 600	
24	毛龙生	机加车间	工人		3 600	
25	扈志明	机加车间	工人		3 600	
26	李龙吉	机加车间	工人		3 600	

工号	姓名	部门	岗位	入职时间	基本工资	银行卡号
27	吴言胜	机加车间	工人		3 600	
28	雷丹	机加车间	工人		3 600	
29	刘良生	机加车间	工人		3 600	
30	余俊美	机加车间	工人		3 600	
31	徐积福	机加车间	工人		3 600	
32	潘俊辉	机加车间	工人		3 600	
33	朱祥松	机加车间	工人		3 600	
34	刘文钦	机加车间	工人		3 600	
35	龚文辉	机加车间	工人		3 600	
36	王小强	机加车间	工人		3 600	
37	刘胜	机加车间	工人		3 600	
38	刘贞	机加车间	工人		3 600	
39	余永俊	组装车间	工人		3 600	
40	万能	组装车间	工人		3 600	
41	万俊俊	组装车间	工人		3 600	
42	张逸君	组装车间	工人		3 600	
43	言海根	组装车间	工人		3 600	
44	田勤	组装车间	工人		4 000	
45	肖鹏	组装车间	工人		4 000	
46	徐宏	组装车间	工人		4 000	
47	田军	组装车间	工人		4 000	
48	郑华珺	组装车间	工人		4 000	
49	洪梁	组装车间	工人		4 000	
50	冯奇	组装车间	工人		4 000	
51	黄聪	组装车间	工人		4 000	
52	薛萍	组装车间	工人		4 000	
53	张世平	组装车间	工人		4 000	
54	李小春	组装车间	工人		4 000	
55	蔡丽娟	组装车间	工人		4 000	
56	吴新祥	组装车间	工人		4 000	
57	胡首科	组装车间	工人		4 000	
58	邹建榕	组装车间	工人		4 000	

（5）工资表如表 3-36 所示。

工资表

表 3-36

金额单位：元

序号	工号	姓名	部门	职务类别	基本工资	缺勤天数	缺勤扣款	养老保险(单位)	养老保险(个人)	医疗保险(单位)	医疗保险(个人)	失业保险(单位)	失业保险(个人)	工伤保险(单位)	工伤保险(个人)	生育保险(单位)	生育保险(个人)	五险小计(单位)	五险小计(个人)	住房公积金(单位)	住房公积金(个人)	五险一金小计(单位)	五险一金小计(个人)	应税工资	应扣个人所得税	实发工资
1	1101	梁天	企业管理部	总经理	12 000	0	0	2 400	960	1 200	243	120	60	96	0	96	0	3 912	1 263	1 200	1 200	5 112	2 463	9 537.0	652.40	8 884.60
2	1102	张万军	人力资源部	部门经理	7 500	0	0	1 500	600	750	153	75	37.5	60	0	60	0	2 445	790.5	750	750	3 195	1 540.5	5 959.5	140.95	5 818.55
3	1103	李斌	采购部	部门经理	7 500	0	0	1 500	600	750	153	75	37.5	60	0	60	0	2 445	790.5	750	750	3 195	1 540.5	5 959.5	140.95	5 818.55
4	1104	何明海	仓储部	部门经理	7 500	0	0	1 500	600	750	153	75	37.5	60	0	60	0	2 445	790.5	750	750	3 195	1 540.5	5 959.5	140.95	5 818.55
5	1105	钱坤	财务部	部门经理	7 500	0	0	1 500	600	750	153	75	37.5	60	0	60	0	2 445	790.5	750	750	3 195	1 540.5	5 959.5	140.95	5 818.55
6	1106	叶润中	生产计划部	部门经理	7 500	0	0	1 500	600	750	153	75	37.5	60	0	60	0	2 445	790.5	750	750	3 195	1 540.5	5 959.5	140.95	5 818.55
7	1107	杨笑芙	市场营销部	部门经理	7 500	0	0	1 500	600	750	153	75	37.5	60	0	60	0	2 445	790.5	750	750	3 195	1 540.5	5 959.5	140.95	5 818.55
8	1108	叶瑛	企业管理部	职能主管	5 500	0	0	1 100	440	550	113	55	27.5	44	0	44	0	1 793	580.5	550	550	2 343	1 130.5	4 369.5	26.09	4 343.41
9	1109	肖红	人力资源部	职能主管	5 500	0	0	1 100	440	550	113	55	27.5	44	0	44	0	1 793	580.5	550	550	2 343	1 130.5	4 369.5	26.09	4 343.41
10	1110	付海生	采购部	职能主管	5 500	0	0	1 100	440	550	113	55	27.5	44	0	44	0	1 793	580.5	550	550	2 343	1 130.5	4 369.5	26.09	4 343.41
11	1111	王宝珠	仓储部	职能主管	5 500	0	0	1 100	440	550	113	55	27.5	44	0	44	0	1 793	580.5	550	550	2 343	1 130.5	4 369.5	26.09	4 343.41
12	1112	刘自强	财务部	职能主管	5 500	0	0	1 100	440	550	113	55	27.5	44	0	44	0	1 793	580.5	550	550	2 343	1 130.5	4 369.5	26.09	4 343.41
13	1113	朱中华	财务部	职能主管	5 500	0	0	1 100	440	550	113	55	27.5	44	0	44	0	1 793	580.5	550	550	2 343	1 130.5	4 369.5	26.09	4 343.41
14	1114	赵丹	财务部	职能主管	5 500	0	0	1 100	440	550	113	55	27.5	44	0	44	0	1 793	580.5	550	550	2 343	1 130.5	4 369.5	26.09	4 343.41
15	1115	周群	生产计划部	职能主管	5 500	0	0	1 100	440	550	113	55	27.5	44	0	44	0	1 793	580.5	550	550	2 343	1 130.5	4 369.5	26.09	4 343.41
16	1116	孙盛园	生产计划部	职能主管	5 500	0	0	1 100	440	550	113	55	27.5	44	0	44	0	1 793	580.5	550	550	2 343	1 130.5	4 369.5	26.09	4 343.41
17	1117	马博	市场营销部	销售人员	4 500	0	0	900	360	450	93	45	22.5	36	0	36	0	1 467	475.5	450	450	1 917	925.5	3 574.5	2.24	3 572.26
18	1118	刘思羽	市场营销部	销售人员	4 500	0	0	900	360	450	93	45	22.5	36	0	36	0	1 467	475.5	450	450	1 917	925.5	3 574.5	2.24	3 572.26
19	1119	李良钊	机加车间	生产工人	3 600	0	0	720	288	360	75	36	18	28.8	0	28.8	0	1 173.6	381	360	360	1 533.6	741	2 859	0	2 859

代扣款项

（续表）

序号	工号	姓名	部门	职务类别	基本工资	缺勤天数	缺勤扣款	代扣款项目																		应税工资	应扣个人所得税	实发工资
								养老保险（单位）	养老保险（个人）	医疗保险（单位）	医疗保险（个人）	失业保险（单位）	失业保险（个人）	工伤保险（单位）	工伤保险（个人）	生育保险（单位）	生育保险（个人）	五险小计（单位）	五险小计（个人）	住房公积金（单位）	住房公积金（个人）	五险一金小计（单位）	五险一金小计（个人）			
20	1120	付玉芳	机加车间	生产工人	3 600	0	0	720	288	360	75	36	18	28.8	0	28.8	0	1 173.6	381	360	360	1 533.6	741	2 859	0	2 859
21	1121	张孩义	机加车间	生产工人	3 600	0	0	720	288	360	75	36	18	28.8	0	28.8	0	1 173.6	381	360	360	1 533.6	741	2 859	0	2 859
22	1122	毕 红	机加车间	生产工人	3 600	0	0	720	288	360	75	36	18	28.8	0	28.8	0	1 173.6	381	360	360	1 533.6	741	2 859	0	2 859
23	1123	吴淑敏	机加车间	生产工人	3 600	0	0	720	288	360	75	36	18	28.8	0	28.8	0	1 173.6	381	360	360	1 533.6	741	2 859	0	2 859
24	1124	毛龙生	机加车间	生产工人	3 600	0	0	720	288	360	75	36	18	28.8	0	28.8	0	1 173.6	381	360	360	1 533.6	741	2 859	0	2 859
25	1125	鹿志明	机加车间	生产工人	3 600	0	0	720	288	360	75	36	18	28.8	0	28.8	0	1 173.6	381	360	360	1 533.6	741	2 859	0	2 859
26	1126	李龙吉	机加车间	生产工人	3 600	0	0	720	288	360	75	36	18	28.8	0	28.8	0	1 173.6	381	360	360	1 533.6	741	2 859	0	2 859
27	1127	吴言胜	机加车间	生产工人	3 600	0	0	720	288	360	75	36	18	28.8	0	28.8	0	1 173.6	381	360	360	1 533.6	741	2 859	0	2 859
28	1128	雷 丹	机加车间	生产工人	3 600	0	0	720	288	360	75	36	18	28.8	0	28.8	0	1 173.6	381	360	360	1 533.6	741	2 859	0	2 859
29	1129	刘良生	机加车间	生产工人	3 600	0	0	720	288	360	75	36	18	28.8	0	28.8	0	1 173.6	381	360	360	1 533.6	741	2 859	0	2 859
30	1130	余俊美	机加车间	生产工人	3 600	0	0	720	288	360	75	36	18	28.8	0	28.8	0	1 173.6	381	360	360	1 533.6	741	2 859	0	2 859
31	1131	徐积福	机加车间	生产工人	3 600	0	0	720	288	360	75	36	18	28.8	0	28.8	0	1 173.6	381	360	360	1 533.6	741	2 859	0	2 859
32	1132	潘俊辉	机加车间	生产工人	3 600	0	0	720	288	360	75	36	18	28.8	0	28.8	0	1 173.6	381	360	360	1 533.6	741	2 859	0	2 859
33	1133	朱祥松	机加车间	生产工人	3 600	0	0	720	288	360	75	36	18	28.8	0	28.8	0	1 173.6	381	360	360	1 533.6	741	2 859	0	2 859
34	1134	刘文钦	机加车间	生产工人	3 600	0	0	720	288	360	75	36	18	28.8	0	28.8	0	1 173.6	381	360	360	1 533.6	741	2 859	0	2 859
35	1135	龚文辉	机加车间	生产工人	3 600	0	0	720	288	360	75	36	18	28.8	0	28.8	0	1 173.6	381	360	360	1 533.6	741	2 859	0	2 859
36	1136	王小强	机加车间	生产工人	3 600	0	0	720	288	360	75	36	18	28.8	0	28.8	0	1 173.6	381	360	360	1 533.6	741	2 859	0	2 859
37	1137	刘 胜	机加车间	生产工人	3 600	0	0	720	288	360	75	36	18	28.8	0	28.8	0	1 173.6	381	360	360	1 533.6	741	2 859	0	2 859
38	1138	刘 贞	机加车间	生产工人	3 600	0	0	720	288	360	75	36	18	28.8	0	28.8	0	1 173.6	381	360	360	1 533.6	741	2 859	0	2 859

（续表）

序号	工号	姓名	部门	职务类别	基本工资	缺勤天数	缺勤扣款	代扣款项目																	应税工资	应扣个人所得税	实发工资
								养老保险(单位)	养老保险(个人)	医疗保险(单位)	医疗保险(个人)	失业保险(单位)	失业保险(个人)	工伤保险(单位)	工伤保险(个人)	生育保险(单位)	生育保险(个人)	五险小计(单位)	五险小计(个人)	住房公积金(单位)	住房公积金(个人)	五险一金小计(单位)	五险一金小计(个人)			
39	1139	余永俊	组装车间	生产工人	3 600	0	0	720	288	360	75	36	18	28.8	0	28.8	0	1 173.6	381	360	360	1 533.6	741	2 859	0	2 859
40	1140	万能	组装车间	生产工人	3 600	0	0	720	288	360	75	36	18	28.8	0	28.8	0	1 173.6	381	360	360	1 533.6	741	2 859	0	2 859
41	1141	万俊俊	组装车间	生产工人	3 600	0	0	720	288	360	75	36	18	28.8	0	28.8	0	1 173.6	381	360	360	1 533.6	741	2 859	0	2 859
42	1142	张逸君	组装车间	生产工人	3 600	0	0	720	288	360	75	36	18	28.8	0	28.8	0	1 173.6	381	360	360	1 533.6	741	2 859	0	2 859
43	1143	言海根	组装车间	生产工人	3 600	0	0	720	288	360	75	36	18	28.8	0	28.8	0	1 173.6	381	360	360	1 533.6	741	2 859	0	2 859
44	1144	田勤	组装车间	生产工人	4 000	0	0	800	320	400	83	40	20	32	0	32	0	1 304	423	400	400	1 704	823	3 177	0	3 177
45	1145	肖鹏	组装车间	生产工人	4 000	0	0	800	320	400	83	40	20	32	0	32	0	1 304	423	400	400	1 704	823	3 177	0	3 177
46	1146	徐宏	组装车间	生产工人	4 000	0	0	800	320	400	83	40	20	32	0	32	0	1 304	423	400	400	1 704	823	3 177	0	3 177
47	1147	田军	组装车间	生产工人	4 000	0	0	800	320	400	83	40	20	32	0	32	0	1 304	423	400	400	1 704	823	3 177	0	3 177
48	1148	郑华珺	组装车间	生产工人	4 000	0	0	800	320	400	83	40	20	32	0	32	0	1 304	423	400	400	1 704	823	3 177	0	3 177
49	1149	洪霞	组装车间	生产工人	4 000	0	0	800	320	400	83	40	20	32	0	32	0	1 304	423	400	400	1 704	823	3 177	0	3 177
50	1150	冯鹏	组装车间	生产工人	4 000	0	0	800	320	400	83	40	20	32	0	32	0	1 304	423	400	400	1 704	823	3 177	0	3 177
51	1151	黄聪	组装车间	生产工人	4 000	0	0	800	320	400	83	40	20	32	0	32	0	1 304	423	400	400	1 704	823	3 177	0	3 177
52	1152	薛萍	组装车间	生产工人	4 000	0	0	800	320	400	83	40	20	32	0	32	0	1 304	423	400	400	1 704	823	3 177	0	3 177
53	1153	张世平	组装车间	生产工人	4 000	0	0	800	320	400	83	40	20	32	0	32	0	1 304	423	400	400	1 704	823	3 177	0	3 177
54	1154	李小春	组装车间	生产工人	4 000	0	0	800	320	400	83	40	20	32	0	32	0	1 304	423	400	400	1 704	823	3 177	0	3 177
55	1155	蔡丽娟	组装车间	生产工人	4 000	0	0	800	320	400	83	40	20	32	0	32	0	1 304	423	400	400	1 704	823	3 177	0	3 177
56	1156	吴新祥	组装车间	生产工人	4 000	0	0	800	320	400	83	40	20	32	0	32	0	1 304	423	400	400	1 704	823	3 177	0	3 177
57	1157	胡首科	组装车间	生产工人	4 000	0	0	800	320	400	83	40	20	32	0	32	0	1 304	423	400	400	1 704	823	3 177	0	3 177
58	1158	邹建榕	组装车间	生产工人	4 000	0	0	800	320	400	83	40	20	32	0	32	0	1 304	423	400	400	1 704	823	3 177	0	3 177
合计					265 500			53 100	21 240	26 550	5 484	2 655	1 327.5	2 124	0	2 124	0	86 553	28 051.5	26 550	26 550	113 103	54 601.5	210 898.5	1 737.39	209 161.11

（6）存货档案如表 3-37 所示。

表 3-37　　　　　　　　　　　　　　　　存货档案表

存货编码	存货类型	存货名称	规格	计量单位	存货占用存储	组织机构类型
P0001	产成品	经济型童车	—	辆	10	制造业、经销商、连锁、国贸、虚拟经销商
P0002	产成品	舒适型童车	—	辆	10	制造业、经销商、连锁、国贸、虚拟经销商
P0003	产成品	豪华型童车	—	辆	10	制造业、经销商、连锁、国贸、虚拟经销商
M0001	半成品	经济型童车车架	—	个	10	制造业
M0002	半成品	舒适型童车车架	—	个	10	制造业
M0003	半成品	豪华型童车车架	—	个	10	制造业
B0001	原材料	钢管	Φ外 16/Φ内 11/L5 000(mm)	根	2	制造业、供应商、虚拟供应商
B0002	原材料	镀锌管	Φ外 16/Φ内 11/L5 000(mm)	根	2	制造业、供应商、虚拟供应商
B0003	原材料	坐垫	HJM500	个	4	制造业、供应商、虚拟供应商
B0004	原材料	记忆太空棉坐垫	HJM0031	个	4	制造业、供应商、虚拟供应商
B0005	原材料	车篷	HJ72×32×40	个	2	制造业、供应商、虚拟供应商
B0006	原材料	车轮	HJΦ外 125/Φ内 60 mm	个	1	制造业、供应商、虚拟供应商
B0007	原材料	经济型童车包装套件	HJTB100	套	2	制造业、供应商、虚拟供应商
B0008	原材料	数控芯片	MC×3154A	片	1	制造业、供应商、虚拟供应商
B0009	原材料	舒适型童车包装套件	HJTB200	套	2	制造业、供应商、虚拟供应商
B0010	原材料	豪华型童车包装套件	HJTB300	套	2	制造业、供应商、虚拟供应商

（7）存货期初如表 3-38 所示。

表 3-38　　　　　　　　　　　　　　　　存货期初表　　　　　　　　　　　金额单位：元

存货编码	存货类型	存货名称	规格	计量单位	期初库存量	单价
P0001	产成品	经济型童车	—	辆	5 400	756.82
P0002	产成品	舒适型童车	—	辆	0	0
P0003	产成品	豪华型童车	—	辆	0	0
M0001	半成品	经济型童车车架	—	个	5 400	346.24
M0002	半成品	舒适型童车车架	—	个	0	0
M0003	半成品	豪华型童车车架	—	个	0	0
B0001	原材料	钢管	Φ外 16/Φ内 11/L5 000(mm)	根	10 800	105.2
B0002	原材料	镀锌管	Φ外 16/Φ内 11/L5 000(mm)	根	0	0
B0003	原材料	坐垫	HJM500	个	5 400	80.18

存货编码	存货类型	存货名称	规格	计量单位	期初库存量	单价
B0004	原材料	记忆太空棉坐垫	HJM0031	个	0	0
B0005	原材料	车篷	HJ72×32×40	个	5 400	144.26
B0006	原材料	车轮	HJΦ外125/Φ内60 mm	个	21 600	26.89
B0007	原材料	经济型童车包装套件	HJTB100	套	5 400	90.16
B0008	原材料	数控芯片	MC×3154A	片	0	0
B0009	原材料	舒适型童车包装套件	HJTB200	套	0	0
B0010	原材料	豪华型童车包装套件	HJTB300	套	0	0

（8）物流清单。

经济型童车物料清单如表 3-39 所示。

表 3-39　　　　　　　　经济型童车物料清单表

结构层次	父项物料	物料编码	物料名称	规格型号	单位	用量	备注
0		P0001	经济型童车		辆	1	自产成品
1	P0001	M0001	经济型童车车架		个	1	自产半成品
1	P0001	B0005	车篷	HJ72×32×40	个	1	外购原材料
1	P0001	B0006	车轮	HJΦ外125/Φ内60 mm	个	4	外购原材料
1	P0001	B0007	经济型童车包装套件	HJTB100	套	1	外购原材料
2	M0001	B0001	钢管	Φ外16/Φ内11/L5 000(mm)	根	2	外购原材料
2	M0001	B0003	坐垫	HJM500	个	1	外购原材料

舒适型童车物料清单如表 3-40 所示。

表 3-40　　　　　　　　舒适型童车物料清单表

结构层次	父项物料	物料编码	物料名称	规格型号	单位	用量	备注
0		P0002	舒适型童车		辆	1	自产成品
1	P0002	M0002	舒适型童车车架		个	1	自产半成品
1	P0002	B0005	车篷	HJ72×32×40	个	1	外购原材料
1	P0002	B0006	车轮	HJΦ外125/Φ内60 mm	个	4	外购原材料
1	P0002	B0009	舒适型童车包装套件	HJTB200	套	1	外购原材料
2	M0002	B0002	镀锌管	Φ外16/Φ内11/L5 000(mm)	根	2	外购原材料
2	M0002	B0003	坐垫	HJM500	个	1	外购原材料

豪华型童车物料清单如表 3-41 所示。

表 3-41 　　　　　　　　　　　　　豪华型童车物料清单表

结构层次	父项物料	物料编码	物料名称	规格型号	单位	用量	备注
0		P0003	豪华型童车		辆	1	自产成品
1	P0003	M0003	豪华型童车车架		个	1	自产半成品
1	P0003	B0005	车篷	HJ72×32×40	个	1	外购原材料
1	P0003	B0006	车轮	HJΦ外 125/Φ内 60 mm	个	4	外购原材料
1	P0003	B0008	数据芯片	MC×3154A	片	1	外购原材料
1	P0003	B0010	豪华型童车包装套件	HJTB300	套	1	外购原材料
2	M0003	B0002	镀锌管	Φ外 16/Φ内 11/L5 000(mm)	根	2	外购原材料

（9）厂房及期初信息如表 3-42 所示。

表 3-42 　　　　　　　　　　　　　厂房及期初信息表

厂房类型	使用年限（年）	厂房面积（平方米）	厂房容积（平米）	容量	售价（万元）	期初数量
小厂房	20	800	4 800	12 台机床位	480	0
大厂房	20	1 000	6 000	20 台机床位	720	1

（10）生产设备信息如表 3-43 所示。

表 3-43 　　　　　　　　　　　　　生产设备信息表

类型编码	生产设备类型	生产设备	购置费（万元）	使用年限（年）	生产能力（台/虚拟 1 天）		
					经济	舒适	豪华
01	机床	普通机床	21	10	500	500	0
01	机床	数控机床	72	10	3 000	3 000	3 000
02	生产线	组装流水线	51	10	7 000	7 000	6 000

（11）生产设备期初如表 3-44 所示。

表 3-44 　　　　　　　　　　　　　生产设备期初表

生产类型	生产设备	设备编号	购置日期	购置费（万元）	使用年限（年）	生产能力（台/虚拟 1 天）			数量
						经济	舒适	豪华	
机床	普通机床	0001	2015-1-4	21	10	500	500	0	1
机床	普通机床	0002	2015-1-4	21	10	500	500	0	1
机床	普通机床	0003	2015-1-4	21	10	500	500	0	1
机床	普通机床	0004	2015-1-4	21	10	500	500	0	1
机床	普通机床	0005	2015-1-4	21	10	500	500	0	1
机床	普通机床	0006	2015-1-4	21	10	500	500	0	1

（续表）

生产类型	生产设备	设备编号	购置日期	购置费（万元）	使用年限（年）	生产能力（台/虚拟1天）			数量
						经济	舒适	豪华	
机床	普通机床	0007	2015-1-4	21	10	500	500	0	1
机床	普通机床	0008	2015-1-4	21	10	500	500	0	1
机床	普通机床	0009	2015-1-4	21	10	500	500	0	1
机床	普通机床	0010	2015-1-4	21	10	500	500	0	1
生产线	组装流水线	0011	2015-1-4	51	10	7 000	7 000	6 000	1

（12）仓库如表3-45所示。

表3-45　　　　　　　　　　仓库表

仓库类型	使用年限（年）	仓库面积（平方米）	仓库容积（立方米）	仓库总存储单位	售价（万元）	存放产品
普通仓库	20	500	3 000	300 000	540	原材料：钢管、坐垫、车篷、车轮、包装套件、镀锌管、记忆太空棉坐垫、数控芯片、舒适型童车包装套件、豪华型童车包装套件 半成品：经济型童车车架、舒适型童车车架、豪华型童车车架 成品：经济型童车、舒适型童车、豪华型童车

（13）仓库期初如表3-46所示。

表3-46　　　　　　　　　　仓库期初表

序号	仓库类型	使用年限（年）	仓库面积（平方米）	仓库容积（立方米）	仓库总存储单位	售价（万元）	数量
1	普通仓库	20	500	3 000	300 000	540	1

（14）固定资产如表3-47所示。

表3-47　　　　　　　　　　固定资产表　　　　　　　　金额单位：元

固定资产编号	固定资产名称	使用部门	使用年限（月）	开始使用日期	已计提月份	原值	残值	月折旧额	累计折旧	对应科目
0100001	办公楼	企业管理部	240	2015-9-15	15	12 000 000	600000	47 500	712 500	管理费用
0100002	普通仓库	仓储部	240	2015-9-15	15	5 400 000	270 000	21 375	320 625	管理费用
0100003	大厂房	生产计划部	240	2015-9-15	15	7 200 000	360 000	28 500	427 500	制造费用
0200001	普通机床（机加工生产线）	生产计划部	120	2015-9-15	15	210 000	0	1 750	26 250	制造费用—机加工
0200002	普通机床（机加工生产线）	生产计划部	120	2015-9-15	15	210 000	0	1 750	26 250	制造费用—机加工
0200003	普通机床（机加工生产线）	生产计划部	120	2015-9-15	15	210 000	0	1 750	26 250	制造费用—机加工
0200004	普通机床（机加工生产线）	生产计划部	120	2015-9-15	15	210 000	0	1 750	26 250	制造费用—机加工

（续表）

固定资产编号	固定资产名称	使用部门	使用年限（月）	开始使用日期	已计提月份	原值	残值	月折旧额	累计折旧	对应科目
0200005	普通机床（机加工生产线）	生产计划部	120	2015-9-15	15	210 000	0	1 750	26 250	制造费用—机加
0200006	普通机床（机加工生产线）	生产计划部	120	2015-9-15	15	210 000	0	1 750	26 250	制造费用—机加
0200007	普通机床（机加工生产线）	生产计划部	120	2015-9-15	15	210 000	0	1 750	26 250	制造费用—机加
0200008	普通机床（机加工生产线）	生产计划部	120	2015-9-15	15	210 000	0	1 750	26 250	制造费用—机加
0200009	普通机床（机加工生产线）	生产计划部	120	2015-9-15	15	210 000	0	1 750	26 250	制造费用—机加
0200010	普通机床（机加工生产线）	生产计划部	120	2015-9-15	15	210 000	0	1 750	26 250	制造费用—机加
0200011	组装生产线	生产计划部	120	2015-9-15	15	510 000	0	4 250	63 750	制造费用—组装
0300001	笔记本电脑	企业管理部	48	2015-9-15	15	6 000	0	125	1 875	管理费用
0300002	笔记本电脑	人力资源部	48	2015-9-15	15	6 000	0	125	1 875	管理费用
0300003	笔记本电脑	财务部	48	2015-9-15	15	6 000	0	125	1 875	管理费用
0300004	笔记本电脑	采购部	48	2015-9-15	15	6 000	0	125	1 875	管理费用
0300005	笔记本电脑	营销部	48	2015-9-15	15	6 000	0	125	1 875	销售费用
0300006	笔记本电脑	仓储部	48	2015-9-15	15	6 000	0	125	1 875	管理费用
0300007	笔记本电脑	生产计划部	48	2015-9-15	15	6 000	0	125	1 875	制造费用
0300008	台式电脑	财务部	48	2015-9-15	15	4 800	0	100	1 500	管理费用
0300009	台式电脑	财务部	48	2015-9-15	15	4 800	0	100	1 500	管理费用
0300010	台式电脑	企业管理部	48	2015-9-15	15	4 800	0	100	1 500	管理费用
0300011	台式电脑	人力资源部	48	2015-9-15	15	4 800	0	100	1 500	管理费用
0300012	台式电脑	财务部	48	2015-9-15	15	4 800	0	100	1 500	管理费用
0300013	台式电脑	采购部	48	2015-9-15	15	4 800	0	100	1 500	管理费用
0300014	台式电脑	营销部	48	2015-9-15	15	4 800	0	100	1 500	销售费用
0300015	台式电脑	营销部	48	2015-9-15	15	4 800	0	100	1 500	销售费用
0300016	台式电脑	仓储部	48	2015-9-15	15	4 800	0	100	1 500	管理费用
0300017	台式电脑	生产计划部	48	2015-9-15	15	4 800	0	100	1 500	制造费用
0300018	台式电脑	生产计划部	48	2015-9-15	15	4 800	0	100	1 500	制造费用
0300019	打印复印一体机	企业管理部	48	2015-9-15	15	24 000	0	500	7 500	管理费用
合计						27 328 800		121 600	1 824 000	

（15）科目余额如表3-48所示。

表3-48　　　　　　　　　　**科目余额表**　　　　　　　金额单位：元

科目编码	科目名称	期初		发生		期末	
		借	贷	借	贷	借	贷
1001	库存现金	20 000.00		—	—		
1002	银行存款	10 000 000.00		—	—	—	—
100201	工行存款	10 000 000.00		—	—	—	—
1122	应收账款			—	—		
112201	旭日商贸有限公司						
112202	华晨商贸有限公司						
112203	仁和商贸有限公司						
112204	天府商贸有限公司			—	—	—	—
1221	其他应收款			—	—	—	—
1403	原材料	3 415 824.00					
140301	钢管	1 136 160.00					
140302	坐垫	432 972.00					
140303	车轮	580 824.00					
140304	车篷	779 004.00					
140305	经济型童车包装套件	486 864.00					
140306	镀锌管						
140307	记忆太空棉坐垫						
140308	数控芯片						
140309	舒适型童车包装套件						
140310	豪华型童车包装套件						
1405	库存商品	4 086 828.00					
140501	经济型童车	4 086 828.00					
140502	舒适型童车						
140503	豪华型童车						
1409	自制半成品	1 869 696.00					
140901	经济车架	1 869 696.00		—	—	—	—
140902	舒适车架						
140903	豪华车架						
1601	固定资产	27 328 800.00					
1602	累计折旧		1 824 000.00	—	—	—	—
2001	短期借款			—	—		
2002	应付账款			—	—		
220201	恒通工贸						
220202	邦尼工贸						
220203	思远工贸						
220204	新耀工贸			—	—	—	—
220211	隆飞物流						

（续表）

科目编码	科目名称	期初		发生		期末	
		借	贷	借	贷	借	贷
220212	融通服务			—	—	—	—
2211	应付职工薪酬		378 603.00	—	—	—	—
221101	工资		265 500.00	—	—	—	—
221103	社会保险		86 553.00	—	—	—	—
221104	住房公积金		26 550.00	—	—	—	—
2221	应交税费		215 333.34	—	—	—	—
222101	应交增值税			—	—	—	—
22210101	进项税额	405 820.51		—	—	—	—
22210103	销项税额		621 153.85	—	—	—	—
22210106	转出未交税金			—	—	—	—
222102	未交增值税		215 333.34	—	—	—	—
222103	已交增值税			—	—	—	—
222105	应交个人所得税			—	—	—	—
222108	应交企业所得税			—	—	—	—
2501	长期借款			—	—	—	—
4001	实收资本		35 000 000.00	—	—	—	—
4101	盈余公积		396 687.31	—	—	—	—
4103	本年利润			—	—	—	—
4104	利润分配		8 906 524.35	—	—	—	—
410406	未分配利润		8 906 524.35	—	—	—	—
6001	主营业务收入			—	—	—	—
6401	主营业务成本			—	—	—	—
6601	销售费用			—	—	—	—
6602	管理费用			—	—	—	—
6603	财务费用			—	—	—	—
	合计	66 499 316.51	56 842 762.54	—	—	—	—

（16）客户信息如表 3-49 所示。

表 3-49 客户信息表

企业注册地址	开户银行	银行账号	社会统一信用代码
北清路 5 号	中国工商银行	0100229999000099011	110108554831327011
沙静南路 671 号	中国工商银行	0100229999000099012	110108753990101012
安杰北街 18 号	中国工商银行	0100229999000099013	110108554831245013
丰豪中街 55 号	中国工商银行	0100229999000099014	110108120101673014
武汉市汉南区纱帽街汉南大道 12 号	中国工商银行	4563512600681022353	420113000028713009
武汉市星源大道 19 号	中国工商银行	4563512600681022354	420113000028193010
广顺北街 38 号	中国工商银行	0100229999000099021	110108120101688021

（17）供应商信息如表 3-50 所示。

表 3-50　　　　　　　　　　　供应商信息表

企业注册地址	开户银行	银行账号	社会统一信用代码
小红门路 45 号	中国工商银行	0100229999000099015	110000001012587015
曙光西街 722 号	中国工商银行	0100229999000099016	110106311235740016
顾家庄中路 147 号	中国工商银行	0100229999000099017	110020001012524017
静远东街 151 号	中国工商银行	0100229999000099018	110113050173019018

（18）物流信息如表 3-51 所示。

表 3-51　　　　　　　　　　　物流信息表

序号	企业法定中文名称	简称	办公电话	邮政编码	注册资金	企业注册登记日期	企业法定代表人	企业注册地址	开户银行	银行账号	社会统一信用代码
1	隆飞物流有限公司	隆飞	027-64667658	100106	6000000	2015-1-4	李请	卓尔大街38号	中国工商银行	1002299990000099019	100108231234856019

（19）服务公司信息如表 3-52 所示。

表 3-52　　　　　　　　　　　服务公司信息表

序号	中文名称	简称	办公电话	邮政编码	注册资金	注册登记日期	法定代表人	注册地址	开户行	银行账号	社会统一信用代码
1	融通综合服务有限公司	融通	027-64667658	100122	50 000 000	2015-1-4	王经文	藏龙大道28号	中国工商银行	0100229999000099024	100108231234858024

（二）商贸（经销商）期初数据

（1）组织机构如表 3-53 所示。

表 3-53　　　　　　　　　　　组织机构表

企业法定中文名称	办公电话	简称	注册资金	企业注册登记日期	企业法定代表人	企业注册地址	社会统一信用代码	邮政编码	开户银行	银行账号
旭日商贸有限公司	010-68500412	旭日	4 500 000	2015-1-4	李峰	北清路5号	100108554831327	100094	中国工商银行	0100229999000099011
华晨商贸有限公司	021-62570416	华晨	4 500 000	2015-1-4	王强	沙静南路671号	110108753990101	100084	中国工商银行	0100229999000099012
仁和商贸有限公司	020-63470422	仁和	4 500 000	2015-1-4	董浩	安杰北街18号	100108554831245	100086	中国工商银行	0100229999000099013
天府商贸有限公司	028-62500478	天府	4 500 000	2015-1-4	康庄	丰豪中街55号	110108120101673	100080	中国工商银行	0100229999000099014

（2）部门信息如表 3-54 所示。

表 3-54　　　　　　　　　　部门信息表

所属组织类型	部门编号	部门名称
经销商	bm0201	企业管理部
经销商	bm0202	营销部
经销商	bm0203	采购部
经销商	bm0204	仓储部
经销商	bm0205	财务部

（3）岗位信息如表 3-55 所示。

表 3-55　　　　　　　　　　岗位信息表

部门名称	岗位名称	角色名称
企业管理部	总经理	经销商总经理
企业管理部	行政经理	经销商行政经理
营销部	营销部经理	经销商营销部经理
采购部	采购部经理	经销商采购部经理
仓储部	仓储部经理	经销商仓储部经理
财务部	财务部经理	经销商财务部经理
财务部	出纳	经销商出纳

（4）存货信息如表 3-56 所示。

表 3-56　　　　　　　　　　存货信息表

存货编码	存货类型	存货名称	规格	计量单位	存货占用存储单位	库存量
P0001	产成品	经济型童车	—	辆	10	4000
P0002	产成品	舒适型童车	—	辆	10	
P0003	产成品	豪华型童车	—	辆	10	

（5）仓库信息如表 3-57 所示。

表 3-57　　　　　　　　　　仓库信息表

仓库类型	使用年限（年）	仓库面积（平方米）	仓库容积（立方米）	仓库总存储单位	售价（万元）	存放产品
普通仓库	30	500	3 000	300 000		原材料：钢管、坐垫、车篷、车轮、包装套件、镀锌管、记忆太空棉坐垫、数控芯片、舒适型童车包装套件、豪华型童车包装套件 半成品：经济型童车车架、舒适型童车车架、豪华型童车车架 成品：经济型童车、舒适型童车、豪华型童车

（6）固定资产信息。

资产分类如表 3-58 所示。

表 3-58 资产分类表

分类编码	分类名称	折旧年限(月)	折旧方法	残值率
01	房屋及土地	240	直线法(一)	5%
02	生产设备	120	直线法(一)	0
03	办公设备	60	直线法(一)	0

固定资产信息如表 3-59 所示。

表 3-59 固定资产信息表 金额单位：元

固定资产编号	固定资产名称	使用部门	使用年限(月)	开始使用日期	已计提月份	原值	残值	月折旧额	累计折旧
0100001	办公楼	企业管理部	240	2014-9-15	15	9 000 000.00	450 000.00	35 625.00	534 375.00
0100002	普通仓库	仓储部	240	2014-9-15	15	6 000 000.00	300 000.00	23 750.00	356 250.00
0300001	笔记本电脑	企业管理部	48	2014-9-15	15	8 000.00	—	166.67	2 500.00
0300002	笔记本电脑	企业管理部	49	2014-9-16	15	8 000.00	—	163.27	2 448.98
0300003	笔记本电脑	财务部	48	2014-9-15	15	8 000.00	—	166.67	2 500.00
0300004	笔记本电脑	采购部	48	2014-9-15	15	8 000.00	—	166.67	2 500.00
0300005	笔记本电脑	营销部	48	2014-9-15	15	8 000.00	—	166.67	2 500.00
0300006	笔记本电脑	仓储部	48	2014-9-15	15	8 000.00	—	166.67	2 500.00
0300019	打印复印一体机	企业管理部	49	2014-9-15	15	20 000.00	—	408.16	6 122.45
						15 068 000.00		60 779.76	911 696.43

（7）科目余额信息如表 3-60 所示。

表 3-60 科目余额表 金额单位：元

科目编码	科目名称	期初余额	
		借	贷
1001	库存现金	20 000.00	—
1002	银行存款	4 700 000.00	—
100201	工行存款	—	
1122	应收账款	—	—
112201	爱喜商贸	—	
1221	其他应收款		
1405	库存商品	—	—
140501	经济型童车	3 968 000.00	
140502	舒适型童车	—	
140503	豪华型童车	—	
1601	固定资产	14 460 000.00	
1602	累计折旧	—	873 750.00
2001	短期借款		
2202	应付账款	—	—
220201	好佳童车	—	
220211	隆飞物流	—	

(续表)

科目编码	科目名称	期初余额	
		借	贷
220212	融通服务	—	—
2211	应付职工薪酬	—	—
221101	工资	—	53 000.00
221103	社会保险	—	16 271.00
221104	住房公积金	—	5 300.00
2221	应交税费	—	—
222101	应交增值税	—	—
22210101	进项税额	—	—
22210103	销项税额	—	—
22210106	转出未交税金	—	—
22210107	未交增值税	—	123 971.86
22210108	已交增值税	—	—
222105	应交个人所得税	—	—
222108	应交企业所得税	—	—
2501	长期借款	—	—
4001	实收资本	—	20 000 000.00
4101	盈余公积	—	—
4103	本年利润	—	—
4104	利润分配	—	—
410406	未分配利润	—	2 075 707.14
6001	主营业务收入	—	—
6401	主营业务成本	—	—
6601	销售费用	—	—
6602	管理费用	—	—
6603	财务费用	—	—
	合计	23 148 000.00	23 148 000.00

(8) 现金、银行存款期初如表3-61所示。

表 3-61 　　　　　　　　　现金、银行存款期初表　　　　　　金额单位：元

组织机构类型	编码	企业法定中文名称	库存现金	银行存款	开户银行	银行账号
经销商	0201	旭日商贸有限公司	20 000.00	4 700 000.00	中国工商银行	0100229999000099011
经销商	0202	华晨商贸有限公司	20 000.00	4 700 000.00	中国工商银行	0100229999000099012
经销商	0203	仁和商贸有限公司	20 000.00	4 700 000.00	中国工商银行	0100229999000099013
经销商	0204	天府商贸有限公司	20 000.00	4 700 000.00	中国工商银行	0100229999000099014

(9) 供应商信息如表3-62所示。

(10) 客户信息如表3-63所示。

(10) 薪酬信息。总经理的薪酬标准为12 000元/月，部门经理的薪酬标准为7 500元/月，职能主管的薪酬标准为5 500元/月。薪酬信息如表3-64所示。

(三) 工贸(供应商)企业期初数据

(1) 组织机构如表3-65所示。

表 3-62 供应商信息表

金额单位：元

企业法定中文名称	办公电话	简称	注册资金	企业注册登记日期	企业法定代表人	企业注册地址	社会统一信用代码	邮政编码	开户银行	银行账号
宝乐童车制造有限公司	010-62345678	宝乐	15 000 000	2015-1-4	赵成	永定路 66 号	11010880901832	102202	中国工商银行	0100229990000099001
小精灵童车制造有限公司	010-62345679	小精灵	15 000 000	2015-1-4	钱乾	越秀东路 45 号	11010880901833	102202	中国工商银行	0100229990000099002
童飞童车制造有限公司	010-62345680	童飞	15 000 000	2015-1-4	孙鸿铭	康安北街 5 号	11010880901834	102202	中国工商银行	0100229990000099003
爱贝乐童车制造有限公司	021-62345681	爱贝乐	15 000 000	2015-1-4	李刚	新阿西路 666 号	11010880901835	102202	中国工商银行	0100229990000099004
豆豆熊童车制造有限公司	021-62345682	豆豆熊	15 000 000	2015-1-4	周星星	武强北路 722 号	11010880901836	102202	中国工商银行	0100229990000099005
五彩梦童车制造有限公司	020-62345683	五彩梦	15 000 000	2015-1-4	吴梦	天河北路 11 号	11010880901837	102202	中国工商银行	0100229990000099006
慧聪童车制造有限公司	020-62345684	慧聪	15 000 000	2015-1-4	武岳	沿江中街 144 号	11010880901838	102202	中国工商银行	0100229990000099007
迪士博童车制造有限公司	020-62345685	迪士博	15 000 000	2015-1-4	郑文	漕溪中路 211 号	11010880901839	102202	中国工商银行	0100229990000099008
宝贝快长童车制造有限公司	028-62345686	宝贝快长	15 000 000	2015-1-4	王伟	天仙桥北路 55 号	11010880901840	102202	中国工商银行	0100229990000099009
伊拉贝莎童车制造有限公司	028-62345687	伊拉贝莎	15 000 000	2015-1-4	朱玖	共和中路 158 号	11010880901841	102202	中国工商银行	0100229990000099010
隆飞物流有限公司	027-6467658	物流	6 000 000	2015-1-4	李靖	卓乐大街 38 号	10010823123456	100106	中国工商银行	0100229990000099019

表 3-63 客户信息表

金额单位：元

企业法定中文名称	办公电话	简称	注册资金	企业注册登记日期	企业注册地址	邮政编码	开户银行	银行账号
上海乐康妇婴用品有限公司（东部）	021-62088688		1 000 000	2015-1-4	上海市普陀区梅川路 149 号	200062	中国工商银行	4563512600681022345
上海金亿妇婴用品有限公司（东部）	021-62082233		1 000 000	2015-1-4	上海市白下区御道街 112 号	200011	中国工商银行	4563512600681022346
广州好康妇婴用品有限公司（南部）	020-82027809		1 000 000	2015-1-4	广州市人民东路 73 号	530012	中国工商银行	4563512600681022347
广州嘉乐妇婴用品有限公司（南部）	020-82027811		1 000 000	2015-1-4	广州市西开心路 73 号	530044	中国工商银行	4563512600681022348
北京华伟商贸有限公司（北部）	010-88232888		1 000 000	2015-1-4	北京市天桥西区红旗大街 623 号	053100	中国工商银行	4563512600681022349
北京爱喜商贸有限公司（北部）	010-82234579		1 000 000	2015-1-4	北京市温泉北路 623 号	100081	中国工商银行	4563512600681022350
成都新兴商贸有限公司（西部）	028-67821932		1 000 000	2015-1-4	成都市武侯区双龙湖街道仙桃村 2 社 12 幢	401102	中国工商银行	4563512600681022351
成都文西商贸有限公司（西部）	028-67821561		1 000 000	2015-1-4	成都市观音路西街 122 号	401144	中国工商银行	4563512600681022352
湖北强盛商贸有限公司（中部）	027-84859011		1 000 000	2015-1-4	武汉市汉南区纱帽街道汉南大道 12 号	430090	中国工商银行	4563512600681022353
湖北静洁商贸有限公司（中部）	027-84852312		1 000 000	2015-1-4	武汉市星源大道 19 号	430120	中国工商银行	4563512600681022354

薪酬信息表

表 3-64

金额单位：元

序号	部门	姓名	岗位名称	职务类别	应发工资	缺勤天数	缺勤扣款	养老保险(个人)	养老保险(单位)	医疗保险(个人)	医疗保险(单位)	失业保险(个人)	失业保险(单位)	工伤保险(个人)	工伤保险(单位)	生育保险(个人)	生育保险(单位)	五险小计(个人)	五险小计(单位)	住房公积金(个人)	住房公积金(单位)	五险一金小计(个人)	五险一金小计(单位)	辞退福利	应税工资	应扣个人所得税	实发金额
1	企业管理部	关雅囊	总经理	总经理	12 000.00	0	0	960.00	2 400.00	243.00	720.00	120.00	240.00	0.00	240.00	0.00	84.00	1 323.00	3 684.00	1 200.00	1 200.00	2 523.00	4 884.00	0.00	9 477.00	640.40	8 836.60
2	企业管理部	牧雷瑶	行政助理	职能主管	5 500.00	0	0	440.00	1 100.00	113.00	330.00	55.00	110.00	0.00	110.00	0.00	38.50	608.00	1 688.50	550.00	550.00	1 158.00	2 238.50	0.00	4 342.00	25.26	4 316.74
3	营销部	杨绮萱	营销部经理	部门经理	7 500.00	0	0	600.00	1 500.00	153.00	450.00	75.00	150.00	0.00	150.00	0.00	52.50	828.00	2 302.50	750.00	750.00	1 578.00	3 052.50	0.00	5 922.00	137.20	5 784.80
4	采购部	范易龙	采购部经理	部门经理	7 500.00	0	0	600.00	1 500.00	153.00	450.00	75.00	150.00	0.00	150.00	0.00	52.50	828.00	2 302.50	750.00	750.00	1 578.00	3 052.50	0.00	5 922.00	137.20	5 784.80
5	仓储部	陈寅丘	仓储部经理	部门经理	7 500.00	0	0	600.00	1 500.00	153.00	450.00	75.00	150.00	0.00	150.00	0.00	52.50	828.00	2 302.50	750.00	750.00	1 578.00	3 052.50	0.00	5 922.00	137.20	5 784.80
6	财务部	武妍伊	财务部经理	部门经理	7 500.00	0	0	600.00	1 500.00	153.00	450.00	75.00	150.00	0.00	150.00	0.00	52.50	828.00	2 302.50	750.00	750.00	1 578.00	3 052.50	0.00	5 922.00	137.20	5 784.80
7	财务部	吴亦竹	出纳	职能主管	5 500.00	0	0	440.00	1 100.00	113.00	330.00	55.00	110.00	0.00	110.00	0.00	38.50	608.00	1 688.50	550.00	550.00	1 158.00	2 238.50	0.00	4 342.00	25.26	4 316.74
	合计				53 000.00			4 240.00		1 081.00		530.00		0.00		0.00		5 851.00	16 271.00		5 300.00	11 151.00	21 571.00	0.00	41 849.00	1 239.72	40 609.28

组织机构表

表 3-65

金额单位：元

企业法定中文名称	简称	办公电话	注册资金	企业注册登记日期	企业法定代表人	企业注册地址	邮政编码	社会统一信用代码	开户银行	银行账号
恒通工贸有限公司	恒通	010-51062888	4 500 000	2015-1-4	张艳	小红门路45号	100076	11000000101012587	中国工商银行	01002299990000099015
邦尼工贸有限公司	邦尼	021-60423018	4 500 000	2015-1-4	张伟	曙光西街722号	100070	110106311235740	中国工商银行	01002299990000099016
思远工贸有限公司	思远	020-51012837	4 500 000	2015-1-4	何聪	顾家庄中路147号	100076	11002000101012524	中国工商银行	01002299990000099017
新耀工贸有限公司	新耀	028-62500499	4 500 000	2015-1-4	王敏	静远东街151号	101300	110113050173019	中国工商银行	01002299990000099018

（2）部门信息如表 3-66 所示。

表 3-66　　　　　　　　　　　　　部门信息表

部门编号	部门名称
bm0301	企业管理部
bm0302	业务部
bm0303	财务部

（3）岗位信息如表 3-67 所示。

表 3-67　　　　　　　　　　　　　岗位信息表

部门名称	岗位名称	角色名称
企业管理部	总经理	商贸总经理
企业管理部	行政经理	商贸行政经理
业务部	业务经理	商贸业务经理
财务部	财务部经理	商贸财务部经理

（4）存货信息如表 3-68 所示。

表 3-68　　　　　　　　　　　　　存货信息表

存货编码	存货类型	存货名称	规格	计量单位	存货占用存储单位	库存量
B0001	原材料	钢管	Φ外 16/Φ内 11/L5 000(mm)	根	2	
B0002	原材料	镀锌管	Φ外 16/Φ内 11/L5 000(mm)	根	2	
B0003	原材料	坐垫	HJM500	个	4	
B0004	原材料	记忆太空棉坐垫	HJM0031	个	4	
B0005	原材料	车篷	HJ72×32×40	个	2	
B0006	原材料	车轮	HJΦ外 125/Φ内 60 mm	个	1	
B0007	原材料	经济型童车包装套件	HJTB100	套	2	
B0008	原材料	数控芯片	MC×3154A	片	1	
B0009	原材料	舒适型童车包装套件	HJTB200	套	2	
B0010	原材料	豪华型童车包装套件	HJTB300	套	2	

（5）库存现金、银行信息如表 3-69 所示。

表 3-69　　　　　　　　　库存现金、银行信息表　　　　　　　金额单位：元

编码	企业法定中文名称	库存现金	银行存款	开户银行	银行账号
0301	恒通工贸有限公司	20 000	4 500 000	中国工商银行	0100229999000099015
0302	邦尼工贸有限公司	20 000	4 500 000	中国工商银行	0100229999000099016
0303	思远工贸有限公司	20 000	4 500 000	中国工商银行	0100229999000099017
0304	新耀工贸有限公司	20 000	4 500 000	中国工商银行	0100229999000099018

（6）仓库信息如表 3-70 所示。

表 3-70　　　　　　　　　　　　　仓库信息表

仓库类型	使用年限（年）	仓库面积（平方米）	仓库容积（立方米）	仓库总存储单位	售价（万元）	存放产品
普通仓库	30	500	3 000	300 000	600	原材料：钢管、坐垫、车篷、车轮、包装套件、镀锌管、记忆太空棉坐垫、数控芯片、舒适型童车包装套件、豪华型童车包装套件 半成品：经济型童车车架、舒适型童车车架、豪华型童车车架 成品：经济型童车、舒适型童车、豪华型童车

（7）供应商信息如表 3-71 所示。

表 3-71

供应商信息表

企业法定中文名称	办公电话	简称	注册资金	企业注册登记日期	企业法定代表人	企业注册地址	社会统一信用代码	邮政编码	开户银行	银行账号
湖北丽华五金制品有限公司	027-83345068	丽华五金	1 000 000	2015-1-4		湖北武汉市武昌新河街羊福里小区 7	420100210129462	430060	中国工商银行	456351260068102235

（8）客户信息如表 3-72 所示。

表 3-72

客户信息表

金额单位：元

企业法定中文名称	办公电话	简称	注册资金	企业注册登记日期	企业法定代表人	企业注册地址	社会统一信用代码	邮政编码	开户银行	银行账号
宝乐童车制造有限公司	010-62345678	宝乐	15 000 000	2015-1-4	赵成	永定路 66 号	11010880901 8632	102202	中国工商银行	0100229999000099001
小精灵童车制造有限公司	010-62345679	小精灵	15 000 000	2015-1-4	钱乾	越秀东路 45 号	11010880901 8633	102202	中国工商银行	0100229999000099002
童飞童车制造有限公司	010-62345680	童飞	15 000 000	2015-1-4	孙鸿铭	康安北街 5 号	11010880901 8634	102202	中国工商银行	0100229999000099003
爱贝尔童车制造有限公司	021-62345681	爱贝尔	15 000 000	2015-1-4	李刚	新河西路 666 号	11010880901 8635	102202	中国工商银行	0100229999000099004
豆豆熊童车制造有限公司	021-62345682	豆豆熊	15 000 000	2015-1-4	周星星	武强北路 722 号	11010880901 8636	102202	中国工商银行	0100229999000099005
五彩梦童车制造有限公司	020-62345683	五彩梦	15 000 000	2015-1-4	吴梦	天河北路 11 号	11010880901 8637	102202	中国工商银行	0100229999000099006
慧聪童车制造有限公司	020-62345684	慧聪	15 000 000	2015-1-4	武岳	沿江中街 144 号	11010880901 8638	102202	中国工商银行	0100229999000099007
迪士博童车制造有限公司	020-62345685	迪士博	15 000 000	2015-1-4	郑文	漕溪中路 211 号	11010880901 8639	102202	中国工商银行	0100229999000099008
宝贝快长童车制造有限公司	028-62345686	宝贝快长	15 000 000	2015-1-4	王伟	天仙桥北路 55 号	11010880901 8640	102202	中国工商银行	0100229999000099009
伊拉贝莎童车制造有限公司	028-62345687	伊拉贝莎	15 000 000	2015-1-4	朱玖	共和路 158 号	11010880901 8641	102202	中国工商银行	0100229999000099010

第四节 | 经营准备

(一)制造业经营准备

(1)批量办理个人银行卡。人力资源部根据本企业员工人数,办理发放工资的银行卡。业务流程步骤如表 3-73 所示。

表 3-73　　　　　　　　　　　　　业务流程步骤表

序号	活动名称	角色	活动描述—操作指导
1	填制借记卡集体申领登记表	人力资源助理	1. 填写"借记卡集体申领登记表",项目包含姓名、身份证号等 2. 收集员工姓名、身份证号信息,并录入"借记卡集体申领登记表" 3. 由员工核对并签字确认信息,"负责人姓名"处由人力资源助理签字
2	审核登记表	人力资源部经理	人力资源助理将"借记卡集体申领登记表"交人力资源部经理审核,无误后由人力资源部经理审核
3	去银行办理开卡业务	人力资源助理	到银行柜台递交借记卡集体申领登记表办理银行卡(实际业务中必须带身份证原件)
4	办理银行开卡	银行柜员	银行柜员办理开卡完毕后,把银行卡交给办卡申请人
5	借记卡集体申领登记表归档	人力资源助理	借记卡集体申领登记表归档

业务流程步骤如图 3-32 所示。

图 3-32　业务流程步骤图

(2)企管部借款。行政助理为开展业务,前去财务部借备用金,并依据公司流程办理相关手续。业务流程步骤如表 3-74 所示。

表 3-74　　　　　　　　　　　　　业务流程步骤表

编号	活动名称	角色	活动描述—操作指导
1	填写借款单	行政助理	1. 在 VBSE 系统中填写借款单(实际工作中可能填写纸质借款单) 2. 填写借款单,借款作为部门备用金 3. 拿借款单找部门经理(总经理兼)审核
2	审核借款单	总经理	1. 在 VBSE 系统中对借款用途、金额、付款条款进行审核 2. 审核无误,在审核意见处签字确认
3	审核借款单	财务部经理	1. 在 VBSE 系统中对借款用途、金额、付款条款进行审核 2. 审核无误,在审核意见处签字确认

(续表)

编号	活动名称	角色	活动描述—操作指导
4	确认借款单并支付现金	出纳	1. 接收财务部经理交给的已审核过的借款单 2. 支付现金给借款人并由借款人签字 3. 借款单签字盖章并将借款单交给财务会计（做凭证）
5	填制记账凭证	财务会计	1. 接收到出纳交给的借款单 2. 填制记账凭证，将借款单粘贴在后面作为附件 3. 送财务部经理审核
6	审核记账凭证	财务部经理	1. 接收财务会计交给的记账凭证，进行审核 2. 审核无误后，在记账凭证上签字或盖章 3. 交出纳登记现金日记账
7	登记现金日记账	出纳	1. 接收财务部经理审核后的记账凭证 2. 在记账凭证上签字或盖章 3. 根据记账凭证登记现金日记账 4. 将记账凭证交财务会计登记科目明细账
8	登记科目明细账	财务会计	1. 接收出纳交给的记账凭证 2. 在记账凭证上签字或盖章 3. 根据记账凭证登记科目明细账
9	登记总账	财务部经理	1. 接收财务会计交给的记账凭证 2. 在记账凭证上签字或盖章 3. 根据记账凭证登记总账

业务流程步骤如图 3-33 所示。

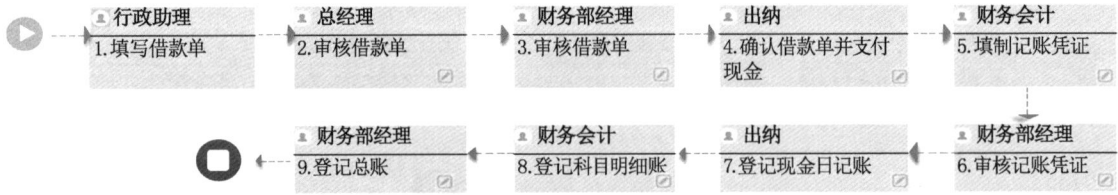

图 3-33　业务流程步骤图

（3）人力资源部借款。人力资源助理为开展业务，前去财务部借备用金，并依据公司流程办理相关手续。业务流程步骤如表 3-75 所示。

表 3-75　　　　　　　　　　　　　　业务流程步骤表

序号	活动名称	角色	活动描述—操作指导
1	填写借款单	人力资源助理	1. 在 VBSE 系统中填写借款单（实际工作中可能填写纸质借款单） 2. 拿借款单找人力资源部经理审核
2	审核借款单	人力资源部经理	1. 在 VBSE 系统中对借款用途、金额、付款条款进行审核 2. 审核无误，在审核意见处签字确认
3	审核借款单	财务部经理	1. 在 VBSE 系统中对借款用途、金额、付款条款进行审核 2. 审核无误，在审核意见处签字确认
4	确认借款单并支付现金	出纳	1. 接收人力资源助理交给的已审核过的借款单并签字或盖章 2. 支付现金给借款人并由借款人签字 3. 将借款单交给财务会计做凭证

(续表)

序号	活动名称	角色	活动描述—操作指导
5	填制记账凭证	财务会计	1. 接收到出纳交给的借款单 2. 填制记账凭证,将借款单粘贴在后面作为附件 3. 送财务部经理审核
6	审核记账凭证	财务部经理	1. 接收财务会计交给的记账凭证,进行审核 2. 审核无误后,在记账凭证上签字或盖章 3. 交出纳登记现金日记账
7	登记现金日记账	出纳	1. 接收财务部经理审核后的记账凭证 2. 根据记账凭证登记现金日记账 3. 记账后在记账凭证上签字或盖章 4. 将记账凭证交财务会计登记科目明细账
8	登记科目明细账	财务会计	1. 接收出纳交给的记账凭证 2. 根据记账凭证登记科目明细账 3. 记账后在记账凭证上签字或盖章
9	登记总账	财务部经理	1. 接收财务会计交给的记账凭证 2. 在记账凭证上签字或盖章 3. 根据记账凭证登记科目总账

业务流程步骤如图 3-34 所示。

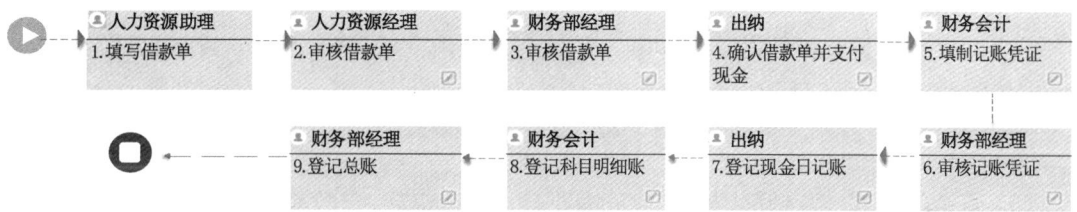

图 3-34　业务流程步骤图

（4）采购部借款。采购部因部门业务需要,去财务部借一定数额的备用金,并依据公司流程办理相关手续。业务流程步骤如表 3-76 所示。

表 3-76　　　　　　　　　　　　　　业务流程步骤表

序号	活动名称	角色	活动描述—操作指导
1	填写借款单	采购员	1. 在 VBSE 系统中填写借款单(实际工作中可能填写纸质借款单) 2. 拿借款单找采购部经理审核
2	审核借款单	采购部经理	1. 在 VBSE 系统中对借款用途、金额、付款条款进行审核 2. 审核无误,在审核意见处签字确认
3	审核借款单	财务部经理	1. 在 VBSE 系统中对借款用途、金额、付款条款进行审核 2. 审核无误,在审核意见处签字确认
4	确认借款单并支付现金	出纳	1. 接收采购员交给的已审核过的借款单 2. 支付现金给借款人并由借款人签字 3. 将借款单交给财务会计做凭证
5	填制记账凭证	财务会计	1. 接收到出纳交给的借款单 2. 填制记账凭证,将借款单粘贴在后面作为附件 3. 送财务部经理审核

(续表)

序号	活动名称	角色	活动描述—操作指导
6	审核记账凭证	财务部经理	1. 接收财务会计交给的记账凭证,进行审核 2. 审核无误后,在记账凭证上签字或盖章 3. 交出纳登记现金日记账
7	登记现金日记账	出纳	1. 接收财务部经理审核后的记账凭证 2. 根据记账凭证登记现金日记账 3. 记账后在记账凭证上签字或盖章 4. 将记账凭证交财务会计登记科目明细账
8	登记科目明细账	财务会计	1. 接收出纳交给的记账凭证 2. 在记账凭证上签字或盖章 3. 根据记账凭证登记科目明细账
9	登记总账	财务部经理	1. 接收财务会计交给的记账凭证 2. 在记账凭证上签字或盖章 3. 根据记账凭证登记科目总账

业务流程步骤如图 3-35 所示。

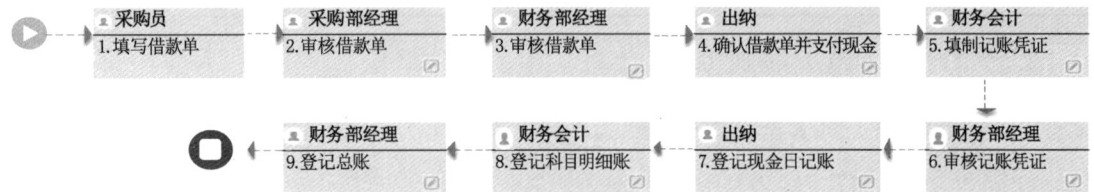

图 3-35　业务流程步骤图

（5）营销部借款。营销部因部门业务需要,去财务部借一定数额的备用金,并依据公司流程办理相关手续。业务流程步骤如表 3-77 所示。

表 3-77　　　　　　　　　　　　业务流程步骤表

序号	活动名称	角色	活动描述—操作指导
1	填写借款单	销售专员	1. 在 VBSE 系统中填写借款单(实际工作中可能填写纸质借款单) 2. 拿借款单找营销部经理审核
2	审核借款单	营销部经理	1. 在 VBSE 系统中对借款用途、金额、付款条款进行审核 2. 审核无误,在审核意见处签字确认
3	审核借款单	财务部经理	1. 在 VBSE 系统中对借款用途、金额、付款条款进行审核 2. 审核无误,在审核意见处签字确认
4	确认借款单并支付现金	出纳	1. 接收销售专员交给的已审核过的借款单 2. 支付现金给借款人并由借款人签字 3. 出纳在借款单上签字或盖章 4. 将借款单交给财务会计做凭证
5	填制记账凭证	财务会计	1. 接收到出纳交给的借款单 2. 填制记账凭证,将借款单粘贴在后面作为附件 3. 送财务部经理审核
6	审核记账凭证	财务部经理	1. 接收财务会计交给的记账凭证,进行审核 2. 审核无误后,在记账凭证上签字或盖章 3. 交出纳登记现金日记账

（续表）

序号	活动名称	角色	活动描述—操作指导
7	登记现金日记账	出纳	1. 接收财务部经理审核后的记账凭证 2. 根据记账凭证登记现金日记账 3. 记账后在记账凭证上签字或盖章 4. 将记账凭证交财务会计登记科目明细账
8	登记科目明细账	财务会计	1. 接收出纳交给的记账凭证 2. 在记账凭证上签字或盖章 3. 根据记账凭证登记科目明细账
9	登记总账	财务部经理	1. 接收财务会计交给的记账凭证 2. 在记账凭证上签字或盖章 3. 根据记账凭证登记科目总账

业务流程步骤如图 3-36 所示。

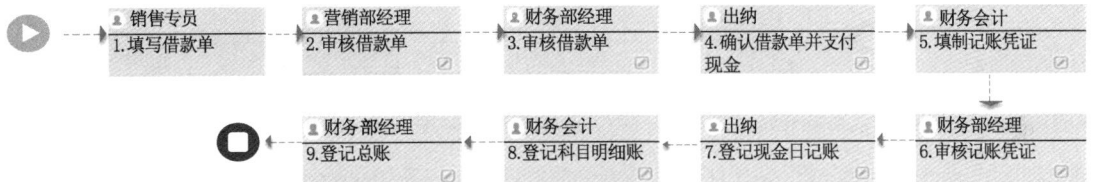

图 3-36　业务流程步骤图

（6）仓储部借款。仓储部因部门业务需要，去财务部借一定数额的备用金，并依据公司相关流程办理手续。业务流程步骤如表 3-78 所示。

表 3-78　　　　　　　　　　　　　业务流程步骤表

序号	活动名称	角色	活动描述—操作指导
1	填写借款单	仓管员	1. 在 VBSE 系统中填写借款单（实际工作中可能填写纸质借款单） 2. 拿借款单找仓储部经理审核
2	审核借款单	仓储部经理	1. 在 VBSE 系统中对借款用途、金额、付款条款进行审核 2. 审核无误，在审核意见处签字确认
3	审核借款单	财务部经理	1. 在 VBSE 系统中对借款用途、金额、付款条款进行审核 2. 审核无误，在审核意见处签字确认
4	确认借款单并支付现金	出纳	1. 接收仓管员交给的已审核过的借款单 2. 支付现金给借款人并由借款人签字 3. 将借款单交给财务会计做凭证
5	填制记账凭证	财务会计	1. 接收到出纳交给的借款单 2. 填制记账凭证，将借款单粘贴在后面作为附件 3. 送财务部经理审核
6	审核记账凭证	财务部经理	1. 接收财务会计交给的记账凭证，进行审核 2. 审核无误后，在记账凭证上签字或盖章 3. 交出纳登记现金日记账
7	登记现金日记账	出纳	1. 接收财务部经理审核后的记账凭证 2. 根据记账凭证登记现金日记账 3. 记账后在记账凭证上签字或盖章 4. 将记账凭证交财务会计登记科目明细账

(续表)

序号	活动名称	角色	活动描述—操作指导
8	登记科目明细账	财务会计	1. 接收出纳交给的记账凭证 2. 在记账凭证上签字或盖章 3. 根据记账凭证登记科目明细账
9	登记总账	财务部经理	1. 接收财务会计交给的记账凭证 2. 在记账凭证上签字或盖章 3. 根据记账凭证登记科目总账

业务流程步骤如图 3-37 所示。

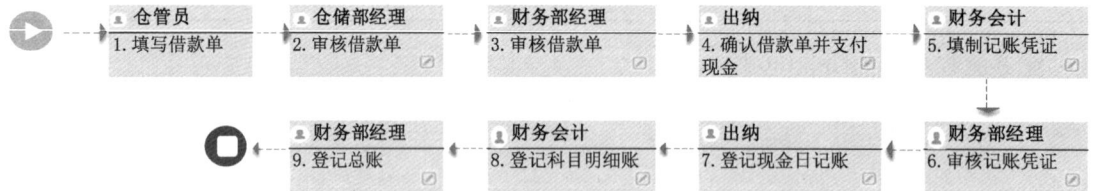

图 3-37　业务流程步骤图

(7) 生产计划部借款。生产计划部因部门业务需要,去财务部借一定数额的备用金,并依据公司相关流程办理手续。业务流程步骤如表 3-79 所示。

表 3-79　　　　　　　　　　　　　　业务流程步骤表

序号	活动名称	角色	活动描述—操作指导
1	填写借款单	生产计划员	1. 在 VBSE 系统中填写借款单(实际工作中可能填写纸质借款单) 2. 拿借款单找生产计划部经理审核
2	审核借款单	生产计划部经理	1. 在 VBSE 系统中对借款用途、金额、付款条款进行审核 2. 审核无误,在审核意见处签字确认
3	审核借款单	财务部经理	1. 在 VBSE 系统中对借款用途、金额、付款条款进行审核 2. 审核无误,在审核意见处签字确认
4	确认借款单并支付现金	出纳	1. 接收生产计划员交给的已审核过的借款单 2. 支付现金给借款人并由借款人签字 3. 将借款单交给财务会计做凭证
5	填制记账凭证	财务会计	1. 接收到出纳交给的借款单 2. 填制记账凭证,将借款单粘贴在后面作为附件 3. 送财务部经理审核
6	审核记账凭证	财务部经理	1. 接收财务会计交给的记账凭证,进行审核 2. 审核无误后,在记账凭证上签字或盖章 3. 交出纳登记现金日记账
7	登记现金日记账	出纳	1. 接收财务部经理审核后的记账凭证 2. 根据记账凭证登记现金日记账 3. 记账后在记账凭证上签字或盖章 4. 将记账凭证交财务会计登记科目明细账
8	登记科目明细账	财务会计	1. 接收出纳交给的记账凭证 2. 在记账凭证上签字或盖章 3. 根据记账凭证登记科目明细账

(续表)

序号	活动名称	角色	活动描述—操作指导
9	登记总账	财务部经理	1. 接收财务会计交给的记账凭证 2. 在记账凭证上签字或盖章 3. 根据记账凭证登记科目总账

业务流程步骤如图 3-38 所示。

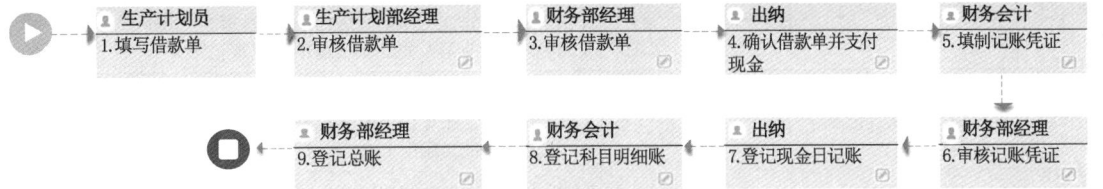

图 3-38　业务流程步骤图

（8）发放薪酬。人力资源部经理依据本企业的员工在职状况，核算本企业的员工薪酬，并按月做出薪酬发放表，由财务部依据此表发放员工薪酬。业务流程步骤如表 3-80 所示。

表 3-80　　　　　　　　　　　　业务流程步骤表

序号	活动名称	角色	活动描述—操作指导
1	薪资录盘	人力资源助理	1. 在 VBSE 系统里打开"薪资录盘"界面，检查员工的相关信息、工资等 2. 依据《职工薪酬发放表》在系统中修改并保存职工基本工资 3. 在系统中修改完毕后，点击导出按钮，将导出的《工资表》拷贝至 U 盘
2	填写支出凭单	人力资源助理	1. 依据《职工薪酬发放表》数据填写支出凭单 2. 将拷贝了《工资表》的 U 盘交人力资源经理和财务部经理进行审核
3	审核支出凭单和薪酬发放表	人力资源部经理	1. 审核支出凭单信息和薪酬发放表是否一致、正确 2. 审核支出凭单的日期、金额、支出方式、支出用途及金额大小写是否正确 3. 审核完成后在支出凭单上签字确认
4	审核支出凭单和薪酬发放表	财务部经理	1. 审核支出凭单信息和薪酬发放表是否一致、正确 2. 审核支出凭单的日期、金额、支出方式、支出用途及金额大小写是否正确 3. 审核完成后在支出凭单上签字确认
5	开具转账支票	出纳	1. 根据支出凭单的信息开具转账支票 2. 检查支票填写无误后加盖公司财务章和法人章
6	登记支票使用登记簿	出纳	1. 根据签发的支票登记《支票登记簿》 2. 支票领用人在《支票登记簿》签字
7	去银行办理薪资发放	出纳	带齐薪资发放资料(职工薪酬发放表、转账支票、薪资录盘)去银行办理工资发放
8	银行柜台发放薪酬	银行柜员	1. 按照企业的职工薪酬发放表，将职工薪酬发放表导入 2. 发放薪酬

(续表)

序号	活动名称	角色	活动描述—操作指导
9	取得银行业务回单	出纳	取得银行的业务回单(可以直接在柜台办理时由银行柜员打印取回;在柜台未打印,次日可以在回单柜中取得)
10	填制记账凭证	财务会计	1. 依据银行业务回单、转账支票存根、支出凭单填制记账凭证 2. 编制记账凭证,将原始单据作为附件粘贴在记账凭证后面 3. 将记账凭证和相关原始单据交给财务部经理审核
11	审核记账凭证	财务部经理	1. 审核财务会计提交的记账凭证 2. 核对记账凭证与原始凭证的一致性,审核无误后签字或盖章 3. 将审核后的记账凭证交给出纳登记日记账
12	登记银行存款日记账	出纳	1. 根据审核后的记账凭证登记银行存款日记账 2. 记账后在记账凭证上签字或盖章 3. 将记账凭证交回财务会计登记科目明细账
13	登记科目明细账	财务会计	1. 接收出纳交还的记账凭证 2. 根据记账凭证登记科目明细账 3. 记账后在记账凭证上签字或盖章
14	登记总账	财务部经理	1. 接收财务会计交给的记账凭证 2. 在记账凭证上签字或盖章 3. 根据记账凭证登记科目总账

业务流程步骤如图 3-39 所示。

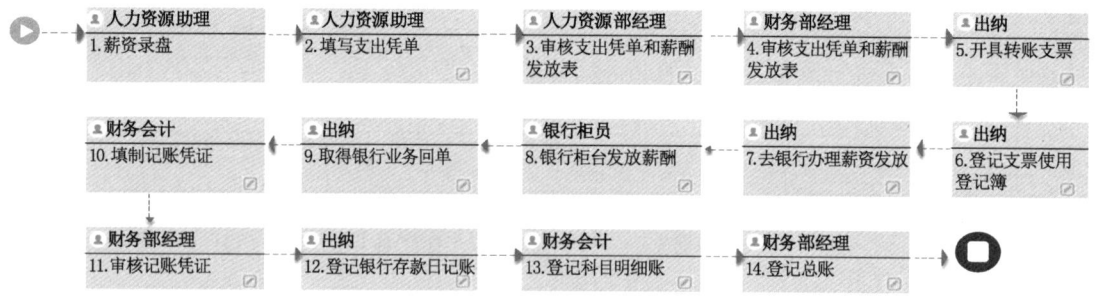

图 3-39　业务流程步骤图

(9) 申报个人所得税。财务会计依据人力资源部提交的个人所得税申报表,做相关的财务账务处理,办理完相关流程后再提交网上进行申报。业务流程步骤如表 3-81 所示。

表 3-81　　　　　　　　　　　　　　　业务流程步骤表

序号	活动名称	角色	活动描述—操作指导
1	整理汇总工资表、员工信息	人力资源助理	1. 整理、汇总工资表和员工信息 2. 提交工资表和员工信息给财务会计
2	收到工资表、员工信息	财务会计	1. 收到人力资源助理提交的工资表和员工信息 2. 与人力资源助理确认工资表和员工信息,确认后提交给财务部经理
3	审核工资表、员工信息	财务部经理	1. 收到财务会计提交的工资表和员工信息 2. 审核个人所得税金额 3. 交给财务会计提交税务局

(续表)

序号	活动名称	角色	活动描述—操作指导
4	提交个人信息	财务会计	1. 根据员工信息在 VBSE 系统中下载导入模版,根据员工信息填写"个人所得税基础信息模板" 2. 将填好的"个人所得税基础信息模板"导入系统中并提交税务局
5	审核企业个人所得税申报	税务专员	在 VBSE 系统中审核企业提交的个人所得税申报
6	网上个人所得税申报	财务会计	1. 在 VBSE 系统中下载"扣缴个人所得税报告表模板" 2. 根据工资表和员工信息填写"扣缴个人所得税报告表模板" 3. 将填好的"扣缴个人所得税报告表模板"导入系统中并扣缴个人所得税

业务流程步骤如图 3-40 所示。

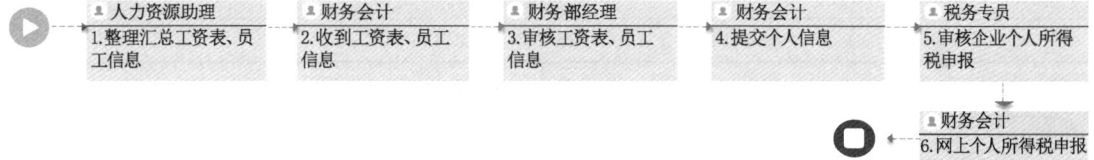

图 3-40　业务流程步骤图

(10)申报企业增值税。财务部经理依据业务流程办理增值税申报。业务流程步骤如表 3-82 所示。

表 3-82 　　　　　　　　　　　　　　　**业务流程步骤表**

序号	活动名称	角色	活动描述—操作指导
1	填写增值税纳税申报表	财务部经理	1. 准备上期的进项税,汇总并整理 2. 准备上期的销项税,汇总并整理
2	网上增值税纳税申报	财务部经理	1. 在 VBSE 系统中根据确认的金额进行增值税纳税申报 2. 填写完成后提交税务机关审核
3	审核企业增值税申报	税务专员	在 VBSE 系统中审核企业提交的增值税申报

业务流程步骤如图 3-41 所示。

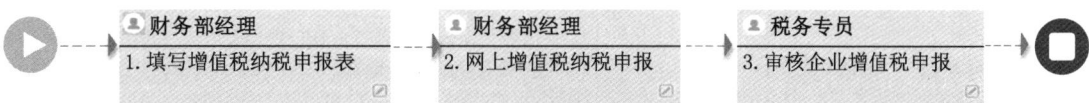

图 3-41　业务流程步骤图

(11)申请和办理 ISO9000 认证。生产计划部经理为开发公司产品,符合并提升产品在市场中的要求和竞争力,申请办理 ISO9000 认证。业务流程步骤如表 3-83 所示。

表 3-83   业务流程步骤表

序号	活动名称	角色	活动描述—操作指导
1	填写 ISO9000 认证申请	生产计划部经理	1. 根据公司的经营策略,填写办理 ISO9000 认证申请 2. 将认证申请表提交给总经理
2	审核 ISO9000 认证申请	总经理	1. 接收生产计划部经理提交的认证申请书 2. 对照公司的经营策略、产品规格,审核办理 ISO9000 认证的合理性 3. 审核确认 ISO9000 认证申请的支出凭单无误后签字确认 4. 将认证申请书发送给行政助理
3	ISO9000 申请认证盖章	行政助理	1. 收到总经理发送的认证申请表 2. 查看总经理的审核批复及签字 3. 将认证申请表发送给生产计划部经理
4	到服务公司办理 ISO9000 认证	生产计划部经理	1. 接收行政助理发送的认证申请表 2. 到服务公司,通知服务公司办理生产许可证
5	收到 ISO9000 申请单	服务公司业务员	1. 由制造业生产计划部经理来办理 ISO9000 申请,制造业生产计划部经理要提交 ISO9000 申请单 2. 接收 ISO9000 申请单
6	办理 ISO9000 认证	服务公司业务员	为申请企业办理 ISO9000 认证

业务流程步骤如图 3-42 所示。

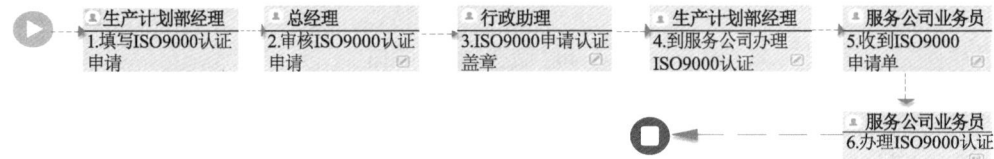

图 3-42 业务流程步骤图

(12) 收到 ISO9000 认证发票。制造业收到服务公司的 ISO9000 认证发票,进行付款审核并做相关账务处理。业务流程步骤如表 3-84 所示。

表 3-84   业务流程步骤表

序号	活动名称	角色	活动描述—操作指导
1	去服务公司领取 ISO9000 认证的发票	生产计划员	签订 ISO9000 委托认证合同并经过认证后,领取由服务公司开出的 ISO9000 认证的发票
2	开具 ISO9000 认证发票	服务公司业务员	1. 根据 ISO9000 认证的金额和生产计划员提供的企业信息开具增值税专用发票 2. 将增值税专用发票的发票联、抵扣联交给生产计划员 3. 将增值税专用发票记账联备案留档
3	收取 ISO9000 认证发票	生产计划员	1. 从服务公司收取 ISO9000 认证费用专用发票并登记备案 2. 将收取 ISO9000 认证费用专用发票送至财务会计处并登记发票
4	收到发票并填制记账凭证	财务会计	1. 收到生产计划员提交的 ISO9000 认证费用专用发票 2. 根据 ISO9000 认证费用专用发票填制记账凭证
5	审核记账凭证	财务部经理	1. 审核财务会计编制的记账凭证并对照相关附件检查是否正确 2. 审核无误,在记账凭证上签字或盖章

(续表)

序号	活动名称	角色	活动描述—操作指导
6	登记科目明细账	财务会计	1. 根据记账凭证登记科目明细账 2. 记账后在记账凭证上签字或盖章
7	登记总账	财务部经理	1. 根据记账凭证登记总账 2. 记账后在记账凭证上签字或盖章

业务流程步骤如图 3-43 所示。

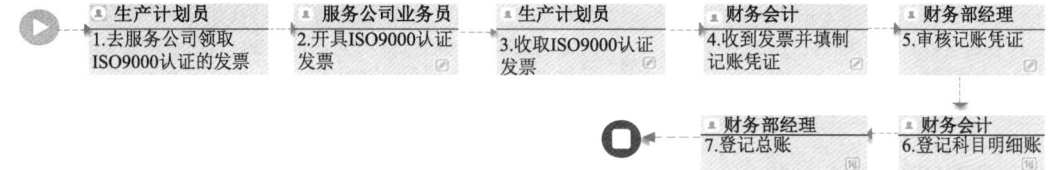

图 3-43　业务流程步骤图

（13）支付 ISO9000 认证费。制造业生产计划员依据收到服务公司的 ISO9000 认证发票，进行付款，交公司财务审核并做相关账务处理。业务流程步骤如表 3-85 所示。

表 3-85　　　　　　　　　　　　　　　　业务流程步骤表

序号	活动名称	角色	活动描述—操作指导
1	填写付款申请表	生产计划员	1. 根据 ISO9000 认证的发票填写付款申请表 2. 将发票粘在付款申请表后
2	审核付款申请表	生产计划部经理	1. 收到生产计划员交给的付款申请表 2. 查看 ISO9000 认证合同的执行情况，审核付款申请表的准确性和合理性 3. 确认后在付款申请表上签字 4. 将付款申请表交生产计划员，送交财务部经理审核
3	审核付款申请表	财务部经理	1. 收到计划部经理审核同意的付款申请表 2. 审核付款申请表的准确性和合理性 3. 确认后在付款申请表上签字
4	填写支票	出纳	依据审核通过的付款申请单填写转账支票
5	审核支票	财务部经理	1. 审核 ISO9000 认证的发票是否正确 2. 审核支票填写的是否正确 3. 确认无误，加盖财务专用章和法人章
6	登记支票登记簿	出纳	1. 填写支票登记簿 2. 将支票正联交给生产计划员 3. 让生产计划员在支票登记簿上签收
7	填制记账凭证	财务会计	1. 接收出纳交来的 ISO9000 认证发票的付款申请单 2. 核对出纳交来的 ISO9000 认证的发票 3. 根据付款申请表及支票金额编制记账凭证
8	审核记账凭证	财务部经理	1. 审核财务会计提交的记账凭证 2. 审核无误，在记账凭证上签字或盖章 3. 将记账凭证交给出纳，作为记账依据
9	登记银行存款日记账	出纳	1. 根据记账凭证登记银行存款日记账 2. 在记账凭证上签字或盖章 3. 将记账凭证交财务会计登账

(续表)

序号	活动名称	角色	活动描述—操作指导
10	登记科目明细账	财务会计	1. 根据记账凭证登记明细账 2. 在记账凭证上签字或盖章 3. 将记账凭证交财务部经理登记总账
11	登记总账	财务部经理	1. 接收财务会计交给的记账凭证 2. 根据记账凭证登记科目总账 3. 在记账凭证上签字或盖章
12	将支票送服务公司	生产计划员	生产计划员将支票送交服务公司
13	收到转账支票并到银行办理转账	服务公司总经理	1. 向办理 ISO 认证的企业催收 ISO 认证费 2. 拿到办理 ISO 认证的企业办理 ISO 认证费转账支票 3. 根据转账支票填写进账单 4. 携带转账支票与进账单到银行进行转账
14	办理转账并打印银行回单(银行)	银行柜员	1. 收到企业提交的进账单与支票 2. 根据进账单信息办理转账业务 3. 根据办理的转账业务,打印银行业务回单 4. 将银行业务回单交给企业办事员

业务流程步骤如图 3-44 所示。

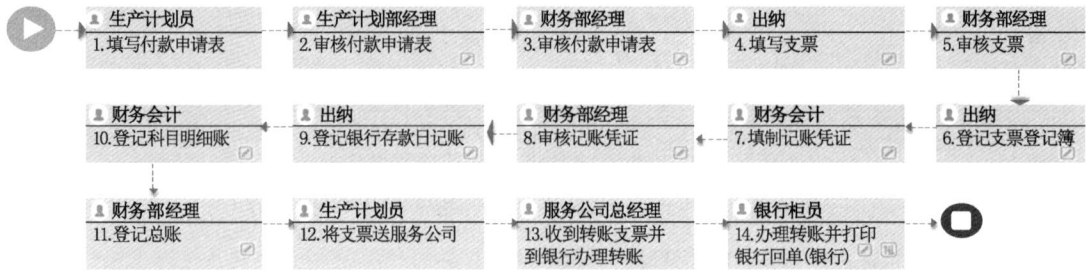

图 3-44 业务流程步骤图

(14)与工贸企业签订购销合同。采购部为规范商业经营活动、保证公司利益,与工贸企业签订采购合同,并依据公司流程审批。业务流程步骤如表 3-86 所示。

表 3-86　　　　　　　　　　　　　　业务流程步骤表

序号	活动名称	角色	活动描述—操作指导
1	填写购销合同	采购员	1. 根据采购计划选择合适的工贸企业,沟通采购细节内容 2. 填写购销合同,一式两份
2	填写合同会签单	采购员	1. 根据合同的信息填写合同会签单 2. 将购销合同和合同会签单提交给采购部经理
3	合同会签单签字	采购部经理	1. 接收采购员提交的购销合同及合同会签单 2. 审核购销合同内容填写的准确性和合理性,审核同意后在合同会签单上签字确认 3. 将购销合同和合同会签单发送给财务部经理
4	合同会签单签字	财务部经理	1. 接收采购部经理交送的购销合同及合同会签单 2. 审核购销合同的准确性和合理性,审核同意后在合同会签单上签字 3. 将购销合同和合同会签单提交给总经理

（续表）

序号	活动名称	角色	活动描述—操作指导
5	合同会签单签字	总经理	1. 接收财务部经理提交的购销合同及合同会签单 2. 审核采购部经理和财务部经理是否审核签字,审核购销合同的准确性和合理性,审核同意后在合同会签单及购销合同上签字 3. 将购销合同和合同会签单发送给行政助理
6	购销合同盖章	行政助理	1. 接收总经理发送的购销合同和合同会签单 2. 检查合同会签单总经理是否签字,确认无误后给合同盖章 3. 将购销合同发送给采购员
7	登记采购合同执行情况表	采购员	1. 接收行政助理发送的购销合同 2. 根据制造业与工贸企业签订好的购销合同,登记采购合同执行情况表 3. 将购销合同送交供应商

业务流程步骤如图 3-45 所示。

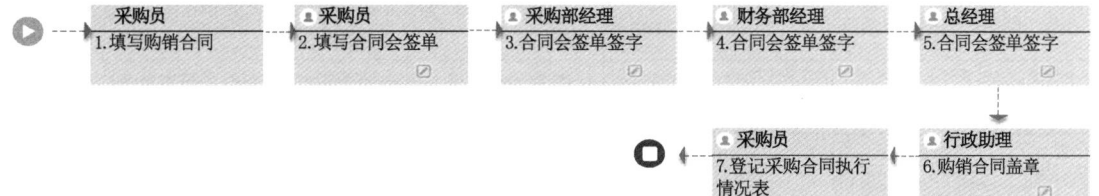

图 3-45　业务流程步骤图

（15）录入采购订单。制造业录入与工贸企业的采购订单。业务流程步骤如表 3-87 所示。

表 3-87　　　　　　　　　　　　　业务流程步骤表

序号	活动名称	角色	活动描述—操作指导
1	在系统中录入采购订单	采购员	1. 根据制造业与工贸企业签订好的购销合同,将采购订单信息录入 VBSE 系统 2. 通知供货方确认订单

业务流程步骤如图 3-46 所示。

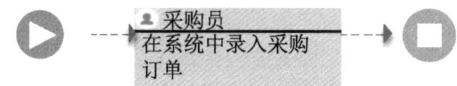

图 3-46　业务流程步骤图

（16）与经销商签订购销合同。营销部为开展商业活动、保护公司利益,与经销商签订购销合同。业务流程步骤如表 3-88 所示。

表 3-88　　　　　　　　　　　　　业务流程步骤表

序号	活动名称	角色	活动描述
1	收到经销商购销合同	销售专员	1. 销售专员收到经销商的购销合同 2. 与经销商达成共识

（续表）

序号	活动名称	角色	活动描述
2	填写合同会签单	销售专员	1. 填写合同会签单 2. 将购销合同和合同会签单送交营销部经理审核
3	合同会签单签字	营销部经理	1. 接收销售专员交给的购销合同及合同会签单 2. 审核购销合同内容填写的准确性和合理性 3. 在合同会签单上签字确认
4	合同会签单签字	财务部经理	1. 接收营销部经理交给的购销合同及合同会签单 2. 审核购销合同内容填写的准确性和合理性 3. 在合同会签单上签字确认
5	合同会签单签字	总经理	1. 接收财务部经理交给的购销合同及合同会签单 2. 审核购销合同内容填写的准确性和合理性 3. 在合同会签单上签字确认
6	购销合同盖章	行政助理	接到审核通过的合同会签单,在购销合同上盖章
7	合同存档	行政助理	1. 行政助理将合同会签单与一份盖章的购销合同一起进行归档 2. 行政助理将一份盖完章的购销合同交给销售专员送交合同当事人
8	购销合同登记	销售专员	1. 销售专员将盖章的购销合同登记,交给合同当事人 2. 更新采购合同执行情况表

业务流程步骤如图 3-47 所示。

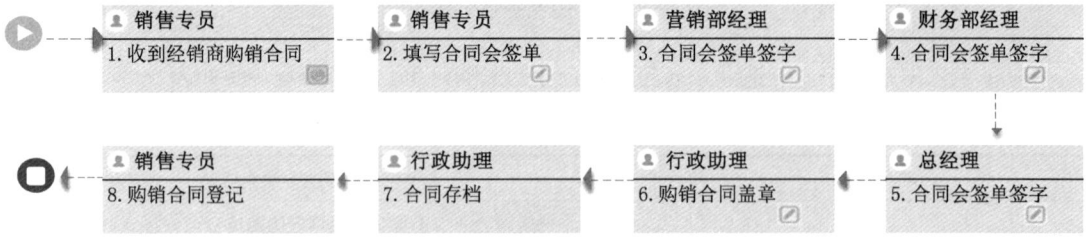

图 3-47　业务流程步骤图

（17）确认经销商的采购订单。营销部为规范得开展商业活动、保证企业经营利益,便于跟踪了解市场信息,将经销商的采购订单存档保存。业务流程步骤如表 3-89 所示。

表 3-89　　　　　　　　　　　业务流程步骤表

序号	活动名称	角色	活动描述—操作指导
1	在系统中确认经销商的采购订单	销售专员	1. 根据制造业与经销商签订好的销售合同,在系统中确认经销商的采购订单 2. 根据系统的采购订单信息填写销售订单

业务流程步骤如图 3-48 所示。

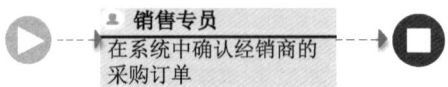

图 3-48　业务流程步骤图

（18）与物流公司签订运输合同。仓储部为规范商业活动、保护公司利益，与物流公司签订物流运输合同。业务流程步骤如表 3-90 所示。

表 3-90 　　　　　　　　　　　　业务流程步骤表

序号	活动名称	角色	活动描述—操作指导
1	接收物流送来的运输合同	仓管员	1. 根据采购计划等选择合适的物流公司，沟通运输（送货地、包装方式、运输方式、价格、保险、付款等）细节内容 2. 接收与物流拟定并盖有物流公司章的运输合同，一式两份
2	填写合同会签单	仓管员	1. 填写合同会签单 2. 将运输合同和合同会签单提交给仓储部经理
3	合同会签单签字	仓储部经理	1. 接收仓管员提交的运输合同及合同会签单 2. 审核运输合同内容填写的准确性和合理性，审核后在合同会签单上签字确认 3. 将运输合同和合同会签单发送给财务部经理
4	合同会签单签字	财务部经理	1. 接收仓储部经理发送的运输合同及合同会签单 2. 审核运输合同的准确性和合理性，审核后在合同会签单上签字确认 3. 将运输合同和合同会签单提交给总经理
5	合同会签单签字	总经理	1. 接收财务部经理提交的运输合同及合同会签单 2. 审核仓储部经理和财务部经理是否审核签字，运输合同的准确性和合理性 3. 审核同意后在合同会签单、运输合同上签字 4. 将运输合同和合同会签单发送给行政助理
6	运输合同盖章	行政助理	1. 接收总经理发送的运输合同和合同会签单 2. 将运输合同盖章 3. 将运输合同发送给仓管员
7	返回物流公司一份，另一份由行政助理存档	仓管员	1. 接收行政助理发送的运输合同 2. 确定双方盖章、签字完整 3. 将合同返回物流公司一份，另一份由行政助理存档
8	运输合同存档	行政助理	更新合同管理表，登记后把运输合同留存备案

业务流程步骤如图 3-49 所示。

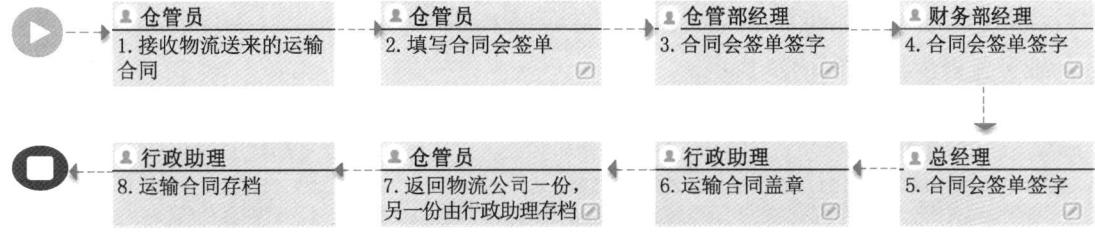

图 3-49　业务流程步骤图

（19）整理销售需求。营销部将与经销商签订的销售订单汇总制表，并将此表下发给生产计划部和采购部，作为生产计划制定的依据。业务流程步骤如表 3-91 所示。

表 3-91   业务流程步骤表

序号	活动名称	角色	活动描述—操作指导
1	编制销售订单汇总表	销售专员	1. 根据销售订单和销售预测整理编制销售订单汇总表(一式两份) 2. 编制完成后报营销部经理审核
2	审核销售订单汇总表	营销部经理	1. 接收销售专员编制的销售订单汇总表 2. 依据市场状况进行审核,无误后签字并返回销售专员
3	下发销售订单汇总表	销售专员	1. 将营销部经理审核过的销售订单汇总表送生产计划部生产计划员并签收(作为制定 MPS 的主要依据) 2. 将营销部经理审核过的销售订单汇总表送采购部采购员并签收(作为采购计划的整体指导)

业务流程步骤如图 3-50 所示。

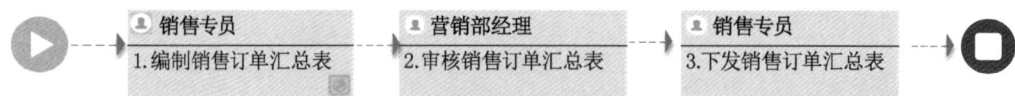

图 3-50 业务流程步骤图

(20)编制主生产计划。生产计划部依据营销部的销售信息,结合当前生产,库存的状况编制主生产计划。业务流程步骤如表 3-92 所示。

表 3-92   业务流程步骤表

序号	活动名称	角色	活动描述—操作指导
1	编制主生产计划	生产计划员	1. 依据接收的销售订单汇总表,结合各车间的生产能力、产品库存状况编制主生产计划计算表 2. 主生产计划表为 Excel 电子表,需要从老师处拷贝 3. 将主生产计划表交车间管理员核验,然后交生产计划部经理审批
2	核验主生产计划	车间管理员	1. 根据车间产能检查主生产计划是否可行(如不可行返回第一步重新调整编制) 2. 核对确认后签字交还给生产计划员
3	审批主生产计划	生产部经理	审批车间管理员核验过的主生产计划,签字后交还给生产计划员

业务流程步骤如图 3-51 所示。

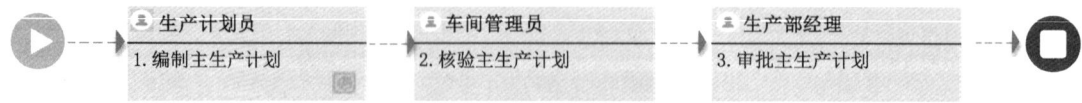

图 3-51 业务流程步骤图

(21)编制物料净需求计划。生产计划部依据需求、库存、物料清单进行物料的需求计划,并下发。业务流程步骤如表 3-93 所示。

表 3-93 业务流程步骤表

序号	活动名称	角色	活动描述—操作指导
1	编制物料净需求计划	生产计划员	1. 依据主生产计划、物料库存、BOM,通过填制物料需求计算表进行物料净需求计算 2. MRP 计算需要用 Excel 电子表,从老师处拷贝 3. 将物料净需求计划表送车间管理员校对,送生产计划部经理审批
2	审核物料净需求计划	生产计划部经理	1. 收到生产计划员的物料净需求计划核对计算是否正确 2. 审核物料净需求计划中物料需求时间与数量是否同主生产计划一致 3. 确认后批交还给生产计划员
3	将物料净需求计划送交相关部门	生产计划员	1. 第一联下为生产计划员用来安排生产 2. 第二联送采购部经理以便其安排采购

业务流程步骤如图 3-52 所示。

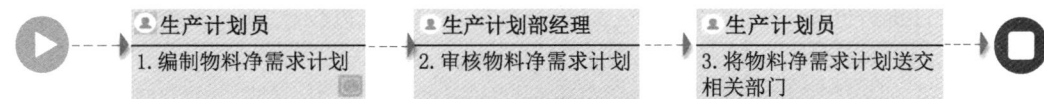

图 3-52 业务流程步骤图

(22)签订代发工资协议。人力资源部与银行签订银企代发工资合作协议,由银行按照双方约定的时间统一发放工资给本企业的各个员工。业务流程步骤如表 3-94 所示。

表 3-94 业务流程步骤表

序号	活动名称	角色	活动描述—操作指导
1	签订银企代发工资合作协议	人力资源部经理	1. 整理资料,带好营业执照、法人身份证、公章、预留印鉴等准备签订银企代发工资合作协议(实训中带上营业执照和公章即可) 2. 去银行签订银企代发工资合作协议,并加盖单位公章
2	签订银企代发工资合作协议	银行柜员	1. 核对内容是否填写完整、规范 2. 在银企代发工资合作协议上签字盖章 3. 一份交给客户,另一份自己保存
3	协议书归档	人力资源部经理	收到银行签字盖章的银企代发工资合作协议,并归档

业务流程步骤如图 3-53 所示。

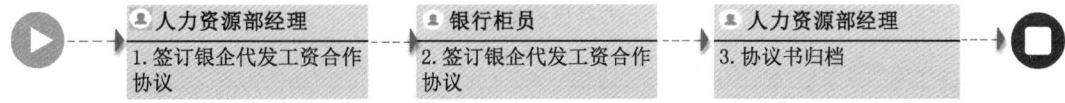

图 3-53 业务流程步骤图

(23)签订社保公积金同城委托收款协议。财务部经理与银行签订委托银行代收合同。业务流程步骤如表 3-95 所示。

表 3-95　　　　　　　　　　　　　　业务流程步骤表

序号	活动名称	角色	活动描述—操作指导
1	去签订委托银行代收合同书	财务部经理	1. 去银行领取委托银行代收合同书,合同书一式三份 2. 按要求填写《委托银行代收合同书》,并加盖单位公章 3. 将合同书送交银行办理委托收款业务
2	签订委托银行代收合同书	银行柜员	1. 核对内容是否填写完整、规范 2. 在委托银行代收合同书上签字盖章 3. 将一份交给客户,一份自己保存,一份交给人社局
3	合同书归档	财务部经理	收到银行签字盖章的委托银行代收合同书,并归档

业务流程步骤如图 3-54 所示。

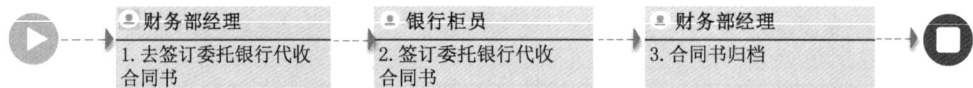

图 3-54　业务流程步骤图

(24) 签订税务同城委托收款协议。财务部经理与银行签订授权划缴税款协议,代理本企业扣缴税款。业务流程步骤如表 3-96 所示。

表 3-96　　　　　　　　　　　　　　业务流程步骤表

序号	活动名称	角色	活动描述—操作指导
1	去签订授权划缴税款协议书	财务部经理	1. 去银行领取授权划缴税款协议书,协议书一式三份 2. 按要求填写《授权划缴税款协议书》,并加盖单位公章 3. 将协议书送交银行办理委托收款业务
2	签订授权划缴税款协议书	银行柜员	1. 核对内容是否填写完整、规范 2. 在授权划缴税款协议书上签字盖章 3. 将一份交给客户,一份自己保存,一份交给税务局
3	协议书归档	财务部经理	收到银行签字盖章的授权划缴税款协议书,并归档

业务流程步骤如图 3-55 所示。

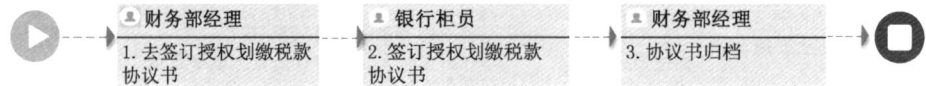

图 3-55　业务流程步骤图

(25) 商标制作及注册。制作本企业的商标标识,制作完成后提交工商局审核公示并备案。业务流程步骤如表 3-97 所示。

表 3-98　　　　　　　　　　　　　　业务流程步骤表

序号	活动名称	角色	活动描述—操作指导
1	制作本企业商标标识并提交工商局审核	行政助理	1. 组织公司所有员工进行公司商标制作,包括图片、商标说明(除商标标识的说明内容还需要增加商标标识适用的产品或服务的类别)、商标含义、企业营业执照复印件、联系人、联系地址、联系电话、邮编等 2. 将制作好的商标标识的图片、说明文档拷到 U 盘中,并提交工商局工商专员

（续表）

序号	活动名称	角色	活动描述—操作指导
2	审核企业提交的商标标识，通过后公示并备案	工商专员	1. 接收企业提交的商标标识申请资料 2. 对提交的申请资料进行审核 3. 审核通过后进行公示（与主讲老师确认张贴公示地点），公示无异议后备案存档

业务流程步骤如图 3-56 所示。

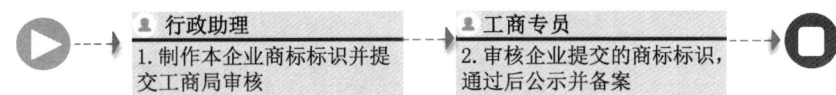

图 3-56　业务流程步骤图

（26）资格预审。企业确认投标后，编写并提交资格预审文件。业务流程步骤如表 3-98 所示。

表 3-98　　　　　　　　　　　　　　业务流程步骤表

序号	活动名称	角色	活动描述—操作指导
1	编制资格预审文件	销售专员	1. 确定投标后，找到资格预审文件，编制资格预审文件 2. 编制完成后，由部门经理审核，销售员提交到招投标公司
2	审核资格预审文件	招投标总经理	1. 收到企业提交的资格预审文件 2. 审核资格预审文件

业务流程步骤如图 3-57 所示。

图 3-57　业务流程步骤图

（27）委托会计师事务所承接审计业务。会计师事务所在承接审计业务后开展审计业务活动可分为三个阶段：计划审计工作阶段、审计实施工作阶段、审计终结阶段。在 VBSE 跨专业综合实训的审计活动中，业务流程是基于制造业年终财务报审计的情境。在计划审计工作开展之前，注册会计师需要开展初步业务活动，评估承接业务风险，与客户签订业务约定书，完成审计业务的承接。初步业务活动的目的是确定是否接受业务委托，如接受业务委托，确保在计划审计工作时达到下列要求：①注册会计师已具备执行业务所需要的独立性和专业胜任能力；②不存在因管理层诚信问题而影响注册会计师承接或保持该项业务意愿的情况；③与被审计单位不存在对业务约定条款的误解。业务流程步骤如表 3-99 所示。

表 3-99　　　　　　　　　　　　　　业务流程步骤表

序号	活动名称	角色	活动描述—操作指导
1	委托审计	财务部经理	制造企业财务部经理找会计师事务所就委托审计的目的、内容等进行洽谈，提出委托事务所进行年终财务报表审计的请求

(续表)

序号	活动名称	角色	活动描述—操作指导
2	与被审计单位面谈	项目经理	1. 与制造企业财务部经理洽谈,初步了解制造企业委托审计的目标、范围和内容 2. 项目经理对委托企业的情况进行详细调查和了解
3	评估并签订审计合同	项目经理	综合考虑客户情况及事务所人员能否胜任委托审计的业务,决定是否接受该项审计业务并签署审计合同

业务流程步骤如图 3-58 所示。

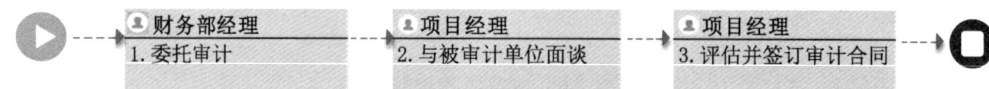

图 3-58　业务流程步骤图

(二)商贸经营准备

(1)批量办理个人银行卡。行政经理收集员工信息,审核后到银行办理个人银行卡。业务流程步骤如表 3-100 所示。

表 3-100　　　　　　　　　　　　业务流程步骤表

序号	活动名称	角色	活动描述—操作指导
1	填写借记卡集体申领登记表	行政经理	1. 收集员工信息并在借记卡集体申领登记表中填写相关内容 2. 将填写完整的登记表交给财务部经理审核
2	审核借记卡集体申领登记表	财务部经理	1. 审核行政经理交来的登记表,无误后签字并加盖"财务专用"章 2. 将审核后的登记表交给行政经理到银行办理开卡手续
3	去银行办理开卡业务	行政经理	带着借记卡集体申领登记表及身份证复印件(实际业务中必须带身份证原件),到银行柜台递交开卡申请
4	办理银行开卡	银行柜员	银行柜员办理开卡完毕后,把银行卡交给办卡申请人
5	从银行领回银行卡并发放归档	行政经理	1. 从银行柜员处领取银行卡,核对银行卡卡号与登记表中记录是否一致 2. 把银行卡卡号、姓名等信息进行归档备案 3. 提交一份银行卡信息给财务部经理备案

业务流程步骤如图 3-59 所示。

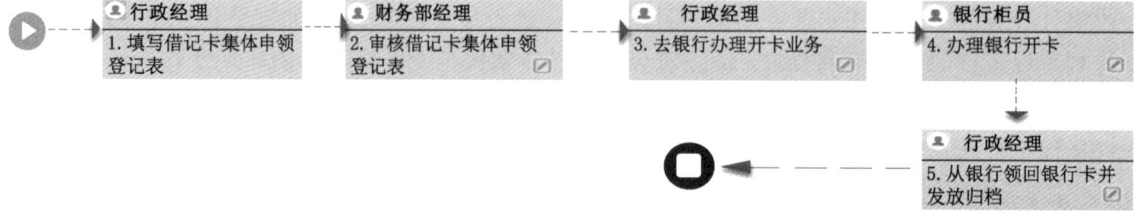

图 3-59　业务流程步骤图

(2)企管部借款。企管部行政经理到财务部借款。业务流程步骤如表 3-101 所示。

表 3-101 业务流程步骤表

序号	活动名称	角色	活动描述—操作指导
1	填写借款单	行政经理	1. 在 VBSE 系统中填写借款单(实际工作中可能填写纸质借款单) 2. 填写借款单,借款作为部门备用金 3. 将填写好的借款单提交总经理审核
2	审核借款单	总经理	1. 在 VBSE 系统中对借款用途、金额、付款条款进行审核 2. 审核无误,在审核意见处签字确认
3	审核借款单	财务部经理	1. 在 VBSE 系统中对借款用途、金额、付款条款进行审核 2. 审核无误,在审核意见处签字确认
4	支付现金	出纳	1. 接收经过财务部经理审核签字的借款单 2. 确认无误后支付现金给借款人,借款人签字 3. 在借款单出纳签章处,加盖签章
5	填制记账凭证	出纳	1. 根据已支付的借款单填制记账凭证,将借款单粘贴在后面作为附件 2. 将记账凭证交由财务部经理审核
6	审核记账凭证	财务部经理	1. 审核出纳填制的记账凭证并对照借款单检查是否正确 2. 审核无误,在记账凭证上签字或盖章 3. 将审核后的记账凭证交给出纳登记日记账
7	登记库存现金日记账	出纳	1. 根据审核后的记账凭证登记库存现金日记账 2. 记账后在记账凭证上签字或盖章 3. 将记账凭证交回财务部经理登记科目明细账
8	登记科目明细账	财务部经理	1. 接收出纳交还的记账凭证 2. 根据记账凭证登记科目明细账 3. 记账后在记账凭证上签字或盖章
9	登记总账	财务部经理	1. 接收财务部经理交还的记账凭证 2. 在记账凭证上签字或盖章 3. 根据记账凭证登记总账

业务流程步骤如图 3-60 所示。

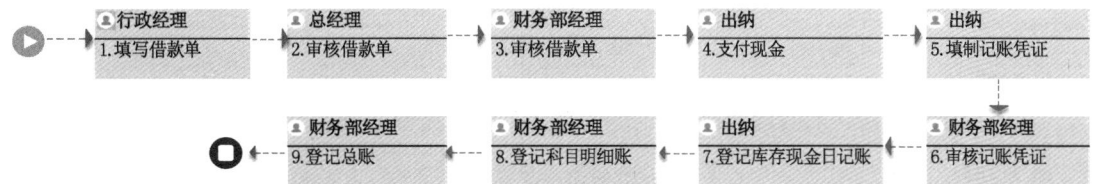

图 3-60 业务流程步骤图

(3)营销部借款。营销部经理到财务部借款。业务流程步骤如表 3-102 所示。

表 3-102 业务流程步骤表

序号	活动名称	角色	活动描述—操作指导
1	填写借款单	营销部经理	1. 在 VBSE 系统中填写借款单(实际工作中可能填写纸质借款单) 2. 填写借款单,借款作为部门备用金 3. 将填写好的借款单提交总经理审核
2	审核借款单	总经理	1. 在 VBSE 系统中对借款用途、金额、付款条款进行审核 2. 审核无误,在审核意见处签字确认

(续表)

序号	活动名称	角色	活动描述—操作指导
3	审核借款单	财务部经理	1. 在 VBSE 系统中对借款用途、金额、付款条款进行审核 2. 审核无误，在审核意见处签字确认
4	支付现金	出纳	1. 接收经过财务部经理审核签字的借款单 2. 确认无误后支付现金给借款人，借款人签字 3. 在借款单出纳签章处，加盖签章
5	填制记账凭证	出纳	1. 根据已支付的借款单填制记账凭证，将借款单粘贴在后面作为附件 2. 将记账凭证交由财务部经理审核
6	审核记账凭证	财务部经理	1. 审核出纳填制的记账凭证并对照借款单检查是否正确 2. 审核无误，在记账凭证上签字或盖章 3. 将审核后的记账凭证交给出纳登记日记账
7	登记库存现金日记账	出纳	1. 根据审核后的记账凭证登记库存现金日记账 2. 记账后在记账凭证上签字或盖章 3. 将记账凭证交回财务部经理登记科目明细账
8	登记科目明细账	财务部经理	1. 接收出纳交还的记账凭证 2. 根据记账凭证登记科目明细账 3. 记账后在记账凭证上签字或盖章
9	登记总账	财务部经理	1. 接收财务部经理交还的记账凭证 2. 根据记账凭证登记总账 3. 记账后在记账凭证上签字或盖章

业务流程步骤如图 3-61 所示。

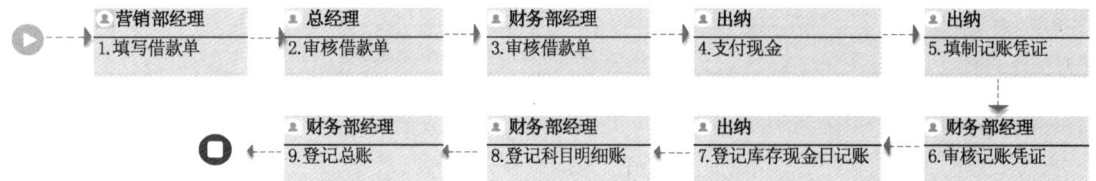

图 3-61　业务流程步骤图

（4）采购部借款。采购部经理到财务部借款。业务流程步骤如表 3-103 所示。

表 3-103　　　　　　　　　　　　　　　业务流程步骤表

序号	活动名称	角色	活动描述—操作指导
1	填写借款单	采购部经理	1. 在 VBSE 系统中填写借款单（实际工作中可能填写纸质借款单） 2. 填写借款单，借款作为部门备用金 3. 将填写好的借款单提交总经理审核
2	审核借款单	总经理	1. 在 VBSE 系统中对借款用途、金额、付款条款进行审核 2. 审核无误，在审核意见处签字确认
3	审核借款单	财务部经理	1. 在 VBSE 系统中对借款用途、金额、付款条款进行审核 2. 审核无误，在审核意见处签字确认
4	支付现金	出纳	1. 接收经过财务部经理审核签字的借款单 2. 确认无误后支付现金给借款人，借款人签字 3. 在借款单出纳签章处，加盖签章

（续表）

序号	活动名称	角色	活动描述—操作指导
5	填制记账凭证	出纳	1. 根据已支付的借款单填制记账凭证,将借款单粘贴在后面作为附件 2. 将记账凭证交由财务部经理审核
6	审核记账凭证	财务部经理	1. 审核出纳填制的记账凭证并对照借款单检查是否正确 2. 审核无误,在记账凭证上签字或盖章 3. 将审核后的记账凭证交给出纳登记日记账
7	登记库存现金日记账	出纳	1. 根据审核后的记账凭证登记库存现金日记账 2. 记账后在记账凭证上签字或盖章 3. 将记账凭证交回财务部经理登记科目明细账
8	登记科目明细账	财务部经理	1. 接收出纳交还的记账凭证 2. 根据记账凭证登记科目明细账 3. 记账后在记账凭证上签字或盖章
9	登记总账	财务部经理	1. 接收财务部经理交还的记账凭证 2. 根据记账凭证登记总账 3. 记账后在记账凭证上签字或盖章

业务流程步骤如图 3-62 所示。

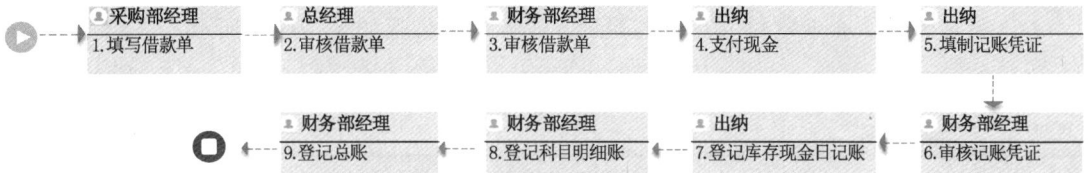

图 3-62 业务流程步骤图

（5）仓储部借款。仓储部经理到财务部借款。业务流程步骤如表 3-104 所示。

表 3-104　　　　　　　　　　　　业务流程步骤表

序号	活动名称	角色	活动描述—操作指导
1	填写借款单	仓储部经理	1. 在 VBSE 系统中填写借款单(实际工作中可能填写纸质借款单) 2. 填写借款单,借款作为部门备用金 3. 将填写好的借款单提交总经理审核
2	审核借款单	总经理	1. 在 VBSE 系统中对借款用途、金额、付款条款进行审核 2. 审核无误,在审核意见处签字确认
3	审核借款单	财务部经理	1. 在 VBSE 系统中对借款用途、金额、付款条款进行审核 2. 审核无误,在审核意见处签字确认
4	支付现金	出纳	1. 接收经过财务部经理审核签字的借款单 2. 确认无误后支付现金给借款人,借款人签字 3. 在借款单出纳签章处,加盖签章
5	填制记账凭证	出纳	1. 根据已支付的借款单填制记账凭证,将借款单粘贴在后面作为附件 2. 将记账凭证交由财务部经理审核
6	审核记账凭证	财务部经理	1. 审核出纳填制的记账凭证并对照借款单检查是否正确 2. 审核无误,在记账凭证上签字或盖章 3. 将审核后的记账凭证交给出纳登记日记账

(续表)

序号	活动名称	角色	活动描述—操作指导
7	登记库存现金日记账	出纳	1. 根据审核后的记账凭证登记库存现金日记账 2. 记账后在记账凭证上签字或盖章 3. 将记账凭证交回财务部经理登记科目明细账
8	登记科目明细账	财务部经理	1. 接收出纳交还的记账凭证 2. 根据记账凭证登记科目明细账 3. 记账后在记账凭证上签字或盖章
9	登记总账	财务部经理	1. 接收财务部经理交还的记账凭证 2. 根据记账凭证登记总账 3. 记账后在记账凭证上签字或盖章

业务流程步骤如图 3-63 所示。

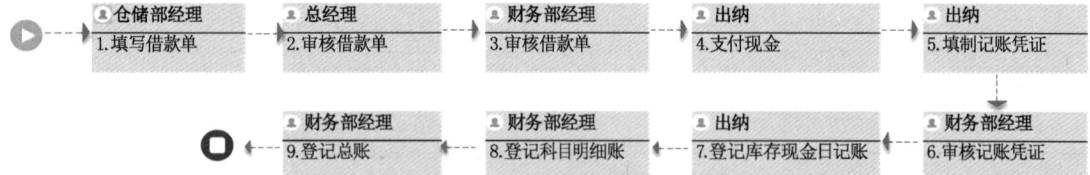

图 3-63　业务流程步骤图

（6）发放薪酬。企业支付上月职工薪酬。业务流程步骤如表 3-105 所示。

表 3-105　　　　　　　　　　业务流程步骤表

序号	活动名称	角色	活动描述—操作指导
1	薪资录盘	行政经理	1. 在 VBSE 系统里打开"薪资录盘"界面 2. 依据工资表信息，录入人员薪资，完成后保存并导出 3. 将导出的"薪酬发放"的文件拷贝到 U 盘中
2	填写支出凭单	行政经理	1. 依据《工资表》数据填写支出凭单 2. 将填好的《支出凭单》《工资表》交总经理和财务部经理进行审核
3	审核支出凭单和薪酬发放表	总经理	1. 审核支出凭单信息和《工资表》是否一致、正确 2. 审核支出凭单的日期、金额、支出方式、支出用途及金额大小写是否正确 3. 审核完成后在支出凭单上签字确认
4	审核支出凭单和薪酬发放表	财务部经理	1. 审核支出凭单信息和《工资表》是否一致、正确 2. 审核支出凭单的日期、金额、支出方式、支出用途及金额大小写是否正确 3. 审核完成后在支出凭单上签字确认
5	开具转账支票	出纳	1. 根据支出凭单的信息开具转账支票 2. 检查支票填写无误后找财务部经理加盖公司财务章和法人章
6	登记支票登记簿	出纳	1. 根据签发的支票登记《支票登记簿》 2. 支票领用人在《支票登记簿》签字
7	去银行办理薪资发放	出纳	1. 填写进账单 2. 带齐薪资发放资料（转账支票、薪资录盘）去银行办理工资发放
8	办理工资发放	银行柜员	1. 接到工资录盘文件和支票 2. 检查文件和支票 3. 在系统中导入工资录盘文件完成工资发放并打印回单给客户

(续表)

序号	活动名称	角色	活动描述—操作指导
9	打印银行回单	银行柜员	取得银行的业务回单(可以直接在柜台办理时由银行柜员打印取回;在柜台未打印,次日可以在回单柜中取得)
10	填制记账凭证	出纳	1. 依据银行业务回单、转账支票存根、支出凭单填制记账凭证 2. 编制记账凭证,将原始单据作为附件粘贴在记账凭证后面 3. 将记账凭证和相关原始单据交给财务部经理审核
11	审核记账凭证	财务部经理	1. 审核出纳提交的记账凭证 2. 核对记账凭证与原始凭证的一致性,审核无误后签字或盖章 3. 将审核后的记账凭证交给出纳登记日记账
12	登记银行存款日记账	出纳	1. 根据审核后的记账凭证登记银行存款日记账 2. 记账后在记账凭证上签字或盖章 3. 将记账凭证交回财务部经理登记科目明细账
13	登记科目明细账	财务部经理	1. 依据记账凭证登记科目明细账 2. 记账后在记账凭证上签字或盖章
14	登记总账	财务部经理	1. 依据记账凭证登记总账 2. 记账后在记账凭证上签字或盖章

业务流程步骤如图 3-64 所示。

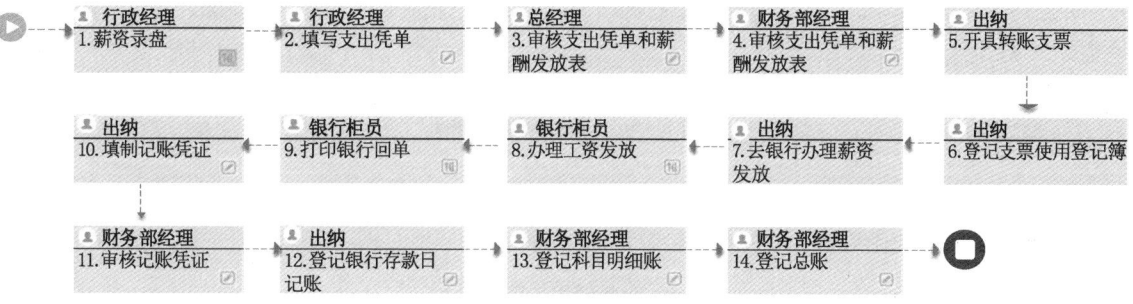

图 3-64 业务流程步骤图

(7) 申报个人所得税。企业申报上月个人所得税。业务流程步骤如表 3-106 所示。

表 3-106 业务流程步骤表

序号	活动名称	角色	活动描述—操作指导
1	整理、提交个人所得税纳税申报资料	行政经理	1. 收集整理员工信息 2. 根据员工信息在 VBSE 系统中下载导入模版,根据员工信息填写"个人所得税基础信息模板" 3. 将填好的"个人所得税基础信息模板"导入系统中并提交税务局 4. 将员工信息和工资表一同交给财务部经理
2	审核企业提交的个人所得税纳税申报资料	税务专员	在 VBSE 系统中审核企业提交的个人所得税申报资料
3	网上个人所得税纳税申报	财务部经理	1. 在 VBSE 系统中下载"扣缴个人所得税报告表模板" 2. 根据工资表和员工信息填写"扣缴个人所得税报告表模板" 3. 将填好的"扣缴个人所得税报告表模板"导入系统中并扣缴个人所得税

业务流程步骤如图 3-65 所示。

图 3-65　业务流程步骤图

（8）申报企业增值税。月初财务部经理申报上月增值税。业务流程步骤如表 3-107 所示。

表 3-107　　　　　　　　　　　　业务流程步骤表

序号	活动名称	角色	活动描述—操作指导
1	整理增值税纳税申报资料	财务部经理	1. 准备上期的进项税，汇总并整理 2. 准备上期的销项税，汇总并整理
2	网上增值税纳税申报	财务部经理	1. 在 VBSE 系统中根据确认的金额进行增值税纳税申报 2. 填写完成后提交税务机关审核
3	审核企业增值税申报	税务专员	在 VBSE 系统中审核企业提交的增值税申报

业务流程步骤如图 3-66 所示。

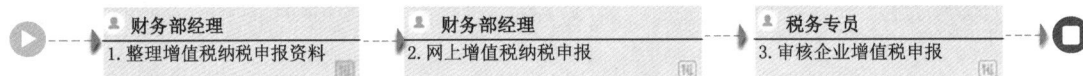

图 3-66　业务流程步骤图

（9）申请和办理市场开拓。营销部经理根据市场预测，提交市场开拓申请（经销商）。业务流程步骤如表 3-108 所示。

表 3-108　　　　　　　　　　　　业务流程步骤表

序号	活动名称	角色	活动描述—操作指导
1	编制市场开拓申请单	营销部经理	根据公司策略和市场预测，选择要开拓的市场及投放金额，填写市场开拓申请单
2	审批市场开拓申请单	总经理	1. 接到营销部经理的申请开拓申请单 2. 根据公司的经营策略及资金使用计划，审核其合理性 3. 确认同意后，签字批准
3	市场开拓申请单盖章	行政经理	1. 营销部经理在公章印鉴使用登记表登记签字 2. 确认签字后，在审批通过的市场开拓申请单盖企业公章
4	到服务公司开拓市场	营销部经理	1. 营销部经理到服务公司办理市场开拓，经销商业务员要提交市场开拓申请单 2. 接收市场开拓申请单，确定市场开拓的地点
5	办理市场开拓	服务公司业务员	1. 查看经销商业务员要办理的市场开拓的地区 2. 依据开拓申请，为对应的经销商开拓市场 3. 告知经销商办理人员业务，办理完成后到总经理处领取发票
6	确认市场开拓结果	营销部经理	到服务公司确认市场开拓结果

业务流程步骤如图 3-67 所示。

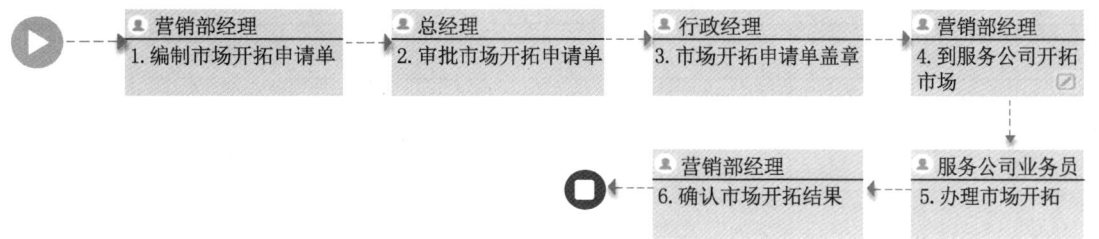

图 3-67 业务流程步骤图

（10）收到市场开拓费发票。营销部经理收取服务公司的市场开拓费用发票。业务流程步骤如表 3-109 所示。

表 3-109

业务流程步骤表

序号	活动名称	角色	活动描述—操作指导
1	到服务公司收取市场开拓费用发票	营销部经理	1. 到服务公司业务员处收取市场开拓费用发票 2. 携带本公司的开票信息(公司名称、税务登记号、注册地址及电话、开户银行及账户等信息)
2	开具市场开拓费用发票	服务公司业务员	1. 根据市场开拓申请单的金额和营销部经理提供的企业信息开具增值税专用发票 2. 将增值税专用发票发票联、抵扣联交给营销部经理 3. 将增值税专用发票记账联备案留档
3	收取市场开拓费用发票	营销部经理	1. 从服务公司收取市场开拓费用专用发票并登记备案 2. 将市场开拓费用专用发票送至出纳处并登记发票
4	收到市场开拓费用专用发票并记账	出纳	1. 收到营销部经理的市场开拓费用专用发票 2. 根据市场开拓费用专用发票填制记账凭证
5	审核记账凭证	财务部经理	1. 审核出纳编制的记账凭证并对照相关附件检查是否正确 2. 审核无误，在记账凭证上签字或盖章
6	登记科目明细账	财务部经理	1. 根据记账凭证登记科目明细账 2. 记账后在记账凭证上签字或盖章
7	登记总账	财务部经理	1. 根据记账凭证登记总账 2. 记账后在记账凭证上签字或盖章

业务流程步骤如图 3-68 所示。

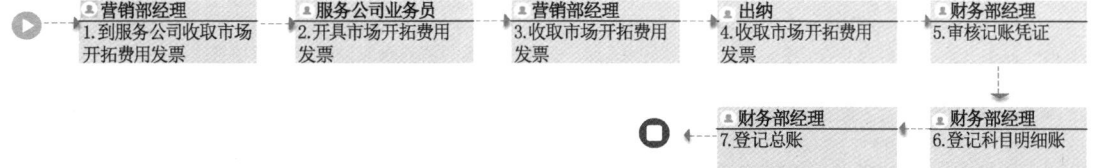

图 3-68 业务流程步骤图

（11）支付市场开拓费。营销部经理根据市场开拓费用发票,提交支付市场开拓费申请及付款处理。业务流程步骤如表 3-110 所示。

表 3-110   **业务流程步骤表**

序号	活动名称	角色	活动描述—操作指导
1	填写付款申请单	营销部经理	1. 查看发票记录表,确认未支付的发票信息 2. 对照发票记录表上的未支付发票信息填写付款申请单 3. 将付款申请提交给财务部经理审核
2	审核付款申请	财务部经理	1. 审核付款申请单和发票金额是否一致,确认无误后在付款申请上签字 2. 将付款申请交营销部经理传递给总经理审核
3	审核付款申请	总经理	1. 审核付款申请单,确认无误后在申请单上签字 2. 将付款申请交还给营销部经理拿给出纳人员安排付款
4	开具转账支票	出纳	1. 收到营销部经理转交的批复后的付款申请单 2. 确认后对照付款申请单金额开具转账支票 3. 出纳登记支票登记簿,支票领用人签字 4. 将支票正联交给财务部经理审核、盖章
5	审核支票	财务部经理	1. 审核支票填写的是否正确 2. 确认无误后签字,加盖公司财务章和法人章 3. 将支票正联交给营销部经理支付给服务公司
6	将支票送至服务公司	营销部经理	1. 登记在支票登记簿上 2. 将支票交给服务公司完成支付
7	填制记账凭证	出纳	1. 出纳根据审核的付款申请单和支票存根填制记账凭证 2. 将支票存根和付款申请单粘贴在记账凭证后作为附件 3. 将记账凭证传递给财务部经理审核
8	审核记账凭证	财务部经理	1. 审核出纳填制的记账凭证并对照相关附件检查是否正确 2. 审核无误,在记账凭证上签字或盖章 3. 将确认后的记账凭证传递给出纳登记日记账
9	登记日记账	出纳	1. 根据记账凭证登记银行存款日记账 2. 记账后在记账凭证上签字或盖章 3. 将记账凭证传递给财务部经理登记科目明细账
10	登记科目明细账	财务部经理	1. 接收出纳交还的记账凭证 2. 根据记账凭证登记科目明细账 3. 记账后在记账凭证上签字或盖章
11	登记总账	财务部经理	1. 接收财务部经理交还的记账凭证 2. 根据记账凭证登记总账 3. 记账后在记账凭证上签字或盖章
12	收到转账支票并到银行办理转账	服务公司总经理	1. 向办理市场开拓的企业催收市场开拓费 2. 拿到办理市场开拓企业办理市场开拓开具的转账支票 3. 根据转账支票填写进账单 4. 携带转账支票与进账单到银行进行转账
13	办理转账—市场开拓(银行)并打印银行回单(银行)	银行柜员	1. 收到企业提交的进账单与支票 2. 根据进账单信息办理转账业务 3. 根据办理的转账业务,打印银行业务回单 4. 将银行业务回单交给企业办事员

业务流程步骤如图 3-69 所示。

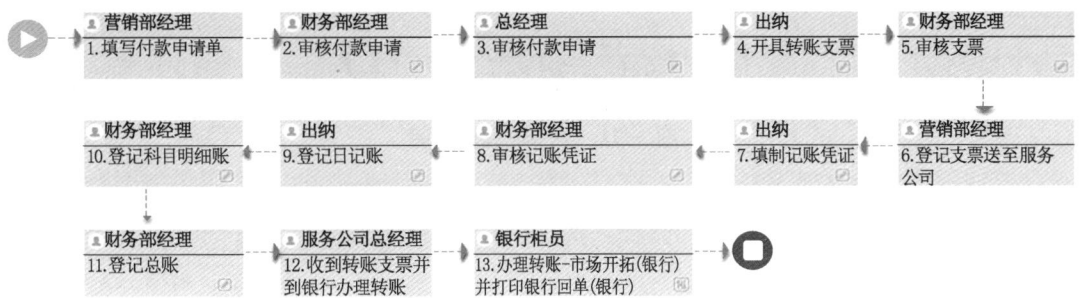

图 3-69 业务流程步骤图

（12）与制造业签订购销合同。采购经理与制造业签订购销合同。业务流程步骤如表 3-111 所示。

表 3-111   业务流程步骤表

序号	活动名称	角色	活动描述—操作指导
1	填写购销合同,填制合同会签单	采购部经理	1. 采购部经理填写购销合同,填制合同会签单 2. 采购部经理将购销合同和合同会签单送交财务部经理审核
2	审核购销合同和合同会签单	财务部经理	1. 收到采购部经理交给的购销合同及合同会签单 2. 审核购销合同的准确性和合理性 3. 财务部经理在合同会签单上签字 4. 将购销合同和会签单送至总经理审核
3	审核购销合同和合同会签单	总经理	1. 审核购销合同的条款、期限、付款信息等是否符合公司要求 2. 符合要求在合同会签单上签字 3. 将审核通过后的购销合同和合同会签单一同送至行政经理盖章
4	合同盖章	行政经理	1. 接到审核通过的合同会签单,在购销合同上盖章 2. 行政经理在公章印鉴使用登记表上登记并签字 3. 更新合同管理表——购销合同 4. 将购销合同交给采购部经理
5	购销合同登记	采购部经理	1. 采购经理将盖章的购销合同登记,并将购销合同交给供应商 2. 采购经理更新采购合同执行情况表

业务流程步骤如图 3-70 所示。

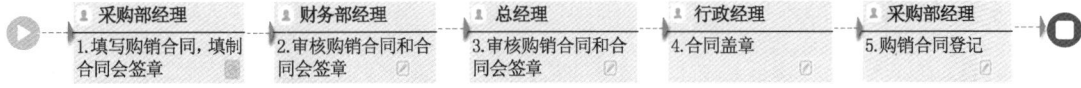

图 3-70 业务流程步骤图

（13）录入采购订单。采购经理依据采购合同填写采购订单。业务流程步骤如表 3-112 所示。

表 3-112   业务流程步骤表

序号	活动名称	角色	活动描述—操作指导
1	在 VBSE 系统中填写采购订单	采购部经理	根据与供应商(制造业)签订好的采购合同,在 VBSE 系统中填写采购订单

业务流程步骤如图 3-71 所示。

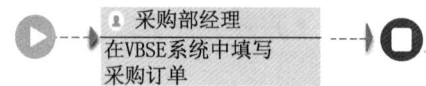

图 3-71 业务流程步骤图

(14) 与物流公司签订运输合同。企业与物流公司签订运输合同(经销商)。业务流程步骤如表 3-113 所示。

表 3-113   业务流程步骤表

序号	活动名称	角色	活动描述—操作指导
1	收到物流的物流合同并填制合同会签单	仓储部经理	1. 收到物流公司草拟的物流运输合同 2. 审查物流运输合同的条款内容是否有误 3. 审查通过后填写合同会签单 4. 将物流运输合同与合同会签单一同送至财务部经理审核
2	审核物流运输合同和合同会签单	财务部经理	1. 审核物流运输合同的金额是否符合公司要求 2. 符合要求在合同会签单上签字 3. 审核通过后的物流运输合同和合同会签单一同送至总经理审核
3	审核物流运输合同和合同会签单	总经理	1. 审核物流运输合同的条款、期限、付款信息等是否符合公司要求 2. 符合要求在合同会签单上签字 3. 审核通过后的物流运输合同和合同会签单由仓储部经理一同送至行政经理
4	合同盖章	行政经理	1. 接到审核通过的合同会签单,在物流运输合同上盖章 2. 仓储部经理在公章印鉴使用登记表上登记
5	归档	行政经理	1. 将 1 份盖章的合同交给仓储部经理转交物流公司 2. 行政经理将合同会签单与一份盖章的物流运输合同一起进行归档 3. 登记合同管理表
6	合同盖章后返回物流公司	仓储部经理	仓储部经理将盖好公章的物流运输合同返回物流公司

业务流程步骤如图 3-72 所示。

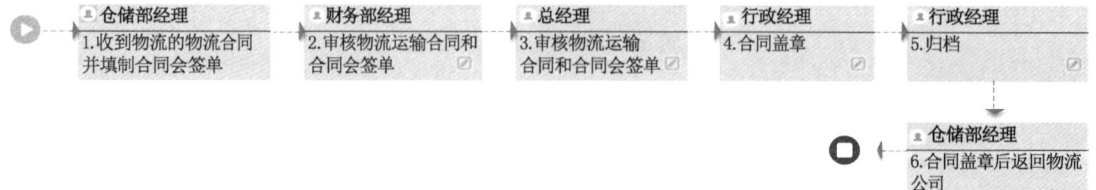

图 3-72 业务流程步骤图

(15) 申请和办理广告投放。企业提交广告投放申请(经销商)。业务流程步骤如表 3-114 所示。

表 3-114　　　　　　　　　　　　　　业务流程步骤表

序号	活动名称	角色	活动描述—操作指导
1	编制广告投放申请单	营销部经理	根据公司策略、市场预测和开拓的市场及投放金额,填写广告投放申请单
2	审批广告投放申请单	总经理	1. 接到营销部经理的申请广告投放申请单 2. 根据公司的经营策略及资金使用计划,审核其合理性 3. 确认同意后,签字批准 4. 审核通过确认进行广告投放
3	广告投放申请单盖章	行政经理	1. 营销部经理在公章印鉴使用登记表登记签字 2. 确认签字后,在审批通过的广告投放申请单盖企业公章
4	到服务公司开拓市场	营销部经理	到服务公司办理广告投放,提交广告投放申请单
5	办理广告投放	服务公司业务员	1. 查看经销商营销部经理提交的广告投放申请 2. 依据广告投放申请,为对应的经销商办理广告投放
6	确认广告投放结果	营销部经理	在服务公司确认广告投放结果

业务流程步骤如图 3-73 所示。

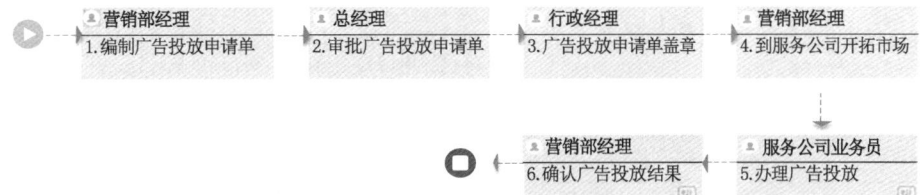

图 3-73　业务流程步骤图

（16）收到广告费发票。企业收取广告投放费用发票(经销商)。业务流程步骤如表 3-115 所示。

表 3-115　　　　　　　　　　　　　　业务流程步骤表

序号	活动名称	角色	活动描述—操作指导
1	到服务公司取广告投放费用发票	营销部经理	1. 到服务公司业务员处取广告投放费用发票 2. 携带本公司的开票信息(公司名称、税务登记号、注册地址及电话、开户银行及账户等信息)
2	开具广告投放费用发票	服务公司业务员	1. 根据广告投放申请单的金额和营销部经理提供的企业信息开具增值税专用发票 2. 将增值税专用发票的发票联、抵扣联交给营销部经理 3. 将增值税专用发票记账联备案留档
3	收取广告投放费用发票	营销部经理	1. 从服务公司收取广告投放费用专用发票并登记备案 2. 将广告投放费用专用发票送至出纳处并登记发票
4	收到广告投放费用专用发票并记账	出纳	1. 收到营销部经理的广告投放费用专用发票 2. 根据广告投放费用专用发票填制记账凭证
5	审核记账凭证	财务部经理	1. 审核出纳填制的记账凭证并对照相关附件检查是否正确 2. 审核无误,在记账凭证上签字或盖章
6	登记科目明细账	财务部经理	1. 根据记账凭证登记科目明细账 2. 记账后在记账凭证上签字或盖章
7	登记总账	财务部经理	1. 根据记账凭证登记总账 2. 记账后在记账凭证上签字或盖章

业务流程步骤如图 3-74 所示。

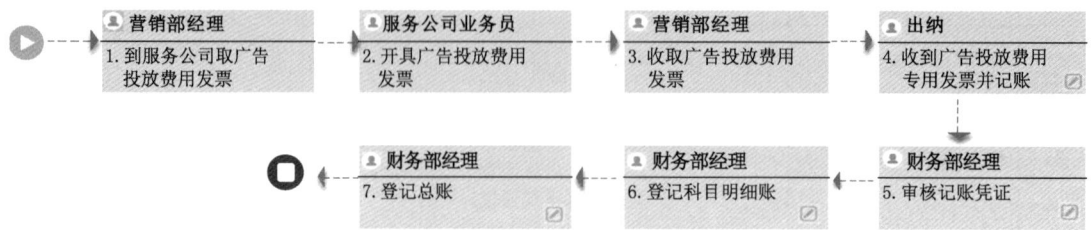

图 3-74　业务流程步骤图

(17) 支付广告投放费用。企业支付广告投放费用(经销商)。业务流程步骤如表 3-116 所示。

表 3-116　　　　　　　　　　业务流程步骤表

序号	活动名称	角色	活动描述—操作指导
1	填写付款申请单	营销部经理	1. 查看发票记录表,确认未支付的发票信息 2. 对照发票记录表上的未支付发票信息填写付款申请单 3. 将付款申请提交给财务部经理审核
2	审核付款申请	财务部经理	1. 审核付款申请单和发票金额是否一致,确认无误后在付款申请上签字 2. 将付款申请交营销部经理传递给总经理审核
3	审核付款申请	总经理	1. 审核付款申请单,确认无误后在申请单上签字 2. 将付款申请交还给营销部经理拿给出纳人员安排付款
4	开具转账支票	出纳	1. 收到营销部经理转交的批复后的付款申请单 2. 确认后对照付款申请单金额开具转账支票 3. 出纳登记支票登记簿,支票领用人签字 4. 将支票正联交给财务部经理审核,盖章
5	审核支票	财务部经理	1. 审核支票填写的是否正确 2. 确认无误后签字,加盖公司财务章和法人章 3. 将支票正联交给营销部经理支付给服务公司
6	将支票送至服务公司	营销部经理	1. 登记在支票登记簿上 2. 将支票交给服务公司完成支付
7	填制记账凭证	出纳	1. 出纳根据审核的付款申请单和支票存根填制记账凭证 2. 将支票存根和付款申请单粘贴在记账凭证后作为附件 3. 将记账凭证传递给财务部经理审核
8	审核记账凭证	财务部经理	1. 审核出纳填制的记账凭证并对照相关附件检查是否正确 2. 审核无误,在记账凭证上签字或盖章 3. 将确认后的记账凭证传递给出纳登记日记账
9	登记日记账	出纳	1. 根据记账凭证登记银行存款日记账 2. 记账后在记账凭证上签字或盖章 3. 将记账凭证传递给财务部经理登记科目明细账
10	登记科目明细账	财务部经理	1. 接收出纳提交的记账凭证 2. 根据记账凭证登记科目明细账 3. 记账后在记账凭证上签字或盖章
11	登记总账	财务部经理	1. 接收财务部经理提交的记账凭证 2. 根据记账凭证登记总账 3. 记账后在记账凭证上签字或盖章

(续表)

序号	活动名称	角色	活动描述—操作指导
12	收到转账支票并到银行办理转账	服务公司总经理	1. 向办理广告投放的企业催收广告投放费 2. 拿到办理广告投放企业办理广告投放开具的转账支票 3. 根据转账支票填写进账单 4. 携带转账支票与进账单到银行进行转账
13	办理转账—广告投放（银行）并打印银行回单（银行）	银行柜员	1. 收到企业提交的进账单与支票 2. 根据进账单信息办理转账业务 3. 根据办理的转账业务，打印银行业务回单 4. 将银行业务回单交给企业办事员

业务流程步骤如图 3-75 所示。

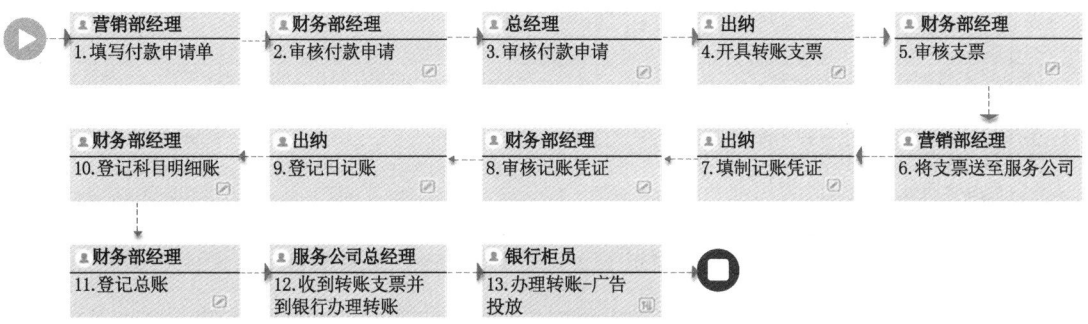

图 3-75　业务流程步骤图

（18）签订代发工资协议。行政经理签订银企代发工资合作协议。业务流程步骤如表 3-117 所示。

表 3-117　　　　　　　　　　　　业务流程步骤表

序号	活动名称	角色	活动描述—操作指导
1	填写公章、印鉴、资质证照使用申请表	行政经理	1. 填写公章、印鉴、资质证照使用申请表，注明使用原由是去银行签订银企代发工资合作协议 2. 将申请表提交给总经理审核
2	审核公章、印鉴、资质证照使用申请表	总经理	1. 审核公章、印鉴、资质证照使用申请表 2. 审核无误后在申请表上签字确认
3	到银行签订银企代发工资合作协议	行政经理	1. 根据审核后的申请表，整理相关资料，带好营业执照、法人身份证等，公章、预留印鉴准备签订银企代发工资合作协议（实训中带上营业执照、公章、印鉴即可） 2. 到银行柜台签订协议
4	办理银企代发工资合作协议	银行柜员	1. 接收、审核客户提交的银企代发工资合作协议 2. 审核通过后盖章返还客户
5	协议书归档	行政经理	1. 收到银行签字盖章的银企代发工资合作协议 2. 审核无误后将协议书归档 3. 登记合同管理表，填写协议书信息

业务流程步骤如图 3-76 所示。

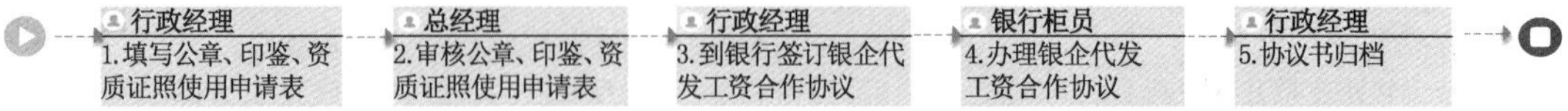

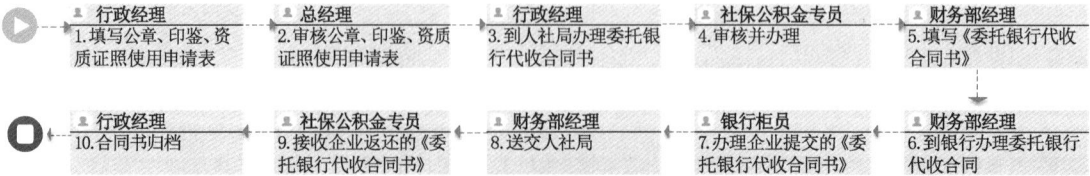

图 3-76　业务流程步骤图

（19）签订社保公积金同城委托收款协议。财务部经理签订委托银行代收合同书。业务流程步骤如表 3-118 所示。

表 3-118　　　　　　　　　　　　　　　业务流程步骤表

序号	活动名称	角色	活动描述—操作指导
1	填写公章、印鉴、资质证照使用申请表	行政经理	1. 填写公章、印鉴、资质证照使用申请表,注明使用原由是去银行签订委托银行代收合同书 2. 将申请表提交给总经理审核
2	审核公章、印鉴、资质证照使用申请表	总经理	1. 审核公章、印鉴、资质证照使用申请表 2. 审核无误后在申请表上签字确认
3	到人社局办理委托银行代收合同书	行政经理	携带相关资料到人社局办理三方协议
4	审核并办理	社保公积金专员	1. 接收企业提交的资料并审核 2. 审核通过后下发《委托银行代收合同书》(待企业填写完成后盖章即可)
5	填写《委托银行代收合同书》	财务部经理	1. 在社会保险/住房公积金中心填写《委托银行代收合同书》并盖企业公章,合同书一式三份 2. 填写完成后由社保公积金专员盖章
6	到银行办理委托银行代收合同	财务部经理	1. 财务部经理到银行办理委托收款业务 2. 提交相关资料给银行柜员
7	办理企业提交的《委托银行代收合同书》	银行柜员	1. 接收企业提交的一式三份的《委托银行代收合同书》并审核 2. 审核通过后盖银行公章留存一联其余两联返还客户
8	送交人社局	财务部经理	1. 收到银行签字盖章的委托银行代收合同书 2. 将一份银行签字盖章的合同书交给行政经理归档 3. 将一份银行签字盖章的合同书交给人社局
9	接收企业返还的《委托银行代收合同书》	社保公积金专员	1. 接收企业返还的《委托银行代收合同书》 2. 将《委托银行代收合同书》进行归档
10	合同书归档	行政经理	1. 收到人社局、银行签字盖章的委托银行代收合同书 2. 审核无误后进行归档 3. 登记合同管理表,填写合同书信息

业务流程步骤如图 3-77 所示。

图 3-77　业务流程步骤图

（20）签订税务同城委托收款协议。财务部经理签订授权划缴税款协议书。业务流程步骤如表3-119所示。

表3-119　　　　　　　　　　　　　　　业务流程步骤表

序号	活动名称	角色	活动描述—操作指导
1	填写公章、印鉴、资质证照使用申请表	行政经理	1. 填写公章、印鉴、资质证照使用申请表,注明使用原由是去银行签订授权划缴税款协议书 2. 将申请表提交给总经理审核
2	审核公章、印鉴、资质证照使用申请表	总经理	1. 审核公章、印鉴、资质证照使用申请表 2. 审核无误后在申请表上签字确认
3	到税务局办理授权划缴税款协议书	行政经理	携带相关资料到税务局办理三方协议
4	审核并办理	税务专员	1. 接收企业提交的资料并审核 2. 审核通过后下发《授权划缴税款协议书》(待企业填写完成后盖章即可)
5	填写《授权划缴税款协议书》	财务部经理	1. 在税务局填写《授权划缴税款协议书》并盖企业公章,协议书一式三份 2. 填写完成后由税务专员盖章
6	到银行办理授权划缴税款协议书	财务部经理	1. 财务部经理到银行办理委托收款业务 2. 提交相关资料给银行柜员
7	办理企业提交的《授权划缴税款协议书》	银行柜员	1. 接收企业提交的一式三份的《授权划缴税款协议书》并审核 2. 审核通过后盖银行公章留存一联其余两联返还客户
8	送交税务局	财务部经理	1. 收到银行签字盖章的授权划缴税款协议书 2. 将一份银行签字盖章的协议书交给行政经理归档 3. 将一份银行签字盖章的协议书交给税务局
9	接收企业返还的《授权划缴税款协议书》	税务专员	1. 接收企业返还的《授权划缴税款协议书》 2. 将《授权划缴税款协议书》进行归档
10	协议书归档	行政经理	1. 收到税务局、银行签字盖章的授权划缴税款协议书 2. 审核无误后进行归档 3. 登记合同管理表,填写协议书信息

业务流程步骤如图3-78所示。

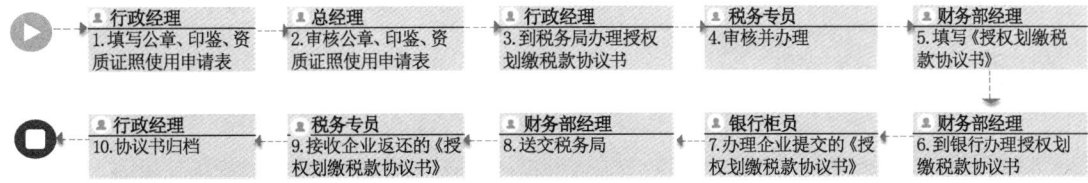

图3-78　业务流程步骤图

（21）商标制作及注册。制作本企业的商标标识,制作完成后提交工商局审核公示并备案。业务流程步骤如表3-120所示。

表 3-120　　　　　　　　　　　　业务流程步骤表

序号	活动名称	角色	活动描述—操作指导
1	制作本企业商标标识并提交工商局审核	行政经理	1. 组织公司所有员工进行公司商标制作,包括图片、商标说明(除商标标识的说明内容还需要增加商标标识适用的产品或服务的类别)、商标含义、企业营业执照复印件、联系人、联系地址、联系电话、邮编等 2. 将制作好的商标标识的图片、说明文档,拷到 U 盘中提交到工商局工商专员
2	审核企业提交的商标标识,通过后公示并备案	工商专员	1. 接收企业提交的商标标识申请资料 2. 对提交的申请资料进行审核 3. 审核通过后进行公示(与主讲老师确认张贴公示地点),公示无异议后备案存档

业务流程步骤如图 3-79 所示。

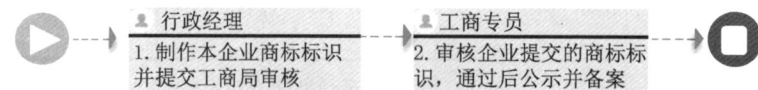

图 3-79　业务流程步骤图

(三) 工贸经营准备

(1) 批量办理个人银行卡。行政经理收集员工信息,审核后到银行办理个人银行卡。业务流程步骤如表 3-121 所示。

表 3-121　　　　　　　　　　　　业务流程步骤表

序号	活动名称	角色	活动描述—操作指导
1	填写借记卡集体申领登记表	行政经理	1. 收集员工信息并在借记卡集体申领登记表中填写相关内容 2. 将填写完整的登记表交到财务部经理审核
2	审核借记卡集体申领登记表	财务部经理	1. 审核登记表无误后签字并加盖"财务专用"章 2. 将审核后的登记表交给行政经理到银行办理开卡手续
3	去银行办理开卡业务	行政经理	带着借记卡集体申领登记表及身份证复印件(实际业务中必须带身份证原件),到银行柜台递交开卡申请
4	办理银行开卡	银行柜员	银行柜员办理开卡完毕后,把银行卡交给办卡申请人
5	从银行领回银行卡并发放	行政经理	1. 从银行柜员处领取银行卡,核对银行卡卡号与登记表中记录是否一致 2. 把银行卡卡号、姓名等信息进行归档备案 3. 提交一份银行卡信息给财务部经理备案

业务流程步骤如图 3-80 所示。

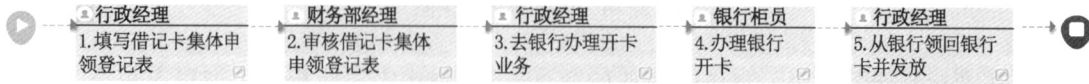

图 3-80　业务流程步骤图

（2）企管部借款。行政经理借备用金。业务流程步骤如表 3-122 所示。

表 3-122　　　　　　　　　　　　　　　业务流程步骤表

序号	活动名称	角色	活动描述—操作指导
1	填写借款单	行政经理	1. 在 VBSE 系统中填写借款单(实际工作中可能填写纸质借款单) 2. 填写借款单,借款作为部门备用金 3. 将填写好的借款单提交总经理审核
2	审核借款单	总经理	1. 在 VBSE 系统中对借款用途、金额、付款条款进行审核 2. 审核无误,在审核意见处签字确认
3	支付现金	总经理	1. 接收经过总经理审核签字的借款单 2. 确认无误后支付现金给借款人,借款人签字 3. 在借款单出纳签章处,加盖签章
4	填制记账凭证	财务部经理	1. 根据已支付的借款单填制记账凭证,将借款单粘贴在后面作为附件 2. 将记账凭证交由总经理审核
5	审核记账凭证	总经理	1. 审核财务部经理填制的记账凭证并对照借款单检查是否正确 2. 审核无误,在记账凭证上签字或盖章 3. 将审核后的记账凭证交给总经理登记日记账
6	登记库存现金日记账	总经理	1. 根据审核后的记账凭证登记库存现金日记账 2. 记账后在记账凭证上签字或盖章
7	登记科目明细账	财务部经理	1. 根据记账凭证登记科目明细账 2. 记账后在记账凭证上签字或盖章
8	登记总账	财务部经理	1. 根据记账凭证登记总账 2. 记账后在记账凭证上签字或盖章

业务流程步骤如图 3-81 所示。

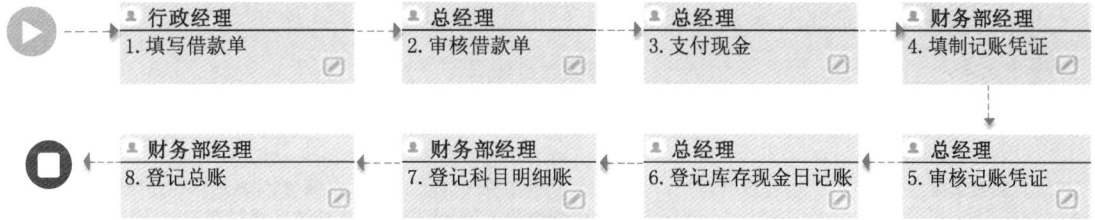

图 3-81　业务流程步骤图

（3）业务部借款。业务经理借备用金。业务流程步骤如表 3-123 所示。

表 3-123　　　　　　　　　　　　　　　业务流程步骤表

序号	活动名称	角色	活动描述—操作指导
1	填写借款单	业务经理	1. 在 VBSE 系统中填写借款单(实际工作中可能填写纸质借款单) 2. 填写借款单,借款作为部门备用金 3. 将填写好的借款单提交总经理审核
2	审核借款单	总经理	1. 在 VBSE 系统中对借款用途、金额、付款条款进行审核 2. 审核无误,在审核意见处签字确认
3	支付现金	总经理	1. 接收经过总经理审核签字的借款单 2. 确认无误后支付现金给借款人,借款人签字 3. 在借款单出纳签章处,加盖签章

（续表）

序号	活动名称	角色	活动描述—操作指导
4	填制记账凭证	财务部经理	1. 根据已支付的借款单填制记账凭证,将借款单粘贴在后面作为附件 2. 将记账凭证交由总经理审核
5	审核记账凭证	总经理	1. 审核财务部经理填制的记账凭证并对照借款单检查是否正确 2. 审核无误,在记账凭证上签字或盖章 3. 将审核后的记账凭证交给总经理登记日记账
6	登记库存现金日记账	总经理	1. 根据审核后的记账凭证登记库存现金日记账 2. 记账后在记账凭证上签字或盖章
7	登记科目明细账	财务部经理	1. 根据记账凭证登记总账和科目明细账 2. 记账后在记账凭证上签字或盖章
8	登记总账	财务部经理	1. 根据记账凭证登记总账 2. 记账后在记账凭证上签字或盖章

业务流程步骤如图 3-82 所示。

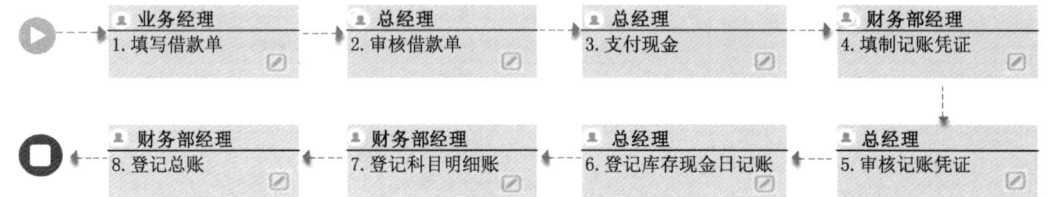

图 3-82　业务流程步骤图

（4）发放薪酬。企业发放上月薪酬。业务流程步骤如表 3-124 所示。

表 3-124　　　　　　　　　　　　业务流程步骤表

序号	活动名称	角色	活动描述—操作指导
1	薪资录盘	行政经理	1. 在 VBSE 系统里打开"薪资录盘"界面 2. 依据工资表信息,录入人员薪资,完成后保存并导出 3. 将导出的"薪酬发放"的文件拷贝到 U 盘中
2	填写支出凭单	行政经理	1. 依据《工资表》数据填写支出凭单 2. 将填好的《支出凭单》《工资表》交总经理和财务部经理进行审核
3	审核支出凭单和薪酬发放表	总经理	1. 审核支出凭单信息和《工资表》是否一致、正确 2. 审核支出凭单的日期、金额、支出方式、支出用途及金额大小写是否正确 3. 审核完成后在支出凭单上签字确认
4	审核支出凭单和薪酬发放表	财务部经理	1. 审核支出凭单信息和《工资表》是否一致、正确 2. 审核支出凭单的日期、金额、支出方式、支出用途及金额大小写是否正确 3. 审核完成后在支出凭单上签字确认
5	开具转账支票	总经理	1. 根据支出凭单的信息开具转账支票 2. 检查支票填写无误后加盖公司财务章和法人章
6	登记支票登记簿	总经理	1. 根据签发的支票登记《支票登记簿》 2. 支票领用人在《支票登记簿》签字

（续表）

序号	活动名称	角色	活动描述—操作指导
7	去银行办理薪资发放	财务部经理	1. 填写进账单 2. 带齐薪资发放资料（转账支票、薪资录盘）去银行办理工资发放
8	办理工资发放	银行柜员	1. 接到工资录盘文件和支票 2. 检查文件和支票 3. 在系统中导入工资录盘文件完成工资发放
9	打印银行业务回单	银行柜员	取得银行的业务回单（可以直接在柜台办理时由银行柜员打印取回；在柜台未打印，次日可以再回单柜中取得）
10	填制记账凭证	财务部经理	1. 依据银行业务回单、转账支票存根、支出凭单填制记账凭证 2. 编制记账凭证，将原始单据作为附件粘贴在记账凭证后面 3. 将记账凭证和相关原始单据交给总经理审核
11	审核记账凭证	总经理	1. 审核财务部经理提交的记账凭证 2. 核对记账凭证与原始凭证的一致性，审核无误后签字或盖章 3. 将审核后的记账凭证交给总经理登记日记账
12	登记银行存款日记账	总经理	1. 根据审核后的记账凭证登记银行存款日记账 2. 记账后在记账凭证上签字或盖章 3. 将记账凭证交回财务部经理登记科目明细账
13	登记科目明细账	财务部经理	1. 依据记账凭证登记科目明细账 2. 记账后在记账凭证上签字或盖章
14	登记总账	财务部经理	1. 依据记账凭证登记总账 2. 记账后在记账凭证上签字或盖章

业务流程步骤如图 3-83 所示。

图 3-83　业务流程步骤图

（5）申报个人所得税。财务部经理申报上月个人所得税。业务流程步骤如表 3-125 所示。

表 3-125　　　　　　　　　　　　　　　业务流程步骤表

序号	活动名称	角色	活动描述—操作指导
1	整理、提交个人所得税纳税申报资料	行政经理	1. 收集整理员工信息 2. 根据员工信息在 VBSE 系统中下载导入模版，根据员工信息填写"个人所得税基础信息模板" 3. 将填好的"个人所得税基础信息模板"导入系统中并提交税务局 4. 将员工信息和工资表一同交给财务部经理

(续表)

序号	活动名称	角色	活动描述—操作指导
2	审核企业提交的个人所得税纳税申报资料	税务专员	在 VBSE 系统中审核企业提交的个人所得税申报资料
3	网上个人所得税纳税申报	财务部经理	1. 在 VBSE 系统中下载"扣缴个人所得税报告表模板" 2. 根据工资表和员工信息填写"扣缴个人所得税报告表模板" 3. 将填好的"扣缴个人所得税报告表模板"导入系统中并扣缴个人所得税

业务流程步骤如图 3-84 所示。

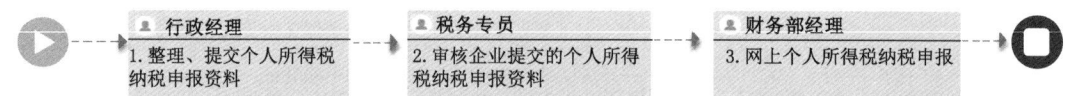

图 3-84　业务流程步骤图

（6）申报企业增值税。月初财务部经理申报上月企业增值税。业务流程步骤如表3-126所示。

表 3-126　　　　　　　　　　业务流程步骤表

序号	活动名称	角色	活动描述—操作指导
1	整理增值税纳税申报资料	财务部经理	1. 准备上期的进项税，汇总并整理 2. 准备上期的销项税，汇总并整理
2	网上增值税纳税申报	财务部经理	1. 在 VBSE 系统中根据确认的金额进行增值税纳税申报 2. 填写完成后提交税务机关审核
3	审核企业增值税申报	税务专员	在 VBSE 系统中审核企业提交的增值税申报

业务流程步骤如图 3-85 所示。

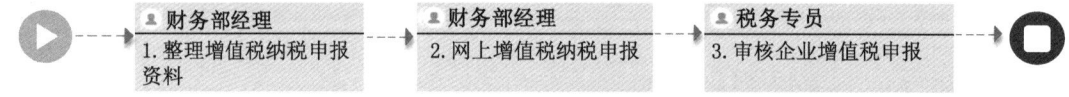

图 3-85　业务流程步骤图

（7）与制造业签订购销合同。企业收到制造业的采购合同并签署。业务流程步骤如表3-127所示。

表 3-127　　　　　　　　　　业务流程步骤表

序号	活动名称	角色	活动描述—操作指导
1	收到购销合同，填制合同会签单	业务经理	1. 业务经理依据收到的购销合同，填写合同会签单 2. 业务经理将购销合同和合同会签单送交财务部经理审核
2	审核购销合同和合同会签单	财务部经理	1. 收到业务经理交给的购销合同及合同会签单 2. 审核购销合同的准确性和合理性 3. 财务部经理在合同会签单上签字 4. 将购销合同和会签单送至总经理审核

（续表）

序号	活动名称	角色	活动描述—操作指导
3	审核购销合同和合同会签单	总经理	1. 审核购销合同的条款、期限、付款信息等是符合公司要求 2. 符合要求在合同会签单上签字 3. 审核通过后的购销合同和合同会签单一同送至行政经理盖章
4	合同盖章	行政经理	1. 接到审核通过的合同会签单，在购销合同上盖章 2. 业务经理在公章印鉴使用登记表上登记并签字
5	合同存档	行政经理	1. 行政经理更新合同管理表——购销合同 2. 行政经理将合同会签单与一份盖章购销合同一起进行归档 3. 将1份盖章的合同交给业务经理送交合同当事人
6	购销合同登记	业务经理	1. 业务经理将将盖章的购销合同登记，交给合同当事人 2. 业务经理更新采购合同执行情况表

业务流程步骤如图 3-86 所示。

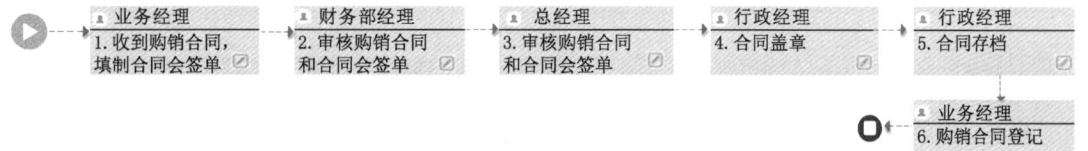

图 3-86　业务流程步骤图

（8）确认制造业的采购订单。业务流程步骤如表 3-128 所示。

表 3-128　　　　　　　　　　　业务流程步骤表

序号	活动名称	角色	活动描述—操作指导
1	确认采购订单	业务经理	1. 在系统中确认制造业的采购订单 2. 根据系统的采购订单信息填写销售订单

业务流程步骤如图 3-87 所示。

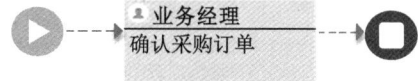

图 3-87　业务流程步骤图

（9）下达采购订单。企业向虚拟供应商下达采购订单。业务流程步骤如表 3-129 所示。

表 3-129　　　　　　　　　　　业务流程步骤表

序号	活动名称	角色	活动描述—操作指导
1	下达采购	业务经理	1. 在系统中选择要采购的货物 2. 选择完成后，确认采购

业务流程步骤如图 3-88 所示。

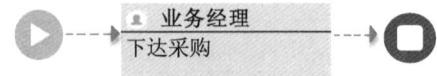

图 3-88　业务流程步骤图

（10）支付虚拟工贸企业货款。企业支付虚拟供应商的货款。业务流程步骤如表 3-130 所示。

表 3-130　　　　　　　　　　　　业务流程步骤表

序号	活动名称	角色	活动描述—操作指导
1	提交付款申请	业务经理	依据采购入库单提交付款申请单
2	审核付款申请	财务部经理	1. 接收业务经理提交的付款申请单 2. 依据采购入库单审核付款申请单
3	审核付款申请	总经理	审核财务部经理提交的付款申请单
4	付款	总经理	1. 接收总经理提交审核通过的付款申请单 2. 依据审核通过的付款申请单在 VBSE 系统中进行付款 3. 通知财务部经理到银行取得付款业务回单
5	打印银行付款回单	银行柜员	1. 查询并打印付款业务回单 2. 将付款业务回单交给财务部经理 3. 财务部经理取得业务回单，回公司填制记账凭证
6	去税务局代开增值税专用发票	业务经理	1. 业务经理整理采购订单信息 2. 根据信息到税务局找税务专员开具增值税专用发票
7	为虚拟供应商代开增值税专用发票	税务专员	1. 根据业务经理整理的信息开具增值税专用发票 2. 将开具好的增值税专用发票交给业务经理
8	收到税务局代开的增值税专用发票	业务经理	1. 收到税务局代开的增值税专用发票 2. 将收到的增值税专用发票带回并送至财务部经理处
9	填制记账凭证	财务部经理	1. 将银行业务回单、增值税专用发票与付款申请单核对 2. 填制记账凭证，将银行业务回单粘贴在记账凭证背面作为原始凭证 3. 提交总经理审核
10	审核记账凭证	总经理	1. 审核财务部经理填制的记账凭证并对照相关附件检查是否正确 2. 审核无误，在记账凭证上签字或盖章 3. 将审核后的记账凭证传递给总经理登记日记账
11	登记日记账	总经理	1. 根据记账凭证登记银行存款日记账 2. 记账后在记账凭证上签字或盖章
12	登记科目明细账	财务部经理	1. 根据记账凭证登记科目明细账 2. 记账后在记账凭证上签字或盖章
13	登记总账	财务部经理	1. 根据记账凭证登记总账 2. 记账后在记账凭证上签字或盖章

业务流程步骤如图 3-89 所示。

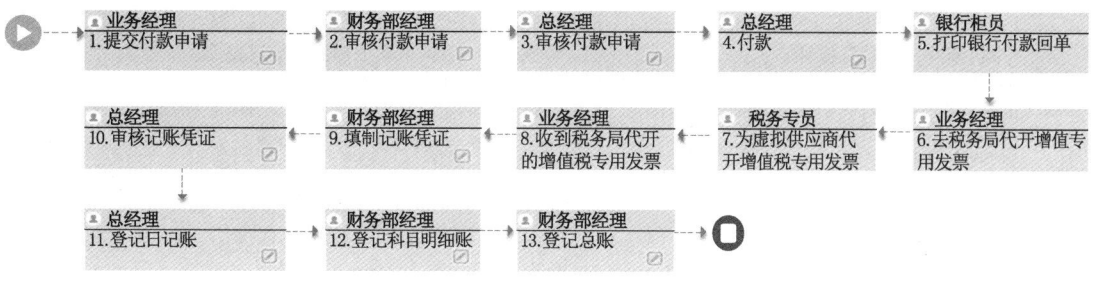

图 3-89　业务流程步骤图

（11）签订代发工资协议。企业签订银企代发工资合作协议。业务流程步骤如表 3-131 所示。

表 3-131　　　　　　　　　　　　　　业务流程步骤表

序号	活动名称	角色	活动描述—操作指导
1	填写公章、印鉴、资质证照使用申请表	行政经理	1. 填写公章、印鉴、资质证照使用申请表,注明使用原由是去银行签订银企代发工资合作协议 2. 将申请表提交给总经理审核
2	审核公章、印鉴、资质证照使用申请表	总经理	1. 审核公章、印鉴、资质证照使用申请表 2. 审核无误后在申请表上签字确认
3	到银行签订银企代发工资合作协议	行政经理	1. 根据审核后的申请表,整理相关资料,带好营业执照、法人身份证、公章、预留印鉴等准备签订银企代发工资合作协议(实训中带上营业执照、公章、印鉴即可) 2. 到银行柜台签订协议
4	办理银企代发工资合作协议	银行柜员	1. 接收、审核客户提交的银企代发工资合作协议 2. 审核通过后盖章返还客户
5	协议书归档	行政经理	1. 收到银行签字盖章的银企代发工资合作协议 2. 审核无误后将协议书归档 3. 登记合同管理表,填写协议书信息

业务流程步骤如图 3-90 所示。

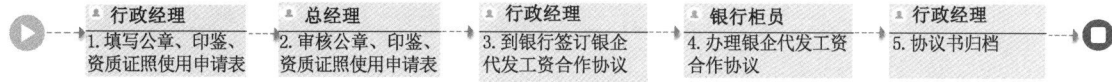

图 3-90　业务流程步骤图

（12）签订社保公积金同城委托收款协议。企业签订委托银行代收合同书。业务流程步骤如表 3-132 所示。

表 3-132　　　　　　　　　　　　　　业务流程步骤表

序号	活动名称	角色	活动描述—操作指导
1	填写公章、印鉴、资质证照使用申请表	行政经理	1. 填写公章、印鉴、资质证照使用申请表,注明使用原由是去银行签订委托银行代收合同书 2. 将申请表提交给总经理审核

(续表)

序号	活动名称	角色	活动描述—操作指导
2	审核公章、印鉴、资质证照使用申请表	总经理	1. 审核公章、印鉴、资质证照使用申请表 2. 审核无误后在申请表上签字确认
3	到人社局办理委托银行代收合同书	行政经理	携带相关资料到人社局办理三方协议
4	审核并办理	社保公积金专员	1. 接收企业提交的资料并审核 2. 审核通过后下发《委托银行代收合同书》(待企业填写完成后盖章即可)
5	填写《委托银行代收合同书》	财务部经理	1. 在社会保险/住房公积金中心填写《委托银行代收合同书》并盖企业公章,协议书一式三份 2. 填写完成后由社保公积金专员盖章
6	到银行办理委托银行代收合同	财务部经理	1. 财务部经理到银行办理委托收款业务 2. 提交相关资料给银行柜员
7	办理企业提交的《委托银行代收合同书》	银行柜员	1. 接收企业提交的一式三份的《委托银行代收合同书》并审核 2. 审核通过后盖银行公章留存一联其余两联返还客户
8	送交人社局	财务部经理	1. 收到银行签字盖章的委托银行代收合同书 2. 将一份银行签字盖章的合同书交给行政经理归档 3. 将一份银行签字盖章的合同书交给人社局
9	接收企业返还的《委托银行代收合同书》	社保公积金专员	1. 接收企业返还的《委托银行代收合同书》 2. 将《委托银行代收合同书》进行归档
10	合同书归档	行政经理	1. 收到人社局、银行签字盖章的委托银行代收合同书 2. 审核无误后进行归档 3. 登记合同管理表,填写合同书信息

业务流程步骤如图 3-91 所示。

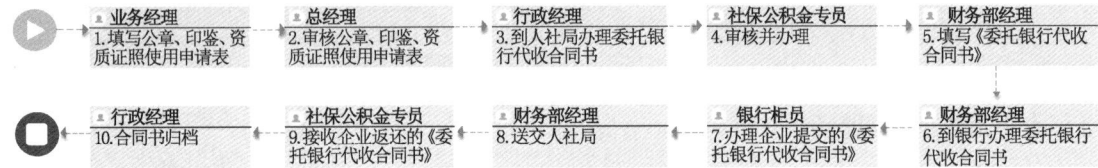

图 3-91　业务流程步骤图

(13)签订税务同城委托收款协议。企业签订授权划缴税款协议书。业务流程步骤如表 3-133 所示。

表 3-133　　　　　　　　　　　业务流程步骤表

序号	活动名称	角色	活动描述—操作指导
1	填写公章、印鉴、资质证照使用申请表	行政经理	1. 填写公章、印鉴、资质证照使用申请表,注明使用原由是去银行签订授权划缴税款协议书 2. 将申请表提交给总经理审核
2	审核公章、印鉴、资质证照使用申请表	总经理	1. 审核公章、印鉴、资质证照使用申请表 2. 审核无误后在申请表上签字确认

序号	活动名称	角色	活动描述—操作指导
3	到税务局办理授权划缴税款协议书	行政经理	携带相关公章、印鉴、资质到税务局办理三方协议
4	审核并办理	税务专员	1. 接收企业提交的资料并审核 2. 审核通过后下发《授权划缴税款协议书》(待企业填写完成后盖章即可)
5	填写《授权划缴税款协议书》并到银行办理	行政经理	1. 填写《授权划缴税款协议书》并盖企业公章,协议书一式三份 2. 填写完成后到银行办理委托收款手续 3. 将填写完成的《授权划缴税款协议书》提交给银行柜员
6	办理企业提交的《授权划缴税款协议书》	银行柜员	1. 接收企业提交的一式三份的《授权划缴税款协议书》并审核盖章 2. 审核通过后盖银行公章留存一联另两联返还客户
7	送交税务局	行政经理	1. 收到银行签字盖章的授权划缴税款协议书 2. 将一份银行签字盖章的协议书归档 3. 将一份银行签字盖章的协议书交给税务局
8	接收企业返还的《授权划缴税款协议书》	税务专员	1. 接收企业返还的《授权划缴税款协议书》 2. 将《授权划缴税款协议书》进行归档
9	协议书归档	行政经理	1. 收到税务局、银行签字盖章的授权划缴税款协议书 2. 审核无误后进行归档 3. 登记合同管理表,填写协议书信息

业务流程步骤如图 3-92 所示。

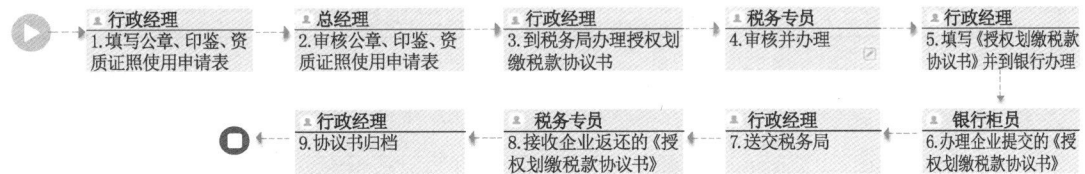

图 3-92　业务流程步骤图

(14)商标制作及注册。制作本企业的商标标识,制作完成后提交工商局审核公示并备案。业务流程步骤如表 3-134 所示。

表 3-134　　　　　　　　　　　　　　　业务流程步骤表

序号	活动名称	角色	活动描述—操作指导
1	制作本企业商标标识并提交工商局审核	行政经理	1. 组织公司所有员工进行公司商标制作,包括图片、商标说明(除商标标识的说明内容还需要增加商标标识适用的产品或服务的类别)、商标含义、企业营业执照复印件、联系人、联系地址、联系电话、邮编等 2. 将制作好的商标标识的图片、说明文档,拷到 U 盘中提交到工商局工商专员
2	审核企业提交的商标标识,通过后公示并备案	工商专员	1. 接收企业提交的商标标识申请资料 2. 对提交的申请资料进行审核 3. 审核通过后进行公示(与主讲老师确认张贴公示地点),公示无异议后备案存档

业务流程步骤如图 3-93 所示。

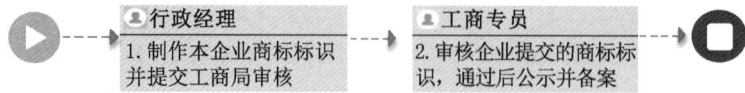

图 3-93　业务流程步骤图

(四) 外围经营准备

（1）与制造业签订运输合同（物流）。物流企业与制造业签订运输合同（物流）。业务流程步骤如表 3-135 所示。

表 3-135　　　　　　　　　　　　　业务流程步骤表

序号	活动名称	角色	活动描述—操作指导
1	填写运输合同	业务经理	1. 物流业务经理根据运输计划与客户沟通运输合同细节内容 2. 起草约束合同，一式两份
2	填写合同会签单	业务经理	1. 填写合同会签单 2. 将运输合同和合同会签单提交给物流总经理审核
3	合同会签单签字	总经理	1. 接收物流业务经理送来的运输合同及合同会签单 2. 审核运输合同的准确性和合理性 3. 在合同会签单上签字 4. 在运输合同上签字 5. 物流总经理签完后返还给物流业务经理
4	运输合同盖章	业务经理	1. 接收物流总经理返还的合同会签单及运输合同 2. 在运输合同上盖章
5	把运输合同送给对方	业务经理	业务经理把运输合同送给制造业

业务流程步骤如图 3-94 所示。

图 3-94　业务流程步骤图

（2）与经销商签订运输合同（物流）。物流企业与经销商签订运输合同（物流）。业务流程步骤如表 3-136 所示。

表 3-136　　　　　　　　　　　　　业务流程步骤表

序号	活动名称	角色	活动描述—操作指导
1	填写运输合同	业务经理	1. 物流业务经理根据运输计划与客户沟通运输合同细节内容 2. 起草约束合同，一式两份
2	填写合同会签单	业务经理	1. 填写合同会签单 2. 将运输合同和合同会签单提交给物流总经理审核
3	合同会签单签字	总经理	1. 接收物流业务经理送来的运输合同及合同会签单 2. 审核运输合同的准确性和合理性 3. 在合同会签单上签字 4. 在运输合同上签字 5. 物流总经理签完后返还给物流业务经理

(续表)

序号	活动名称	角色	活动描述—操作指导
4	运输合同盖章	业务经理	1. 接收物流总经理返还的合同会签单 2. 运输合同盖章
5	把运输合同送给对方	业务经理	物流业务经理把运输合同送给经销商

业务流程步骤如图 3-95 所示。

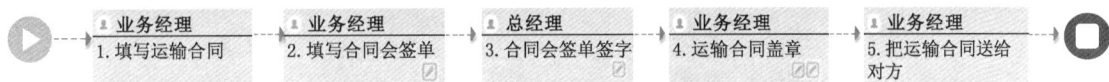

图 3-95　业务流程步骤图

（3）商标制作及注册（物流）。企业制作本企业的商标标识，制作完成后提交工商局审核公示并备案。业务流程步骤如表 3-137 所示。

表 3-137　　　　　　　　　　　　业务流程步骤表

序号	活动名称	角色	活动描述—操作指导
1	制作本企业商标标识并提交工商局审核	总经理	1. 组织公司所有员工进行公司商标制作，包括图片、商标说明（除商标标识的说明内容还需要增加商标标识适用的产品或服务的类别）、商标含义、企业营业执照复印件、联系人、联系地址、联系电话、邮编等 2. 将制作好的商标标识的图片、说明文档，拷到 U 盘中提交到工商局工商专员
2	审核企业提交的商标标识，通过后公示并备案	工商专员	1. 接收企业提交的商标标识申请资料 2. 对提交的申请资料进行审核 3. 审核通过后进行公示（与主讲老师确认张贴公示地点），公示无异议后备案存档

业务流程步骤如图 3-96 所示。

图 3-96　业务流程步骤图

（4）商标制作及注册（服务公司）。企业制作本企业的商标标识，制作完成后提交工商局审核公示并备案。业务流程步骤如表 3-138 所示。

表 3-138　　　　　　　　　　　　业务流程步骤表

序号	活动名称	角色	活动描述—操作指导
1	制作本企业商标标识并提交工商局审核	总经理	1. 组织公司所有员工进行公司商标制作，包括图片、商标说明（除商标标识的说明内容还需要增加商标标识适用的产品或服务的类别）、商标含义、企业营业执照复印件、联系人、联系地址、联系电话、邮编等 2. 将制作好的商标标识的图片、说明文档，拷到 U 盘中提交到工商局工商专员

(续表)

序号	活动名称	角色	活动描述—操作指导
2	审核企业提交的商标标识,通过后公示并备案	工商专员	1. 接收企业提交的商标标识申请资料 2. 对提交的申请资料进行审核 3. 审核通过后进行公示(与主讲老师确认张贴公示地点),公示无异议后备案存档

业务流程步骤如图 3-97 所示。

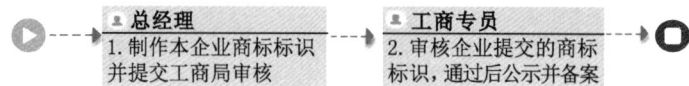

图 3-97　业务流程步骤图

（5）行政管理检查(工商局)。工商局根据《工商行政管理暂行规定》对企业进行检查,记录结果,对确认存在问题企业开具工商行政处罚决定书,并跟踪整改情况。业务流程步骤如表3-139 所示。

表 3-139　　　　　　　　　　业务流程步骤表

序号	活动名称	角色	活动描述—操作指导
1	根据《工商行政管理暂行规定》对企业进行例行检查,并记录在案	工商专员	1. 根据《工商行政管理暂行规定》,到企业进行现场检查 2. 根据制定、公示的《工商行政管理暂行规定》到企业销售部、采购部或主管销售采购的负责人进行检查
2	下达工商行政处罚决定书	工商专员	根据检查结果对问题企业下达工商行政处罚决定书
3	检查整改情况	工商专员	1. 根据工商行政处罚决定书检查企业整改情况 2. 按期整改的,缴纳罚款,恢复信用评级 3. 未按期整改的,不予恢复信用评级,并给予警告或暂停营业、生产

业务流程步骤如图 3-98 所示。

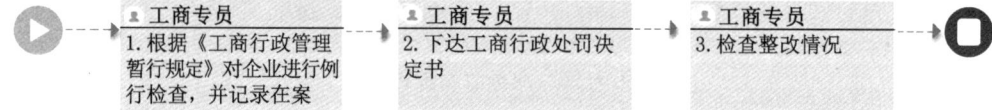

图 3-98　业务流程步骤图

（6）下达社保稽查通知书(人社局)。人社局填写社保稽核通知书,下发至制造企业、经销商、工贸企业。业务流程步骤如表3-140 所示。

表 3-140　　　　　　　　　　业务流程步骤表

序号	活动名称	角色	活动描述—操作指导
1	下达稽查通知书	社保公积金专员	1. 填写社保稽核通知书 2. 填写完成后下发到制造企业的人力资源部或行政部门(企业管理部),经销商行政经理、工贸企业行政经理 3. 请各企业社保稽核通知书准备相关内容、资料、原始凭证等

业务流程步骤如图 3-99 所示。

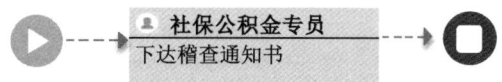

图 3-99　业务流程步骤图

（7）就业指导—职业规划（人社局）。学习制作职业生涯规划文档，并组织企业培训学习。业务流程步骤如表 3-141 所示。

表 3-141　业务流程步骤表

序号	活动名称	角色	活动描述—操作指导
1	职业生涯规划的学习	社保公积金专员	职业生涯规划和自我管理的学习
2	职业生涯规划的培训讲解	社保公积金专员	1. 与主讲老师确认时间和培训方式 2. 组织各企业进行培训，讲解职业规划

业务流程步骤如图 3-100 所示。

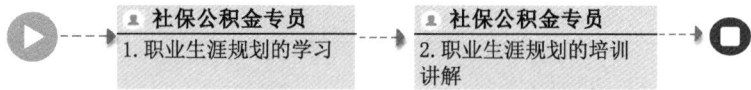

图 3-100　业务流程步骤图

（8）税务检查制度和奖惩机制的制定（税务局）。学习虚拟商业社会的运营规则，根据规则制定本次课程的税务检查制度和奖惩办法。业务流程步骤如表 3-142 所示。

表 3-142　业务流程步骤表

序号	活动名称	角色	活动描述—操作指导
1	学习运营规则并制定规则	税务专员	1. 了解虚拟商业社会经营规则 2. 制定本次课程的税务管理规定 3. 制定完成后公示或宣讲
2	公示并宣讲规则	税务专员	1. 与主讲老师沟通，确认讲解的方式和时间 2. 进行税务规则讲解 3. 记录企业关于税务规则的问题，再查找资料确认后给予答复

业务流程步骤如图 3-101 所示。

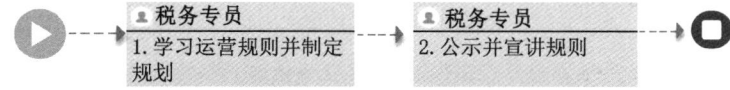

图 3-101　业务流程步骤图

（9）签订招标委托合同（招投标）。企业与委托方签订招投标委托合同。业务流程步骤如表 3-143 所示。

表 3-143 业务流程步骤表

序号	活动名称	角色	活动描述—操作指导
1	签订委托代理合同	总经理	1. 委托方为湖北强盛商贸有限公司,开户行为中国工商银行,账号为 4563512600681022353 2. 根据以上信息,签订《委托代理合同》,因委托方是虚拟企业,所以,《委托代理合同》由招投标总经理一人代签

业务流程步骤如图 3-102 所示。

图 3-102 业务流程步骤图

(10)制作招标文件(招投标)。招投标总经理编制招标文件。业务流程步骤如表 3-144 所示。

表 3-144 业务流程步骤表

序号	活动名称	角色	活动描述—操作指导
1	制作招标文件	总经理	招投标总经理编制招标文件

业务流程步骤如图 3-103 所示。

图 3-103 业务流程步骤图

(11)发布招标公告(招投标)。招投标总经理发布招标公告。业务流程步骤如表 3-145 所示。

表 3-145 业务流程步骤表

序号	活动名称	角色	活动描述—操作指导
1	编制招标公告	总经理	招投标总经理根据招标公告模板,新建 Word 文档编制招标公告
2	发布招标公告	总经理	1. 打印编制完成的招标公告 2. 将招标公告贴到公告板中,并通知企业到公告板处查看

业务流程步骤如图 3-104 所示。

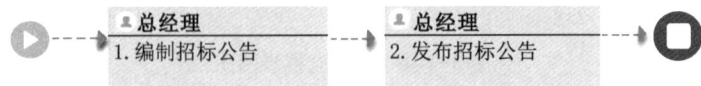

图 3-104 业务流程步骤图

(12)贸易洽谈(国贸)。国贸企业进行贸易洽谈。业务流程步骤如表 3-146 所示。

表 3-146　　　　　　　　　　　　　　　　　业务流程步骤表

序号	活动名称	角色	活动描述—操作指导
1	选中目标客户	进出口经理	在系统中选中目标客户订单
2	向进口商发建交函	进出口经理	向进口商发建交函,介绍自己公司的业务,表达希望能与对方公司建立贸易伙伴关系
3	进口商询盘	进出口经理	收到进口商发来的询盘函
4	出口报价核算	进出口经理	1. 请示交易条件和利润率,并在获取相关信息后,开始计算价格 2. 进行报价核算,得出美元单价
5	起草发盘函	进出口经理	1. 起草发盘函 2. 送交总经理审核
6	审核发盘函	总经理	1. 对发盘函的内容进行审核 2. 签字确认
7	发盘	进出口经理	起草发盘函,经领导审核无误,对外报价(初次报价中的支付条款一般坚持要求使用不可撤销,即期信用证)
8	还盘、再还盘、接受	进出口经理	在实际业务过程中,很少有第一次报价的内容就完全被对方接受,一般都会针对某个或几个成交条件发生几次不同意见的还盘、再还盘,直到一方宣布完全同意已经谈过的所有条件,即成为接受

业务流程步骤如图 3-105 所示。

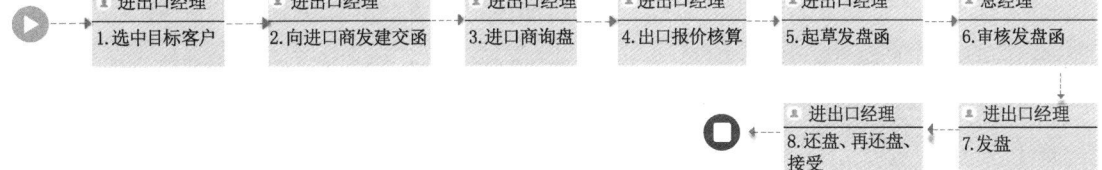

图 3-105　业务流程步骤图

(13) 出口合同签订(国贸)。国贸企业签订出口合同。业务流程步骤如表 3-147 所示。

表 3-147　　　　　　　　　　　　　　　　　业务流程步骤表

序号	活动名称	角色	活动描述—操作指导
1	双方接受合同条款	进出口经理	双方经过贸易洽谈,接受销售合同条款
2	填写销售合同会签单	进出口经理	填写销售合同会签单
3	审批销售合同	总经理	1. 填写合同会签单 2. 审核合同
4	在销售合同上签字、盖章	总经理	在合同上签字、盖章
5	寄给进口商	进出口经理	寄给进口商
6	进口商会签	进出口经理	1. 进口商会签合同 2. 进口商寄回一份给卖方

业务流程步骤如图 3-106 所示。

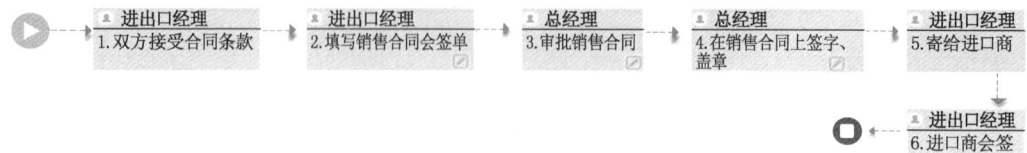

图 3-106　业务流程步骤图

（14）催证、审证、改证（国贸）。国贸企业办理信用证。业务流程步骤如表 3-148 所示。

表 3-148　　　　　　　　　　　　　　业务流程步骤表

序号	活动名称	角色	活动描述—操作指导
1	依合同明确开证时间和种类	进出口经理	买卖双方依据签订的贸易合同,在合同的支付条款中明确使用信用证及其种类和开证时间
2	催开信用证	进出口经理	及时开出信用证是买方在信用证支付方式合同中一项主要义务,但买方往往会因资金短缺或市场变化等原因不能按时开出信用证。在这种情况下,卖方应适时采取措施督促买方开证,以便如期装运。在出口贸易实践中较多使用传真和 E-MAIL 等形式向买方进行催证。由于通过银行开出信用证在办理手续上需要几天的时间,而作为一个职业的出口业务管理人员,于合同规定日期之前的适当时间善意地提醒买方开证不失为合理
3	买方申请开证	进出口经理	1. 买方(信用证申请人)在合同规定时间内向当地往来银行申请开立以卖方为受益人的信用证 2. 信用证内容的依据是双方贸易合同的条款 3. 信用证申请人同时向开证银行提供押金或某种担保
4	买方银行开证(开证行)	进出口经理	买方银行依据合同条款开证
5	开证行把信用证交给卖方银行(通知行)	进出口经理	开证银行通过邮寄或电报方式将开立的信用证交给卖方当地的往来银行(通知行),要求其转给受益人(卖方)
6	通知行审核信用证	银行柜员	1. 而实际业务中,由于种种原因,买方通过其往来银行开立的信用证,其条款与合同规定常有不符,这就直接影响卖方收回货款的安全性。所以严格审核信用证并及时要求买方给予必要的更正,对保护卖方合同利益至关重要 2. 信用证审核工作由出口方通知(议付)行和出口方共同承担。银行方面着重审核信用证真伪、开证行的政治背景、资信情况、付款责任、索汇路线等,并在通知出口方(信用证受益人)时做必要的提示
7	通知并把信用证交给卖方	银行柜员	向卖方下达信用证通知书并把信用证交给卖方
8	审核信用证	进出口经理	出口方应注意阅读通知(议付)行提出的问题,同时依合同条款以及国际商会的《跟单信用证统一惯例》(第 600 号出版物)审查信用证易出现问题的内容
9	审核信用证	总经理	出口方应注意阅读通知(议付)行提出的问题,同时依合同条款以及国际商会的《跟单信用证统一惯例》(第 600 号出版物)审查信用证易出现问题的内容
10	修改并确认信用证	进出口经理	1. 改证程序一般是受益人→开证申请人→开证行→通知行→受益人 2. 收到信用证修改件

业务流程步骤如图 3-107 所示。

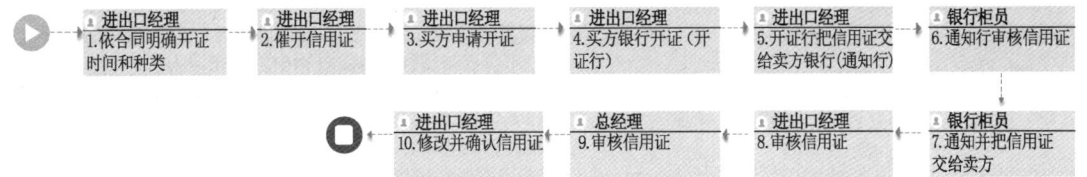

图 3-107　业务流程步骤图

（15）开商业发票和装箱单（国贸）。国贸企业开具商业发票和装箱单。业务流程步骤如表 3-149 所示。

表 3-149　　　　　　　　　　　　　业务流程步骤表

序号	活动名称	角色	活动描述—操作指导
1	填写商业发票	进出口经理	1. 商业发票是出口方对进口商开立的载有货物名称、品质、数量、包装、价格等内容的商业单据 2. 它是双方交接货物、结算货款、出口进口报关以及纳税的依据，是重要的议付单据之一 3. 商业发票的内容一般有卖方相关信息、买方相关信息、发票号码、发票日期、信用证号码、商品名称、规格、数量、包装、唛头、单价和货物的总值等
2	审核商业发票	总经理	审核商业发票的正确性、真实性和完整性
3	填写装箱单	进出口经理	装箱单是对商业发票的补充说明单据，是信用证普遍要求的议付单据之一。它的内容主要包括货物的包装、数量、重量、体积、件数。信用证中关于装箱单的要求比较简单，如：PACKINGLISTIN 3ORIGINALS，SHOWINGGROSSWEIGHT，NETWEIGHT，ANDMEASUREMENTOFEACHITEM
4	审核装箱单	总经理	审核装箱单的正确性、真实性和完整性

业务流程步骤如图 3-108 所示。

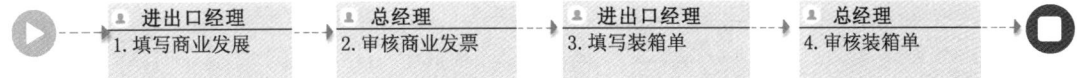

图 3-108　业务流程步骤图

（16）订舱（国贸）。国贸企业租船订舱。业务流程步骤如表 3-150 所示。

表 3-150　　　　　　　　　　　　　业务流程步骤表

序号	活动名称	角色	活动描述—操作指导
1	选择合适的船舶公司和航次	进出口经理	出口方要通过各船公司定期发布的船舶、船期、运价信息选择合适的船舶和航次。这些信息也可以同时从货代那里征询
2	选定某一个货代	进出口经理	1. 本实训没有货代组织，假设已经选定某一个货代公司 2. 为了让学生们体验这部分业务而更好地掌握前面外贸环节的诸多知识点，我们将这部分工作设计为由国贸公司进出口经理代替货代公司完成

（续表）

序号	活动名称	角色	活动描述—操作指导
3	填写货代提供的订舱委托书	进出口经理	1. 填写其提供的订舱委托书，确立出口方与货代之间的委托代理关系。出口方与货代在订舱过程中统称托运人 2. 订舱委托书中需要列明托运人（出口方）名称、收货人名称、信用证相关信息、出口货物的描述、目的港口、最后装运日期、是否允许分批和转运等内容，作为订舱的依据 3. 这些内容要严格按照信用证规定填写，如果信用证中没有相应规定，则按合同内容填写
4	审核订舱委托书	总经理	审核订舱委托书的准确性
5	委托货代订舱	进出口经理	把填制好的订舱委托书和商业发票、装箱单及其他必要的单据提交给货代，委托货代代理订舱
6	货代办理订舱	进出口经理	1. 货代接受订舱委托后，开始缮制托运单，即订舱单，并同相关单据（如商业发票和装箱单）交给船公司 2. 托运单一式多联（本实训只用三联：配舱回单、装货单和大副收据联）
7	船公司在托运单上编序号并签字	进出口经理	1. 船公司根据具体情况接受订舱 2. 船公司在托运单的几个联上编序号（与提单号码一致的编号）并签字
8	船公司把托运单的相关联和其他单据交给货代	进出口经理	船公司处理完业务，把托运单的相关联（本实训只用三联：配舱回单、装货单和大副收据联）以及商业发票和装箱单交给货代
9	出口商（货代）可以凭此办理报关、投保等手续	进出口经理	出口商（货代）可以凭此办理报关、投保等手续
10	出口商（货代）可以凭此把货物发到港口，办理装船	进出口经理	出口商（货代）可以凭此把货物发到港口，准备办理装船

业务流程步骤如图 3-109 所示。

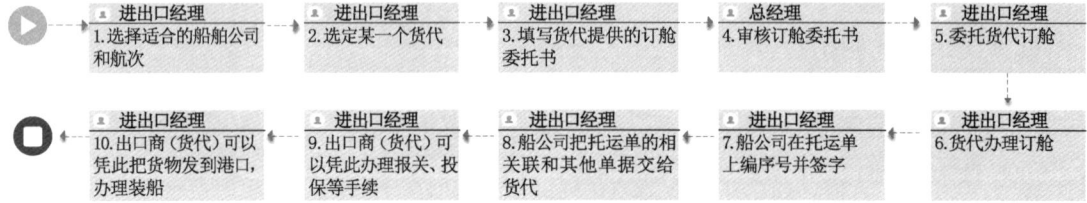

图 3-109　业务流程步骤图

（17）出口货物发货（国贸）。出口货物办理发货。业务流程步骤如表 3-151 所示。

表 3-151　　　　　　　　　　　　　　业务流程步骤表

序号	活动名称	角色	活动描述—操作指导
1	填制发货单	进出口经理	填制发货单，并交给国贸总经理
2	办理出口货物出库	总经理	接收发货单，填制销售出库单，并在系统中办理出库
3	登记库存台账	总经理	登记库存台账
4	更新销售发货明细表	总经理	依据销售出库单更新销售发货明细表

业务流程步骤如图 3-110 所示。

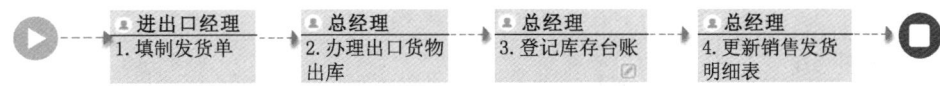

图 3-110　业务流程步骤图

（18）商标制作及注册（国贸）。制作本企业的商标标识，制作完成后提交工商局审核公示并备案。业务流程步骤如表 3-152 所示。

表 3-152　　　　　　　　　　　　　业务流程步骤表

序号	活动名称	角色	活动描述—操作指导
1	制作本企业商标标识并提交工商局审核	总经理	1. 组织公司所有员工进行公司商标制作，包括图片、商标说明（除商标标识的说明内容还需要增加商标标识适用的产品或服务的类别）、商标含义、企业营业执照复印件、联系人、联系地址、联系电话、邮编等 2. 将制作好的商标标识的图片、说明文档，拷到 U 盘中提交到工商局工商专员
2	审核企业提交的商标标识，通过后公示并备案	工商专员	1. 接收企业提交的商标标识申请资料 2. 对提交的申请资料进行审核 3. 审核通过后进行公示（与主讲老师确认张贴公示地点），公示无异议后备案存档

业务流程步骤如图 3-111 所示。

图 3-111　业务流程步骤图

（19）门店借备用金（连锁）。为方便门店收银找零，店长需借一定金额的备用金。业务流程步骤如表 3-153 所示。

表 3-153　　　　　　　　　　　　　业务流程步骤表

序号	操作步骤	角色	操作内容
1	填写借款单	东区店长	1. 去连锁仓储经理处领取借款单 2. 填写借款单，借款 500 元作为找零备用金
2	审核借款单	仓储部经理	1. 审核借款单填写的准确性 2. 审核借款业务的真实性 3. 审核无误，签字
3	支付现金	总经理	1. 接收店长交给的已审核过的借款单 2. 支付现金 500 元给借款人

业务流程步骤如图 3-112 所示。

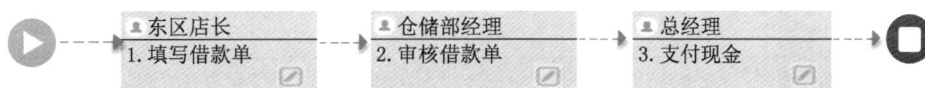

图 3-112　业务流程步骤图

（20）门店销售收款（连锁）。连锁门店日常销售，并收款。业务流程步骤如表3-154所示。

表 3-154　　　　　　　　　　　　业务流程步骤表

序号	操作步骤	角色	操作内容
1	选中零售订单	东区店长	在 VBSE 系统中选中零售订单
2	零售门店出库	东区店长	在 VBSE 系统中处理零售货物出库
3	零售收款	东区店长	店长核对钱数，完成收款
4	开小票	东区店长	1. 店长开小票，一式三联 2. 在每一联盖上现金收讫章 3. 认真核对商品名称、型号、数量和金额，然后交给顾客 4. 店长留一联，其他两联，一联给财务，一联给顾客
5	开发票	总经理	依据小票开销售发票，认真核对顾客姓名、商品名称、型号、数量和金额
6	把货物交给顾客	东区店长	把货物交给顾客
7	登记库存台账	东区店长	依据销售小票，登记库存台账

业务流程步骤如图 3-113 所示。

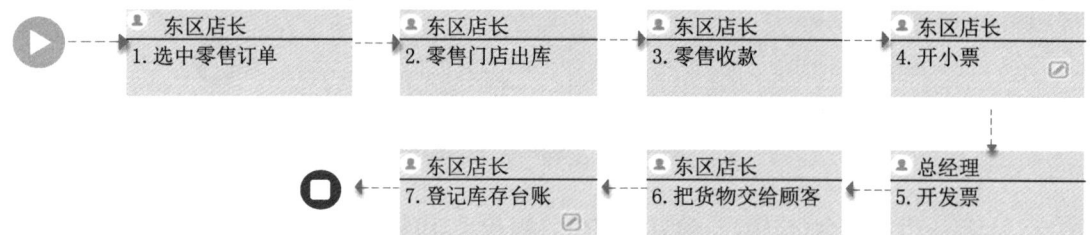

图 3-113　业务流程步骤图

（21）门店零售日结（连锁）。门店一天营业结束后，要对现金、商品和小票进行对账，若没有问题则正常闭店。业务流程步骤如表 3-155 所示。

表 3-155　　　　　　　　　　　　业务流程步骤表

序号	操作步骤	角色	操作内容
1	整理商品陈列	东区店长	在营业结束前30分钟开始整理门店商品陈列
2	现金验钞	东区店长	进行现金验钞
3	核对现金、小票和商品	东区店长	核对现金、小票和商品
4	现金封包	东区店长	核对无误后对现金进行封包，店长签字
5	放入保险柜并登记签字	东区店长	将现金总额放入保险柜，并在保险柜检查登记本上记录和签字
6	登记销售日报表	东区店长	闭店前，店长登记当日的销售日报表

业务流程步骤如图 3-114 所示。

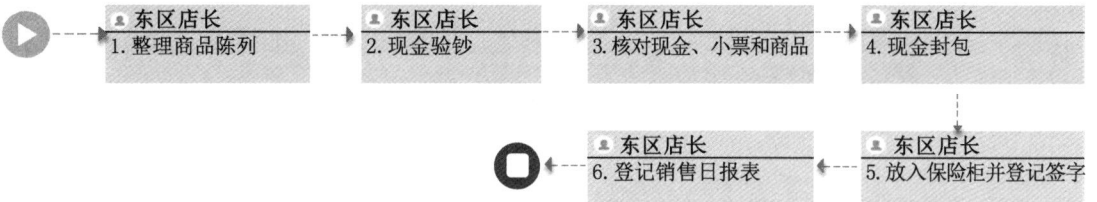

图 3-114 业务流程步骤图

（22）门店上缴营业款（连锁）。门店上缴上一天的营业款给连锁总部，分店与总店进行对账核算。业务流程步骤如表 3-156 所示。

表 3-156 业务流程步骤表

序号	操作步骤	角色	操作内容
1	上缴营业款	东区店长	在 VBSE 系统中上缴上一天的营业款给连锁总部
2	报送销售日报表和销售流水小票	总账会计	向总部报送销售日报表和销售流水小票
3	归集门店营业款	财务会计	归集各个门店营业款
4	核对各门店营业收入	收入专员	核对各门店营业收入
5	核对门店明细核算	审记经理	核对门店明细核算，包括配货数量、销售数量、存货数量、售价金额
6	登记门店核算明细表	核算员	登记门店核算明细表

业务流程步骤如图 3-115 所示。

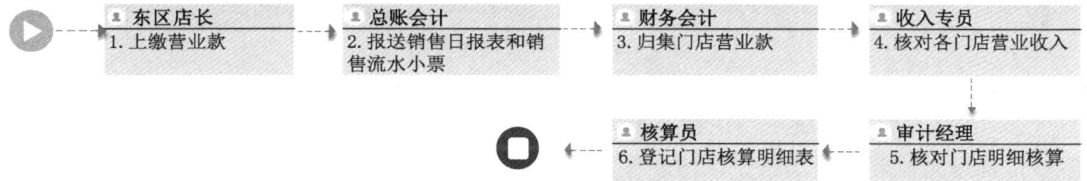

图 3-115 业务流程步骤图

（23）门店向总部请货（连锁）。门店根据销售情况和库存情况向连锁总部主动提出补货申请。业务流程步骤如表 3-157 所示。

表 3-157 业务流程步骤表

序号	操作步骤	角色	操作内容
1	填制补货申请单	东区店长	门店连锁东区店长根据日均销售量、库存下限、在途数量、补货周期及安全库存等因素在 VBSE 系统中填写补货申请单
2	确认补货申请单	仓储部经理	1. 审核补货申请单内容填写的准确性和合理性 2. 在 VBSE 系统中确认补货申请
3	补货分类	仓储部经理	根据补货申请对补货情况进行分类（紧急、正常）

业务流程步骤如图 3-116 所示。

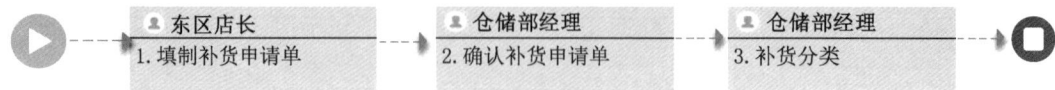

图 3-116　业务流程步骤图

（24）商标制作及注册（连锁）。制作本企业的商标标识,制作完成后提交工商局审核公示并备案。业务流程步骤如表 3-158 所示。

表 3-158　　　　　　　　　　　　　　业务流程步骤表

序号	活动名称	角色	活动描述—操作指导
1	制作本企业商标标识并提交工商局审核	总经理	1. 组织公司所有员工进行公司商标制作,包括图片、商标说明（除商标标识的说明内容还需要增加商标标识适用的产品或服务的类别）、商标含义、企业营业执照复印件、联系人、联系地址、联系电话、邮编等 2. 将制作好的商标标识的图片、说明文档,拷到 U 盘中提交到工商局工商专员
2	审核企业提交的商标标识,通过后公示并备案	工商专员	1. 接收企业提交的商标标识申请资料 2. 对提交的申请资料进行审核 3. 审核通过后进行公示（与主讲老师确认张贴公示地点）,公示无异议后备案存档

业务流程步骤如图 3-117 所示。

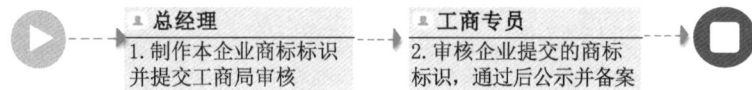

图 3-117　业务流程步骤图

（25）总体审计策略制定与风险识别和评估（会计师事务所）。会计师事务所承接审计业务之后,首先应召开审计预备会议,并制定总体审计策略。根据批准后的总体审计策略,项目经理安排项目组成员与制造企业进行沟通,告知进驻的具体审计时间以及需要准备的审计资料。在办理完成审计资料交接的手续后在规定的时间进驻制造企业,并对财务报表存在的重大错报风险进行初步识别、评估。业务流程步骤如表 3-159 所示。

表 3-159　　　　　　　　　　　　　　业务流程步骤表

序号	活动名称	角色	活动描述—操作指导
1	召开审计预备会议并记录会议内容	财务部经理	成立审计小组,召开项目预备会
2	制定总体审计策略	项目经理	根据会议讨论结果,制定总体审计策略并编制"总体审计策略"工作底稿
3	通知制造企业审计时间及需要准备的资料	项目经理	电话通知制造企业审计的内容、时间安排等信息,并将审计资料清单内容告知制造业财务部经理
4	整理和准备提交资料	财务部经理	根据会计师事务所告知的审计资料清单内容准备相关资料

（续表）

序号	活动名称	角色	活动描述—操作指导
5	接收审计资料	审计助理	1. 审计助理接收制造企业财务部经理提交的审计资料并在"审计资料交接清单"中的"资料接交人"处签字 2. 制造企业财务部经理向审计助理提交审计资料后在"审计资料交接清单"中的"资料移交人"处签字 3. 双方各留存一份"审计资料交接清单"

业务流程步骤如图 3-118 所示。

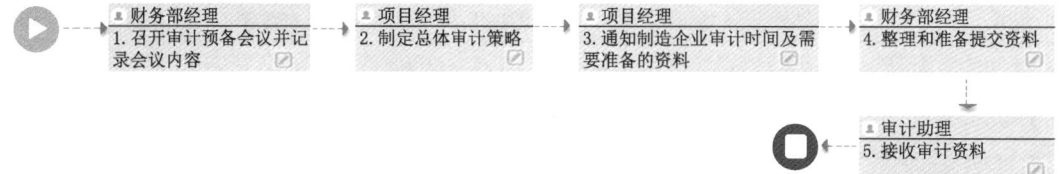

图 3-118　业务流程步骤图

（26）固定资产的实质性测试（会计师事务所）。项目经理在对制造业采购与付款内部控制测试的基础上，制定固定资产的实质性测试程序计划并实施实质性分析程序，并分派注册会计师及审计助理对固定资产的增减变动以及账务处理、固定资产的所有权、累计折旧的计提合理性等实施审计程序，从而确定固定资产净值的审定数。在完成上述审计工作后，项目经理对注册会计师及审计助理编制的工作底稿进行现场复核。业务流程步骤如表 3-160 所示。

表 3-160　　　　　　　　　　业务流程步骤表

序号	活动名称	角色	活动描述—操作指导
1	制定固定资产实质性测试程序计划	项目经理	1. 确定审计目标与认定的对应关系 2. 选择计划执行的审计程序 3. 编制"固定资产实质性程序"工作底稿
2	编制固定资产明细表	审计师	1. 获取本期固定资产、累计折旧、固定资产减值准备等总账、明细账并复核是否一致 2. 编制"固定资产明细表"工作底稿
3	检查本期固定资产的增加	审计师	1. 检查固定资产明细账，抽取本期外购固定资产样本，追查至记账凭证，查看附件是否包含采购申请单、采购合同、采购发票、运费单等原始凭证 2. 检查采购申请单中是否有审批人签字 3. 重新计算固定资产的入账价值，确定是否与明细账一致 4. 检查会计凭证中的账务处理是否正确 5. 编制"固定资产增加检查情况表"工作底稿
4	检查本期固定资产的减少	审计师	1. 抽查固定资产减少的记录样本，追查至固定资产减少的记账凭证 2. 查看附件中是否有固定资产减少的申请单；是否有审批人签字 3. 检查固定资产减少的账务处理是否正确 4. 编制"固定资产减少检查情况表"工作底稿
5	检查累计折旧的计算	审计助理	1. 检查固定资产明细账，按照分类折旧率和固定资产计提折旧的基数重新计算本期计提折旧额，并与累计折旧明细账核对 2. 将本期计提折旧额与成本计算单以及生产成本、制造费用、管理费用等明细账中的折旧额合计进行核对 3. 编制"折旧测算表"工作底稿 4. 编制"固定资产折旧分配检查表"工作底稿

（续表）

序号	活动名称	角色	活动描述—操作指导
6	固定资产的调整与审定	审计师	1. 将"固定资产监盘检查情况表""固定资产增加检查情况表""定资产减少检查情况表""折旧测算表""固定资产折旧分配检查表"等工作底稿中需要进行账项调整的金额记入"固定资产审定表"工作底稿 2. 根据本期未审数、账项调整分录计算本期审定数，编制"固定资产审定表"工作底稿
7	复核工作底稿	项目经理	1. 审核"固定资产监盘检查情况""资产增加检查情况表""固定资产减少检查情况表""折旧测算表""固定资产折旧分配检查表""资产所有权审查表"工作底稿 2. 在"固定资产审定表"复核人处签字

业务流程步骤如图 3-119 所示。

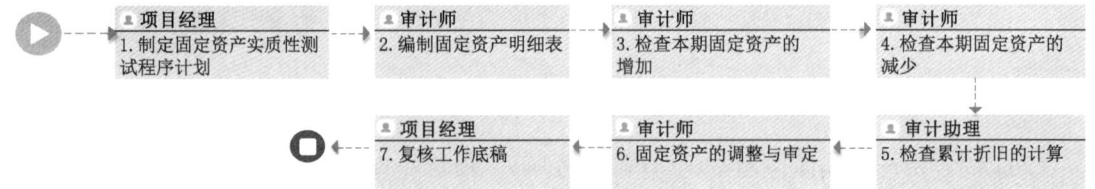

图 3-119　业务流程步骤图

（27）存货的实质性测试（会计师事务所）。项目经理在对制造业生产与仓储内部控制测试的基础上，制定存货实质性测试程序计划，并分派注册会计师及审计助理对存货进行监盘、计价测试、产品生产成本的计算测试、存货盘点结果的核对等等审计程序，从而确定存货的审定数。在完成上述审计工作后，项目经理对注册会计师及审计助理编制的工作底稿进行现场复核。业务流程步骤如表 3-161 所示。

表 3-161　　　　　　　　　　　　　　业务流程步骤表

序号	活动名称	角色	活动描述—操作指导
1	制定存货实质性测试程序计划	项目经理	1. 确定审计目标与认定的对应关系 2. 选择计划执行的审计程序 3. 编制"存货实质性程序"工作底稿
2	编制主要存货明细表	审计师	1. 获取本期存货及总账、明细账并复核是否一致 2. 编制"主要存货明细表"工作底稿 3. 检查"主要存货明细表"中是否有异常或负数余额
3	实施存货监盘程序	审计师	1. 取得制造企业存货盘点计划 2. 观察制造企业人员是否遵循存货盘点计划准确记录存货的数量及状况 3. 从存货盘点记录中抽取部分原材料及产成品存货追查至存货实物 4. 从存货实物中抽取部分原材料及产成品存货追查至存货盘点记录 5. 编制"存货抽盘核对表"工作底稿
4	将存货明细表与盘点结果核对	审计助理	1. 从各类存货明细账中选取具有代表性的样本，与盘点记录核对 2. 从盘点记录选取具有代表性的样本，与各类存货明细账核对 3. 编制"存货明细账与监盘报告核对表"工作底稿

（续表）

序号	活动名称	角色	活动描述—操作指导
5	存货借方的截止测试	审计师	1. 在资产负债表日前存货明细账借方发生额中各选取适量样本，与入库记录（如入库单、购货发票、运输单据）核对，确定存货入库被记录在正确的会计期间 2. 在资产负债表日前的入库记录（如入库单、购货发票、运输单据）中各选取适量样本，与存货明细账的借方发生额进行核对，确定存货入库被记录在正确的会计期间 3. 在资产负债表日前后的制造费用明细账借方发生额中各选取适量样本，确定有无跨期现象 4. 编制"存货借方截止测试"工作底稿
6	存货贷方的截止测试	审计师	1. 在资产负债表日前存货明细账的贷方发生额中各选取适量样本，与出库记录（如出库单、销货发票或运输单据）核对，确定存货出库被记录在正确的会计期间 2. 在资产负债表日前后的出库记录（如出库单、销货发票或运输单据）中各选取适量样本，与存货明细账的贷方发生额进行核对，确定存货出库被记录在正确的会计期间 3. 编制"存货贷方截止测试"工作底稿
7	存货的计价测试	审计助理	1. 存货明细表中选取适量样本，将其单位成本与购货发票核对，并确认存货成本中不包含增值税 2. 选取适量样本，复核发出存货的金额计算是否正确 3. 编制"存货计价测试表"工作底稿
8	产品生产成本计算的测试	审计师	1. 抽查成本计算单，检查直接材料、直接人工及制造费用的计算和分配是否正确，并与有关佐证文件（如领料记录、生产工时记录、材料费用分配汇总表、人工费用分配汇总表等）相核对 2. 获取完工产品与在产品的生产成本分配标准和计算方法，重新计算并确认生产成本计算的准确性 3. 编制"产品生产成本计算测试表"工作底稿 4. 编制"制造费用明细表"工作底稿
9	存货的调整与审定	项目经理	1. 将"主要存货明细表""存货抽核对表""存货明细账与监盘报告核对表""存货借方截止测试""存货贷方截止测试""存价测试表""制造费用明细表""产品成本计算测试表"等工作底稿中需要进行账项调整的金额过入"存货审定表"工作底稿 2. 根据本期末审数、账项调整分录计算本期审定数，编制"存货审定表"工作底稿
10	复核工作底稿	项目经理	1. 审核"存货抽盘核对表""存货明细账与监盘报告核对表""存货借方截止测试""存货贷方截止测试""存货计价测试表""制造费用明细表""产品生产成本计算测试表"工作底稿 2. 在上述工作底稿的复核人处签字

业务流程步骤如图 3-120 所示。

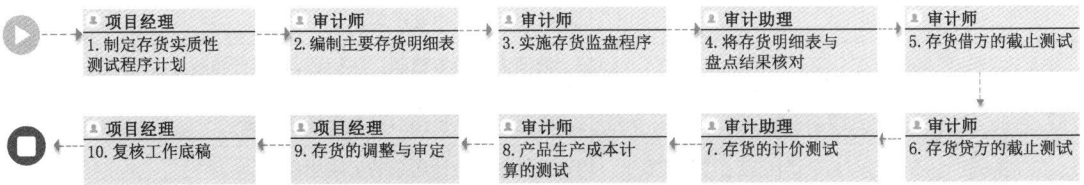

图 3-120 业务流程步骤图

（28）商标制作及注册（会计师事务所）。制作本企业的商标标识，制作完成后提交工商局审核公示并备案。业务流程步骤如表 3-162 所示。

表 3-162　　　　　　　　　　　　业务流程步骤表

序号	活动名称	角色	活动描述—操作指导
1	制作本企业商标标识并提交工商局审核	项目经理	1. 组织公司所有员工进行公司商标制作，包括图片、商标说明（除商标标识的说明内容还需要增加商标标识适用的产品或服务的类别）、商标含义、企业营业执照复印件、联系人、联系地址、联系电话、邮编等 2. 将制作好的商标标识的图片、说明文档，拷到 U 盘中提交到工商局工商专员
2	审核企业提交的商标标识，通过后公示并备案	工商专员	1. 接收企业提交的商标标识申请资料 2. 对提交的申请资料进行审核 3. 审核通过后进行公示（与主讲老师确认张贴公示地点），公示无异议后备案存档

业务流程步骤如图 3-121 所示。

图 3-121　业务流程步骤图

第五节 | 月初经营

（一）制造业月初经营

（1）扣缴制造业五险一金。出纳取回银行代扣五险一金的回单，并进行相关的财务处理。业务流程步骤如表 3-163 所示。

表 3-163　　　　　　　　　　　　业务流程步骤表

序号	活动名称	角色	活动描述—操作指导
1	领取五险一金扣款回单	出纳	到银行领取五险一金银行扣款回单
2	代扣社会保险	银行柜员	为企业代理扣缴社会保险
3	代扣公积金	银行柜员	为企业代理扣缴公积金
4	打印五险一金扣款回单	银行柜员	1. 接到客户打印请求，查询相关交易记录 2. 确认交易记录存在，即可为客户打印回单 3. 打印后将回单交于客户
5	编制记账凭证	财务会计	1. 依据银行回单填制记账凭证，将银行扣款凭证和五险一金扣款通知粘贴在记账凭证后作为附件 2. 将记账凭证传递给财务部经理审核
6	审核记账凭证	财务部经理	1. 接收财务会计送来的记账凭证 2. 审核记账凭证 3. 审核无误，在记账凭证上签字或盖章，并将记账凭证交给出纳登记日记账

(续表)

序号	活动名称	角色	活动描述—操作指导
7	登记银行日记账	出纳	1. 接收财务部经理审核后的记账凭证 2. 根据记账凭证登记银行存款日记账 3. 记账后在记账凭证上签字或盖章 4. 将记账凭证交财务会计登记科目明细账
8	登记科目明细账	财务会计	1. 接收出纳交给的记账凭证 2. 根据记账凭证登记科目明细账，并在记账凭证上签字或盖章
9	登记总账	财务部经理	1. 接收财务会计交给的记账凭证 2. 根据记账凭证登记科目总账，并在记账凭证上签字或盖章

业务流程步骤如图 3-122 所示。

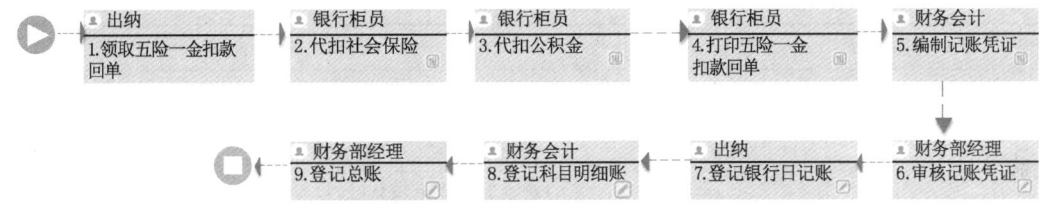

图 3-122　业务流程步骤图

（2）派工领料——车架。生产计划部计划员进行派工，车间管理员填写领料单去库房领取生产所需物料，仓库管理员按领料单发放并登记库存台账。业务流程步骤如表 3-164 所示。

表 3-164　　　　　　　　　　　　　　　业务流程步骤表

序号	活动名称	角色	活动描述—操作指导
1	填写派工单	生产计划员	1. 根据主生产计划表编制车架派工单，车架派工单一式两份 2. 下达车架派工单给车间管理员 3. 另一份车架派工单自己留存
2	填写领料单	车间管理员	1. 根据派工单和 BOM 填写一式二联领料单 2. 送仓库管理员办理领料
3	核对生产用料	仓管员	1. 仓管员接到领料单 2. 核对领料单上物料的库存情况 3. 确认可以满足后在领料单上签字
4	填写材料出库单	仓管员	根据领料单填写材料出库单
5	办理材料出库	仓管员	1. VBSE 系统中办理材料出库，车间管理员在材料出库单上签字确认 2. 材料出库单的生产计划部一联交给车间管理员随材料一起拿走
6	登记库存台账	仓储部经理	1. 接收仓管员送来的材料出库单 2. 根据材料出库单登记库存台账 3. 登记完交仓管员留存备案
7	机加车间开工	车间管理员	在 VBSE 系统中办理派工。车间依据物料、人员、设备的齐全状况开始生产

业务流程步骤如图 3-123 所示。

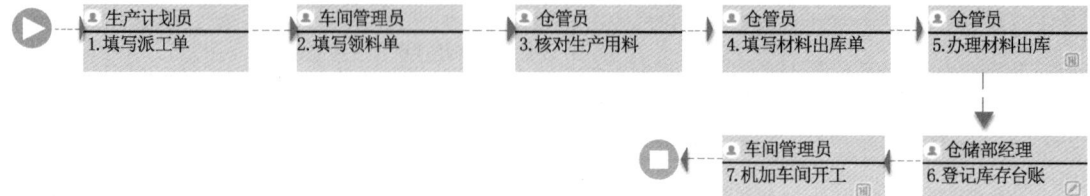

图 3-123　业务流程步骤图

　　（3）派工领料——童车。生产计划部安排车间领料生产整车，车间管理员领取物料，库房依据领料单发料并变更库存台账。业务流程步骤如表 3-165 所示。

表 3-165　　　　　　　　　　　　　　业务流程步骤表

序号	活动名称	角色	活动描述—操作指导
1	填写派工单	生产计划员	1. 根据主生产计划表编制整车派工单 2. 整车派工单一式两份，将其中一份整车派工单给车间管理员 3. 另一份整车派工单自己留存
2	填写领料单	车间管理员	1. 根据派工单和 BOM 填写一式二联领料单 2. 送仓库管理员办理领料
3	核对生产用料	仓管员	1. 仓管员接到车间管理员的领料单 2. 核对领料单上物料的库存情况 3. 确认可以满足后在领料单上签字
4	填写材料出库单	仓管员	根据领料单填写材料出库单
5	办理材料出库	仓管员	1. VBSE 系统中办理材料出库，车间管理员在材料出库单上签字确认 2. 材料出库单的生产计划部一联给车间管理员随材料一起拿走 3. 材料出库单财务联交成本会计 4. 材料出库单仓储部联交仓储部经理登记库存台账
6	登记库存台账	仓储部经理	1. 接收仓管员送来的材料出库单 2. 根据材料出库单登记库存台账 3. 登记完交仓管员留存备案
7	组装车间开工	车间管理员	车间管理员根据人员、物料、设备的状况是否齐全，确定后开始生产

业务流程步骤如图 3-124 所示。

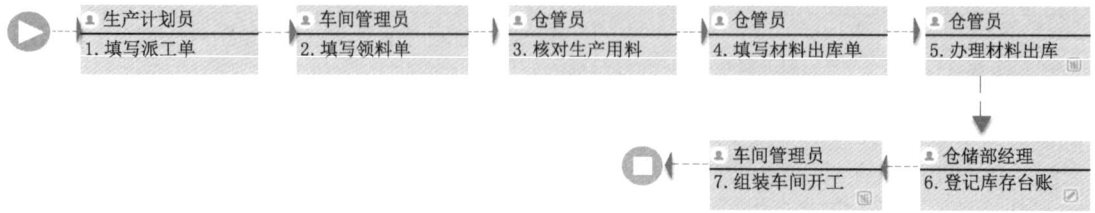

图 3-124　业务流程步骤图

　　（4）下达发货通知给经销商。营销部销售专员填写发货单，交营销部经理审核批准后通知经销商。业务流程步骤如表 3-166 所示。

表 3-166			业务流程步骤表
序号	活动名称	角色	活动描述—操作指导
1	填写发货单	销售专员	1. 填写发货单 2. 将发货单送交营销部经理审核
2	审核发货单	营销部经理	1. 接收销售专员交给的发货单并审核发货单 2. 将发货单发送给销售专员
3	分发发货单	销售专员	1. 接收营销部经理交给的发货单 2. 将仓储留存联、客户留存联、财务留存联一并送至仓储部

业务流程步骤如图 3-125 所示。

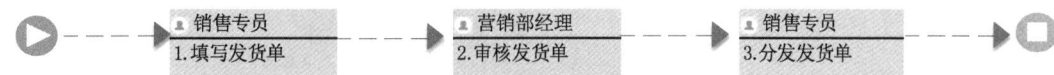

图 3-125　业务流程步骤图

（5）给虚拟经销商办理出库并开发票。仓储部办理出库,并由销售专员申请开具发票后,进行相关账务处理。业务流程步骤如表 3-167 所示。

表 3-167			业务流程步骤表
序号	活动名称	角色	活动描述—操作指导
1	接受物流运单并填制产品出库单	仓管员	1. 接收物流运单,根据发货单填制产品的销售出库单 2. 提交至仓储部经理审批
2	审核产品出库单	仓储部经理	1. 仓储部经理收到仓管员开具的产品销售出库单 2. 审核填写是否正确 3. 确认无误,签字并交还仓管员去办理出库手续 4. 在系统中办理出库
3	登记库存台账	仓管员	1. 接收仓储部经理审核批准的产品销售出库单,将仓储部留存联留存备案 2. 将发货单的客户留存联、营销部留存联、财务留存联和销售出库单其他两联传至销售专员
4	销售发运并申请开票	销售专员	1. 根据仓管员送至发货单的客户留存联、营销部留存联、财务留存联和销售出库单其他两联,核对出库数量无误后分别签字确认,将销售出库单销售部留存联留存 2. 将签字确认的发货单客户留存联交给物流带至客户处 3. 根据发货单财务留存联、销售出库单财务留存联填写开票申请单,将发货单财务留存联、销售出库单财务留存联和开票申请单一并交至财务部出纳处,由出纳开具增值税专用发票
5	开具发票	出纳	1. 根据销售专员提交的开票申请单、发货单财务留存联、销售出库单财务留存联开具增值税专用发票 2. 销售专员在发票领用表登记并签字 3. 将开具好的增值税专用发票的发票联、抵扣联交给销售专员 4. 将发货单财务留存联、销售出库单财务留存联、增值税专用发票的记账联送至财务会计

(续表)

序号	活动名称	角色	活动描述—操作指导
6	发票送给客户	销售专员	销售专员将增值税专用发票的发票联、抵扣联及发货单的客户留存联一并交给物流公司,由物流公司送至客户
7	填制记账凭证	财务会计	1. 根据开具的发票、销售出库单填制记账凭证 2. 将记账凭证交给财务部经理审核
8	审核记账凭证	财务部经理	1. 接收财务会计交给的记账凭证,进行审核 2. 审核无误后,在记账凭证上签字或盖章 3. 交财务会计登记科目明细账
9	登记明细账	财务会计	1. 接收财务部经理交给的记账凭证并审核 2. 在记账凭证上签字或盖章 3. 根据审核后的记账凭证登记科目明细账
10	登记总账	财务部经理	1. 接收财务会计交给的记账凭证 2. 根据记账凭证登记科目总账 3. 记账后在记账凭证上签字或盖章

业务流程步骤如图 3-126 所示。

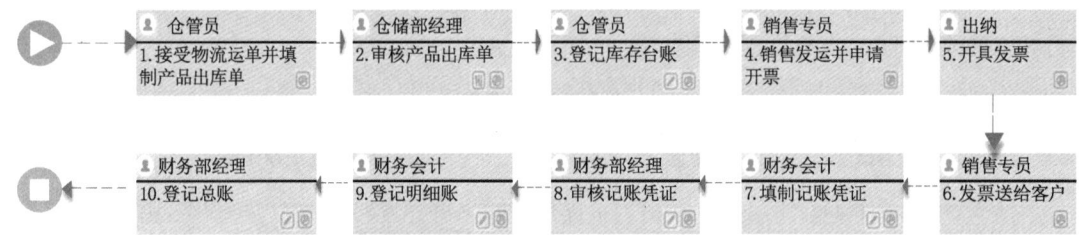

图 3-126　业务流程步骤图

(6) 接到发货单准备取货。采购员接到工贸企业的发货单并告知仓管员准备收货。业务流程步骤如表 3-168 所示。

表 3-168　　　　　　　　　　　　　业务流程步骤表

序号	活动名称	角色	活动描述—操作指导
1	接到工贸企业的发货通知	采购员	1. 按照购销合同约定的到货日期,工贸企业具备发货条件后通知采购员 2. 收到发货通知 3. 将发货通知发送给仓管员
2	准备采购收货	仓管员	1. 接收采购员发送的工贸企业发货通知 2. 准备采购收货

业务流程步骤如图 3-127 所示。

图 3-127　业务流程步骤图

(7) 向物流下达运输订单。仓储部按照购销合同的约定,通过下达运输订单的方式安排运输。业务流程步骤如表 3-169 所示。

表 3-169　　　　　　　　　　　　业务流程步骤表

序号	活动名称	角色	活动描述—操作指导
1	填写物流运输订单	仓管员	1. 收到采购员的发货通知 2. 按照购销合同约定的到货日期、发货计划、运输方式等要求联系物流公司 3. 手工填制运输订单
2	确认物流运输订单	仓储部经理	1. 审核运输订单内容的准确性和合理性 2. 确认运输订单并签字

业务流程步骤如图 3-128 所示。

图 3-128　业务流程步骤图

(8) 缴纳个人所得税。出纳取得个税扣款通知后,并将取回的税收交款书按照公司财务的工作流程在财务部内,依次进行财务处理。业务流程步骤如表 3-170 所示。

表 3-170　　　　　　　　　　　　业务流程步骤表

序号	活动名称	角色	活动描述—操作指导
1	查询网银扣款情况	出纳	1. 查询网银,确认个人所得税是否已扣款成功 2. 到银行打印税收缴税证明
2	打印缴税凭证	银行柜员	1. 查询转账记录 2. 确认后打印缴税证明
3	收到缴税证明	出纳	1. 收到取回缴税证明并交给财务会计
4	填制记账凭证	财务会计	1. 根据扣款通知和税收缴款书填制记账凭证 2. 将扣款通知和税收缴款书粘贴在记账凭证后作为原始单据 3. 提交给财务部经理审核
5	审核记账凭证	财务部经理	1. 收到记账凭证和相关原始单据 2. 审核记账凭证是否正确 3. 确认无误签字或盖章,将记账凭证交给出纳登记银行存款日记账
6	登记银行存款日记账	出纳	1. 根据审核后的记账凭证登记银行存款日记账 2. 记账后在记账凭证上签字或盖章 3. 将记账凭证交给财务会计登记科目明细账
7	登记科目明细账	财务会计	1. 根据审核后的记账凭证登记科目明细账 2. 记账后在记账凭证上签字或盖章
8	登记总账	财务部经理	1. 根据审核后的记账凭证登记总账 2. 记账后在记账凭证上签字或盖章

业务流程步骤如图 3-129 所示。

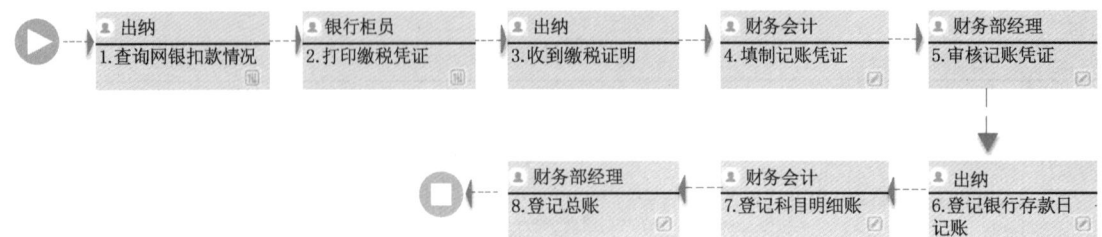

图 3-129　业务流程步骤图

（9）缴纳企业增值税。出纳收到增值税扣款通知后,将取回的税收交款书按照公司财务的工作流程,依次进行财务处理。业务流程步骤如表 3-171 所示。

表 3-171　　　　　　　　　　　　　　业务流程步骤表

序号	活动名称	角色	活动描述—操作指导
1	确认申报状态并提交扣款	财务部经理	1. 在 VBSE 系统中查看申报状态 2. 审核通过后点击"扣款"
2	查询网银扣款情况	出纳	1. 查询网银,确认增值税是否已扣款成功 2. 到银行打印税收缴税证明
3	打印缴税凭证	银行柜员	1. 查询转账记录 2. 确认后打印缴税证明
4	收到银行缴税扣款证明	出纳	1. 收到银行的缴税扣款证明 2. 将缴税扣款证明交给财务会计
5	填制记账凭证	财务会计	1. 根据缴税证明编制记账凭证 2. 将银行税收缴款单和税收缴税证明粘贴在记账凭证后面作为附件 3. 将记账凭证交给财务部经理审核
6	审核记账凭证	财务部经理	1. 收到记账凭证和缴款书 2. 审核记账凭证是否正确 3. 审核无误,在记账凭证上签字或盖章 4. 交给出纳登记银行存款日记账
7	登记银行存款日记账	出纳	1. 依据审核的记账凭证登记银行存款日记账 2. 登记后在记账凭证上签字或盖章,将记账凭证返还财务会计
8	登记科目明细账	财务会计	1. 根据审核后的记账凭证登记科目明细账 2. 记账后在记账凭证上签字或盖章
9	登记总账	财务部经理	1. 根据审核后的记账凭证登记科目总账 2. 记账后在记账凭证上签字或盖章

业务流程步骤如图 3-130 所示。

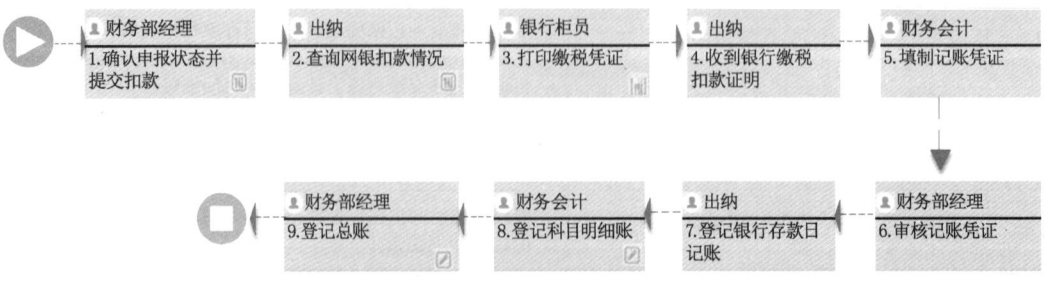

图 3-130　业务流程步骤图

（10）企业年度报告公示。企业在系统提交本企业的年报数据，并提交工商局审核、公示。业务流程步骤如表 3-172 所示。

表 3-172   业务流程步骤表

序号	活动名称	角色	活动描述—操作指导
1	填写本企业的年报	行政助理	1. 与人力资源确认上一年度在职人员信息、与财务部确认上一年度销售数据 2. 根据确认企业的信息在 VBSE 系统中填写年报资料 3. 检查信息无误后提交工商局进行审核
2	审核企业提交的年报，通过后公示并备案	工商专员	1. 接收企业提交的企业年报资料 2. 在 VBSE 系统中对提交的企业年报资料进行审核 3. 审核通过后进行公示，公示无异议后备案存档

业务流程步骤如图 3-131 所示。

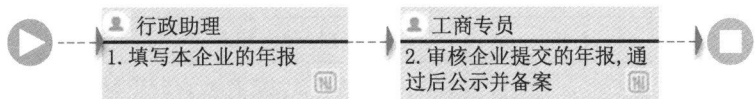

图 3-131   业务流程步骤图

（11）制作投标文件。企业领取招标文件。业务流程步骤如表 3-173 所示。

表 3-173   业务流程步骤表

序号	活动名称	角色	活动描述—操作指导
1	购买招标文件	销售专员	1. 到招投标公司说明要购买招标文件，每份招标文件 200 元 2. 从招投标总经理处接过招标文件
2	编制投标文件	销售专员	根据招标文件内容及公司自身情况，编制投标文件

业务流程步骤如图 3-132 所示。

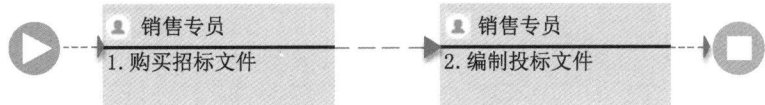

图 3-132   业务流程步骤图

（12）参加开标会。招投标公司总经理组织开标会。业务流程步骤如表 3-174 所示。

表 3-174   业务流程步骤表

序号	活动名称	角色	活动描述—操作指导
1	参加开标会	销售专员	1. 准备用于投标讲解的 PPT 2. 到招投标公司指定地点参加开标会

业务流程步骤如图 3-133 所示。

图 3-133　业务流程步骤图

(二)商贸(经销商)月初经营

(1)扣缴经销商五险一金。财务部经理收到扣缴五险一金回单,进行账务处理。业务流程步骤如表 3-175 所示。

表 3-175　　　　　　　　　　　　　业务流程步骤表

序号	活动名称	角色	活动描述—操作指导
1	到银行取五险一金银行扣款回单	出纳	到银行取五险一金银行扣款回单
2	代扣社会保险	银行柜员	为企业代理扣缴社会保险
3	代扣公积金	银行柜员	为企业代理扣缴公积金
4	打印五险一金扣款回单	银行柜员	1. 接到客户打印请求,查询相关交易记录 2. 确认交易记录存在,即可为客户打印回单 3. 打印后将回单交于客户
5	填制记账凭证	出纳	1. 出纳依据银行回单填制记账凭证,将银行扣款凭证和五险一金扣款通知粘贴在记账凭证后作为附件 2. 将记账凭证传递给财务部经理审核
6	审核记账凭证	财务部经理	1. 审核出纳填制的记账凭证并对照相关附件检查是否正确 2. 审核无误,在记账凭证上签字或盖章 3. 将确认后的记账凭证传递给出纳登记日记账
7	登记日记账	出纳	1. 根据记账凭证登记银行存款日记账 2. 记账后在记账凭证上签字或盖章 3. 将记账凭证传递给财务部经理登记科目明细账
8	登记科目明细账	财务部经理	1. 根据记账凭证登记科目明细账 2. 记账后在记账凭证上签字或盖章
9	登记总账	财务部经理	1. 根据记账凭证登记总账 2. 记账后在记账凭证上签字或盖章

业务流程步骤如图 3-134 所示。

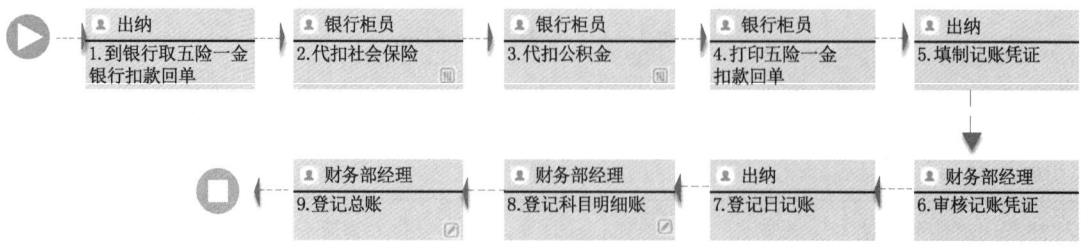

图 3-134　业务流程步骤图

（2）查看虚拟销售订单。营销部经理在系统中查看地区的虚拟订单信息。业务流程步骤如表 3-176 所示。

表 3-176　　　　　　　　　　　业务流程步骤表

序号	活动名称	角色	活动描述—操作指导
1	查看、预选订单	营销部经理	1. 在系统中查看可选订单 2. 服务公司通知后,到服务公司进行选单

业务流程步骤如图 3-135 所示。

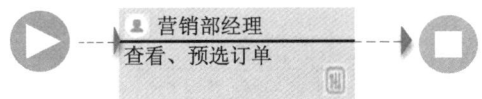

图 3-135　业务流程步骤图

（3）查看竞单结果。营销部经理在系统中查看选择的虚拟订单信息。业务流程步骤如表 3-177 所示。

表 3-177　　　　　　　　　　　业务流程步骤表

序号	活动名称	角色	活动描述—操作指导
1	查看已选订单	营销部经理	1. 查看已选中订单 2. 确定订单信息是否正确 3. 确认交货日期是否正确

业务流程步骤如图 3-136 所示。

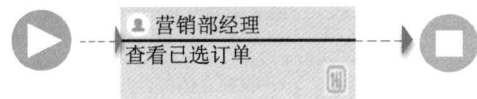

图 3-136　业务流程步骤图

（4）接到发货通知单。采购经理接到供应商的发货通知并通知仓储部经理准备收货。业务流程步骤如表 3-178 所示。

表 3-178　　　　　　　　　　　业务流程步骤表

序号	活动名称	角色	活动描述—操作指导
1	接到供应商的发货通知	采购经理	1. 收到供应商的发货单 2. 将发货单发送给仓储部经理
2	准备采购收货	仓储部经理	依据发货单准备采购收货

业务流程步骤如图 3-137 所示。

图 3-137　业务流程步骤图

(5) 向物流下达运输订单。仓储部经理依据发货单填写运输订单,传至物流公司。业务流程步骤如表3-179所示。

表 3-179 业务流程步骤表

序号	活动名称	角色	活动描述—操作指导
1	填写业务运输订单并审核	仓储部经理	1. 接收采购经理发来的供应商发货单 2. 根据供应商的发货通知单填写业务运输订单并审核 3. 将运输订单传至物流公司

业务流程步骤如图 3-138 所示。

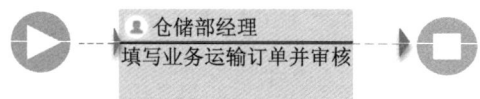

图 3-138 业务流程步骤图

(6) 给虚拟经销商发货。营销部经理下达发货通知,通知仓储部发货。业务流程步骤如表 3-180 所示。

表 3-180 业务流程步骤表

序号	活动名称	角色	活动描述—操作指导
1	填制发货单	营销部经理	1. 根据销售发货计划填制发货单(一式四联) 2. 将发货单财务部留存联交给财务部经理 3. 将发货单仓储部留存联和客户联交给仓储部经理
2	确认发货单	财务部经理	1. 收到营销部经理传过来的销售发货单 2. 检查本企业的应收账款额度是否过高,如过高则应通知营销部经理限制发货 3. 将发货单留存联交给出纳填制记账凭证
3	确认发货单	仓储部经理	1. 收到营销部经理传过来的发货单 2. 根据仓库现状确认发货单 3. 进行发货准备工作

业务流程步骤如图 3-139 所示。

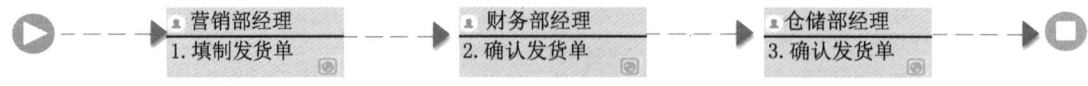

图 3-139 业务流程步骤图

(7) 给虚拟经销商办理出库并开发票。仓储部经理给虚拟客户发货,营销部经理提交开具增值税专用发票申请,财务部开出增值税专用发票并记账。业务流程步骤如表 3-181 所示。

表 3-181 业务流程步骤表

序号	活动名称	角色	活动描述—操作指导
1	填制出库单,办理出库业务	仓储部经理	根据营销部经理传递的发货单填制销售出库单(一式三联)

(续表)

序号	活动名称	角色	活动描述—操作指导
2	办理出库	仓储部经理	1. 依据销售出库单在 VBSE 系统中办理出库业务 2. 将销售出库单的客户联与货物一起送至客户
3	登记库存台账	仓储部经理	1. 办理出库完成后,根据销售出库单的存根联登记库存台账 2. 将销售出库单的记账联传递给营销部经理告知已出库
4	更新销售发货明细表	营销部经理	依据仓储部经理传递的销售出库单更新销售发货明细表
5	提交增值税专用发票申请	营销部经理	1. 根据销售发货明细表和销售订单的记账联信息提交开具增值税专用发票申请 2. 开票申请单提交至财务部经理审核
6	审核增值税专用发票申请	财务部经理	1. 审核营销部经理提交的开具增值税专用发票申请 2. 审核后提交总经理审核
7	审核增值税专用发票申请	总经理	1. 审核财务部经理提交的开具增值税专用发票申请 2. 审核通过后交营销部经理送至出纳处开具增值税发票
8	开具增值税专用发票	出纳	根据营销部经理送来审核的开具增值税专用发票申请,开具增值税专用发票
9	登记发票领用表	出纳	1. 营销部经理在发票领用表登记并签字 2. 出纳将增值税专用发票记账联保留,将发票联和抵扣联交给营销部经理送给客户
10	发票送至客户	营销部经理	营销部经理将增值税专用发票送至客户
11	填制记账凭证	出纳	1. 根据发票记账联填制记账凭证,将发票记账联和销售出库单粘贴到记账凭证后面作为附件 2. 将记账凭证交财务部经理审核
12	审核记账凭证	财务部经理	1. 接收出纳交给的记账凭证,进行审核 2. 审核无误,在记账凭证上签字或盖章 3. 交财务部经理登记科目明细账
13	登记科目明细账	财务部经理	1. 根据记账凭证登记科目明细账 2. 记账后在记账凭证上签字或盖章
14	登记总账	财务部经理	1. 根据记账凭证登记总账 2. 记账后在记账凭证上签字或盖章

业务流程步骤如图 3-140 所示。

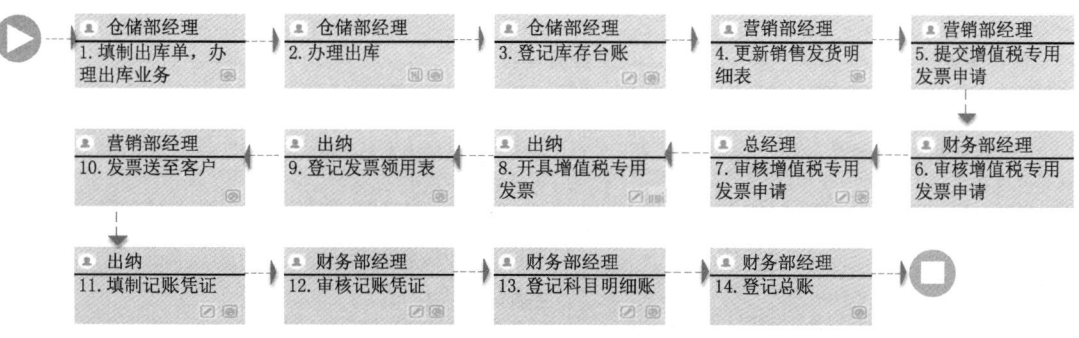

图 3-140 业务流程步骤图

(8)缴纳个人所得税。出纳确认申报状态审核后,提交缴税扣款并进行账务处理。业务流程步骤如表 3-182 所示。

表 3-182　　　　　　　　　　　　　　业务流程步骤表

序号	活动名称	角色	活动描述—操作指导
1	查询网银扣款情况	出纳	1. 查询网银,确认个人所得税是否已扣款成功 2. 到银行打印税收缴税证明
2	打印缴税凭证	银行柜员	1. 查询转账记录 2. 确认后打印缴税证明
3	填制记账凭证	出纳	1. 根据扣款通知和税收缴款书填制记账凭证 2. 将扣款通知和税收缴款书粘贴在记账凭证后作为原始单据 3. 提交给财务部经理审核
4	审核记账凭证	财务部经理	1. 收到记账凭证和相关原始单据 2. 审核记账凭证是否正确 3. 确认无误签字或盖章,将记账凭证交给出纳登记银行存款日记账
5	登记日记账	出纳	1. 根据审核后的记账凭证登记银行存款日记账 2. 记账后在记账凭证上签字或盖章 3. 将记账凭证交给财务部经理登记科目明细账
6	登记科目明细账	财务部经理	1. 根据审核后的记账凭证登记科目明细账 2. 记账后在记账凭证上签字或盖章
7	登记总账	财务部经理	1. 根据审核后的记账凭证登记总账 2. 记账后在记账凭证上签字或盖章

业务流程步骤如图 3-141 所示。

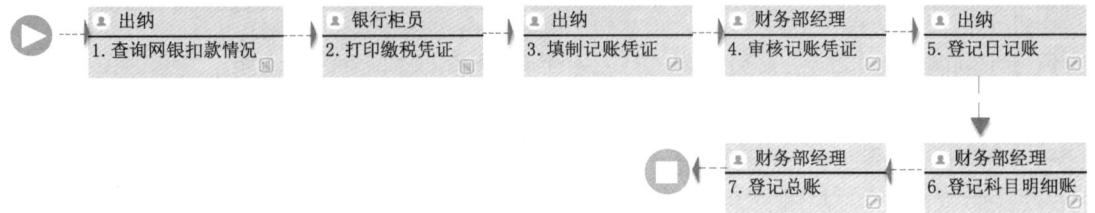

图 3-141　业务流程步骤图

(9)缴纳企业增值税。财务部经理确认申报状态,审核通过后提交扣款并进行账务处理。业务流程步骤如表 3-183 所示。

表 3-183　　　　　　　　　　　　　　业务流程步骤表

序号	活动名称	角色	活动描述—操作指导
1	确认申报状态并提交扣款	财务部经理	1. 在 VBSE 系统中查看申报状态 2. 审核通过后点击"扣缴"
2	查询网银扣款情况	出纳	1. 查询网银,确认增值税是否已扣款成功,扣款成功 2. 到银行打印税收缴税证明
3	打印缴税凭证	银行柜员	1. 查询转账记录 2. 确认后打印缴税证明

(续表)

序号	活动名称	角色	活动描述—操作指导
4	填制记账凭证	出纳	1. 根据缴税证明编制记账凭证 2. 将银行税收缴款单和税收缴税证明粘贴在记账凭证后面作为附件 3. 将记账凭证交给财务部经理审核
5	审核记账凭证	财务部经理	1. 收到记账凭证和缴款证明 2. 审核记账凭证无误后签字或盖章 3. 将记账凭证交给出纳登记银行存款日记账
6	登记日记账	出纳	1. 根据审核后的记账凭证登记银行存款日记账 2. 记账后在记账凭证上签字或盖章 3. 将记账凭证交给财务部经理登记科目明细账
7	登记科目明细账	财务部经理	1. 根据审核后的记账凭证登记科目明细账 2. 记账后在记账凭证上签字或盖章
8	登记总账	财务部经理	1. 根据审核后的记账凭证登记总账 2. 记账后在记账凭证上签字或盖章

业务流程步骤如图 3-142 所示。

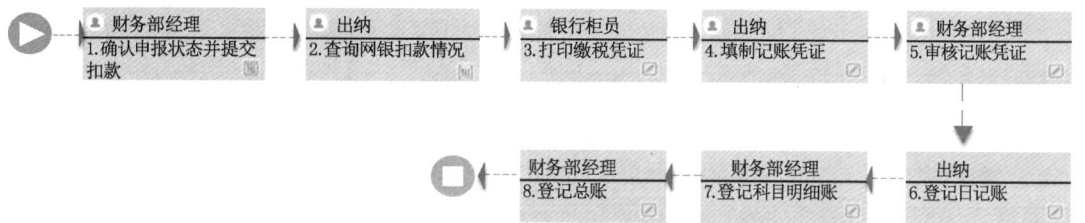

图 3-142　业务流程步骤图

（10）企业年度报告公示。行政经理在系统提交本企业的年报数据,提交工商局审核、公示。业务流程步骤如表 3-184 所示。

表 3-184　　　　　　　　　　　　　业务流程步骤表

序号	活动名称	角色	活动描述—操作指导
1	填写本企业的年报	行政经理	1. 与人力资源确认上一年度在职人员信息、与财务部确认上一年度销售数据 2. 根据确认企业的信息在 VBSE 系统中填写年报资料 3. 检查信息无误后提交工商局进行审核
2	审核企业提交的年报,通过后公示并备案	工商专员	1. 接收企业提交的企业年报资料 2. 在 VBSE 系统中对提交的企业年报资料进行审核 3. 审核通过后进行公示,公示无异议后备案存档

业务流程步骤如图 3-143 所示。

图 3-143　业务流程步骤图

(三) 工贸(供应商)月初经营

(1) 扣缴工贸企业五险一金。企业收到银行代扣五险一金的业务回单。业务流程步骤如表 3-185 所示。

表 3-185　　　　　　　　　　　　　　业务流程步骤表

序号	活动名称	角色	活动描述—操作指导
1	到银行取五险一金银行扣款回单	财务部经理	到银行取五险一金银行扣款回单
2	代扣社会保险	银行柜员	为企业代理扣缴社会保险
3	代扣公积金	银行柜员	为企业代理扣缴公积金
4	打印五险一金扣款回单	银行柜员	1. 接到客户打印请求,查询相关交易记录 2. 确认交易记录存在,即可为客户打印回单 3. 打印后将回单交于客户
5	填制记账凭证	财务部经理	1. 财务部经理依据银行回单填制记账凭证,将银行扣款凭证和五险一金扣款通知粘贴在记账凭证后作为附件 2. 将记账凭证传递给总经理审核
6	审核记账凭证	总经理	1. 审核财务部经理填制的记账凭证并对照相关附件检查是否正确 2. 审核无误,在记账凭证上签字或盖章 3. 将审核后的记账凭证传递给总经理登记日记账
7	登记日记账	总经理	1. 根据记账凭证登记银行存款日记账 2. 记账后在记账凭证上签字或盖章
8	登记科目明细账	财务部经理	1. 根据记账凭证登记科目明细账 2. 记账后在记账凭证上签字或盖章
9	登记总账	财务部经理	1. 根据记账凭证登记总账 2. 记账后在记账凭证上签字或盖章

业务流程步骤如图 3-144 所示。

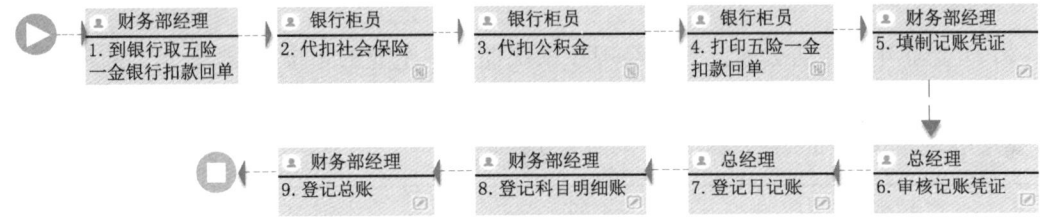

图 3-144　业务流程步骤图

(2) 准备发货并通知制造业取货。业务经理下达发货通知给客户。业务流程步骤如表 3-186 所示。

表 3-186　　　　　　　　　　　　　　业务流程步骤表

序号	活动名称	角色	活动描述—操作指导
1	填制发货单	业务经理	1. 根据销售发货计划和仓库现状填制发货单(一式四联) 2. 将发货单财务部留存联交给财务部经理
2	确认发货单	财务部经理	1. 收到业务经理传过来的销售发货单 2. 检查本企业的应收账款额度是否过高,如过高则应通知业务经理限制发货
3	发送至客户	业务经理	将财务部经理确认的发货单送至客户处

业务流程步骤如图 3-145 所示。

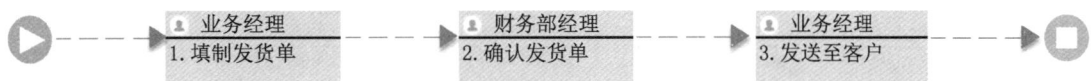

业务经理 1.填制发货单 财务部经理 2.确认发货单 业务经理 3.发送至客户

图 3-145　业务流程步骤图

（3）给制造业办理出库并开发票。业务经理办理销售出库并开具增值税专业发票。业务流程步骤如表 3-187 所示。

表 3-187　　　　　　　　　　　　业务流程步骤表

序号	活动名称	角色	活动描述—操作指导
1	填制出库单,办理出库业务	业务经理	1. 根据发货单填制销售出库单(一式三联) 2. 办理出库业务,根据销售出库单的数量发货给客户
2	登记库存台账	业务经理	根据销售出库单登记库存台账
3	更新销售发货明细表	业务经理	依据销售出库单更新销售发货明细表
4	提交增值税专用发票申请	业务经理	1. 根据销售发货明细表和销售订单的信息提交开具增值税专用发票申请 2. 开票申请单提至财务部经理审核
5	审核增值税专用发票申请	财务部经理	1. 审核业务经理提交的开具增值税专用发票申请 2. 审核后提交总经理审核
6	审核增值税专用发票申请	总经理	1. 审核财务部经理提交的开具增值税专用发票申请 2. 审核通过后交业务经理送至财务部经理处开具增值税发票
7	开具增值税专用发票	财务部经理	根据业务经理送来审核的开具增值税专用发票申请,开具增值税专用发票
8	登记发票领用表	财务部经理	1. 业务经埋在发票领用表登记并签字 2. 财务部经理将增值税专用发票记账联保留,将发票联和抵扣联交给业务经理送给客户
9	发票送至客户	业务经理	业务经理将增值税专用发票送至客户
10	填制记账凭证	财务部经理	1. 根据发票记账联填制记账凭证,将发票记账联和销售出库单粘贴到记账凭证后面作为附件 2. 将记账凭证交总经理审核
11	审核记账凭证	总经理	1. 接收财务部经理交给的记账凭证,进行审核 2. 审核无误,在记账凭证上签字或盖章
12	登记数量金额明细账	财务部经理	根据记账凭证后所附销售出库单填写数量金额明细账
13	登记科目明细账	财务部经理	1. 根据记账凭证登记科目明细账 2. 记账后在记账凭证上签字或盖章
14	登记总账	财务部经理	1. 根据记账凭证登记总账 2. 记账后在记账凭证上签字或盖章

业务流程步骤如图 3-146 所示。

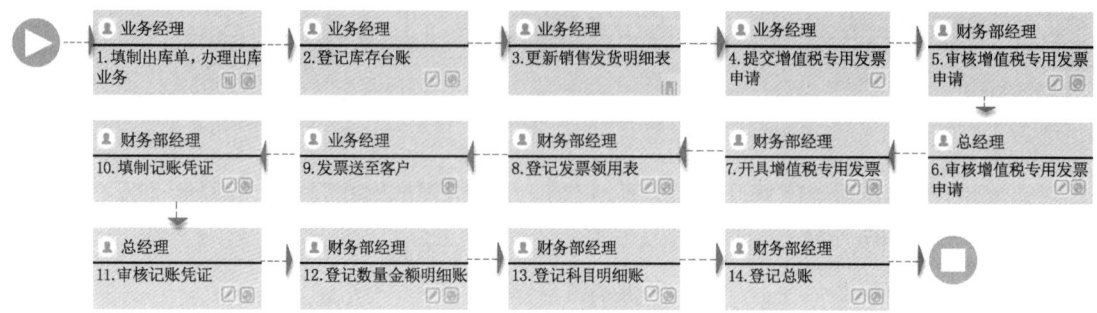

图 3-146　业务流程步骤图

（4）到货并办理入库。业务经理接到虚拟供应商的货物，办理采购入库。业务流程步骤如表3-188所示。

表 3-188　　　　　　　　　　　　　业务流程步骤表

序号	活动名称	角色	活动描述—操作指导
1	依据采购订单填写采购入库单	业务经理	业务经理依照确认的采购订单填写采购入库单
2	审核采购入库单	业务经理	审核采购入库单
3	VBSE 系统办理入库	业务经理	依据采购订单、采购入库单在 VBSE 系统中办理货物入库
4	登记库存台账	业务经理	1. 依据采购入库单（存根联）信息登记到库存台账中 2. 将采购入库单传递给财务部经理
5	更新采购情况执行表	业务经理	根据入库信息更新采购合同执行情况表
6	填制记账凭证	财务部经理	1. 收到业务经理交来的采购入库单 2. 依据采购入库单填制记账凭证
7	审核记账凭证	总经理	1. 收到财务部经理交来的工资表和记账凭证 2. 审核记账凭证的正确性 3. 审核无误，在记账凭证上签字或盖章 4. 交还给财务部经理工资表和记账凭证
8	登记科目明细账	财务部经理	1. 根据记账凭证登记科目明细账 2. 记账后在记账凭证上签字或盖章
9	登记总账	财务部经理	1. 根据记账凭证登记总账 2. 记账后在记账凭证上签字或盖章

业务流程步骤如图 3-147 所示。

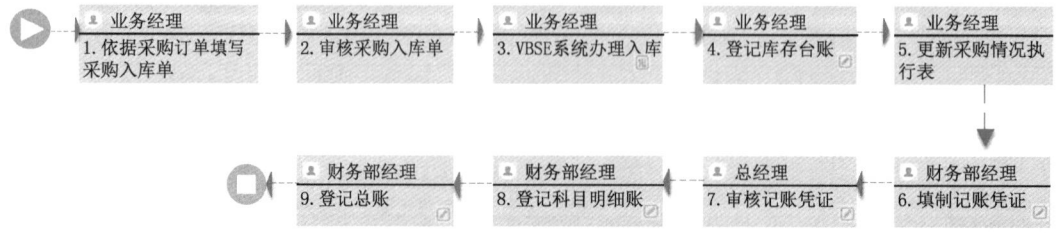

图 3-147　业务流程步骤图

（5）缴纳个人所得税。总经理确认申报状态审核后，提交缴税扣款及账务处理。业务流程步骤如表 3-189 所示。

表 3-189 　　　　　　　　　　　　　　业务流程步骤表

序号	活动名称	角色	活动描述—操作指导
1	查询网银扣款情况	总经理	1. 查询网银，确认个人所得税是否已扣款成功 2. 通知财务部经理到银行打印税收缴税证明
2	打印缴税凭证	银行柜员	1. 查询转账记录 2. 确认后打印缴税证明
3	填制记账凭证	财务部经理	1. 根据扣款通知和税收缴款书填制记账凭证 2. 将扣款通知和税收缴款书粘贴在记账凭证后作为原始单据 3. 提交给总经理审核
4	审核记账凭证	总经理	1. 收到记账凭证和相关原始单据 2. 审核记账凭证是否正确 3. 确认无误签字或盖章，将记账凭证交给总经理登记银行存款日记账
5	登记日记账	总经理	1. 根据审核后的记账凭证登记银行存款日记账 2. 记账后在记账凭证上签字或盖章
6	登记科目明细账	财务部经理	1. 根据审核后的记账凭证登记科目明细账 2. 记账后在记账凭证上签字或盖章
7	登记总账	财务部经理	1. 根据审核后的记账凭证登记总账 2. 记账后在记账凭证上签字或盖章

业务流程步骤如图 3-148 所示。

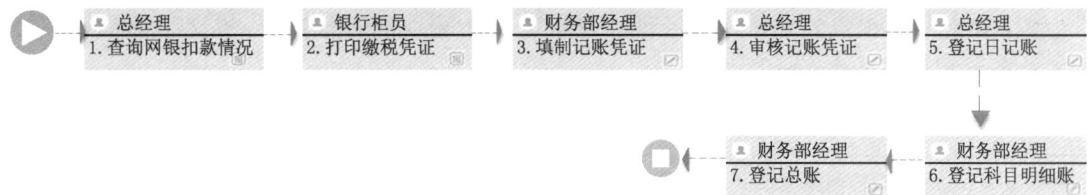

图 3-148 　业务流程步骤图

（6）缴纳企业增值税。财务部经理确认申报状态，审核通过后提交扣款并进行账务处理。业务流程步骤如表 3-190 所示。

表 3-190 　　　　　　　　　　　　　　业务流程步骤表

序号	活动名称	角色	活动描述—操作指导
1	确认申报状态并提交扣款	财务部经理	1. 在 VBSE 系统中查看申报状态 2. 审核通过后点击"扣缴"
2	查询网银扣款情况	总经理	1. 查询网银，确认增值税是否已扣款成功 2. 通知财务部经理到银行打印税收缴税证明
3	打印缴税凭证	银行柜员	1. 查询转账记录 2. 确认后打印缴税证明

(续表)

序号	活动名称	角色	活动描述—操作指导
4	填制记账凭证	财务部经理	1. 根据缴税证明编制记账凭证 2. 将银行税收缴款单和税收完税证明粘贴在记账凭证后面作为附件 3. 将记账凭证交给总经理审核
5	审核记账凭证	总经理	1. 收到记账凭证和缴款证明 2. 审核记账凭证无误后签字或盖章 3. 将记账凭证交给总经理登记银行存款日记账
6	登记日记账	总经理	1. 根据审核后的记账凭证登记银行存款日记账 2. 记账后在记账凭证上签字或盖章
7	登记科目明细账	财务部经理	1. 根据审核后的记账凭证登记科目明细账 2. 记账后在记账凭证上签字或盖章
8	登记总账	财务部经理	1. 根据审核后的记账凭证登记总账 2. 记账后在记账凭证上签字或盖章

业务流程步骤如图 3-149 所示。

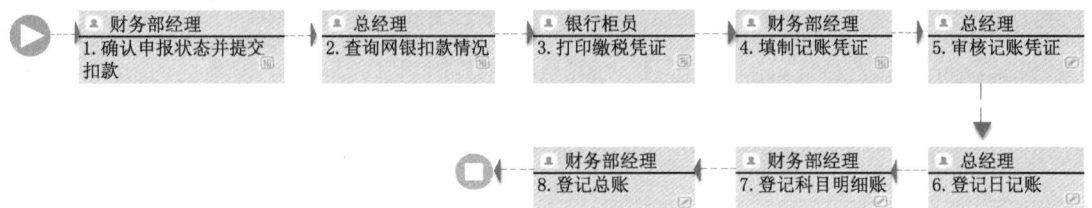

图 3-149　业务流程步骤图

(7) 企业年度报告公示。行政经理在系统提交本企业的年报数据,提交工商局审核、公示。业务流程步骤如表 3-191 所示。

表 3-191　　　　　　　　　　　　　业务流程步骤表

序号	活动名称	角色	活动描述—操作指导
1	填写本企业的年报	行政经理	1. 与人力资源确认上一年度在职人员信息、与财务部确认上一年度销售数据 2. 根据确认企业的信息在 VBSE 系统中填写年报资料 3. 检查信息无误后提交工商局进行审核
2	审核企业提交的年报,通过后公示并备案	工商专员	1. 接收企业提交的企业年报资料 2. 在 VBSE 系统中对提交的企业年报资料进行审核 3. 审核通过后进行公示,公示无异议后备案存档

业务流程步骤如图 3-150 所示。

图 3-150　业务流程步骤图

（四）外围月初经营

（1）组织经销商进行竞单（服务公司）。业务流程步骤如表3-192所示。

表3-192 **业务流程步骤表**

序号	活动名称	角色	活动描述—操作指导
1	通知经销商竞单	总经理	让服务公司业务员去通知已投放广告的企业到服务公司来进行竞单
2	为经销商办理选单	总经理	1. 选择一个区域 2. 按该区域中各公司投放广告顺序依次选单 3. 收到企业选单命后,选择对应企业,再选择对应的订单,进行确认

业务流程步骤如图3-151所示。

图3-151 业务流程步骤图

（2）受理经销商下达的运输订单（物流）。业务流程步骤如表3-193所示。

表3-193 **业务流程步骤表**

序号	活动名称	角色	活动描述—操作指导
1	接收确认运输订单	业务经理	1. 接收经销商提交的运输订单 2. 确认运输订单并签字
2	线路规划车辆调度	业务经理	根据运输订单安排线路,调配车辆

业务流程步骤如图3-152所示。

图3-152 业务流程步骤图

（3）去制造业取货并开发票（物流）。业务经理去制造业取货并开具增值税专用发票。业务流程步骤如表3-194所示。

表3-194 **业务流程步骤表**

序号	活动名称	角色	活动描述—操作指导
1	下达取货命令	总经理	1. 根据运输订单下达取货命令 2. 将取货命令下达给物流业务经理
2	填制运单	业务经理	1. 接收物流总经理取货命令 2. 根据运输订单填写运单
3	填制增值税专用发票	业务经理	根据运单填制增值税专用发票
4	发车取货	业务经理	带齐单据,发车取货

业务流程步骤如图 3-153 所示。

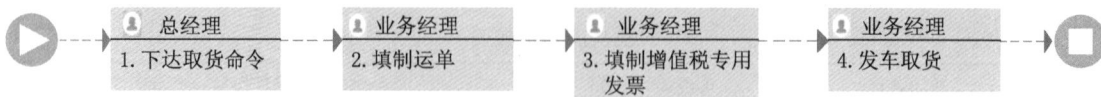

图 3-153　业务流程步骤图

（4）装车发运给经销商（物流）。业务经理安排货物装车并送货。业务流程步骤如表 3-195 所示。

表 3-195　　　　　　　　　　　　　业务流程步骤表

序号	活动名称	角色	活动描述—操作指导
1	点验托运货物	业务经理	与制造业进行货物交接，点验托运货物
2	确认运单信息并签字	业务经理	请制造业确定运单信息并签字
3	装车作业	业务经理	安排装卸工货物装车
4	送货作业	业务经理	运单签字后，根据规划好的线路运输送货

业务流程步骤如图 3-154 所示。

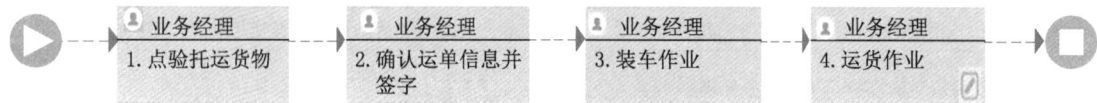

图 3-154　业务流程步骤图

（5）受理制造业运输订单（物流）。业务经理受理制造业下达的运输订单。业务流程步骤如表3-196 所示。

表 3-196　　　　　　　　　　　　　业务流程步骤表

序号	活动名称	角色	活动描述—操作指导
1	接收确认运输订单	业务经理	1. 接收制造业提交的运输订单 2. 确认运输订单并签字
2	线路规划车辆调度	业务经理	根据运输订单安排线路，调配车辆

业务流程步骤如图 3-155 所示。

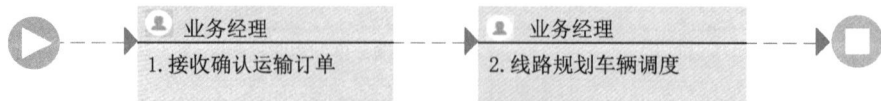

图 3-155　业务流程步骤图

（6）去工贸企业取货并开发票（物流）。业务经理去工贸企业取货并填制增值税专用发票。业务流程步骤如表 3-197 所示。

表 3-197　　　　　　　　　　　　　业务流程步骤表

序号	活动名称	角色	活动描述—操作指导
1	下达取货命令	总经理	1. 根据运输订单下达取货命令 2. 将取货命令下达给物流业务经理
2	填制运单	业务经理	1. 接受物流总经理取货命令 2. 根据运输订单填写运单
3	填制增值税专用发票	业务经理	根据运单填制增值税专用发票
4	发车取货	业务经理	带齐单据,发车取货

业务流程步骤如图 3-156 所示。

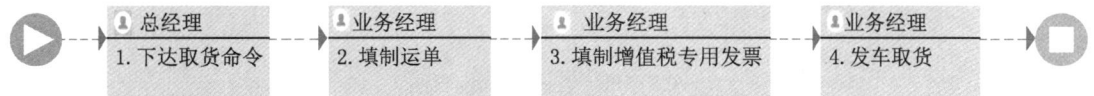

图 3-156　业务流程步骤图

（7）装车发运给制造业（物流）。业务经理安排货物装车并送货。业务流程步骤如表 3-198 所示。

表 3-198　　　　　　　　　　　　　业务流程步骤表

序号	活动名称	角色	活动描述—操作指导
1	点验托运货物	业务经理	与工贸企业进行货物交接,点验托运货物
2	确认运单信息并签字	业务经理	请工贸企业确定运单信息并签字
3	装车作业	业务经理	安排装卸工货物装车
4	送货作业	业务经理	运单签字后,根据规划好的线路运输送货

业务流程步骤如图 3-157 所示。

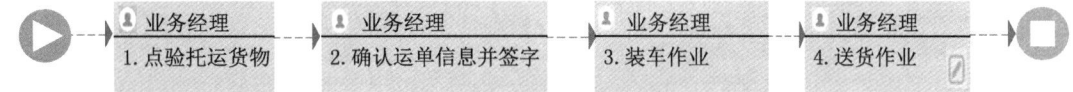

图 3-157　业务流程步骤图

（8）行政管理检查（工商局）。工商专员根据《工商行政管理暂行规定》进入企业进行检查,记录结果,对确认存在问题企业开具工商行政处罚决定书,并跟踪整改情况。业务流程步骤如表 3-199 所示。

表 3-199　　　　　　　　　　　　　业务流程步骤表

序号	活动名称	角色	活动描述—操作指导
1	根据《工商行政管理暂行规定》,对企业进行例行检查,并记录在案	工商专员	1. 根据《工商行政管理暂行规定》,到企业进行现场检查 2. 根据制定、公示的《工商行政管理暂行规定》到企业销售部、采购部或主管销售采购的负责人进行检查
2	下达工商行政处罚决定书	工商专员	根据检查结果对问题企业下达工商行政处罚决定书

(续表)

序号	活动名称	角色	活动描述—操作指导
3	检查整改情况	工商专员	1. 根据工商行政处罚决定书检查企业整改情况 2. 按期整改的,缴纳罚款、恢复信用评级 3. 未按期整改的,不予恢复信用评级,并给予警告或暂停营业、生产

业务流程步骤如图 3-158 所示。

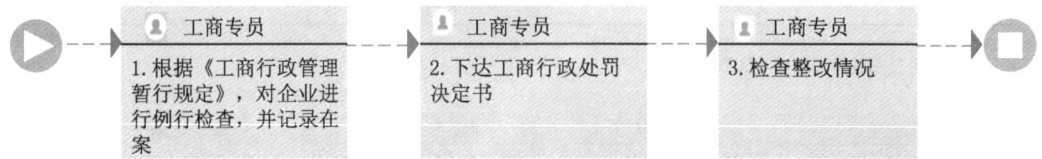

图 3-158　业务流程步骤图

（9）企业年度报告公示(物流)。总经理在系统提交本企业的年报数据,提交工商局审核、公示。业务流程步骤如表 3-200 所示。

表 3-200　　　　　　　　　　　　业务流程步骤表

序号	活动名称	角色	活动描述—操作指导
1	填写本企业的年报	总经理	1. 与人力资源确认上一年度在职人员信息、与财务部确认上一年度销售数据 2. 根据确认企业的信息在 VBSE 系统中填写年报资料 3. 检查信息无误后提交工商局进行审核
2	审核企业提交的年报,通过后公示并备案	工商专员	1. 接收企业提交的企业年报资料 2. 在 VBSE 系统中对提交的企业年报资料进行审核 3. 审核通过后进行公示,公示无异议后备案存档

业务流程步骤如图 3-159 所示。

图 3-159　业务流程步骤图

（10）企业年度报告公示(服务公司)。总经理在系统提交本企业的年报数据,提交工商局审核、公示。业务流程步骤如表 3-201 所示。

表 3-201　　　　　　　　　　　　业务流程步骤表

序号	活动名称	角色	活动描述—操作指导
1	填写本企业的年报	总经理	1. 与人力资源确认上一年度在职人员信息、与财务部确认上一年度销售数据 2. 根据确认企业的信息在 VBSE 系统中填写年报资料 3. 检查信息无误后提交工商局进行审核
2	审核企业提交的年报,通过后公示并备案	工商专员	1. 接收企业提交的企业年报资料 2. 在 VBSE 系统中对提交的企业年报资料进行审核 3. 审核通过后进行公示,公示无异议后备案存档

业务流程步骤如图 3-160 所示。

图 3-160　业务流程步骤图

（11）社保稽查（人社局）。社保公积金专员根据制定的社会保障制度对企业进行社保稽核,对存在的问题形成稽核整改意见书并送达相关企业。业务流程步骤如表 3-202 所示。

表 3-202　　　　　　　　　　　　　　　业务流程步骤表

序号	活动名称	角色	活动描述—操作指导
1	根据社会保障制度对企业进行例行检查,并记录在案	社保公积金专员	1. 根据社保稽核通知书的时间,到企业进行现场稽核 2. 根据制定、公示的社会保障制度到企业人力资源部、财务部或主管人力资源和财务负责人进行稽查 3. 检查人力资源参保人员情况、财务部按时缴纳保费情况等
2	下达稽查整改意见书	社保公积金专员	1. 根据检查结果对没有问题企业出具社会保险稽核报告 2. 根据检查结果对问题企业提出稽查整改意见书

业务流程步骤如图 3-161 所示。

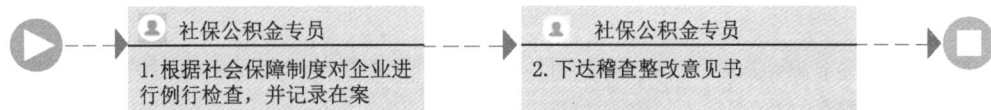

图 3-161　业务流程步骤图

（12）行政处罚（人社局）。社保公积金专员根据社保稽核检查结果,对问题企业做出行政处罚。业务流程步骤如表 3-203 所示。

表 3-203　　　　　　　　　　　　　　　业务流程步骤表

序号	活动名称	角色	活动描述—操作指导
1	根据社保稽核整改意见书检查企业整改情况	社保公积金专员	1. 根据社保稽核整改意见书检查企业整改情况 2. 到期未整改的开具社会保险提请行政处罚建议书,提请劳动监察部门 3. 到期整改的,确认后不作处罚
2	做出行政处罚	社保公积金专员	1. 根据提请行政处罚建议书,进行行政处罚 2. 将开具的劳动保障监察行政处罚决定书送达相关问题企业

业务流程步骤如图 3-162 所示。

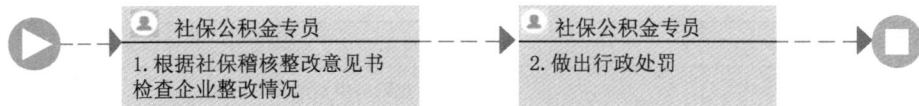

图 3-162　业务流程步骤图

(13) 就业指导——简历制作(人社局)。社保公积金专员学习制作简历、制作文档,并组织企业培训学习。业务流程步骤如表 3-204 所示。

表 3-204　　　　　　　　　　　　业务流程步骤表

序号	活动名称	角色	活动描述—操作指导
1	简历制作的学习	社保公积金专员	简历制作的学习
2	简历制作的培训讲解	社保公积金专员	1. 与主讲老师确认时间和培训方式 2. 组织各企业进行培训,讲解简历制作

业务流程步骤如图 3-163 所示。

图 3-163　业务流程步骤图

(14) 税务稽查(税务局)。税务专员根据制定税务管理规定对企业进行随机的稽查,记录、公示稽查结果,并对问题企业做出行政处罚。业务流程步骤如表 3-205 所示。

表 3-205　　　　　　　　　　　　业务流程步骤表

序号	活动名称	角色	活动描述—操作指导
1	对企业的税务进行稽查并记录结果	税务专员	根据税务稽查制度对企业进行稽查,并记录在案
2	公示稽查结果并通知问题企业限期补缴	税务专员	1. 与主讲老师沟通,确认公示时间(每天课程结束前 5 分钟) 2. 将稽查结果张贴在税务局进行公示 3. 根据检查结果通知问题企业限期补缴
3	检查企业补缴情况	税务专员	1. 到期未补缴的开具税务行政处罚决定书 2. 到期补缴的,确认后不作处罚
4	做出行政处罚	税务专员	1. 根据税务行政处罚决定书,进行行政处罚 2. 将开具的税务行政处罚决定书送达相关问题企业

业务流程步骤如图 3-164 所示。

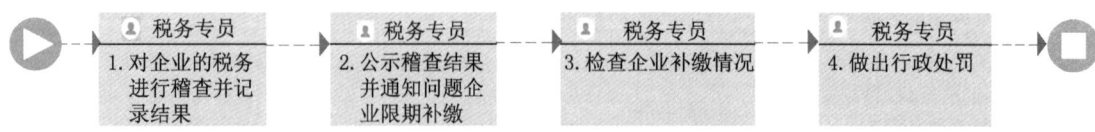

图 3-164　业务流程步骤图

(15) 出售招标文件(招投标)。招投标公司总经理出售招标文件。业务流程步骤如表 3-206 所示。

表 3-206　　　　　　　　　　　　业务流程步骤表

序号	活动名称	角色	活动描述—操作指导
1	出售招标文件	总经理	1. 收到企业购买申请的需求 2. 将招标文件销售给企业销售员,招标文件 200 元一份

业务流程步骤如图 3-165 所示。

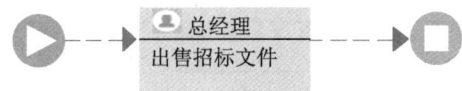

图 3-165　业务流程步骤图

（16）组织开标会（招投标）。招投标公司总经理组织开标会。业务流程步骤如表 3-207 所示。

表 3-207　　　　　　　　　　　　**业务流程步骤表**

序号	活动名称	角色	活动描述—操作指导
1	组织开标会	总经理	1. 招投标经理组织已投标的企业人员进行投标讲演 2. 请 4～5 位评委对招标情况进行评审

业务流程步骤如图 3-166 所示。

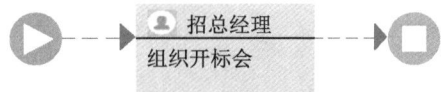

图 3-166　业务流程步骤图

（17）定标并发出中标订单（招投标）。招投标公司总经理组织开标会。业务流程步骤如表 3-208 所示。

表 3-208　　　　　　　　　　　　**业务流程步骤表**

序号	活动名称	角色	活动描述—操作指导
1	招标评分	总经理	联合评标委员进行评分
2	定标发放中标公告	总经理	1. 确定评分后,确定中标企业 2. 在系统中发布中标公告
3	填写中标通知书	总经理	1. 填写中标通知书 2. 中标通知书送交中标企业
4	发放中标订单	总经理	在系统中发放中标订单

业务流程步骤如图 3-167 所示。

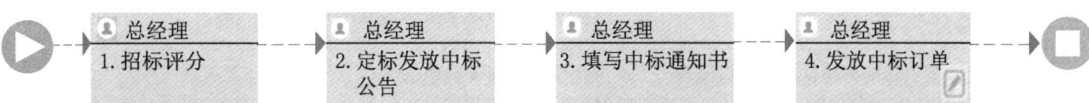

图 3-167　业务流程步骤图

（18）商检（国贸）。进出口经理为出口货物办理商检。业务流程步骤如表 3-209 所示。

表 3-209   业务流程步骤表

序号	活动名称	角色	活动描述—操作指导
1	委托报检行申报检验	进出口经理	出口商委托报检行于装运或报关七天前填写"出境货物报检单"，附上合同、信用证、有关合同货物品质的来往通信内容、凭样成交的样品等，向检验检疫机构申报检验
2	接受报检	进出口办事员	1. 检查单据及相关材料 2. 接受报检
3	实施检验	进出口办事员	按照检验标准实施检验
4	检验合格	进出口办事员	经过检验，检验结果合格
5	发检验证书	进出口办事员	1. 制作品质证证书 2. 在证书上签字、盖章
6	获得证书可以报关	进出口经理	将货物运送至码头，准备报关

注：本实训没有设立检验检疫局组织，检验检疫局的工作由国贸进出口经理代替完成。

业务流程步骤如图 3-168 所示。

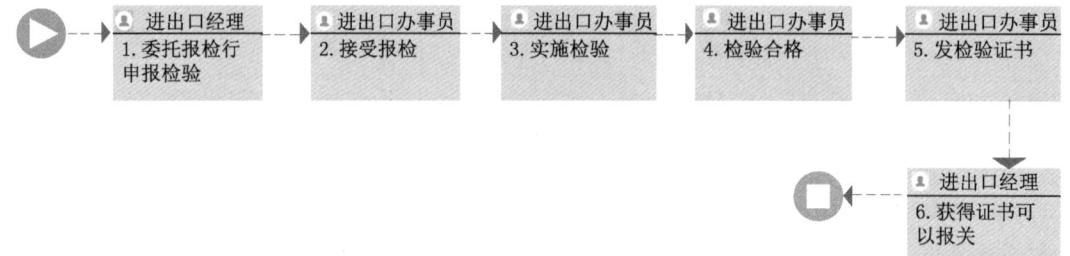

图 3-168   业务流程步骤图

（19）投保（国贸）。进出口经理为出口货物办理保险。业务流程步骤如表 3-210 所示。

表 3-210   业务流程步骤表

序号	活动名称	角色	活动描述—操作指导
1	出口方得到配舱回单开始投保	进出口经理	1. 出口方得到配舱回单可以开始投保 2. 因为配舱回单上已经提供了船名、航次、提单号等保单上所需要的准确的装运信息
2	出口方填写投保单提交给保险公司	进出口经理	出口方根据销售合同、信用证、商业发票和配舱回单填写投保单提交给保险公司
3	保险公司审核并接受投保单	进出口经理	保险公司审核并接受投保单，提供投保回执给投保人
4	出口方填写保险单提交给保险公司	进出口经理	出口方填写保险单提交给保险公司
5	保险公司对保险单确认	进出口经理	保险公司对保险单确认
6	出口方准备支付保险费	进出口经理	出口方准备支付保险费

注：本实训没有设立保险公司组织，保险公司的工作由国贸进出口经理代替完成。

业务流程步骤如图 3-169 所示。

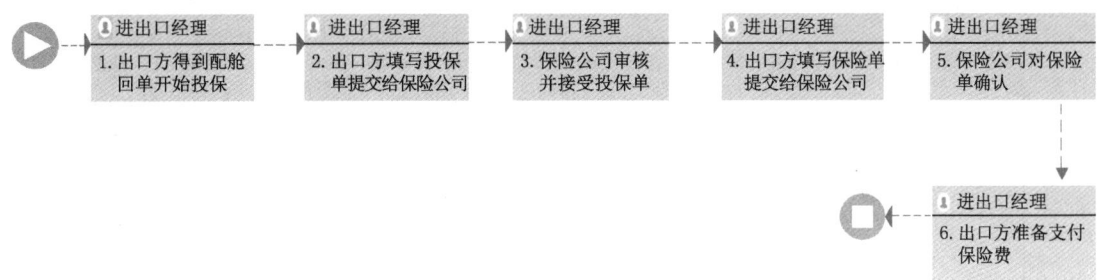

图 3-169 业务流程步骤图

(20)支付保险费获得签发保险单(国贸)。进出口经理支付出口货物保险费。业务流程步骤如表 3-211 所示。

表 3-211 业务流程步骤表

序号	活动名称	角色	活动描述—操作指导
1	填写付款申请单	进出口经理	按照投保单和保险单填写付款申请单
2	业务审核	总经理	1. 对付款申请单内容进行审核 2. 签字确认
3	填写支票	进出口经理	填写转账支票
4	登记支票登记簿	进出口经理	登记支票登记簿
5	把转账支票交给银行(实际应为保险公司)	进出口经理	把转账支票交给银行,实际上应为保险公司
6	银行转账给保险公司	银行柜员	银行转账给保险公司(服务公司代收)
7	保险公司签发保险单给出口方	进出口经理	保险公司签发保险单给出口方

注:本实训没有设立保险公司组织,由服务公司代替。

业务流程步骤如图 3-170 所示。

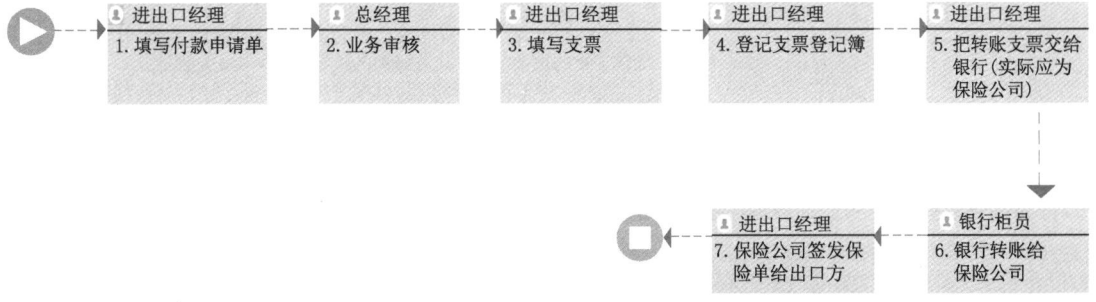

图 3-170 业务流程步骤图

(21)出口收汇核销单申领与备案(国贸)。国际贸易企业出口收汇核销单申领与备案。业务流程步骤如表 3-212 所示。

表 3-212   业务流程步骤表

序号	活动名称	角色	活动描述—操作指导
1	核销单电子申请	进出口经理	1. 在去申请之前必须在网(中国电子口岸)上申请 2. 进入主页 http://www.chinaport.gov.cn/,再进入执法口岸,输入密码进入,点申请核销单就会得到一个核销单号码
2	去外汇局申领纸质核销单	进出口经理	1. 到外汇管理局后,交上申请书和合同的复印件,若第一次申请,需要准备更多的文件资料 2. 在外汇管理局的登记本上登记即可领到核销单 3. 在核销单每联的"出口单位"栏内填写单位名称 4. 在三条之间的两个夹缝"出口单位盖章"处,加盖出口方公司公章
3	在核销单上加盖印章	进出口办事员	外汇局会在核销单上加盖"条码章"
4	发放核销单	进出口办事员	发放核销单给申请人
5	取得核销单	进出口经理	取得核销单
6	报关前核销单进行备案	进出口经理	1. 回来后,进行网上备案 2. 以备出口报关时使用

注:本次实训没有设立外汇局,外汇局办事员相关工作由国贸进出口经理代理。

业务流程步骤如图 3-171 所示。

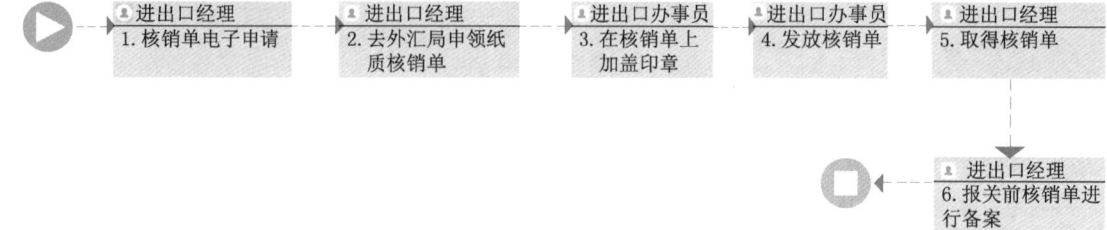

图 3-171   业务流程步骤图

(22) 报关(国贸)。国际贸易企业进行出口报关。业务流程步骤如表 3-213 所示。

表 3-213   业务流程步骤表

序号	活动名称	角色	活动描述—操作指导
1	填制报关单	进出口经理	1. 报关单是海关对出口货物进行监管、查验、征税和统计的基本单据 2. 出口报关单一般分为以下六联: (1)海关作业联,报关员配合海关查验、缴纳税费、提取或装运货物的重要凭证,也是海关的重要凭证,由海关收走 (2)海关留存联,报关员配合海关查验、缴纳税费、提取或装运货物的重要凭证,也是海关的重要凭证,由海关收走 (3)企业留存联,企业自己留存备份 (4)海关核销联,海关对实际申报进口的货物所签发的证明文件,是海关办理加工贸易合同核销结案手续的重要凭证 (5)出口收汇证明联(黄色),用于办理外汇核销 (6)出口退税证明联(白色),是国家税务部门办理出口货物退税手续的重要凭证 本实训只用到海关作业联、海关核销联和企业留存联 3. 直接拿去出口报关的有三联,即海关作业联、海关核销联、企业留存联 4. 结关后去海关打印出口退税联和出口收汇核销联,用于收汇核销和出口退税用 本实训不需要出口退税联和出口收汇核销联

(续表)

序号	活动名称	角色	活动描述—操作指导
2	交单申报	进出口经理	报关时应向海关提交下列单证： 报关单(海关作业联、海关核销联、企业留存联)、出口收汇核销单(3联)、装货单、品质证、商业发票、装箱单(海关方面在电脑系统中已经看到)、合同复印件
3	接受申报	海关专员	接受申报
4	审核单证	海关专员	对单证进行审核，单单相符，单证相符
5	查验货物	海关专员	1. 海关以出口报关单为依据，在海关监管区域内对出口货物进行查验，核实出口货物是否和报关单申报内容一致 2. 报关单位应派人员在现场负责开箱装箱，协助海关完成查验工作
6	征税	海关专员	本实训不缴纳税费
7	结关放行	海关专员	1. 向海关提交收汇核销单。海关审核无误，在核销单和与核销单有相同编号的报关单上盖"验讫"章 2. 报关单的海关作业联和海关核销联由海关留存，企业留存联给企业留存 3. 经查验合格，在报关单位照章办理纳税手续后(本实训不需要纳税)，海关在装货单盖上海关验讫章，即为结关放行
8	整理单据	进出口经理	1. 结关后去海关打印报关单出口退税联和出口收汇核销联，海关盖章，收好后拿回来，用于收汇核销和出口退税(本实训不需要出口退税联和出口收汇核销联) 2. 收好报关单企业留存联 3. 收好装货单，去要求船方装船 4. 收好结汇核销单，去办理结汇核销 5. 收好品质证、合同复印件、装箱单

业务流程步骤如图3-172所示。

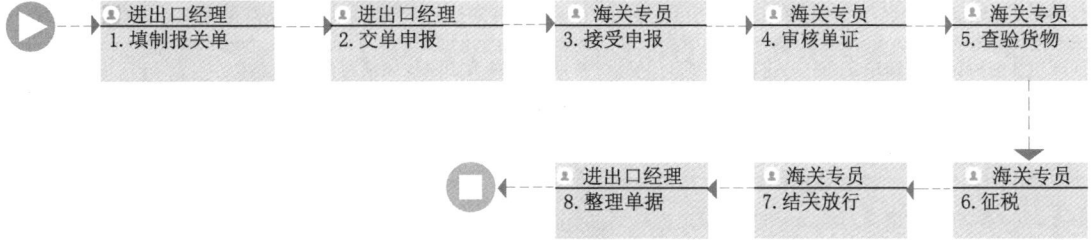

图3-172　业务流程步骤图

(23) 装船(国贸)。国际贸易企业出口货物装船。业务流程步骤如表3-214所示。

表3-214　　　　　　　　　　　　　　业务流程步骤表

序号	活动名称	角色	活动描述—操作指导
1	货代凭装货单要求船方装船	进出口经理	货代凭盖有船公司印章和海关放行章的装货单要求船方装船
2	货代把装货单和大副收据给理货公司	进出口经理	货代把装货单和大副收据给理货公司 (本实训没有理货公司组织，由国贸进出口经理替代)

(续表)

序号	活动名称	角色	活动描述—操作指导
3	理货公司凭此装船	进出口经理	1. 船舶抵港后,理货公司凭此理货装船 2. 货物顺利装船
4	理货公司给船方大副装货单和大副收据	进出口经理	理货公司给船方大副装货单和大副收据
5	大副留存装货单并签发大副收据给货代	进出口经理	大副留存装货单并签发大副收据经理货公司给货代
6	货代凭大副收据准备缴海运费	进出口经理	货代凭大副收据准备缴海运费,以便换取海运提单

业务流程步骤如图 3-173 所示。

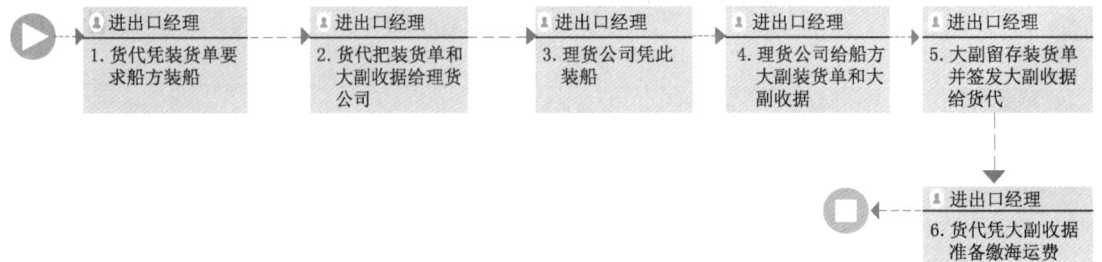

图 3-173　业务流程步骤图

(24) 支付海运费换取清洁海运提单(国贸)。国际贸易企业支付海运费换取清洁海运提单。业务流程步骤如表 3-215 所示。

表 3-215　　　　　　　　　　　业务流程步骤表

序号	活动名称	角色	活动描述—操作指导
1	填写付款申请单	进出口经理	按照托运单大副收据联填写付款申请单
2	业务审核	总经理	1. 对付款申请单内容进行审核 2. 签字确认
3	填写转账支票	进出口经理	1. 填写转账支票 2. 把支票交给货代
4	登记支票登记簿	进出口经理	登记支票登记簿
5	货代把转账支票交给银行	进出口经理	货代把转账支票交给银行,实际上应为船公司
6	银行转账给海运公司	银行柜员	银行转账给海运公司(服务公司代收)
7	货代凭大副收据从船公司换取提单	进出口经理	1. 货代凭大副收据从船公司换取清洁海运提单 2. 船方留下大副收据
8	出口方向买方发装运通知	进出口经理	出口方向买方发装运通知

业务流程步骤如图 3-174 所示。

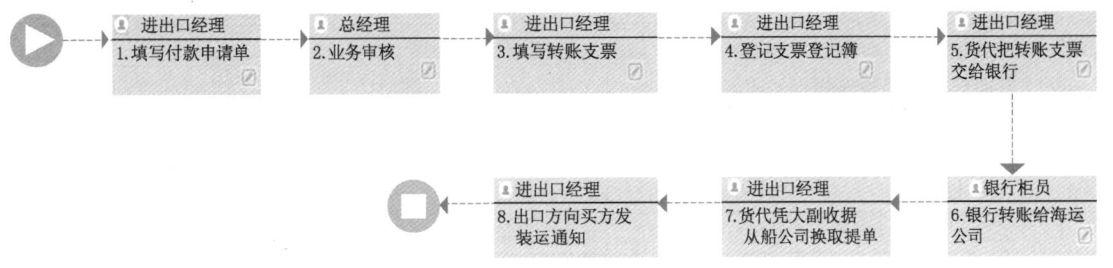

图 3-174　业务流程步骤图

（25）制单（国贸）。国际贸易企业依据信用证要求缮制议付所需要提供的单据。业务流程步骤如表 3-216 所示。

表 3-216　　　　　　　　　　　　　　业务流程步骤表

序号	活动名称	角色	活动描述—操作指导
1	缮制汇票	进出口经理	1. 拿到提单后开始进行制单工作 2. 缮制汇票
2	汇集相关单据准备议付	进出口经理	1. 依据信用证要求汇集相关单据准备议付 2. 单据列示如汇票、商业发票、装箱单、保险单、海运提单

业务流程步骤如图 3-175 所示。

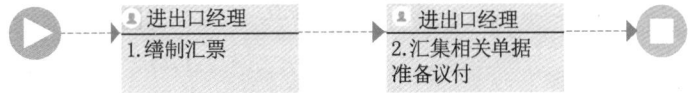

图 3-175　业务流程步骤图

（26）货款议付和信用证下一步处理（国贸）。国际贸易企业货款议付和信用证下一步处理。业务流程步骤如表 3-217 所示。

表 3-217　　　　　　　　　　　　　　业务流程步骤表

序号	活动名称	角色	活动描述—操作指导
1	提交单据	进出口经理	1. 当所有装运单据准备好，便可携带这些单据连同信用证在交单日期内到银行进行汇款的议付 2. 提交单据如汇票、商业发票、装箱单、保险单、海运提单
2	与信用证进行检查核对	银行柜员	银行进行检查比对核对信用证内相应要求
3	代（开证行）支付货款	银行柜员	如果没有发现任何问题（正点交单），则收下单据，（代开证行）支付货款，划拨至出口方的账户（外币账户）
4	提供结汇水单	银行柜员	1. 在结汇水单上填写有关核销单编号，提供结汇水单给出口方 2. 结汇水单一般包括两联，一联为贷记通知，是公司财务人员的记账凭证；另一联为出口收汇核销专用联，专为外汇局核销用
5	收到结汇水单	进出口经理	收到结汇水单，在下一步外汇核销使用
6	确认款项到账	进出口经理	确认款项是否到账
7	议付行把所有单据转交开证行	银行柜员	议付行把所有单据转交给开证行

(续表)

序号	活动名称	角色	活动描述—操作指导
8	议付行向开证行索偿	银行柜员	议付行向开证行索偿
9	开证行核对单据无误，向议付行兑付款项	银行柜员	开证行核对单据无误，向议付行兑付款项
10	开证行要求买方赎单	银行柜员	开证行要求买方赎单
11	买方付款赎单	银行柜员	买方付款赎单
12	买方获取提单去提货	银行柜员	买方凭提单去提货

业务流程步骤如图 3-176 所示。

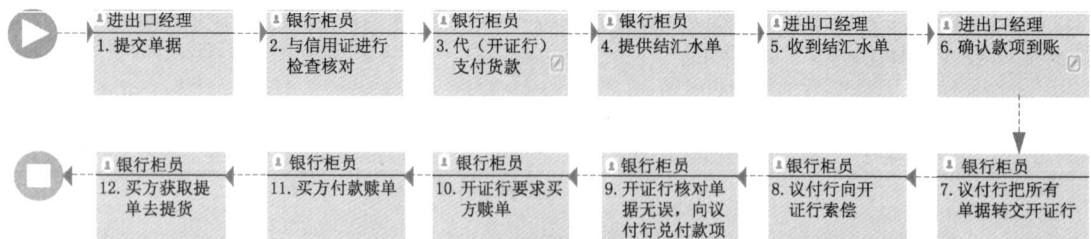

图 3-176　业务流程步骤图

（27）外汇核销（国贸）。国际贸易企业办理外汇核销。业务流程步骤如表 3-218 所示。

表 3-218　　　　　　　　　　　业务流程步骤表

序号	活动名称	角色	活动描述—操作指导
1	检查核销单前面的工作	进出口经理	1. 已经申领与备案 2. 海关盖上"海关验讫章" 3. 议付时候，银行的结汇水单上有核销单编号
2	填写核销单退税联	进出口经理	1. 办理前，在核销单上填写相关内容，注意只填写核销单最后一联，即出口退税联 2. 在退税联上填写货物名称、币种总价等 3. 填写报关单编号，报关单编号和报关号要一致
3	去外汇局办理核销	进出口经理	持核销单、报关单（核销联、退税联）、结汇水单（出口收汇核销专用联）到外汇局办理核销
4	在核销单（正本联和退税联）上加盖公章和签订日期	办事员	在核销单（正本联和退税联）上加盖公章和签订日期
5	退还核销单退税联给出口方	办事员	退还核销单退税联给出口方

注：本实训没有设立外汇局，外汇局专员工作由国贸进出口经理代理。

业务流程步骤如图 3-177 所示。

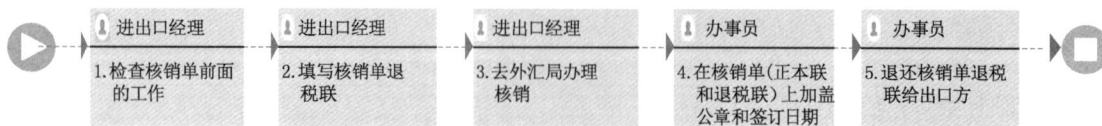

图 3-177　业务流程步骤图

(28) 企业年度报告公示（国贸）。总经理在系统提交本企业的年报数据，提交工商局审核、公示。业务流程步骤如表 3-219 所示。

表 3-219　　　　　　　　　　　　　业务流程步骤表

序号	活动名称	角色	活动描述—操作指导
1	填写本企业的年报	总经理	1. 与人力资源确认上一年度在职人员信息、与财务部确认上一年度销售数据 2. 根据确认企业的信息在 VBSE 系统中填写年报资料 3. 检查信息无误后提交工商局进行审核
2	审核企业提交的年报，通过后公示并备案	工商专员	1. 接收企业提交的企业年报资料 2. 在 VBSE 系统中对提交的企业年报资料进行审核 3. 审核通过后进行公示，公示无异议后备案存档

业务流程步骤如图 3-178 所示。

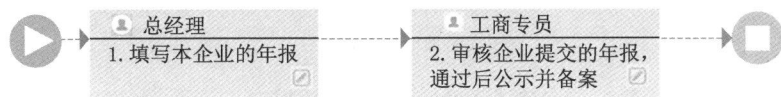

图 3-178　业务流程步骤图

(29) 总部请货分析（连锁）。请货分析的目的是连锁总部通过监控各门店，及时了解经营状况，最快获悉市场动向和顾客需求，合理调配库存、加快资金周转。总经理根据各店请货情况和仓储中心的库存情况，生成采购信息，降低库存量，减少资金占用量。业务流程步骤如表 3-220 所示。

表 3-220　　　　　　　　　　　　　业务流程步骤表

序号	操作步骤	角色	操作内容
1	店长提供库存信息	东区店长	提供门店库存结存信息
2	总经理提供库存信息	总经理	汇总门店库存结存信息，提供仓储配送中心库存结存信息
3	请货分析	仓储部经理	针对各分店的请货量、请货品种及请货状态来分析哪些商品畅销、哪些商品滞销，查看商品数量能否满足请货需求。首先应该满足"紧急"请货商品；其次通过分析制定配送方案（包括配送中心配送方案和供应商配货方案）
4	填写配送通知单	仓储部经理	根据配送方案填写配送通知单
5	审核配送通知单	总经理	审核配送通知单，签字确认

业务流程步骤如图 3-179 所示。

图 3-179　业务流程步骤图

(30) 向东区门店下达配送通知(连锁)。总部通过请货分析等相关信息统筹生成配送通知单,并下达给仓储配送中心及门店,或者将需采购商品信息发送给采购员向供应商采购,并指定送货地点。业务流程步骤如表 3-221 所示。

表 3-221   业务流程步骤表

序号	操作步骤	角色	操作内容
1	下达配送通知单	仓储部经理	将配送通知单下达给门店店长
2	接收并确认配送通知单	东区店长	1. 门店店长接收配送通知单 2. 根据补货申请单确认配送通知单内容 3. 签字确认
3	门店准备接货	东区店长	准备按配送通知单接货

业务流程步骤如图 3-180 所示。

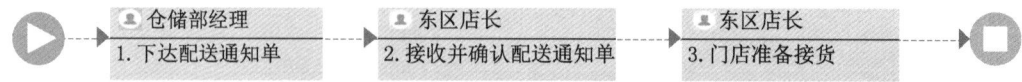

图 3-180   业务流程步骤图

(31) 向西区门店下达配送通知(连锁)。总部通过请货分析等相关信息统筹生成配送通知单,并下达给仓储配送中心及门店,或者将需采购商品信息发送给采购员向供应商采购,并指定送货地点。业务流程步骤如表 3-222 所示。

表 3-222   业务流程步骤表

序号	操作步骤	角色	操作内容
1	下达配送通知单	仓储部经理	将配送通知单下达给门店店长
2	接收并确认配送通知单	西区店长	1. 门店店长接收配送通知单 2. 根据补货申请单确认配送通知单内容 3. 签字确认
3	门店准备接货	西区店长	准备按配送通知单接货

业务流程步骤如图 3-181 所示。

图 3-181   业务流程步骤图

(32) 仓储中心配送出库(连锁)。仓储配送中心按照配送通知单的要求进行拣货,把理好的货进行复核,并办理配送出库。业务流程步骤如表 3-223 所示。

表 3-223   业务流程步骤表

序号	操作步骤	角色	操作内容
1	按照配送通知单的要求进行拣货	仓储部经理	按照配送通知单的要求进行拣货

（续表）

序号	操作步骤	角色	操作内容
2	把理好的货发送到发货区域	仓储部经理	把理好的货发送到发货区域
3	复核理货	总经理	按照配送方案的要求对理好的货进行复核
4	填写配送出库单	仓储部经理	1. 填写配送出库单(一式二联) 2. 送交总经理审核
5	审核配送出库单	总经理	审核配送出库单的准确性和合理性,在出库单上签字
6	办理出库	仓储部经理	在 VBSE 系统中办理配送出库
7	登记库存台账	仓储部经理	仓储经理根据出库单登记库存台账

业务流程步骤如图 3-182 所示。

图 3-182　业务流程步骤图

（33）门店到货签收（连锁）。门店到货签收,并办理入库。业务流程步骤如表 3-224 所示。

表 3-224　　　　　　　　　　　　　　业务流程步骤表

序号	操作步骤	角色	操作内容
1	清点、检验配送货物	东区店长	根据配送通知单清点、检验配送的货物
2	填写补货入库单	东区店长	填写补货入库单(一式二联)
3	审核补货入库单	东区店长	审核补货入库单的准确性和合理性,在入库单上签字
4	办理门店入库	东区店长	在 VBSE 系统中办理门店入库
5	登记库存台账	西区店长	根据补货入库单登记库存台账

业务流程步骤如图 3-183 所示。

图 3-183　业务流程步骤图

（34）仓储中心补货申请（连锁）。仓储中心补货业务是依据仓储中心库存商品最小库存量编制补货申请表,由仓储部经理提交给采购部门,作为采购计划的参考。业务流程步骤如表 3-225 所示。

表 3-225　　　　　　　　　　　　　　业务流程步骤表

序号	操作步骤	角色	操作内容
1	填制仓储中心补货申请表	仓储部经理	1. 依据库存下限、在途数量、采购周期及安全库存等因素填写补货申请表 2. 补货申请表,一式两份
2	审核仓储中心补货申请表	总经理	1. 审核补货申请表内容填写的准确性和合理性 2. 在补货申请表上签字确认

业务流程步骤如图 3-184 所示。

图 3-184　业务流程步骤图

(35) 总部编制采购计划(连锁)。连锁总部根据门店的销售情况、请货分析、仓储中心补货计划,核对仓储中心库存及在途信息编制采购计划。业务流程步骤如表 3-226 所示。

表 3-226　　　　　　　　　　　　　　业务流程步骤表

序号	操作步骤	角色	操作内容
1	编制采购计划	总经理	1. 根据门店的销售情况、请货分析、仓储中心补货计划,核对仓储中心库存及在途信息编制采购计划 2. 初步填制采购计划表 3. 根据供应商的折扣等相关信息调整计划 4. 采购计划交采购员下发
2	分发采购计划	仓储部经理	1. 采购计划表一式两份 2. 分发采购计划表(仓储部、业务部各一份)

业务流程步骤如图 3-185 所示。

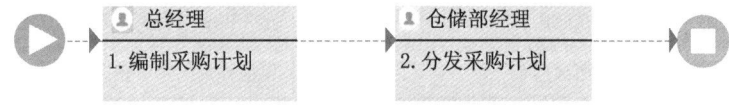

图 3-185　业务流程步骤图

(36) 企业年度报告公示(连锁)。总经理在系统提交本企业的年报数据,提交工商局审核、公示。业务流程步骤如表 3-227 所示。

表 3-227　　　　　　　　　　　　　　业务流程步骤表

序号	活动名称	角色	活动描述—操作指导
1	填写本企业的年报	总经理	1. 与人力资源确认上一年度在职人员信息、与财务部确认上一年度销售数据 2. 根据确认企业的信息在 VBSE 系统中填写年报资料 3. 检查信息无误后提交工商局进行审核

（续表）

序号	活动名称	角色	活动描述—操作指导
2	审核企业提交的年报，通过后公示并备案	工商专员	1. 接收企业提交的企业年报资料 2. 在 VBSE 系统中对提交的企业年报资料进行审核 3. 审核通过后进行公示，公示无异议后备案存档

业务流程步骤如图 3-186 所示。

图 3-186　业务流程步骤图

（37）应付账款的实质性测试（事务所）。项目经理在对制造业采购与付款内部控制测试的基础上，制定应付账款的实质性测试程序计划，并分派注册会计师及审计助理对应付账款实施函证或替代测试、抽取凭证检查、查找未入账应付账款等审计程序，从而确定应付账款的审定数。在完成上述审计工作后，项目经理对注册会计师及审计助理编制的工作底稿进行现场复核。业务流程步骤如表 3-228 所示。

表 3-228　　　　　　　　　业务流程步骤表

序号	活动名称	角色	活动描述—操作指导
1	制定应付账款实质性测试程序计划	项目经理	1. 确定审计目标与认定的对应关系 2. 选择计划执行的审计程序 3. 编制"应付账款实质性程序"工作底稿
2	编制应付账款明细表	审计师	1. 获取本期应付账款总账、明细账并复核是否一 2. 确定客户应付账款的账龄 3. 编制"应付账款明细表"工作底稿
3	检查本期应付账款的增减变动	审计助理	1. 抽取已偿付的应付账款样本若干，追查至银行对账单等其他原始凭证，确定其是否在资产负债表日前真实偿付 2. 抽取未偿付的应付账款若干笔，检查债务形成的原始凭证，如供应商发票、验收报告或入库单 3. 编制"应付账款检查情况表"工作底稿
4	查找未入账的应付账款	审计师	1. 以供应商发票、验收报告或入库单原始凭证为起点抽取若干笔业务 2. 追查至应付账款明细账，检查有无漏记 3. 编制"未入账应付账款汇总表"工作底稿
5	应付账款的函证或替代测试	审计助理	1. 从应付账面明细账中选取余额为前 3 名的应付账款，检查后附的原始凭证的完整性、记录的恰当性等 2. 编制"应付账款替代测试表"工作底稿
6	确定应收账款审定数	审计师	1. 将"应付账款检查情况表""应付账款替代测试表""未入账应付账款汇总表"等工作底稿中需要进行账项调整的金额记入"应付账款审定表"工作底稿 2. 根据本期未审数、账项调整分录计算本期审定数，编制"应付账款审定表"工作底稿
7	复核工作底稿	项目经理	审核"应付账款明细表""未入账应付账款汇总表""应付账款检查情况表""应付账款替代测试表"工作底稿并在复核人处签字

业务流程步骤如图 3-187 所示。

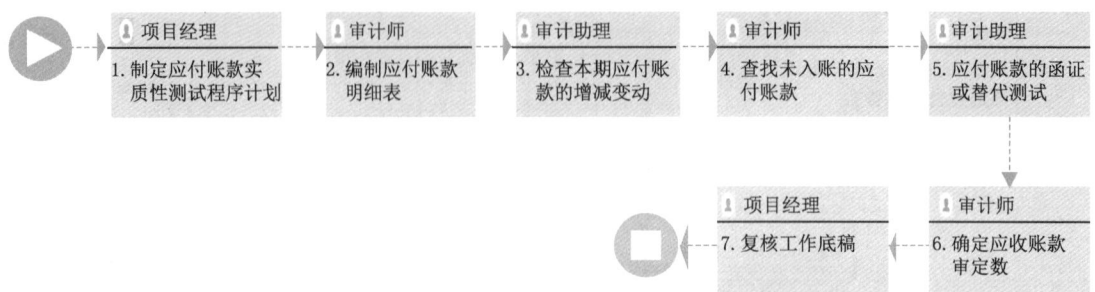

图 3-187　业务流程步骤图

（38）营业成本的实质性测试（事务所）。项目经理在对制造业生产与仓储内部控制测试的基础上，制定营业成本实质性测试程序计划，并分派注册会计师及审计助理对主营业务成本实施实质性分析、抽查主营业务成本的计算及结转等审计程序，从而确定营业成本的审定数。在完成上述审计工作后，项目经理对注册会计师及审计助理编制的工作底稿进行现场复核。业务流程步骤如表 3-229 所示。

表 3-229　　　　　　　　　　　　业务流程步骤表

序号	操作步骤	角色	操作内容
1	制定营业成本实质性测试程序计划	项目经理	1. 确定审计目标与认定的对应关系 2. 选择计划执行的审计程序 3. 编制"营业成本实质性程序"工作底稿
2	编制主要营业成本明细表	审计助理	1. 获取本期主营业务成本及总账、明细账并复核是否一致 2. 编制"主营业务成本明细表"工作底稿
3	实施主营业务成本的实质性分析程序	审计师	1. 获取本期和上期主营业务成本明细账资料 2. 将本期和上期主营业务成本按月度进行比较分析 3. 将本期和上期的主要产品单位成本进行比较分析 4. 编制"营业成本与上年度比较分析表"工作底稿 5. 编制"主要产品单位主营业务成本分析表"工作底稿
4	实施主营业务成本的倒扎测试	审计师	1. 获取本期原材料、生产成本、库存商品总账及明细账 2. 编制"主营业务成本倒扎表"工作底稿
5	抽查主营业务成本的计算与结转	审计助理	1. 获取本期主营业务成本明细账 2. 抽查主营业务成本，比较计入主营业务成本的品种、规格、数量和主营业务收入的口径是否一致 3. 检查主营业务成本的计算与结转是否正确、检查支持性文件，确定原始凭证是否齐全、记账凭证与原始凭证是否相符以及账务处理是否正确 4. 编制"抽查会计凭证记录"工作底稿
6	营业成本的调整与审定	审计师	1. 将"主营业务成本明细表""主营业务成本倒扎表""抽查会计凭证记录"等工作底稿中需要进行账项调整的金额过入"营业成本审定表"工作底稿 2. 根据本期未审数、账项调整分录计算本期审定数，编制"营业成本审定表"工作底稿

（续表）

序号	操作步骤	角色	操作内容
7	复核工作底稿	项目经理	1. 审核"主营业务成本明细表""营业成本与上年度比较分析表""主要产品单位主营业务成本分析表""主营业务成本倒扎表""抽查会计凭证记录"工作底稿 2. 在上述工作底稿的复核人处签字

业务流程步骤如图 3-188 所示。

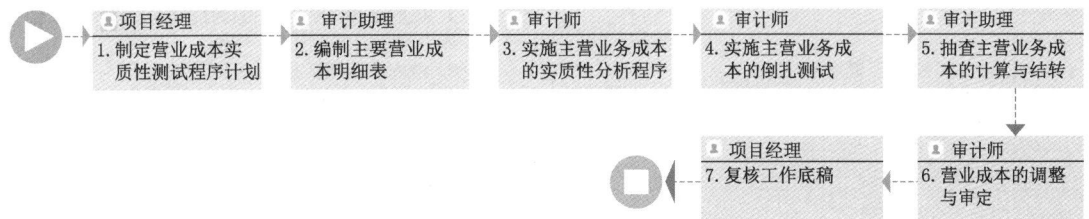

图 3-188　业务流程步骤图

（39）货币资金的实质性测试（事务所）。项目经理在对制造业货币资金内部控制测试的基础上，制定货币资金实质性测试程序计划，并分派审计师及审计助理实施大额货币资金收支抽查、银行存款余额调节检查、银行存款的函证等审计程序，从而确定货币资金的审定数。在完成上述审计工作后，项目经理对审计师及审计助理编制的工作底稿进行现场复核。业务流程步骤如表 3-230 所示。

表 3-230　　　　　　　　　　　　业务流程步骤表

序号	操作步骤	角色	操作内容
1	制定货币资金实质性测试程序计划	项目经理	1. 确定审计目标与认定的对应关系 2. 选择计划执行的审计程序 3. 编制"货币资金实质性程序"工作底稿
2	编制货币资金明细表	审计助理	1. 获取本期库存现金、银行存款总账、明细账并复核是否一致 2. 编制"货币资金明细表"工作底稿
3	实施库存现金监盘	审计助理	1. 制定监盘计划，确定监盘时间 2. 将盘点金额与现金日记账余额进行核对 3. 编制"库存现金盘点表"工作底稿
4	检查银行对账单及余额调节表	审计师	1. 获取资产负债表日银行对账单，并与账面余额核对 2. 获取资产负债表日各银行存款余额调节表并进行汇总，检查调节表中加计数是否正确，调节后银行日记账余额与银行对账单余额是否一致 3. 复核余额调节表的调节事项性质和范围是否合理 4. 检查是否存在未入账的利息收入和利息支出 5. 检查是否存在其他跨期收支事项 6. 编制"银行存款余额调节汇总表"工作底稿 7. 编制"对银行存款余额调节表的检查"工作底稿

(续表)

序号	操作步骤	角色	操作内容
5	函证银行存款	审计助理	1. 获取银行存款、短期借款、长期借款明细账及总账，获取银行存款和银行借款的日期、金额、期限等信息 2. 编制"银行询证函"工作底稿 3. 持"银行询证函"到制造企业开户银行办理函证，并取得回执 4. 根据银行函证回执编制"银行存款函证结果汇总表"工作底稿
6	抽查大额货币资金收支凭证	审计助理	1. 抽取金额在以上的银行存款以及金额在以上的库存现金收支业务 2. 检查原始凭证是否齐全、记账凭证与原始凭证是否相符、账务处理是否正确、是否记录于恰当的会计期间等项内容 3. 编制"货币资金收支检查表"工作底稿
7	货币资金的调整与审定	审计师	1. 将"货币资金明细表""对银行存款余额调节表的检查""库存现金盘点表""对银行存款余额调节表的检查""抽查会计凭证记录"等工作底稿中需要进行账项调整的金额过入"货币资金审定表"工作底稿 2. 根据本期未审数、账项调整分录计算本期审定数，编制"货币资金审定表"工作底稿
8	复核工作底稿	项目经理	1. 审核"货币资金明细表""对银行存款余额调节表的检查""库存现金盘点表""对银行存款余额调节表的检查""货币资金收支检查表"工作底稿 2. 在上述工作底稿的复核人处签字

业务流程步骤如图 3-189 所示。

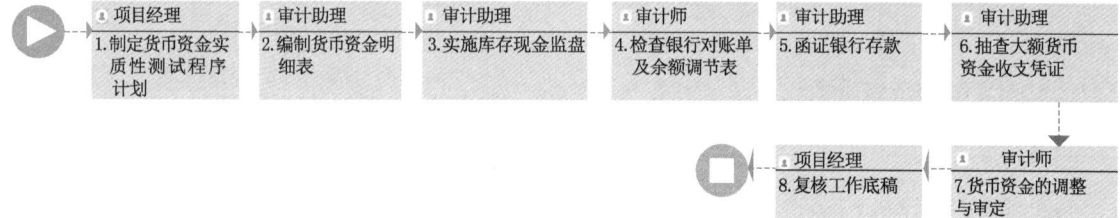

图 3-189　业务流程步骤图

(40) 营业收入的实质性测试(事务所)。项目经理在对制造业销售与收款内部控制测试的基础上，制定营业收入的实质性测试程序计划，并分派注册会计师及审计助理对主营业务收入执行分析程序及其他细节测试程序、确定营业收入的审定数。在完成审计工作后，项目经理对注册会计师及审计助理编制的工作底稿进行现场复核。业务流程步骤如表 3-231 所示。

表 3-231　　　　　　　　　　　　　　业务流程步骤表

序号	操作步骤	角色	操作内容
1	制定营业收入实质性测试程序计划	项目经理	1. 确定审计目标与认定的对应关系 2. 选择计划执行的审计程序 3. 编制"营业收入实质性程序"工作底稿

（续表）

序号	操作步骤	角色	操作内容
2	分析全年各月主营业务收入变动情况	审计师	1. 获取本期利润表、主营业务收入总账、明细账以及上期各月主营业务收入数据 2. 利用分析程序计算变动额和变动比率 3. 编制"主营业务收入明细表"工作底稿
3	分析月度毛利率	审计师	1. 计算本年各期毛利和毛利率 2. 计算上年各期毛利和毛利率 3. 分析本年和上年的毛利率变动幅度，做出审计结论 4. 编制"月度毛利率分析表"工作底稿
4	分析业务/产品销售情况	审计助理	1. 计算本年各类收入/产品的毛利率 2. 计算上年各类收入/产品的毛利率 3. 分析本年和上年各类收入/产品的毛利率变动幅度，做出审计结论 4. 编制"产品销售分析表"工作底稿
5	执行营业收入细节测试	审计助理	1. 抽取若干张记账凭证，检查后附的原始凭证的完整性、记录的恰当性等 2. 编制"主营业务收入检查情况表"工作底稿
6	执行主营业务收入的截止测试	审计师	1. 选取资产负债表日前、后若干发货单据，追查至发票、记账凭证及主营业务收入明细账，判断发货单据、发票以及记账凭证日期是否在同一会计期间 2. 选取资产负债表日前、后若干笔主营业务收入明细账记录，追查至发货单据、发票、记账凭证，判断发货单据、发票以及记账凭证日期是否在同一会计期间 3. 编制"主营业务收入截止测试"工作底稿
7	确定营业收入审定数	审计师	1. 将"主营业务收入截止测试"工作底稿中需要进行账项调整的收入过入"营业收入审定表"工作底稿 2. 根据本期未审数、账项调整分录计算本期审定数，编制"营业收入审定表"工作底稿
8	复核工作底稿	项目经理	审核"主营业务收入明细表""月度毛利率分析表""业务/产品销售分析表""主营业务收入检查表""主营业务收入截止测试""营业收入审定表"工作底稿并在复核人处签字

业务流程步骤如图 3-190 所示。

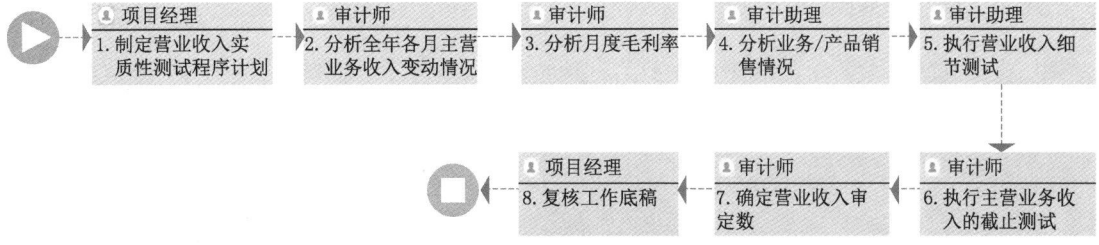

图 3-190　业务流程步骤图

（41）应收账款的实质性测试(事务所)。项目经理在对制造业销售与收款内部控制测试的基础上,制定应收账款的实质性测试程序计划,并分派注册会计师及审计助理对应收账款和坏账准备的计提实施函证、替代测试、抽取凭证检查等审计程序,从而确定应收账款的审定数。在完成上述审计工作后,项目经理对注册会计师及审计助理编制的工作底稿进行现场复核。业务流程步骤如表 3-232 所示。

表 3-232　　　　　　　　　　　　　业务流程步骤表

序号	操作步骤	角色	操作内容
1	制定应收账款实质性测试程序计划	项目经理	1. 确定审计目标与认定的对应关系 2. 选择计划执行的审计程序 3. 编制"应收账款实质性程序"工作底稿
2	编制应收账款明细表	审计助理	1. 获取本期应收账款总账、明细账并复核是否一致 2. 确定客户应收账款的账龄 3. 请制造企业财务部经理标识重要的欠款单位 4. 编制"应收账款明细表"工作底稿
3	函证应收账款	审计师	1. 将客户按应收账款余额特征进行分层,确定函证样本数量、选取函证对象 2. 选择函证的方式和时间 3. 编制"应收账款函证结果汇总表"工作底稿
4	应收账款的替代测试	审计助理	1. 抽取未函证应收账款若干笔,检查后附的原始凭证的完整性、记录的恰当性等 2. 编制"应收账款替代测试表"工作底稿
5	坏账准备计算的测试	审计师	1. 明确制造企业坏账准备的计提政策和会计核算要求,评价其恰当性 2. 在确认应收账款账面余额的基础上,按照恰当的方法重新计算坏账准备本期应计提的金额 3. 编制"应收账款坏账准备计算表"工作底稿
6	确定应收账款审定数	审计师	1. 将"应收账款函证差异调整表""应收账款替代测试表""应收账款坏账准备计算表"等工作底稿中需要进行账项调整的金额过入"应收账款审定表"工作底稿 2. 根据本期未审数、账项调整分录计算本期审定数,编制"应收账款审定表"工作底稿
7	复核工作底稿	项目经理	审核"应收账款明细表""应收账款函证结果汇总表""应收账款函证差异调整表""应收账款替代测试表""应收账款坏账准备计算表"工作底稿并在复核人处签字

业务流程步骤如图 3-191 所示。

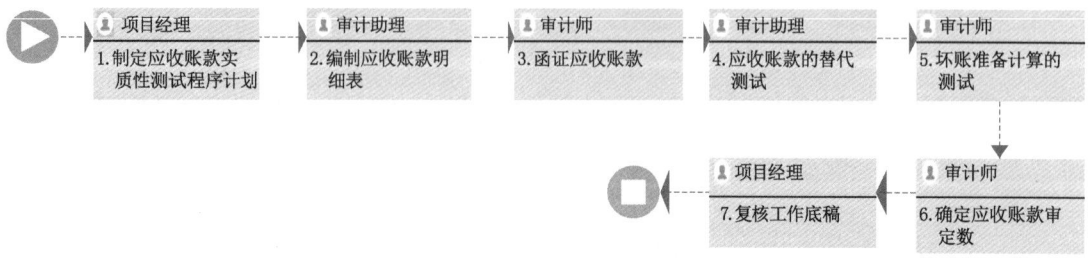

图 3-191　业务流程步骤图

（42）企业年度报告公示（会计师事务所）。在系统提交本企业的年报数据，提交工商局审核、公示。业务流程步骤如表 3-233 所示。

表 3-233　　　　　　　　　　　　　业务流程步骤表

序号	活动名称	角色	活动描述—操作指导
1	填写本企业的年报	项目经理	1. 与人力资源确认上一年度在职人员信息、与财务部确认上一年度销售数据 2. 根据确认企业的信息在 VBSE 系统中填写年报资料 3. 检查信息无误后提交工商局进行审核
2	审核企业提交的年报，通过后公示并备案	工商专员	1. 接收企业提交的企业年报资料 2. 在 VBSE 系统中对提交的企业年报资料进行审核 3. 审核通过后进行公示，公示无异议后备案存档

业务流程步骤如图 3-192 所示。

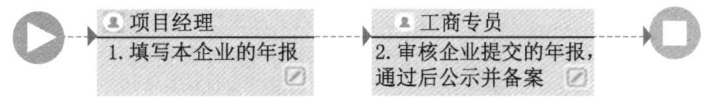

图 3-192　业务流程步骤图

第六节 | 月末经营

（一）制造业月末经营

（1）车架完工入库。生产计划部完成车架生产后，由生产计划部经理审核后办理入库，仓管员收货并登记库存台账。业务流程步骤如表 3-234 所示。

表 3-234　　　　　　　　　　　　　业务流程步骤表

序号	活动名称	角色	活动描述—操作指导
1	生成完工单	车间管理员	1. 机加工车间车架生产完工，车间管理员根据派工单填写完工单 2. 将派工单及填写的完工单交给生产计划部经理审核
2	审核完工单并签字	生产计划部经理	1. 接收车间管理员送来的派工单和完工单 2. 依据派工单对照审核完工单所填写的产品是否已经完工 3. 审核无误后签字 4. 将完工单第一联留存车间管理员，并由车间管理员将车架完工单第二联和车架交给仓管员
3	填写生产入库单	仓管员	1. 仓管员核对车架完工单和实物是否相符 2. 根据车架完工单填写一式三联的生产入库单 3. 车间管理员在生产入库单上签字确认
4	办理入库	仓管员	1. 仓管员收到车间管理员确认的生产入库单登记办理入库手续 2. 仓管员把审核完的生产入库单的财务联给财务部，生产部联给生产部，仓库联自留 3. 系统中办理车架完工入库
5	登记库存台账	仓管员	仓管员根据生产入库单登记库存台账

业务流程步骤如图 3-193 所示。

图 3-193　业务流程步骤图

（2）整车完工入库。车间管理员在完成整车生产后,填写完工送检单并交由生产计划部经理代为检验,合格后送到仓库,由仓储部仓管员办理入库,并登记库存台账。业务流程步骤如表 3-235 所示。

表 3-235　　　　　　　　　　　　　　　业务流程步骤表

序号	活动名称	角色	活动描述—操作指导
1	填写完工送检单	车间管理员	1. 根据整车生产计划完成生产任务 2. 车间管理员填写完工送检单(一式三联) 3. 车间管理员送生产计划部经理处进行审验
2	审核完工送检验单	生产计划部经理	1. 生产计划部经理接到车间管理员送来的完工送检单 2. 生产计划部经理对整车进行检验 3. 将检验结果填入完工送检单
3	生成完工单	车间管理员	1. 根据生产计划部经理批复的完工送检单生成与之数量相同的整车生产完工单 2. 根据完工单和完工送检单填写生产执行情况表 3. 将生产完工单第一联自行留存,第二联交仓管员
4	填写生产入库单,办理入库	仓管员	1. 仓管员核对完工单和完工送检单及实物 2. 根据完工单填写一式三联的生产入库单 3. 车间管理员在生产入库单上签字确认 4. 仓管员在系统中办理组装完工入库 5. 仓管员把审核完的生产入库单的财务联给财务部,生产部联给生产部,仓库联自留
5	登记库存台账	仓管员	仓管员根据生产入库单登记库存台账

业务流程步骤如图 3-194 所示。

图 3-194　业务流程步骤图

（3）整理销售需求。营销部将与经销商签订的销售订单汇总制表,并依据此表下发给生产计划部和采购部,作为生产计划制定的依据。业务流程步骤如表 3-236 所示。

表 3-236　　　　　　　　　　　　　　　业务流程步骤表

序号	活动名称	角色	活动描述—操作指导
1	编制销售订单汇总表	销售专员	1. 根据销售订单和销售预测整理编制销售订单汇总表(一式两份) 2. 编制完成后报营销部经理审核
2	审核销售订单汇总表	营销部经理	1. 接收销售专员编制的销售订单汇总表 2. 依据市场状况进行审核,无误后签字并返回销售专员

（续表）

序号	活动名称	角色	活动描述—操作指导
3	下发销售订单汇总表	销售专员	1. 将营销部经理审核过的销售订单汇总表送生产计划部生产计划员并签收(作为制定 MPS 的主要依据) 2. 将营销部经理审核过的销售订单汇总表送采购部采购员并签收(作为采购计划的整体指导)

业务流程步骤如图 3-195 所示。

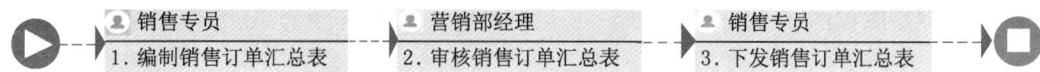

图 3-195　业务流程步骤图

（4）编制主生产计划。生产计划部依据营销部的销售信息,结合当前生产、库存的状况编制主生产计划。业务流程步骤如表 3-237 所示。

表 3-237　　　　　　　　　　业务流程步骤表

序号	活动名称	角色	活动描述—操作指导
1	编制主生产计划	生产计划员	1. 依据接收的销售订单汇总表,结合各车间的生产能力,产品库存状况编制主生产计划计算表 2. 主生产计划表为 Excel 电子表,需要从老师处拷贝 3. 将主生产计划表交车间管理员核验,然后交生产计划部经理审批
2	核验主生产计划	车间管理员	1. 根据车间产能检查主生产计划是否可行(如不可行返回第一步重新调整编制) 2. 核对确认后签字交还给生产计划员
3	审批主生产计划	生产部经理	审批车间管理员核验过的主生产计划,签字后交还给生产计划员

业务流程步骤如图 3-196 所示。

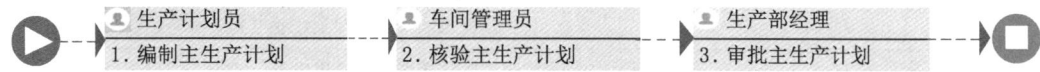

图 3-196　业务流程步骤图

（5）编制物料净需求计划。生产计划部依据需求、库存、物料清单编制物料的需求计划,并下发。业务流程步骤如表 3-238 所示。

表 3-238　　　　　　　　　　业务流程步骤表

序号	活动名称	角色	活动描述—操作指导
1	编制物料净需求计划	生产计划员	1. 依据主生产计划、物料库存、BOM,通过填制物料需求计算表进行物料净需求计算 2. MRP 计算需要用 Excel 电子表,从老师处拷贝 3. 将物料净需求计划表送车间管理员校对,送生产计划部经理审批

（续表）

序号	活动名称	角色	活动描述—操作指导
2	审核物料净需求计划	生产计划部经理	1. 收到生产计划员的物料净需求计划,并核对计算是否正确 2. 审核物料净需求计划中物料需求时间与数量是否同主生产计划一致 3. 确认后批准交还给生产计划员
3	将物料净需求计划送交相关部门	生产计划员	1. 第一联留下为生产计划员用来安排生产 2. 第二联送采购部经理以便其安排采购

业务流程步骤如图 3-197 所示。

图 3-197　业务流程步骤图

（6）派工领料—车架。生产计划部计划员进行派工,车间管理员填写领料单去库房领取生产所需物料,仓库管理员按领料单发放并登记库存台账。业务流程步骤如表 3-239 所示。

表 3-239　　　　　　　　　　　　　　　　业务流程步骤表

序号	活动名称	角色	活动描述—操作指导
1	填写派工单	生产计划员	1. 根据主生产计划表编制车架派工单,车架派工单一式两份 2. 下达车架派工单给车间管理员 3. 另一份车架派工单自己留存
2	填写领料单	车间管理员	1. 根据派工单和 BOM 填写一式二联领料单 2. 送仓库管理员办理领料
3	核对生产用料	仓管员	1. 仓管员接到领料单 2. 核对领料单上物料的库存情况 3. 确认可以满足后在领料单上签字
4	填写材料出库单	仓管员	根据领料单填写材料出库单
5	办理材料出库	仓管员	1. VBSE 系统中办理材料出库,车间管理员在材料出库单上签字确认 2. 材料出库单的生产计划部联交车间管理员随材料一起拿走
6	登记库存台账	仓储部经理	1. 接收仓管员送来的材料出库单 2. 根据材料出库单登记库存台账 3. 登记完交仓管员留存备案
7	机加车间开工	车间管理员	1. 在 VBSE 系统中办理派工 2. 车间依据物料、人员、设备的齐全状况开始生产

业务流程步骤如图 3-198 所示。

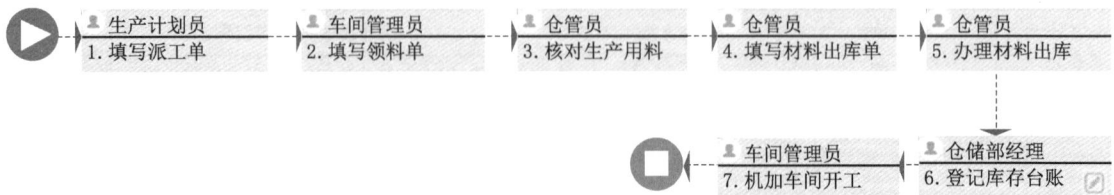

图 3-198　业务流程步骤图

（7）派工领料—童车。生产计划部安排车间领料生产整车,车间管理员领取物料,库房依据领料单发料并变更库存台账。业务流程步骤如表 3-240 所示。

表 3-240　　　　　　　　　　　　　　业务流程步骤表

序号	活动名称	角色	活动描述—操作指导
1	填写派工单	生产计划员	1. 根据主生产计划表编制整车派工单 2. 整车派工单一式两份,将其中一份整车派工单给车间管理员 3. 另一份整车派工单自己留存
2	填写领料单	车间管理员	1. 根据派工单和 BOM 填写一式二联领料单 2. 送仓库管理员办理领料
3	核对生产用料	仓管员	1. 仓管员接到车间管理员的领料单 2. 核对领料单上物料的库存情况 3. 确认可以满足后在领料单上签字
4	填写材料出库单	仓管员	根据领料单填写材料出库单
5	办理材料出库	仓管员	1. VBSE 系统中办理材料出库,车间管理员在材料出库单上签字确认 2. 材料出库单的生产计划部联交车间管理员随材料一起拿走 3. 材料出库单财务联交成本会计 4. 材料出库单仓储部联交仓储部经理登记库存台账
6	登记库存台账	仓储部经理	1. 接收仓管员送来的材料出库单 2. 根据材料出库单登记库存台账 3. 登记完交仓管员留存备案
7	组装车间开工	车间管理员	车间管理员根据人员、物料、设备的状况是否齐全,确定后开始生产

业务流程步骤如图 3-199 所示。

图 3-199　业务流程步骤图

（8）收到经销商货款银行回单。出纳去银行取回经销商货款的电汇凭单,并交由财务部依据公司流程进行账务处理。业务流程步骤如表 3-241 所示。

表 3-241　　　　　　　　　　　　　　业务流程步骤表

序号	活动名称	角色	活动描述—操作指导
1	查询网银	出纳	1. 接收采购商的付款通知 2. 查询网银,确认已收到货款 3. 到银行打印此款项回单
2	打印业务回单	银行柜员	1. 根据出纳提供的信息查询到转账记录并打印 2. 将打印好的业务回单交给出纳

(续表)

序号	活动名称	角色	活动描述—操作指导
3	编制记账凭证	财务会计	1. 接收出纳送来的银行进账单回单 2. 编制记账凭证 3. 将电汇回单粘贴到记账凭证后面 4. 将记账凭证交财务部经理审核
4	审核记账凭证	财务部经理	1. 接收财务会计送来的记账凭证 2. 审核记账凭证的附件是否齐全、正确 3. 审核记账凭证的编制是否正确 4. 审核无误后,在记账凭证上签字或盖章 5. 交出纳登记银行存款日记账
5	登记银行日记账	出纳	1. 根据审核后的记账凭证登记银行存款日记账 2. 记账后在记账凭证上签字或盖章 3. 交财务会计登记明细账
6	登记科目明细账	财务会计	1. 接收出纳送来的记账凭证 2. 在记账凭证上签字或盖章 3. 根据审核后的记账凭证登记科目明细账
7	登记总账	财务部经理	1. 接收财务会计交给的记账凭证 2. 在记账凭证上签字或盖章 3. 根据记账凭证登记科目总账

业务流程步骤如图 3-200 所示。

图 3-200　业务流程步骤图

（9）到货并办理入库。仓管员接到供应商来料,接收、检验,并办理相关入库手续。业务流程步骤如表 3-242 所示。

表 3-242　　　　　　　　　　　　业务流程步骤表

序号	活动名称	角色	活动描述—操作指导
1	运输车辆到达,收到物流的运单	仓管员 (兼原料质检)	1. 接收供应商发来的材料,附有物流运单和实物 2. 接收运输费发票与工贸企业发票 3. 记录运输费发票金额并准备支付运费 4. 运输费发票与工贸企业发票交采购员
2	物料验收并办理入库	仓管员 (兼原料质检)	1. 根据发货单和质量检验标准进行质量、数量、包装等检测 2. 根据检验结果填写物料检验单,并签字确认 3. 检验无误,在发货单上签字收货 4. 在 VBSE 系统中办理采购入库
3	填写采购入库单	仓管员 (兼原料质检)	1. 根据物料检验单填写采购入库单(一式三联) 2. 将采购入库单提交给仓储部经理 3. 将审核后的入库单自留一份,另外两联交采购部和财务部(其中一份发送给采购员)

（续表）

序号	活动名称	角色	活动描述—操作指导
4	登记采购合同执行情况表	采购员	1. 接收仓管员发送的采购入库单、运输费发票、工贸企业发票 2. 登记采购合同执行情况表 3. 记录工贸企业发票金额并准备支付工贸企业货款 4. 将运输费发票、工贸企业发票(发票联和抵扣联)和对应的采购入库单的财务联送交财务
5	登记库存台账	仓管员	1. 接收采购入库单 2. 根据入库单登记库存台账
6	填制记账凭证	成本会计	1. 根据发票记账联填制记账凭证，将发票记账联和销售出库单粘贴到记账凭证后面作为附件 2. 将记账凭证交财务部经理审核
7	审核记账凭证	财务部经理	1. 接收成本会计交给的记账凭证，进行审核 2. 审核无误后，在记账凭证上签字或盖章 3. 交还成本会计登记数量金额明细账
8	登记数量金额明细账	成本会计	根据记账凭证后所附销售出库单填写数量金额明细账
9	登记科目明细账	财务会计	1. 根据记账凭证登记科目明细账 2. 记账后在记账凭证上签字或盖章
10	登记总账	财务部经理	1. 根据记账凭证登记科目总账 2. 记账后在记账凭证上签字或盖章

业务流程步骤如图 3-201 所示。

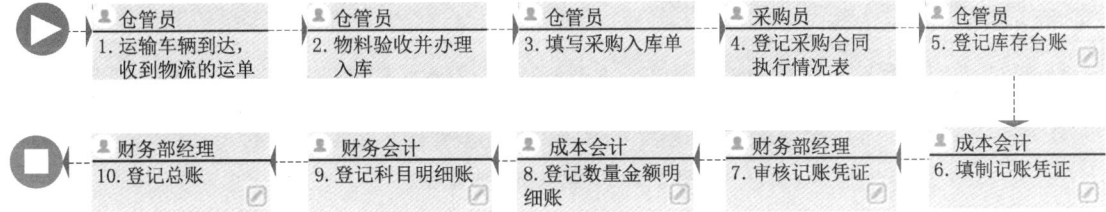

图 3-201　业务流程步骤图

（10）支付运输费。仓管员根据运输费发票，填写付款申请单后交仓储部经理审批，审批后交财务部办理付款手续。业务流程步骤如表 3-243 所示。

表 3-243　　　　　　　　　　　　　　**业务流程步骤表**

序号	活动名称	角色	活动描述—操作指导
1	填写运输费付款申请	仓管员	依据运输发票金额填写付款申请表
2	审核付款申请单	仓储部经理	1. 收到仓管员提交的付款申请单 2. 审核付款要求是否合理 3. 确认合理后，签字并交还仓管员
3	审核付款申请单	财务部经理	1. 收到仓储部经理审核同意的付款单 2. 根据运输费发票审核付款单的准确性和合理性 3. 确认后在付款申请单上签字
4	办理网银付款(转账)	出纳	1. 收到仓管员转交的财务部经理和仓储部经理批复的付款申请单 2. 检查财务部经理是否签字，确认后对照付款申请办理网银付款

(续表)

序号	活动名称	角色	活动描述—操作指导
5	填制记账凭证	财务会计	1. 接收出纳提交的仓储部、财务部经理签字的付款申请单 2. 编制记账凭证 3. 将记账凭证、发票提交给财务部经理
6	审核记账凭证	财务部经理	1. 接收财务会计提交的记账凭证和发票 2. 审核记账凭证填写的准确性、合法性和真实性 3. 审核资金的使用的合理性 4. 审核无误后,在记账凭证上签字或盖章 5. 将记账凭证交给出纳
7	登记银行存款日记账	出纳	1. 根据记账凭证登记银行存款日记账 2. 记账后在记账凭证上签字或盖章 3. 将记账凭证交财务会计登账
8	登记科目明细账	财务会计	1. 接收出纳交给的记账凭证 2. 根据记账凭证登记科目明细账 3. 记账后在记账凭证上签字或盖章
9	登记总账	财务部经理	1. 接收财务会计交给的记账凭证 2. 根据记账凭证登记科目总账 3. 记账后在记账凭证上签字或盖章

业务流程步骤如图 3-202 所示。

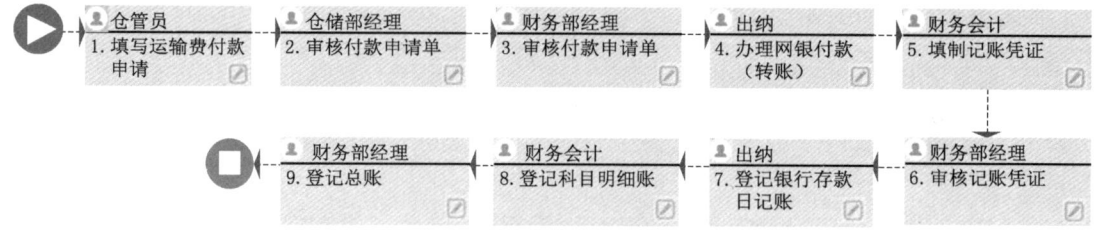

图 3-202　业务流程步骤图

(11) 支付工贸企业货款。采购员根据工贸企业发票,填写付款申请单后交采购部经理审批,审批后交财务部办理付款手续。业务流程步骤如表 3-244 所示。

表 3-244　　　　　　　　　　　　业务流程步骤表

序号	活动名称	角色	活动描述—操作指导
1	根据工贸企业发票填写付款申请表	采购员	根据工贸企业发票在系统中录入付款申请表
2	审核付款申请表	采购部经理	1. 收到采购员提交的付款申请表 2. 审核付款申请要求是否合理 3. 确认合理后,签字并交还采购员
3	审核付款申请表	财务部经理	1. 收到采购部经理审核同意的付款申请表 2. 根据工贸企业发票审核付款申请表的准确性和合理性 3. 确认后在申请付款表上签字
4	办理网银付款(转账)	出纳	1. 收到采购员转交的财务部经理和采购部经理批复的申请付款表 2. 检查财务部经理是否签字,确认后对照付款申请办理网银付款

(续表)

序号	活动名称	角色	活动描述—操作指导
5	填制记账凭证	财务会计	1. 接收出纳提交的采购部、财务部经理签字的付款申请表 2. 编制记账凭证 3. 将记账凭证、发票提交给财务部经理
6	审核记账凭证	财务部经理	1. 接收财务会计提交的记账凭证和发票 2. 审核记账凭证填写的准确性、合法性和真实性 3. 审核资金的使用的合理性 4. 审核无误后，在记账凭证上签字或盖章 5. 将记账凭证交给出纳登记银行存款日记账
7	登记银行存款日记账	出纳	1. 根据记账凭证登记银行存款日记账 2. 记账后在记账凭证上签字或盖章 3. 将记账凭证交财务会计登账
8	登记科目明细账	财务会计	1. 接收出纳交给的记账凭证 2. 在记账凭证上签字或盖章 3. 根据记账凭证登记科目明细账 4. 将科目明细表发送给成本会计
9	登记总账	财务部经理	1. 接收财务会计交给的记账凭证 2. 根据记账凭证登记科目总账 3. 记账后在记账凭证上签字或盖章

业务流程步骤如图 3-203 所示。

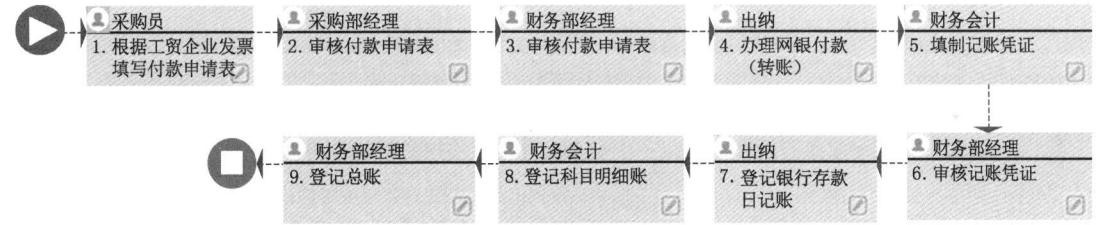

图 3-203   业务流程步骤图

（12）认证增值税抵扣联。财务会计将公司的增值税抵扣联收集后，到税务部门上门认证，获得盖章认证的结果通知书后，与抵扣联一并装订。业务流程步骤如表 3-245 所示。

表 3-245   业务流程步骤表

序号	活动名称	角色	活动描述—操作指导
1	收集抵扣联	财务会计	统一收集齐抵扣联
2	到国税局上门认证	财务会计	1. 持抵扣联到税务局上门认证 2. 取回税务局盖章的认证结果通知书
3	审核企业提交的进项税抵扣联	税务专员	对企业提交的进项税抵扣联进行审核，审核通过后从教学资源中下载打印填写认证结果通知书并盖章，交给企业办事人员
4	抵扣联装订归档	财务部经理	将从税务局取得的认证结果通知书与抵扣联装订归档

业务流程步骤如图 3-204 所示。

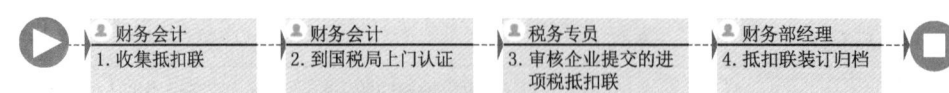

图 3-204　业务流程步骤图

（13）报送车间电费并收到服务公司的发票。车间管理员统计机加车间与组装车间电费并交到服务公司。服务公司开具电费发票，车间管理员收到发票，按照制造业公司财务相关流程做处理。业务流程步骤如表 3-246 所示。

表 3-246　　　　　　　　　　　　　业务流程步骤表

序号	活动名称	角色	活动描述—操作指导
1	报送机加车间与组装车间电费给综合服务公司	车间管理员	1. 统计报送机加车间与组装车间电费，填写《水电缴费单》 2. 将报送机加车间与组装车间电费送交给服务公司
2	查看电费单	服务公司业务员	1. 收到企业提交的《水电缴费单》，核准单据 2. 通知企业找服务公司总经理领取发票
3	开具发票	服务公司总经理	1. 与业务员确定服务金额 2. 根据金额为经销商开具发票
4	收取电费发票并交经理审核	车间管理员	1. 从服务公司收取电费专用发票并登记备案，即将发票信息登记到发票记录表上（发票号、开票单位、金额、日期、到期日等） 2. 确认发票信息无误 3. 将发票提交给生产计划部经理审核
5	审核电费用发票	生产计划部经理	1. 收到车间管理员提交的电费用发票 2. 审核发票是否与合同规定的金额一致，确认无误后，将电费用专用发票送至财务会计处
6	收到电费用专用发票并记账	成本会计	1. 收到生产计划经理的电费用专用发票 2. 根据电费用专用发票填制记账凭证
7	审核记账凭证	财务部经理	1. 审核记账凭证并对照相关附件检查是否正确 2. 审核无误，在记账凭证上签字或盖章 3. 审核通过后交成本会计登记数量金额明细账
8	登记科目明细账	财务会计	1. 根据记账凭证登记科目明细账 2. 记账后在记账凭证上签字或盖章 3. 登记完成后将记账凭证交财务部经理登记总账
9	登记总账	财务部经理	1. 根据记账凭证登记科目总账 2. 记账后在记账凭证上签字或盖章

业务流程步骤如图 3-205 所示。

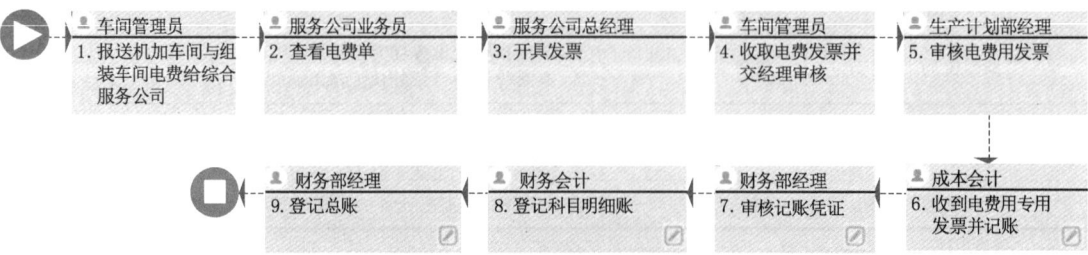

图 3-205　业务流程步骤图

（14）支付车间电费。车间管理员收到电费发票并支付，交财务部的成本会计做账务处理。业务流程步骤如表 3-247 所示。

表 3-247   业务流程步骤表

序号	活动名称	角色	活动描述—操作指导
1	填写付款申请单	车间管理员	1. 查看发票记录表，登记未支付的发票信息 2. 对照发票记录表上的未支付发票信息填写付款申请单 3. 将付款申请提交给生产计划经理审核
2	审核付款申请	生产计划部经理	1. 审核付款申请单和发票金额是否一致，确认无误后在付款申请上签字 2. 将付款申请交车间管理员传递给财务部经理审核
3	审核付款申请	财务部经理	1. 审核付款申请单，确认无误后在申请单上签字 2. 将付款申请交还给出纳人员安排付款
4	填写转账支票	出纳	1. 收到财务部经理转交的批复后的付款申请单 2. 确认后对照付款申请单金额开具转账支票
5	登记支票登记簿	出纳	1. 出纳登记支票登记簿，支票领用人签字 2. 将支票正联交给财务部经理审核、盖章
6	审核支票	财务部经理	1. 审核支票填写的是否正确 2. 确认无误，签字，加盖公司财务章和法人章 3. 将支票正联交给车间管理员支付给服务公司
7	将支票送至服务公司	车间管理员	1. 登记在支票登记簿上 2. 将支票交给服务公司完成支付
8	收到支票并入账	服务公司业务员	1. 收到制造企业支付电费的转账支票 2. 根据转账支票填写进账单 3. 携带转账支票与进账单到银行进行转账
9	银行转账	银行柜员	1. 收到企业提交的进账单与支票 2. 根据进账单信息办理转账业务 3. 根据办理的转账业务，打印银行业务回单 4. 通知企业到银行领取回单
10	填制记账凭证	财务会计	1. 到银行领取业务回单 2. 根据审核的付款申请单和支票存根填制记账凭证 3. 将支票存根和付款申请单粘贴在记账凭证后作为附件 4. 将记账凭证传递给财务部经理审核
11	审核记账凭证	财务部经理	1. 审核财务会计填制的记账凭证并对照相关附件检查是否正确 2. 审核无误，在记账凭证上签字或盖章 3. 将审核后的记账凭证传递给出纳登记日记账
12	登记银行存款日记账	出纳	1. 根据记账凭证登记银行存款日记账 2. 记账后在记账凭证上签字或盖章 3. 将记账凭证传递给财务会计登记科目明细账
13	登记科目明细账	财务会计	1. 接收出纳交还的记账凭证 2. 根据记账凭证登记科目明细账 3. 记账后在记账凭证上签字或盖章 4. 将记账凭证传递给财务部经理登记总账

（续表）

序号	活动名称	角色	活动描述—操作指导
14	登记总账	财务部经理	1. 接收财务会计交给的记账凭证 2. 根据记账凭证登记科目总账 3. 记账后在记账凭证上签字或盖章

业务流程步骤如图 3-206 所示。

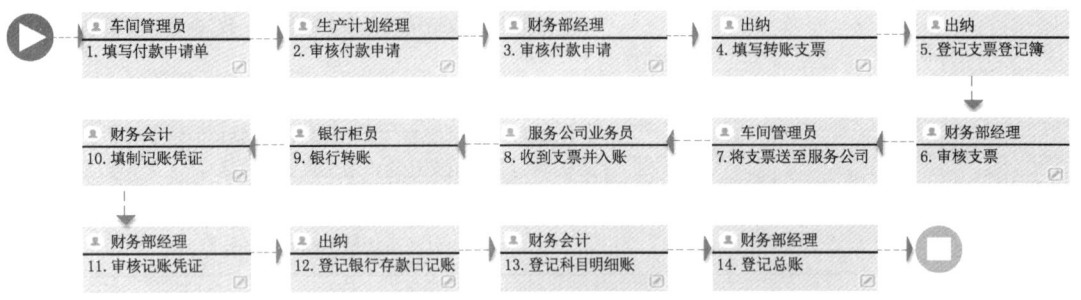

图 3-206　业务流程步骤图

（15）核算薪酬。制造企业核算职工薪酬，制作工资表。业务流程步骤如表 3-248 所示。

表 3-248　　　　　　　　　　　　　　业务流程步骤表

序号	活动名称	角色	活动描述—操作指导
1	收集工资数据	人力资源助理	1. 依据期初数据查找当月入职人员记录，收集整理新增数据 2. 依据期初数据查找当月离职人员记录，收集整理减少数据 3. 依据期初数据查找当月晋升、调动及工资调整记录，收集整理变更数据 4. 依据期初数据查找当月考勤信息，整理汇总当月考勤数据 5. 依据期初数据查找当期绩效考核评价评分资料，整理汇总绩效考核结果 6. 依据期初数据查找当月奖励、处罚记录，并作汇总整理 7. 依据期初数据查找当月五险一金增减、缴费数据，计算五险一金
2	审核工资	人力资源部经理	1. 审核薪酬核算金额，重点对人员变动的正确性进行核查 2. 审核完成所有表单后，在表单对应位置签字 3. 将签字完成的表单返还人力资源助理
3	审核工资	总经理	1. 收到人力资源助理交给的薪酬发放表， 2. 审核薪酬核算金额，重点对人员变动的正确性进行核查 3. 审核完成后在表单对应位置签字 4. 将签字完成的表单返还人力资源助理
4	填制记账凭证	财务会计	1. 收到人力资源部交来的薪酬表单 2. 编制本月薪酬发放的记账凭证
5	审核记账凭证	财务部经理	1. 收到财务会计交来的薪酬表单和记账凭证 2. 审核记账凭证的正确性 3. 审核无误，在记账凭证上签字或盖章 4. 交还给财务会计工资表和记账凭证

（续表）

序号	活动名称	角色	活动描述—操作指导
6	登记科目明细账	财务会计	1. 根据记账凭证和薪酬表单,填写明细账 2. 记账后在记账凭证上签字或盖章
7	登记总账	财务部经理	1. 根据记账凭证登记总账 2. 记账后在记账凭证上签字或盖章

业务流程步骤如图 3-207 所示。

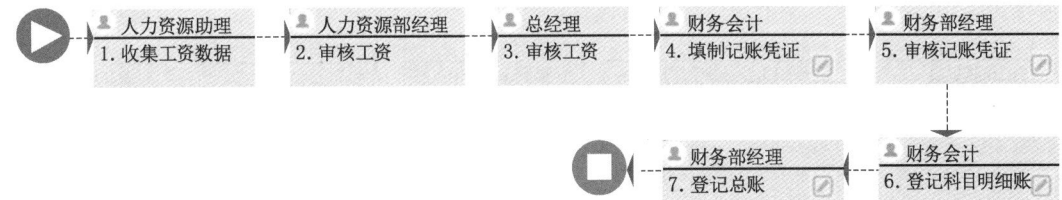

图 3-207　业务流程步骤图

（16）计提折旧。财务会计依据固定资产的政策,明细计提折旧后,交给成本会计和财务部经理做相关账务处理。业务流程步骤如表 3-249 所示。

表 3-249　　　　　　　　　　　　　业务流程步骤表

编码	活动名称	角色	活动描述—操作指导
1	计算折旧	财务会计	1. 根据固定资产政策及固定资产明细账计提折旧 2. 填写企业管理部门固定资产折旧计算表、生产部门固定资产折旧计算表
2	编制企业管理部门折旧记账凭证	财务会计	1. 根据企业管理部门固定资产折旧计算表填写管理部门折旧记账凭证 2. 将生产部门固定资产折旧计算表交成本会计填制凭证 3. 交财务部经理审核记账凭证
3	编制生产部门折旧记账凭证	成本会计	1. 接收财务会计提供的生产部门固定资产折旧计算表,并据以填写生产部门折旧记账凭证 2. 交财务部经理审核记账凭证
4	审核记账凭证	财务部经理	1. 接收财务会计、成本会计交给的记账凭证,进行审核 2. 审核无误,在记账凭证上签字或盖章 3. 审核后登记总分类账,并将记账凭证分别返还财务会计和成本会计登记科目明细账
5	登记科目明细账	成本会计	1. 接收财务部经理已审核的记账凭证 2. 登记制造费用明细账 3. 登记完明细账后,将记账凭证交财务会计登记累计折旧明细账

（续表）

编码	活动名称	角色	活动描述—操作指导
6	登记科目明细账	财务会计	1. 接收财务部经理已审核的记账凭证 2. 登记管理费用明细账 3. 根据管理部门折旧记账凭证和生产部门折旧记账凭证登记累计折旧明细账 4. 登记完明细账后，与其他记账凭证放一起

业务流程步骤如图 3-208 所示。

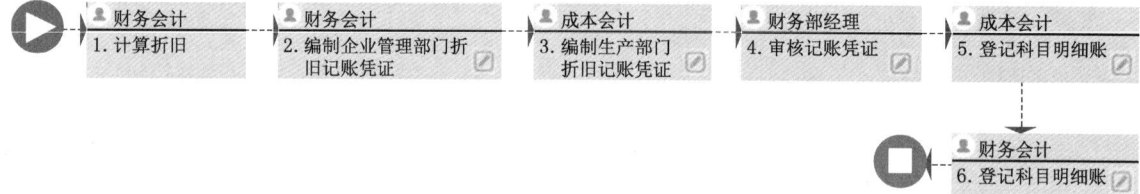

图 3-208   业务流程步骤图

（17）存货核算。财务会计根据销售出库单的汇总，编制销售成本结转表后，交出纳记账，由财务部经理审核后，登记科目明细账、数量金额明细表。业务流程步骤如表 3-250 所示。

表 3-250   业务流程步骤表

序号	活动名称	角色	活动描述—操作指导
1	汇总销售收入和销售出库数量	财务会计	1. 根据销售出库单汇总销售出库数量 2. 根据主营业务收入总账得出销售收入
2	编制销售成本结转表	财务会计	根据出库数量和库存商品成本金额采用全月一次加权平均法计算平均单价，编制销售成本结转表
3	填制记账凭证	财务会计	1. 根据原始凭证及产成品出库单、销售成本结转表反映的业务内容，编制记账凭证 2. 在记账凭证"制单"处签字或盖章 3. 将记账凭证提交给财务部经理
4	审核记账凭证	财务部经理	1. 接收出纳提交的记账凭证并审核 2. 审核无误，在记账凭证上签字或盖章 3. 登记总分类账
5	登记科目明细账	财务会计	1. 根据记账凭证登记科目明细账 2. 记账后在记账凭证上签字或盖章
6	登记数量金额明细账	成本会计	1. 根据记账凭证登记数量金额明细账 2. 记账后在记账凭证上签字或盖章
7	登记总账	财务部经理	1. 接收出纳交给的记账凭证 2. 根据记账凭证登记科目总账

业务流程步骤如图 3-209 所示。

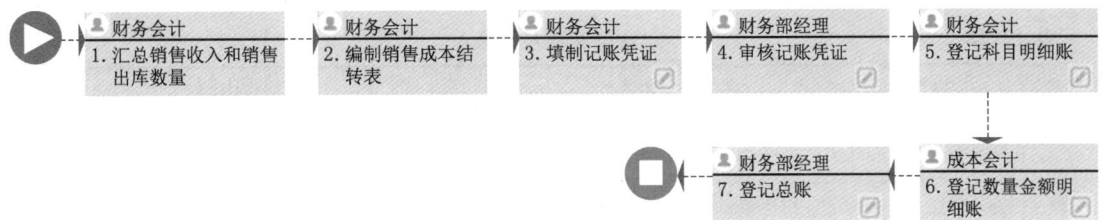

图 3-209　业务流程步骤图

（18）成本计算。成本会计编制制造费用的记账凭证，计算原材料的出库成本、车架成本，由财务部经理审核后登记明细账。业务流程步骤如表 3-251 所示。

表 3-251　　　　　　　　　　　　　　　　业务流程步骤表

序号	活动名称	角色	活动描述—操作指导
1	分配制造费用，并编制记账凭证	成本会计	1. 根据制造费用明细账归集的制造费用，编制制造费用分配表 2. 编制记账凭证
2	计算原材料出库价格，并编制记账凭证	成本会计	1. 根据原材料明细账、本月的原材料出库单，计算本月原材料的出库成本 2. 编制记账凭证
3	计算车架成本，并编制记账凭证	成本会计	1. 根据车架物料清单 BOM 和生产成本明细账，分别汇总直接材料、直接人工、制造费用本月发生数 2. 编制车架的产品成本计算表 3. 编制记账凭证
4	计算车架出库价格，并编制记账凭证	成本会计	1. 根据车架明细账、本月的领料单，计算本月车架的出库成本 2. 编制记账凭证
5	计算童车成本，并填写记账凭证	成本会计	1. 编制童车的产品成本计算表，包括料工费 2. 编制记账凭证
6	审核记账凭证	财务部经理	1. 接收成本会计交给的记账凭证，进行审核，并登记总分类账 2. 审核无误，在记账凭证上签字或盖章 3. 交成本会计登记科目明细账
7	登记科目明细账	成本会计	1. 接收财务部经理审核完的记账凭证 2. 根据记账凭证登记科目明细账

业务流程步骤如图 3-210 所示。

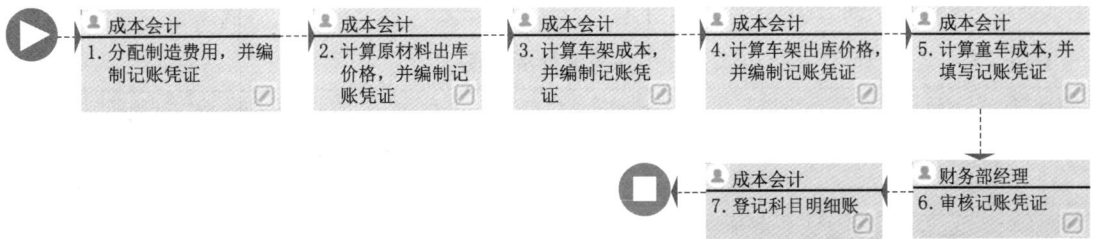

图 3-210　业务流程步骤图

（19）库存盘点。仓储部实物盘点,并在 U8 系统中进行盘点业务。业务流程步骤如表 3-252 所示。

表 3-252　　　　　　　　　　　　　业务流程步骤表

序号	操作步骤	角色	操作内容
1	盘点通知	成本会计	1. 制定盘点通知 2. 通知仓库及其他相关部门
2	安排盘点	仓管部经理	通知仓管员进行库存盘点
3	实盘	仓管员	1. 收到盘点通知 2. 实际盘点：先找主讲教师,从 VBSE 中查询本企业存货明细(代表了库存实物),然后和库存台账进行核对
4	填写盘点单(U8)	仓管员	在 U8 系统中按照实际盘点情况填制盘点单
5	审核盘点单(U8)	仓管部经理	审核仓管员在 U8 系统中填制的盘点单
6	填写盘盈亏报告	成本会计	据仓管员填制的盘点单,填写盘盈亏报告记录盈亏情况
7	审核盘盈亏报告	财务部经理	1. 收到盘盈亏报告 2. 审批盘盈亏报告
8	审批盘盈亏报告	总经理	1. 收到盘盈亏报告 2. 审批盘盈亏报告
9	盘亏、盘盈单据审核并打印(U8)	仓管部经理	根据盘盈亏报告,在 U8 系统中将盘点单生成的其他出入库单(盘盈盘亏处理后引起的出入库)进行审核

业务流程步骤如图 3-211 所示。

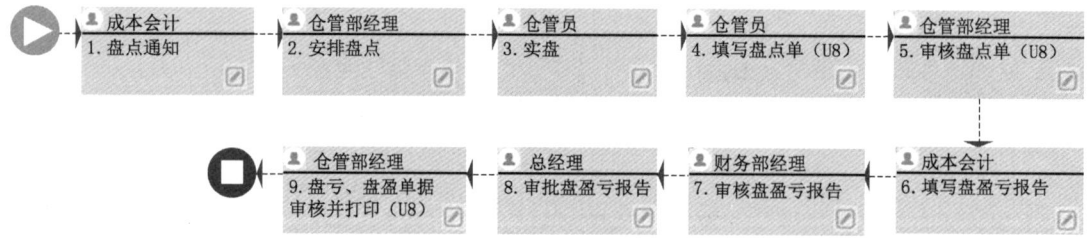

图 3-211　业务流程步骤图

（20）期末结账—销售管理 U8(制造业)。制造企业在 U8 系统中,销售管理模块结账。业务流程步骤如表 3-253 所示。

表 3-253　　　　　　　　　　　　　业务流程步骤表

序号	操作步骤	角色	操作内容
1	检查销售订单是否全部审核(U8)	营销部经理	在 U8 系统销售管理模块中,查看销售订单列表,调出栏目中的"审核人"一项,检查是否全部审核
2	检查销售发票是否全部复核(U8)	营销部经理	在 U8 系统销售管理模块中,查看销售发票列表,调出栏目中的"审核人"一项,检查是否全部审核

(续表)

序号	操作步骤	角色	操作内容
3	检查销售发货单是否全部审核(U8)	营销部经理	在 U8 系统销售管理模块中,查看销售发货列表,调出栏目中的"审核人"一项,检查是否全部审核
4	月末结账(U8)	营销部经理	在 U8 系统销售管理模块做月末结账

业务流程步骤如图 3-212 所示。

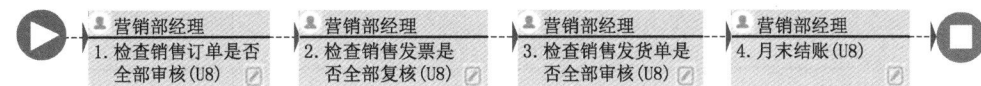

图 3-212　业务流程步骤图

(21) 期末结账—采购管理 U8(制造业)。制造企业在 U8 系统中,采购管理模块结账。业务流程步骤如表 3-254 所示。

表 3-254　　　　　　　　　　　　　　　业务流程步骤表

序号	操作步骤	角色	操作内容
1	检查采购订单是否全部审核(U8)	采购部经理	在 U8 系统中进入"采购订单列表"页面,调出栏目中的"审核人"一项,查看是否所有订单均已审核
2	检查采购发票是否全部结算(U8)	采购部经理	在 U8 系统中进入"结算单列表"页面,检查采购发票是否全部结算
3	月末结账(U8)	采购部经理	在 U8 系统中做采购模块的月末结账

业务流程步骤如图 3-213 所示。

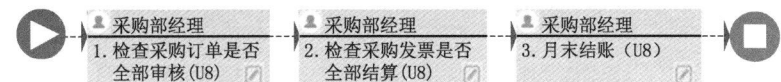

图 3-213　业务流程步骤图

(22) 期末结账—应收款管理 U8(制造业)。制造企业在 U8 系统中,应收款管理模块结账。业务流程步骤如表 3-255 所示。

表 3-255　　　　　　　　　　　　　　　业务流程步骤表

序号	操作步骤	角色	操作内容
1	检查应收单据是否审核	财务会计	在 U8 系统应收款管理—单据查询中,调出栏目中的"审核人"一项,检查应收单据是否全部审核
2	检查收款单是否审核	财务会计	在 U8 系统应收款管理—单据查询中,调出栏目中的"审核人"一项,检查收款单据是否全部审核
3	检查是否全部制单	财务会计	在 U8 系统"应收款管理—制单"中,检查应收单据是否全部已制单
4	月末结账	财务部经理	在 U8 系统应收款管理中进入期末处理做月末结账

业务流程步骤如图 3-214 所示。

图 3-214　业务流程步骤图

（23）期末结账—薪资管理 U8（制造业）。制造企业在 U8 系统中,薪资管理模块结账。业务流程步骤如表 3-256 所示。

表 3-256　　　　　　　　　　　　业务流程步骤表

序号	操作步骤	角色	操作内容
1	月末处理	财务会计	在 U8 系统薪资管理模块做月末处理操作

业务流程步骤如图 3-215 所示。

图 3-215　业务流程步骤图

（24）期末结账—库存管理 U8（制造业）。制造企业在 U8 系统中,应收款管理模块结账。业务流程步骤如表 3-257 所示。

表 3-257　　　　　　　　　　　　业务流程步骤表

序号	操作步骤	角色	操作内容
1	检查采购入库单是否审核	仓储部经理	在 U8 系统"库存管理—单据列表—采购入库单列表"中查看,调出栏目中的"审核人"一项,检查是否均已审核
2	检查产成品入库单是否审核	仓储部经理	在 U8 系统"库存管理—单据列表—产成品入库单列表"中查看,调出栏目中的"审核人"一项,检查是否均已审核
3	检查销售出库单是否审核	仓储部经理	在 U8 系统"库存管理—单据列表—销售出库单列表"中查看,调出栏目中的"审核人"一项,检查是否均已审核
4	检查材料出库单是否审核	仓储部经理	在 U8 系统"库存管理—单据列表—材料出库单列表"中查看,调出栏目中的"审核人"一项,检查是否均已审核
5	月末结账	仓储部经理	在 U8 系统库存管理模块里做月末结账

业务流程步骤如图 3-216 所示。

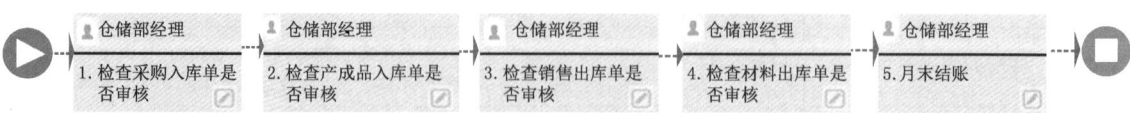

图 3-216　业务流程步骤图

（25）期末结账—固定资产 U8（制造业）。制造企业在 U8 系统中,固定资产模块结账。业务流程步骤如表 3-258 所示。

表 3-258   业务流程步骤表

序号	操作步骤	角色	操作内容
1	月末结账检查	财务会计	点击"月末结账",系统自动检查是否结账并提示
2	检查是否生成凭证	财务会计	在 U8 系统中进入"凭证查询",检查是否生成凭证
3	月末结账	财务会计	在 U8 系统做月末结账

业务流程步骤如图 3-217 所示。

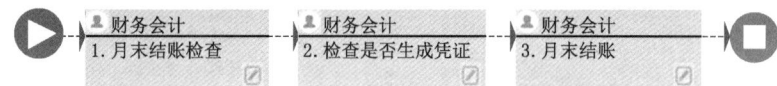

图 3-217   业务流程步骤图

（26）期末结账—应付款管理 U8（制造业）。制造企业在 U8 系统中,应付款管理模块结账。业务流程步骤如表 3-259 所示。

表 3-259   业务流程步骤表

序号	操作步骤	角色	操作内容
1	检查应付单据是否审核(U8)	财务会计	在 U8 系统应付款管理—单据查询中,调出栏目中的"审核人"一项,检查应付单据是否全部审核
2	检查付款单是否审核(U8)	财务会计	在 U8 系统应付款管理—单据查询中,调出栏目中的"审核人"一项,检查付款单据是否全部审核
3	检查是否全部制单(U8)	财务会计	在 U8 系统"应付款管理—制单"中,检查应付单据是否全部已制单
4	月末结账(U8)	财务部经理	在 U8 系统应付款管理中进入"期末处理"做月末结账

业务流程步骤如图 3-218 所示。

图 3-218   业务流程步骤图

（27）期末结账—存货核算 U8（制造业）。制造企业在 U8 系统中,存货核算模块结账。业务流程步骤如表 3-260 所示。

表 3-260   业务流程步骤表

序号	操作步骤	角色	操作内容
1	存货核算月末结账(U8)	财务部经理	在 U8 系统中进入"存货结算"模块的月末结账

业务流程步骤如图 3-219 所示。

图 3-219   业务流程步骤图

(28)期末结账—总账 U8(制造业)。制造企业在 U8 系统中,总账模块结账。业务流程步骤如表 3-261 所示。

表 3-261 　　　　　　　　　　　　　　业务流程步骤表

序号	操作步骤	角色	操作内容
1	检查凭证是否全部审核(U8)	财务部经理	在 U8 系统总账里,进入"凭证—查询凭证"检查凭证是否全部已审核
2	凭证记账(U8)	财务部经理	在 U8 系统总账里,进入"凭证—记账",做凭证记账操作
3	生成期间损益结转凭证(U8)	财务会计	在 U8 系统总账里,进入"期末—损益结转",进行损益结转操作并生成期间损益结转凭证
4	期间损益凭证审核并打印(U8)	财务部经理	1. 在 U8 系统总账里,进入"审核凭证",审核财务会计生成的期间损益凭证 2. 打印已审核的凭证
5	期间损益结转凭证记账(U8)	财务部经理	在 U8 系统"总账—凭证"里,作期间损益结转凭证记账处理
6	结账(U8)	财务部经理	在 U8 系统"总账—期末"里做结账处理

业务流程步骤如图 3-220 所示。

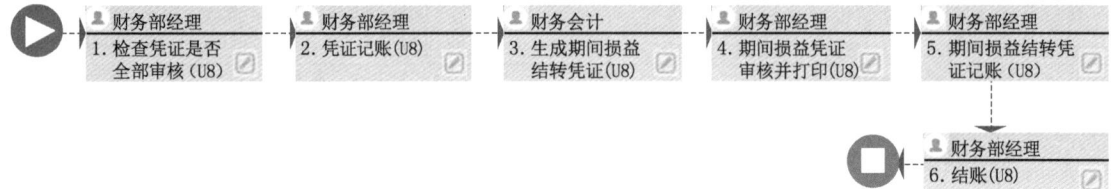

图 3-220 　业务流程步骤图

(29)期末账务处理。制造企业期末结转销售成本及结转损益。业务流程步骤如表 3-262所示。

表 3-262 　　　　　　　　　　　　　　业务流程步骤表

序号	活动名称	角色	活动描述—操作指导
1	编制销售产品成本汇总表,填制记账凭证	成本会计	1. 根据产品出库单,汇总销售出库的产品数量 2. 根据销售数量和库存商品平均单价,用 Excel 编制销售成本结转明细表(线下学生自己完成) 3. 根据销售出库单及销售成本结转明细表反映的业务内容,编制记账凭证 4. 在记账凭证"制单"处签字或盖章
2	审核记账凭证	财务部经理	1. 审核记账凭证的附件、记账科目、金额、手续是否正确与齐全 2. 经审核无误的记账凭证,财务部经理在"复核"和"财务主管"处签字或盖章 3. 根据已审核记账凭证登记总分类账
3	计提企业所得税费用并结转	财务会计	1. 根据本年利润余额计算企业所得税 2. 填制记账凭证
4	审核记账凭证	财务部经理	收到已填制记账凭证,进行审核,并登记总账
5	结转本年利润	财务会计	根据本年利润余额,结转至利润分配中,填制记账凭证
6	审核记账凭证	财务部经理	收到填制记账凭证,进行审核,并登记总账

（续表）

序号	活动名称	角色	活动描述—操作指导
7	计提法定盈余公积并结转	成本会计	1. 按本年净利润(减弥补以前亏损后)的10％提取法定盈余公积，法定盈余公积累计额达到注册资本的50％时可以不再提取 2. 将提取的法定盈余公积结转至利润分配中，登记记账凭证
8	审核记账凭证	财务部经理	收到填制记账凭证，进行审核，并登记总账
9	登记科目明细账	财务会计	1. 根据审核后的记账凭证登记科目明细账 2. 记账后在记账凭证上签字或盖章

业务流程步骤如图 3-221 所示。

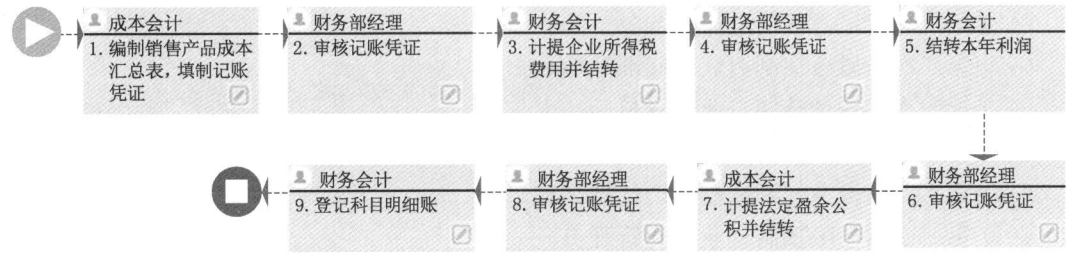

图 3-221　业务流程步骤图

（30）编制资产负债表。处置设备业务是指企业根据设备利用率情况或资金短缺状况而将部分生产设备进行出售。生产计划部经理进行生产设备的出售合同拟定。业务流程步骤如表 3-263 所示。

表 3-263　　　　　　　　　　　业务流程步骤表

序号	活动名称	角色	活动描述—操作指导
1	编制资产负债表	财务部经理	编制资产负债表

业务流程步骤如图 3-221 所示。

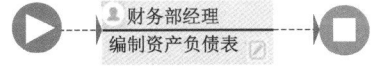

图 3-222　业务流程步骤图

（31）编制利润表。财务部经理根据总分类账和明细账期末余额和发生额编制利润表。业务流程步骤如表 3-264 所示。

表 3-264　　　　　　　　　　　业务流程步骤表

序号	活动名称	角色	活动描述—操作指导
1	编制利润表	财务部经理	编制利润表

业务流程步骤如图 3-222 所示。

图 3-223　业务流程步骤图

（32）第二次阶段考核制造业总经理。

（33）第二次阶段考核制造业行政助理。

（34）第二次阶段考核制造业人力资源部经理。

（35）第二次阶段考核制造业人力资源助理。

（36）第二次阶段考核制造业财务部经理。

（37）第二次阶段考核制造业财务会计。

（38）第二次阶段考核制造业成本会计。

（39）第二次阶段考核制造业出纳。

（40）第二次阶段考核制造业采购部经理。

（41）第二次阶段考核制造业采购员。

（42）第二次阶段考核制造业仓储部经理。

（43）第二次阶段考核制造业仓管员。

（44）第二次阶段考核制造业生产计划部经理。

（45）第二次阶段考核制造业生产计划员。

（46）第二次阶段考核制造业车间管理员。

（47）第二次阶段考核制造业营销部经理。

（48）第二次阶段考核制造业市场专员。

（49）第二次阶段考核制造业销售专员。

（50）收到审计费用发票并支付（制造业）。制造企业按照货币资金内部控制的要求，办理付款申请、付款审批、支付复核、办理支付、登记账簿等业务。业务流程步骤如表3-265所示。

表 3-265　　　　　　　　　　　　　　业务流程步骤表

序号	操作步骤	角色	操作内容
1	填写支出凭单	财务会计	1. 根据收到的审计费用发票填写支出凭单 2. 将填写的支出凭单提交财务部经理审核并签字
2	审核支出凭单	财务部经理	1. 审核支出凭单填写的准确性 2. 审核支出凭单附件的合法性和真实性 3. 审核资金的使用的合理性 4. 审核无误签字后交财务会计去出纳处办理付款手续
3	办理网银转账	出纳	1. 审核支出凭单的完整性和真实性 2. 根据审核后的支出凭单在 VBSE 系统中办理转账 3. 到银行打印业务回单
4	填制记账凭证	财务会计	1. 根据转账业务回单编制记账凭证 2. 将记账凭证送财务部经理审核
5	审核记账凭证	财务部经理	1. 接收财务会计交来的记账凭证 2. 审核记账凭证填写的准确性 3. 审核无误签字后交出纳登记银行日记账
6	登记银行存款日记账	出纳	1. 依据审核的记账凭证登记银行存款日记账 2. 登记后将记账凭证返还财务会计

（续表）

序号	操作步骤	角色	操作内容
7	登记科目明细账	财务会计	1. 根据审核后的记账凭证登记科目明细账 2. 记账后在记账凭证上签字或盖章
8	登记总分类账	财务部经理	1. 根据审核后的记账凭证登记总账 2. 记账后在记账凭证上签字或盖章

业务流程步骤如图 3-224 所示。

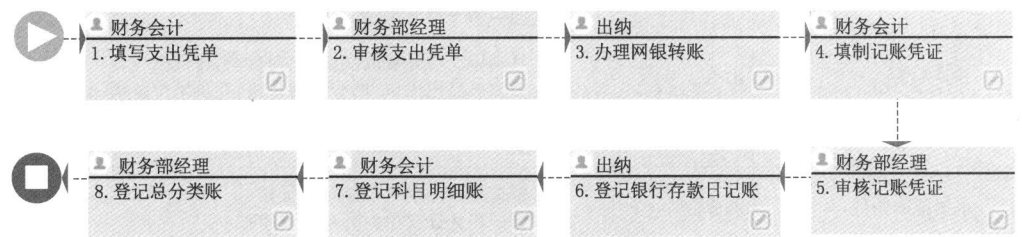

图 3-224　业务流程步骤图

（51）给招标客户发货。营销部销售专员填写发货单,交营销部经理审核批准后通知经销商。业务流程步骤如表 3-266 所示。

表 3-266　　　　　　　　　　　　业务流程步骤表

序号	活动名称	角色	活动描述—操作指导
1	填写发货单	销售专员	1. 填写发货单 2. 将发货单送交营销部经理审核
2	审核发货单	营销部经理	1. 接收销售专员交给的发货单并审核发货单 2. 将发货单发送销售专员
3	分发发货单	销售专员	1. 接收营销部经理交给的发货单 2. 分发发货单给经销商

业务流程步骤如图 3-225 所示。

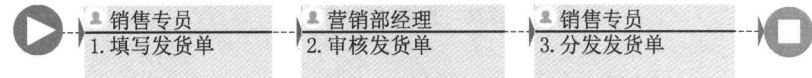

图 3-225　业务流程步骤图

（52）给招标客户办理出库。仓储部办理招标客户出库,并由销售专员申请开具发票后,进行相关账务处理。业务流程步骤如表 3-267 所示。

表 3-267　　　　　　　　　　　　业务流程步骤表

序号	活动名称	角色	活动描述—操作指导
1	填制产品出库单	仓管员	1. 依据发货单填制产品的销售出库单 2. 提交至仓储部经理审批

(续表)

序号	活动名称	角色	活动描述—操作指导
2	审核产品出库单	仓储部经理	1. 仓储部经理收到仓管员开具的产品销售出库单 2. 审核填写是否正确 3. 确认无误,签字并交还仓管员去办理出库手续
3	登记库存台账	仓管员	接收仓储部经理审核批准的产品销售出库单,填写库存台账并留存备案
4	销售发运并申请开票	销售专员	1. 根据销售出库单进行销售发运,并将销售出库单第四联送交客户 2. 向出纳申请开发票
5	开具发票	出纳	1. 从销售专员处获取卖给该客户的销售价格 2. 根据产品出库单,结合销售价格,开具销售发票
6	发票送给客户	销售专员	销售专员将发票交物流公司,由物流公司送给客户
7	填制记账凭证	财务会计	1. 根据开具的发票填制记账凭证 2. 将记账凭证交给财务部经理审核
8	审核记账凭证	财务部经理	1. 接收财务会计交给的记账凭证,进行审核 2. 审核后,交财务会计登记科目明细账
9	登记明细账	财务会计	1. 接收财务部经理交给的记账凭证 2. 核对财务部经理是否已审核 3. 根据审核后的记账凭证登记科目明细账
10	登记总账	财务部经理	1. 接收出纳交给的记账凭证 2. 根据记账凭证登记科目总账

业务流程步骤如图3-226所示。

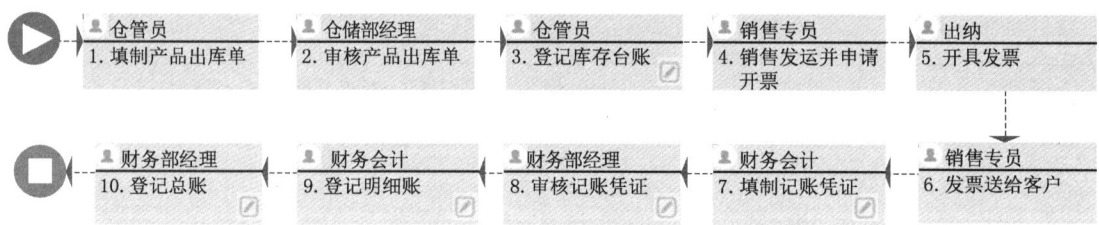

图3-226 业务流程步骤图

(53)收到招标客户货款。销售专员通知出纳查看收款信息,出纳根据收款的回单记账。业务流程步骤如表3-268所示。

表3-268　　　　　　　　　　　　业务流程步骤表

序号	活动名称	角色	活动描述—操作指导
1	销售收款	销售专员	1. 在VBSE系统中办理销售收款 2. 通知出纳查询银行存款
2	收到银行收款结算凭证 (电汇回单)	出纳	收到银行收款结算凭证(电汇回单)

(续表)

序号	活动名称	角色	活动描述—操作指导
3	编制记账凭证	财务会计	1. 编制记账凭证 2. 将电汇回单粘贴到记账凭证后面 3. 将记账凭证交财务部经理审核
4	审核记账凭证	财务部经理	1. 审核出纳填制的记账凭证并对照相关附件检查是否正确 2. 审核无误,签字确认 3. 将确认后的记账凭证传递给出纳登记日记账
5	登记日记账	出纳	1. 根据记账凭证登记簿登记银行存款日记账 2. 记账后在记账凭证上签字或盖章 3. 将记账凭证传递给财务部经理登记科目明细账
6	登记科目明细账	财务会计	1. 根据记账凭证登记科目明细账 2. 记账后在记账凭证上签字或盖章
7	登记总账	财务部经理	1. 根据记账凭证登记总账 2. 记账后在记账凭证上签字或盖章

业务流程步骤如图 3-227 所示。

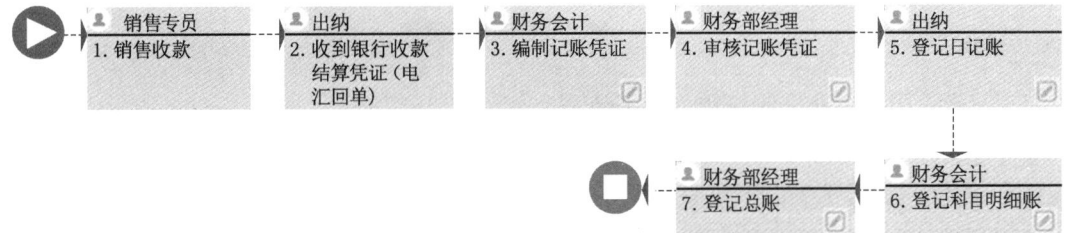

图 3-227 业务流程步骤图

(54) 与国贸企业签订购销合同。营销部为开展商业活动,保护公司利益,与国贸企业签订购销合同。业务流程步骤如表 3-269 所示。

表 3-269 业务流程步骤表

序号	活动名称	角色	活动描述
1	填写购销合同	销售专员	1. 销售专员根据销售计划与客户沟通销售合同细节内容 2. 填写购销合同,并要求国贸企业签字盖章,一式两份
2	填写合同会签单	销售专员	1. 填写合同会签单 2. 将购销合同和合同会签单送交营销部经理审核
3	合同会签单签字	营销部经理	1. 接收销售专员交给的购销合同及合同会签单 2. 审核购销合同内容填写的准确性和合理性 3. 在合同会签单上签字确认
4	合同会签单签字	财务部经理	1. 接收销售专员交给的购销合同及合同会签单 2. 审核购销合同内容填写的准确性和合理性 3. 在合同会签单上签字确认
5	合同会签单签字	总经理	1. 接收销售专员交给的购销合同及合同会签单 2. 审核购销合同内容填写的准确性和合理性 3. 在合同会签单上签字确认

(续表)

序号	活动名称	角色	活动描述
6	购销合同盖章	行政助理	1. 营销部经理把购销合同和合同会签单交给销售专员去盖章 2. 销售专员拿购销合同和合同会签单找行政助理盖章 3. 行政助理检查合同会签单是否签字 4. 行政助理给合同盖章 5. 行政助理将盖完章的购销合同交还销售专员
7	送还对方一份已签字盖章的合同	销售专员	销售专员把本企业已经签字盖章的购销合同送还对方一份

业务流程步骤如图 3-228 所示。

图 3-228　业务流程步骤图

(55) 确认国贸企业采购订单。业务流程步骤如表 3-270 所示。

表 3-270　　　　　　　　　　　　　业务流程步骤表

序号	活动名称	角色	活动描述—操作指导
1	确认采购订单	采购员	1. 在系统中确认国贸企业的采购订单 2. 根据系统的采购订单信息,填写销售订单

业务流程步骤如图 3-229 所示。

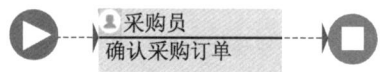

图 3-229　业务流程步骤图

(56) 销售发货给国贸。制造业销售发货给国际贸易企业。业务流程步骤如表 3-271 所示。

表 3-271　　　　　　　　　　　　　业务流程步骤表

序号	活动名称	角色	活动描述—操作指导
1	填制发货单	销售专员	1. 根据销售订单明细表和发货计划填制发货单 2. 报部门经理和财务部经理审核
2	审核发货单	营销部经理	1. 根据销售订单明细表审核发货单,确认客户名称、产品名称、型号等重要项的填写 2. 发货单签字,将审核完的发货单交还销售专员 3. 销售专员留存发货单第一联,将第二联送仓储部,第三联送财务部

（续表）

序号	活动名称	角色	活动描述—操作指导
3	审核发货单	财务部经理	审核发货单并签字
4	填制销售出库单	仓管员	1. 根据发货单填制销售出库单 2. 请销售专员签字 3. 提交至部门经理审批
5	审核销售出库单	仓储部经理	1. 仓储部经理审核销售出库单 2. 办理出库手续
6	登记库存台账	仓储部经理	根据出库单填写库存台账,登记完交仓管员留存备案
7	在系统中处理销售发货	销售专员	在 VBSE 系统中选择发货的订单,并发货
8	发货单交给客户	销售专员	根据发货单进行销售发运,并将发货单第四联送交国贸客户
9	办理物流运输	物流业务经理	物流业务经理在 VBSE 系统中办理物流运输
10	开具增值税专用发票	出纳	1. 从销售专员处获取卖给该客户的销售价格 2. 根据销售出库单,结合销售价格,开具销售发票
11	填制收入记账凭证	财务会计	1. 根据开具的发票填制记账凭证 2. 将记账凭证交给财务部经理审核
12	审核记账凭证	财务部经理	1. 接收财务会计交给的记账凭证,进行审核 2. 审核后,交财务会计登记科目明细账
13	登记数量金额明细账	成本会计	1. 根据出库单填写存货明细账 2. 只填写数量,月末计算成本
14	登记明细账	财务会计	1. 接收财务部经理交给的记账凭证 2. 核对财务部经理是否已审核 3. 根据审核后的记账凭证登记科目明细账
15	登记总账	财务部经理	1. 接收财务会计交给的记账凭证 2. 根据记账凭证登记科目总账

业务流程步骤如图 3-230 所示。

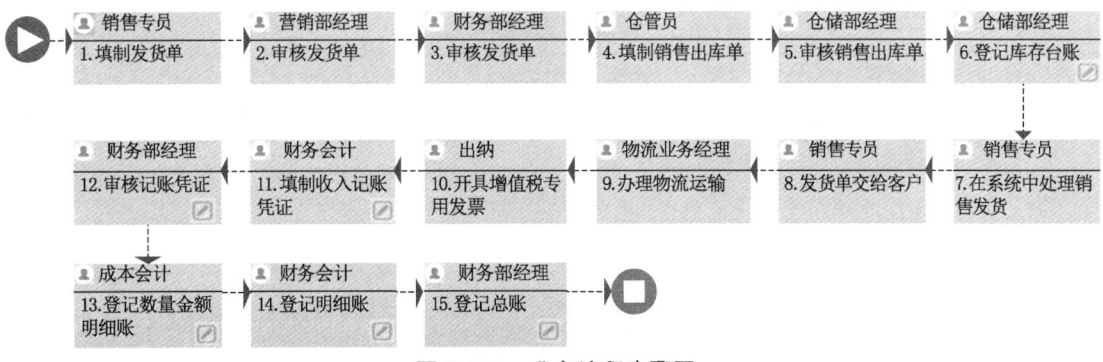

图 3-230　业务流程步骤图

（57）收到国贸企业货款银行回单。出纳去银行取回国贸企业货款的电汇凭单,并交由财务部依据公司流程进行账务处理。业务流程步骤如表 3-272 所示。

表 3-272 业务流程步骤表

序号	活动名称	角色	活动描述—操作指导
1	到银行取回电子银行转账回单	出纳	1. 到银行取回电子银行转账回单 2. 将电子银行转账回单交给财务会计
2	编制记账凭证	财务会计	1. 接收出纳送来的银行进账单回单 2. 编制记账凭证 3. 将电汇回单粘贴到记账凭证后面 4. 将记账凭证交财务部经理审核
3	审核记账凭证	财务部经理	1. 接收财务会计送来的记账凭证 2. 审核记账凭证的附件是否齐全、正确 3. 审核记账凭证的编制是否正确 4. 审核完毕,交出纳登记银行存款日记账
4	登记银行日记账	出纳	1. 根据审核后的记账凭证登记银行存款日记账 2. 登记完毕后,交财务会计登记明细账
5	登记科目明细账	财务会计	1. 接收出纳送来的记账凭证 2. 核对财务部经理是否已审核 3. 根据审核后的记账凭证登记科目明细账
6	登记总账	财务部经理	1. 接收出纳交给的记账凭证 2. 根据记账凭证登记科目总账

业务流程步骤如图 3-231 所示。

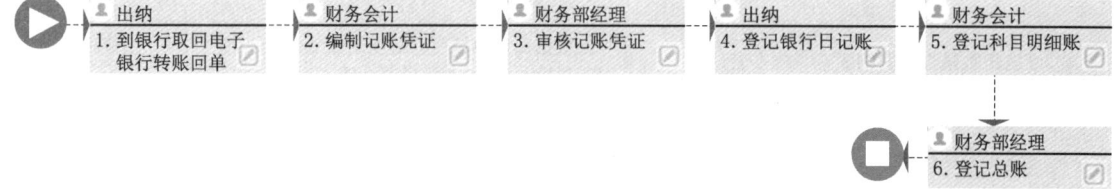

图 3-231 业务流程步骤图

（58）与连锁企业签订购销合同。营销部为开展商业活动,保护公司利益,与连锁企业签订购销合同。业务流程步骤如表 3-273 所示。

表 3-273 业务流程步骤表

序号	操作步骤	角色	操作内容
1	填写购销合同	销售专员	1. 销售专员根据销售计划与客户沟通销售合同细节内容 2. 填写购销合同,并要求连锁企业签字盖章,一式两份
2	填写合同会签单	销售专员	1. 填写合同会签单 2. 将购销合同和合同会签单送交营销部经理审核
3	合同会签单签字	营销部经理	1. 接收销售专员交给的购销合同及合同会签单 2. 审核购销合同内容填写的准确性和合理性 3. 在合同会签单上签字确认
4	合同会签单签字	财务部经理	1. 接收销售专员交给的购销合同及合同会签单 2. 审核购销合同内容填写的准确性和合理性 3. 在合同会签单上签字确认

(续表)

序号	操作步骤	角色	操作内容
5	合同会签单签字	总经理	1. 接收销售专员交给的购销合同及合同会签单 2. 审核购销合同内容填写的准确性和合理性 3. 在合同会签单上签字确认
6	购销合同盖章	行政助理	1. 营销部经理把购销合同和合同会签单交给销售专员去盖章 2. 销售专员拿购销合同和合同会签单找行政助理盖章 3. 行政助理检查合同会签单是否签字 4. 行政助理给合同盖章 5. 行政助理将盖完章的购销合同交还销售专员
7	送还对方一份已签字盖章的合同	销售专员	销售专员把本企业已经签字盖章的购销合同送还对方一份

业务流程步骤如图 3-232 所示。

图 3-232 业务流程步骤图

(59) 确认连锁企业采购订单。业务流程步骤如表 3-274 所示。

表 3-274 业务流程步骤表

序号	操作步骤	角色	操作内容
1	确认采购订单	销售专员	1. 在系统中确认连锁企业采购订单 2. 根据系统的采购订单信息填写销售订单、销售订单明细表

业务流程步骤如图 3-233 所示。

图 3-233 业务流程步骤图

(60) 销售发货给连锁。制造业销售发货给连锁。业务流程步骤如表 3-275 所示。

表 3-275 业务流程步骤表

序号	操作步骤	角色	操作内容
1	填制发货单	销售专员	1. 根据销售订单明细表和发货计划填制发货单 2. 报部门经理和财务部经理审核

（续表）

序号	操作步骤	角色	操作内容
2	审核发货单	营销部经理	1. 根据销售订单明细表审核发货单,确认客户名称、产品名称、型号等重要项的填写 2. 发货单签字,将审核完的发货单交还销售专员 3. 销售专员留存发货单第一联,将第二联送仓储部,第三联送财务部
3	审核发货单	财务部经理	审核发货单并签字
4	填制销售出库单	仓管员	1. 根据发货单填制销售出库单 2. 请销售专员签字 3. 提交至部门经理审批
5	审核销售出库单	仓储部经理	1. 仓储部经理审核销售出库单 2. 办理出库手续
6	登记库存台账	仓储部经理	根据出库单填写库存台账,登记完交仓管员留存备案
7	在系统中处理销售发货	仓储部经理	在 VBSE 系统中选择发货的订单,并发货
8	发货单交给客户	销售专员	根据发货单进行销售发运,并将发货单第四联送交连锁客户
9	办理物流运输	物流业务经理	物流业务经理在 VBSE 系统中办理物流运输
10	开具增值税专用发票	出纳	1. 从销售专员处获取卖给该客户的销售价格 2. 根据销售出库单,结合销售价格,开具销售发票
11	填制收入记账凭证	财务会计	1. 根据开具的发票填制记账凭证 2. 将记账凭证交给财务部经理审核
12	审核记账凭证	财务部经理	1. 接收财务会计交给的记账凭证,进行审核 2. 审核后,交财务会计登记科目明细账
13	登记数量金额明细账	成本会计	1. 根据出库单填写存货明细账 2. 只填写数量,月末计算成本
14	登记明细账	财务会计	1. 接收财务部经理交给的记账凭证 2. 核对财务部经理是否已审核 3. 根据审核后的记账凭证登记科目明细账
15	登记总账	财务部经理	1. 接收财务会计交给的记账凭证 2. 根据记账凭证登记科目总账

业务流程步骤如图 3-234 所示。

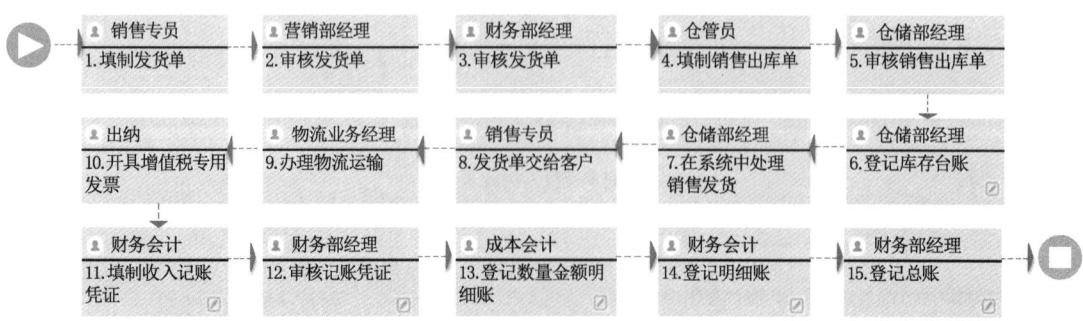

图 3-234　业务流程步骤图

（61）收到连锁企业货款银行回单。出纳去银行取回连锁企业货款的电汇凭单，并交由财务部依据公司流程进行账务处理业务。业务流程步骤如表3-276所示。

表 3-276 业务流程步骤表

序号	操作步骤	角色	操作内容
1	到银行取回电子银行转账回单	出纳	1. 到银行取回电子银行转账回单 2. 将电子银行转账回单交给财务会计
2	编制记账凭证	财务会计	1. 接收出纳送来的银行进账单回单 2. 编制记账凭证 3. 将电汇回单粘贴到记账凭证后面 4. 将记账凭证交财务部经理审核
3	审核记账凭证	财务部经理	1. 接收财务会计送来的记账凭证 2. 审核记账凭证的附件是否齐全、正确 3. 审核记账凭证的编制是否正确 4. 审核完毕，交出纳登记银行存款日记账
4	登记银行日记账	出纳	1. 根据审核后的记账凭证登记银行存款日记账 2. 登记完毕后，交财务会计登记明细账
5	登记科目明细账	财务会计	1. 接收出纳送来的记账凭证 2. 核对财务部经理是否已审核 3. 根据审核后的记账凭证登记科目明细账
6	登记总账	财务部经理	1. 接收出纳交给的记账凭证 2. 根据记账凭证登记科目总账

业务流程步骤如图3-235所示。

图 3-235 业务流程步骤图

（二）商贸（经销商）月末经营

（1）收到虚拟经销商货款。营销部经理通知出纳查看收款信息，出纳根据收款的回单记账。业务流程步骤如表3-277所示。

表 3-277 业务流程步骤表

序号	活动名称	角色	活动描述—操作指导
1	销售收款	营销部经理	1. 在VBSE系统中办理销售收款 2. 通知出纳查询银行存款
2	到银行取得收款结算凭证	出纳	1. 查询网银确认收入 2. 到银行取得收款结算凭证
3	查询并打印业务回单	银行柜员	1. 根据出纳提供的信息查询交易记录 2. 打印查询到的交易记录业务回单 3. 将打印的业务回单交给出纳

(续表)

序号	活动名称	角色	活动描述—操作指导
4	编制记账凭证	出纳	1. 编制记账凭证 2. 将电汇回单粘贴到记账凭证后面 3. 将记账凭证交财务部经理审核
5	审核记账凭证	财务部经理	1. 审核出纳填制的记账凭证并对照相关附件检查是否正确 2. 审核无误,在记账凭证上签字或盖章 3. 将确认后的记账凭证传递给出纳登记日记账
6	登记日记账	出纳	1. 根据记账凭证登记银行存款日记账 2. 记账后在记账凭证上签字或盖章 3. 将记账凭证传递给财务部经理登记科目明细账
7	登记科目明细账	财务部经理	1. 根据记账凭证登记科目明细账 2. 记账后在记账凭证上签字或盖章
8	登记总账	财务部经理	1. 根据记账凭证登记总账 2. 记账后在记账凭证上签字或盖章

业务流程步骤如图 3-236 所示。

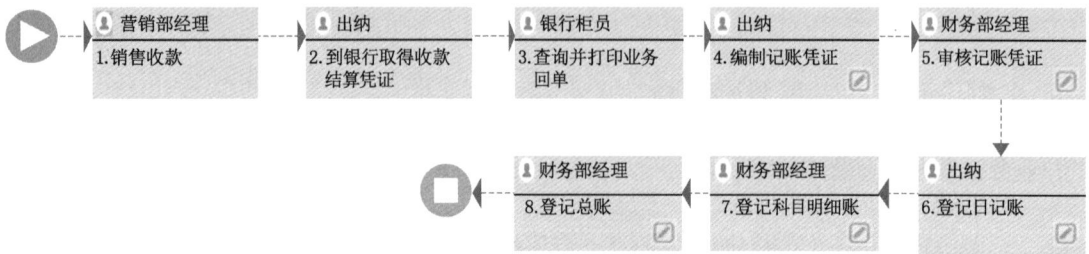

图 3-236　业务流程步骤图

（2）到货并办理入库。仓储部经理接到物流的运单,核对无误后,完成入库和记账。业务流程步骤如表 3-278 所示。

表 3-278　　　　　　　　　　　业务流程步骤表

序号	活动名称	角色	活动描述—操作指导
1	接到物流交来的运单	仓储部经理	1. 接收物流交来的运单(一式三联) 2. 对照货物检查无误后签字确认 3. 留下运单的存根联和记账联
2	办理入库	仓储部经理	依据采购订单、供应商发货单和物流运单办理入库业务
3	填写并审核采购入库单	仓储部经理	1. 填写并审核采购入库单 2. 将入库信息传递给营销部经理
4	VBSE 系统生成采购入库单	仓储部经理	在 VBSE 系统中生成采购入库单
5	登记库存台账	仓储部经理	1. 依据入库单(存根联)信息登记到库存台账中 2. 将采购入库单传递给采购经理和财务部经理,并登记相关账表
6	更新采购合同执行情况表	采购部经理	1. 接收仓储部传递的采购入库单 2. 根据采购入库单信息更新采购合同执行情况表

业务流程步骤如图 3-237 所示。

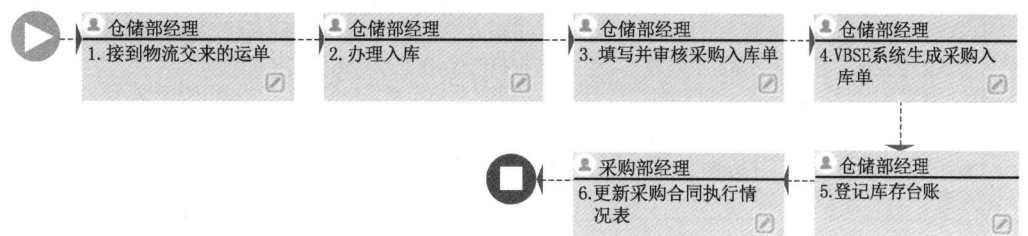

图 3-237　业务流程步骤图

（3）收到运输费发票并支付。仓储部经理接到物流的运费增值税专用发票，依据增值税发票信息提交付款申请，财务部付款并记账。业务流程步骤如表 3-279 所示。

表 3-279　　　　　　　　　　　　　业务流程步骤表

序号	活动名称	角色	活动描述—操作指导
1	收到当次的运费专用发票	仓储部经理	1. 收到物流公司开具的运输费用发票 2. 将发票信息登记到发票记录表上（发票号、开票单位、金额、日期，到期日等） 3. 确认发票信息无误后交给财务部经理审核
2	审核运输费发票	财务部经理	1. 审核收到的运输费用发票 2. 将发票抵扣联留档 3. 将发票记账联传递给出纳填制记账凭证
3	填制记账凭证	出纳	1. 接收运输费用发票记账联 2. 根据发票金额填制记账凭证，将发票记账联粘贴在记账凭证后作为附件 3. 将记账凭证传递给财务部经理审核
4	审核记账凭证	财务部经理	1. 审核出纳填制的记账凭证并对照相关附件检查是否正确 2. 审核无误，在记账凭证上签字或盖章
5	登记科目明细账	财务部经理	1. 根据记账凭证登记科目明细账 2. 记账后在记账凭证上签字或盖章
6	登记总账	财务部经理	1. 根据记账凭证登记总账 2. 记账后在记账凭证上签字或盖章
7	填写付款申请单	仓储部经理	1. 查看发票记录表，确认未支付的运输费增值税专用发票信息 2. 对照记录表上的未支付发票信息填写付款申请单 3. 将付款申请提交给财务部经理审核
8	审核付款申请	财务部经理	1. 审核付款申请单和发票金额是否一致，确认无误后在付款申请上签字 2. 将付款申请交仓储部经理传递给总经理审核
9	审核付款申请	总经理	1. 审核付款申请单，确认无误后在申请单上签字 2. 将付款申请还给仓储部经理传递给出纳安排付款
10	办理网银付款	出纳	1. 收到仓储部经理转交的批复后的付款申请单 2. 确认后对照付款申请办理网银付款
11	编制记账凭证	出纳	1. 编制记账凭证 2. 将电汇回单粘贴到记账凭证后面 3. 将记账凭证交财务部经理审核

(续表)

序号	活动名称	角色	活动描述—操作指导
12	审核记账凭证	财务部经理	1. 审核出纳填制的记账凭证并对照相关附件检查是否正确 2. 审核无误,在记账凭证上签字或盖章 3. 将确认后的记账凭证传递给出纳登记日记账
13	登记日记账	出纳	1. 根据记账凭证登记银行存款日记账 2. 记账后在记账凭证上签字或盖章 3. 将记账凭证传递给财务部经理登记科目明细账
14	登记科目明细账	财务部经理	1. 根据记账凭证登记科目明细账 2. 记账后在记账凭证上签字或盖章
15	登记总账	财务部经理	1. 根据记账凭证登记总账 2. 记账后在记账凭证上签字或盖章

业务流程步骤如图 3-238 所示。

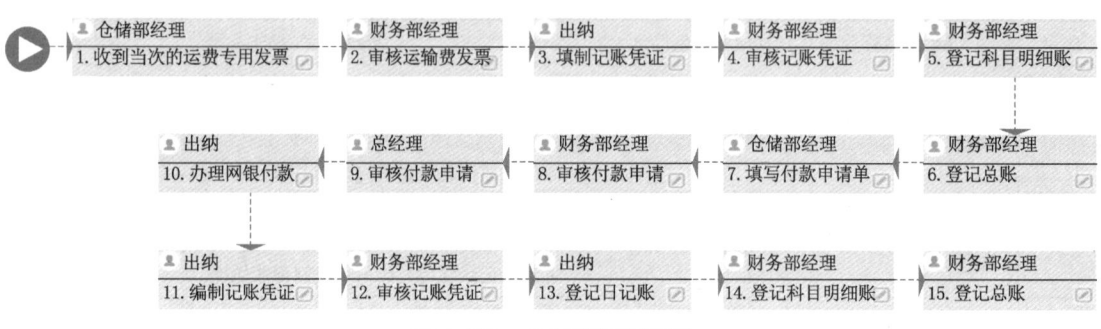

图 3-238 业务流程步骤图

(4)收到制造业发票并支付。采购部经理接到供应商的销售增值税专用发票,依据增值税发票信息提交付款申请,财务部付款并记账。业务流程步骤如表 3-280 所示。

表 3-280 　　　　　　　　　　业务流程步骤表

序号	活动名称	角色	活动描述—操作指导
1	收到供应商开具的增值税专用发票	采购部经理	1. 收到供应商开具的增值税专用发票 2. 将发票信息登记到发票记录表上(发票号、开票单位、金额、日期、到期日等)
2	填写付款申请单	采购部经理	1. 查看发票记录表,确认未支付的供应商增值税专用发票信息 2. 对照记录表上的未支付发票信息填写付款申请单 3. 将付款申请提交给财务部经理审核
3	审核付款申请	财务部经理	1. 审核收到的增值税专用发票,与相关采购入库单进行对比,确定发票上的数量金额与入库单相符 2. 将发票抵扣联留档 3. 将付款申请交采购部经理传递给总经理审核
4	审核付款申请	总经理	1. 审核付款申请单,确认无误后在申请单上签字 2. 将付款申请交还给采购部经理传递给出纳安排付款
5	支付货款	出纳	1. 收到采购部经理转交的批复后的付款申请单 2. 确认后在 VBSE 系统中办理网银支付 3. 转账后到银行打印回单作为转账支付凭证

(续表)

序号	活动名称	角色	活动描述—操作指导
6	填制记账凭证	出纳	1. 出纳根据审核的付款申请单和银行回单填制记账凭证 2. 将银行回单和付款申请单粘贴在记账凭证后作为附件 3. 将记账凭证传递给财务部经理审核
7	审核记账凭证	财务部经理	1. 审核出纳编制的记账凭证并对照相关附件检查是否正确 2. 审核无误,在记账凭证上签字或盖章 3. 将确认后的记账凭证传递给出纳登记日记账
8	登记日记账	出纳	1. 根据记账凭证登记银行存款日记账 2. 记账后在记账凭证上签字或盖章 3. 将记账凭证传递给财务部经理登记科目明细账
9	登记科目明细账	财务部经理	1. 根据记账凭证登记科目明细账 2. 记账后在记账凭证上签字或盖章
10	登记总账	财务部经理	1. 根据记账凭证登记总账 2. 记账后在记账凭证上签字或盖章

业务流程步骤如图 3-239 所示。

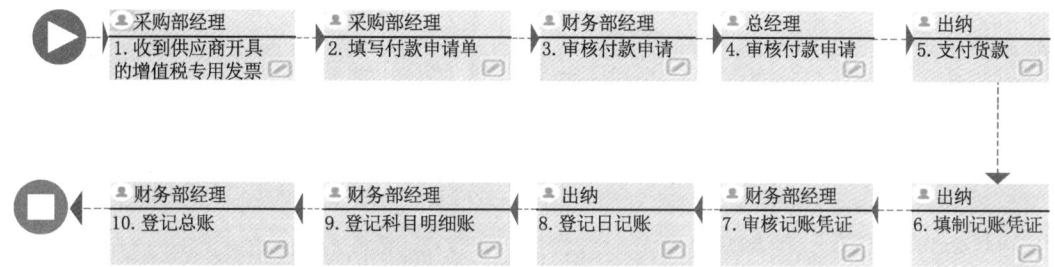

图 3-239　业务流程步骤图

（5）认证增值税抵扣联。财务部经理将公司的增值税抵扣联收集后,到税务部门进行认证,获得盖章认证的结果通知书后,与抵扣联一并装订。业务流程步骤如表 3-281 所示。

表 3-281　　　　　　　　　　　　　　　　**业务流程步骤表**

序号	活动名称	角色	活动描述—操作指导
1	收集抵扣联	财务部经理	统一收集齐抵扣联
2	到税务局进行抵扣认证	财务部经理	将增值税抵扣联送至税务局,进行抵扣认证
3	审核企业提交的进项税抵扣联	税务专员	对企业提交的进项税抵扣联进行审核,通过后打印认证结果通知书,交给企业办事人员
4	抵扣联装订归档	财务部经理	将从税务局取得的认证结果通知书与抵扣联装订,归档备查

业务流程步骤如图 3-240 所示。

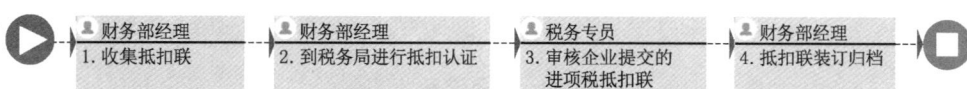

图 3-240　业务流程步骤图

（6）核算薪酬。行政经理统计考勤，制作工资表，并提交至财务部。业务流程步骤如表3-282所示。

表3-282 　　　　　　　　　　　　　业务流程步骤表

序号	活动名称	角色	活动描述—操作指导
1	收集工资数据	行政经理	1. 依据期初数据查找当月入职人员记录，收集整理新增数据 2. 依据期初数据查找当月离职人员记录，收集整理减少数据 3. 依据期初数据查找当月晋升、调动及工资调整记录，收集整理变更数据 4. 依据期初数据查找当月考勤信息，整理汇总当月考勤数据 5. 依据期初数据查找当期绩效考核评价评分资料，整理汇总绩效考核结果 6. 依据期初数据查找当月奖励、处罚记录，并作汇总整理 7. 依据期初数据查找当月五险一金增减、缴费数据，计算五险一金
2	计算工资	行政经理	1. 下载企业员工花名册信息 2. 依照薪酬规则，参照发放的期初各类有关职工薪酬的各种表格，制作职工薪酬计算的各种表格，包含《职工薪酬统计表》《五险一金缴费统计表》《部门汇总》 3. 按照薪酬体系中每个项目的计算规则进行工资核算 4. 将工资表交给总经理审核
3	审核工资表	总经理	1. 收到行政经理交给的工资表 2. 审核工资结算总金额，了解总人工成本及波动幅度，并就变动的合理性进行核查 3. 审核完成后在表单对应位置签字 4. 将签字完成的表单交还行政经理，拿给财务部记账
4	填制记账凭证	出纳	1. 收到行政经理交来的工资表 2. 依据工资表编制本月工资记账凭证，计提本月工资
5	审核记账凭证	财务部经理	1. 收到出纳交来的工资表和记账凭证 2. 审核记账凭证的正确性 3. 审核无误，在记账凭证上签字或盖章 4. 交还给出纳工资表和记账凭证
6	登记科目明细账	财务部经理	1. 根据记账凭证登记科目明细账 2. 记账后在记账凭证上签字或盖章
7	登记总账	财务部经理	1. 根据记账凭证登记总账 2. 记账后在记账凭证上签字或盖章

业流程步骤如图3-241所示。

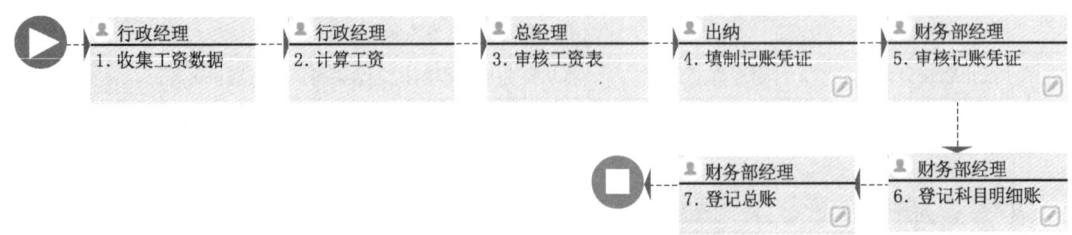

图3-241　业务流程步骤图

（7）计提折旧。财务部经理对固定资产进行折旧计提。业务流程步骤如表 3-283 所示。

表 3-283　　　　　　　　　　　　　　业务流程步骤表

序号	活动名称	角色	活动描述—操作指导
1	计算固定资产折旧	财务部经理	1. 根据固定资产政策及固定资产明细账计提折旧 2. 填写固定资产折旧计算表
2	填制记账凭证	出纳	1. 接收财务部经理提供的固定资产折旧计算表 2. 根据固定资产折旧计算表填写记账凭证，将折旧计算表粘贴在记账凭证后作为附件 3. 将记账凭证交给财务部经理审核
3	审核记账凭证	财务部经理	1. 接收出纳交给的记账凭证，进行审核 2. 审核无误，在记账凭证上签字或盖章
4	登记科目明细账	财务部经理	1. 根据记账凭证登记科目明细账 2. 记账后在记账凭证上签字或盖章
5	登记总账	财务部经理	1. 根据记账凭证登记总账 2. 记账后在记账凭证上签字或盖章

业务流程步骤如图 3-242 所示。

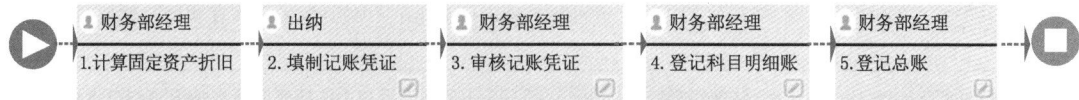

图 3-242　业务流程步骤图

（8）存货核算。财务部经理根据本月的商品的进出库记录，进行成本核算。业务流程步骤如表 3-284 所示。

表 3-284　　　　　　　　　　　　　　业务流程步骤表

序号	活动名称	角色	活动描述—操作指导
1	编制产品销售成本结转明细表	财务部经理	1. 根据销售出库单汇总销售出库的产品明细数量 2. 根据销售数量和库存商品平均单价，编制销售成本结转明细表 3. 将单据传递给出纳填制记账凭证
2	填制记账凭证	出纳	1. 根据产品出库单及销售成本结转明细表反映的业务内容，编制记账凭证，将相关单据粘贴在后面作为附件 2. 将记账凭证传递给财务部经理审核
3	审核记账凭证	财务部经理	1. 审核记账凭证的附件、记账科目、金额、手续是否正确与齐全 2. 审核无误在记账凭证上签字或盖章
4	登记科目明细账	财务部经理	1. 根据记账凭证登记科目明细账 2. 记账后在记账凭证上签字或盖章
5	登记总账	财务部经理	1. 根据记账凭证登记总账 2. 记账后在记账凭证上签字或盖章

业务流程步骤如图 3-243 所示。

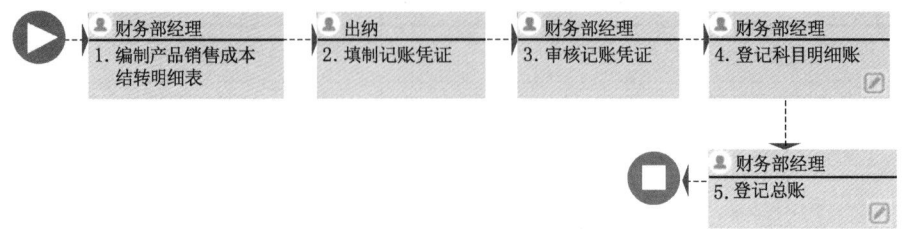

图 3-243　业务流程步骤图

（9）库存盘点。仓储部实物盘点，并在 U8 系统中进行盘点业务。业务流程步骤如表 3-285 所示。

表 3-285　　　　　　　　　　　　　　　业务流程步骤表

序号	操作步骤	角色	操作内容
1	盘点通知	总经理	1. 制定盘点通知 2. 通知仓库及其他相关部门
2	实盘	仓储部经理	1. 收到盘点通知 2. 实际盘点：先找主讲教师，从 VBSE 中查询本企业存货明细（代表了库存实物），然后和库存台账进行核对
3	填写盘点单(U8)	仓储部经理	在 U8 系统中按照实际盘点情况填制盘点单
4	审核盘点单(U8)	总经理	审核仓储部经理在 U8 系统中填制的盘点单
5	填写盘盈亏报告	仓储部经理	根据盘点单，填写盘盈亏报告记录盈亏情况
6	审批盘盈亏报告	总经理	1. 收到盘盈亏报告 2. 审批盘盈亏报告
7	盘亏、盘盈单据审核并打印(U8)	仓储部经理	根据盘盈亏报告，在 U8 系统中将盘点单生成的其他出入库单（盘盈盘亏处理后引起的出入库）进行审核

业务流程步骤如图 3-244 所示。

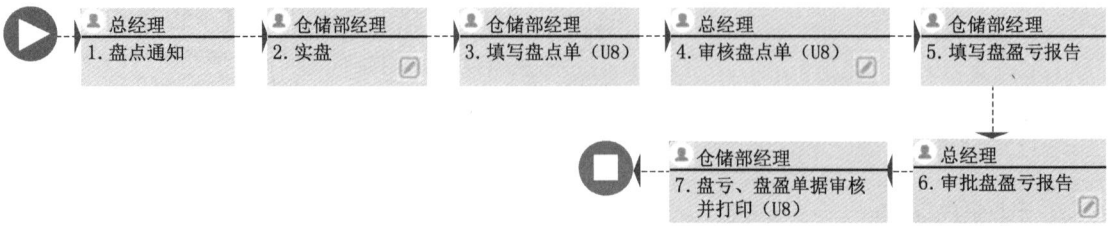

图 3-244　业务流程步骤图

（10）期末结账—库存管理。经销商在 U8 系统中进行库存管理模块的结账。业务流程步骤如表 3-286 所示。

表 3-286　　　　　　　　　　　　　　　　业务流程步骤表

序号	操作步骤	角色	操作内容
1	检查采购入库单是否审核(U8)	仓储部经理	在 U8 系统库存管理入库业务中,查看采购入库单列表,调出栏目中的"审核人"一项,检查是否全部审核
2	检查销售出库单是否审核(U8)	仓储部经理	在 U8 系统库存管理入库业务中,查看销售出库单列表,调出栏目中的"审核人"一项,检查是否全部审核
3	库存月末结账(U8)	仓储部经理	在 U8 系统库存模块里做库存月末结账操作

业务流程步骤如图 3-245 所示。

图 3-245　业务流程步骤图

（11）期末账务处理。财务部经理在月末进行财务核算。业务流程步骤如表 3-287 所示。

表 3-287　　　　　　　　　　　　　　　　业务流程步骤表

序号	活动名称	角色	活动描述—操作指导
1	结转损益	财务部经理	1. 汇总损益类发生额,并与总账核对 2. 将总账里的损益类科目本期发生额结转至本年利润科目
2	填制记账凭证	出纳	收到财务部经理的数据,并填制记账凭证
3	计提企业所得税费用并结转	财务部经理	1. 根据本年利润余额计算企业所得税 2. 将计算数额通知出纳填制记账凭证
4	填制记账凭证	出纳	收到财务部经理的数据填制记账凭证
5	结转本年利润	财务部经理	根据本年利润余额,结转至利润分配中
6	填制记账凭证	出纳	收到财务部经理的数据填制记账凭证
7	计提法定盈余公积并结转	财务部经理	1. 按本年净利润(减弥补以前亏损后)的 10% 提取法定盈余公积,法定盈余公积累计额达到注册资本的 50% 时可以不再提取 2. 将提取的法定盈余公积结转至利润分配中
8	填制记账凭证	出纳	1. 编制计提法定盈余公积凭证和结转凭证 2. 提交财务部经理审核
9	审核记账凭证	财务部经理	1. 审核出纳提交的记账凭证是否有误 2. 审核无误,在记账凭证上签字或盖章
10	登记科目明细账	财务部经理	1. 根据记账凭证登记科目明细账 2. 记账后在记账凭证上签字或盖章
11	登记总账	财务部经理	1. 根据记账凭证登记总账 2. 记账后在记账凭证上签字或盖章

业务流程步骤如图 3-246 所示。

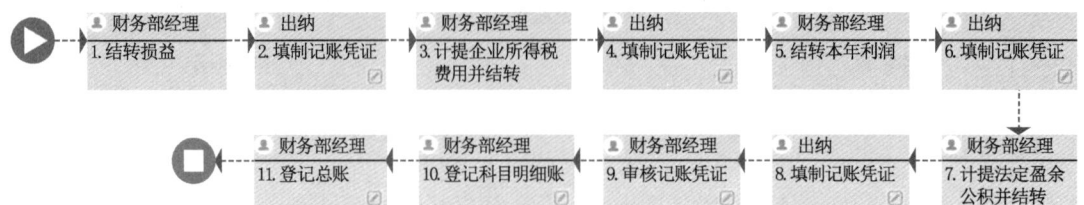

图 3-246　业务流程步骤图

（12）编制资产负债表。财务部经理根据财务数据编制资产负债表。业务流程步骤如表 3-288 所示。

表 3-288　　　　　　　　　　　　　　业务流程步骤表

序号	活动名称	角色	活动描述—操作指导
1	编制财务报告	财务部经理	1. 财务部经理编制资产负债表,财务报表说明等财务报告相关内容 2. 确认无误后在财务报告上签字并盖章 3. 将财务报告交给总经理审查并签字盖章
2	审查财务报告	总经理	1. 总经理审查财务部经理编制的财务报告 2. 总经理确认无误后在财务报告上签字并盖章

业务流程步骤如图 3-247 所示。

图 3-247　业务流程步骤图

（13）编制利润表。财务部经理根据财务数据编制利润表。业务流程步骤如表 3-289 所示。

表 3-289　　　　　　　　　　　　　　业务流程步骤表

序号	活动名称	角色	活动描述—操作指导
1	编制财务报告	财务部经理	1. 财务部经理编制利润表,财务报表说明等财务报告相关内容 2. 确认无误后在财务报告上签字并盖章 3. 将财务报告交给总经理审查并签字盖章
2	审查财务报告	总经理	1. 总经理审查财务部经理编制的财务报告 2. 总经理确认无误后在财务报告上签字并盖章

业务流程步骤如图 3-248 所示。

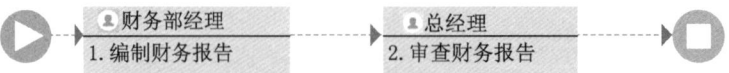

图 3-248　业务流程步骤图

（14）第二次阶段考核经销商总经理。

（15）第二次阶段考核经销商行政经理。

（16）第二次阶段考核经销商营销部经理。

（17）第二次阶段考核经销商采购部经理。

（18）第二次阶段考核经销商仓储部经理。

（19）第二次阶段考核经销商财务部经理。

（20）第二次阶段考核经销商出纳。

（三）工贸（供应商）月末经营

（1）收到制造业货款银行回单。收到制造业支付的销售款，取得银行回单。业务流程步骤如表 3-290 所示。

表 3-290　　　　　　　　　　　　　　　　业务流程步骤表

序号	活动名称	角色	活动描述—操作指导
1	查询网银	业务经理	1. 接收采购商的付款通知 2. 通知总经理查询网银，确认已收到货款 3. 通知财务部经理到银行打印此款项回单
2	打印业务回单	银行柜员	1. 根据财务部经理提供的信息查询到转账记录并打印 2. 将打印好的业务回单交给财务部经理
3	确认回款客户	业务经理	1. 到财务部经理处确认收到货款 2. 在系统中填写收款确认单，对银行回款进行确认，确认回款客户 3. 将收款确认单传至财务部经理审核
4	审核收款确认单并填制记账凭证	财务部经理	1. 审核收款确认单 2. 依据收款确认单填制记账凭证，将银行业务回单粘贴在记账凭证背面作为原始凭证 3. 提交总经理审核
5	审核记账凭证	总经理	1. 审核财务部经理填制的记账凭证并对照相关附件检查是否正确 2. 审核无误，在记账凭证上签字或盖章 3. 将审核后的记账凭证传递给总经理登记日记账
6	登记日记账	总经理	1. 根据记账凭证登记银行存款日记账 2. 记账后在记账凭证上签字或盖章
7	登记科目明细账	财务部经理	1. 根据记账凭证登记科目明细账 2. 记账后在记账凭证上签字或盖章
8	登记总账	财务部经理	1. 根据记账凭证登记总账 2. 记账后在记账凭证上签字或盖章

业务流程步骤如图 3-249 所示。

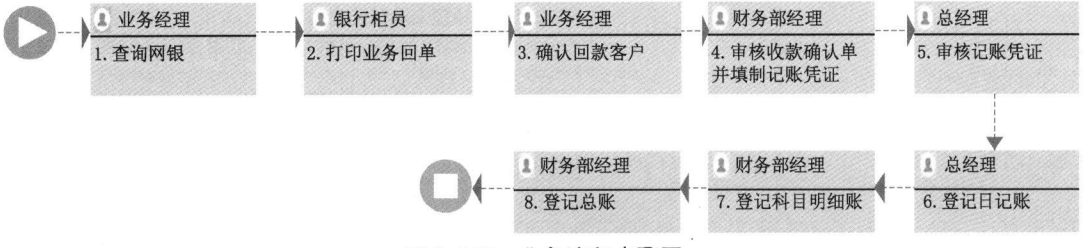

图 3-249　业务流程步骤图

（2）认证增值税抵扣联。财务部经理将公司的增值税抵扣联收集后，到税务部门进行认证,获得盖章认证的结果通知书后,与抵扣联一并装订。业务流程步骤如表 3-291 所示。

表 3-291 业务流程步骤表

序号	活动名称	角色	活动描述—操作指导
1	收集抵扣联	财务部经理	统一收集齐抵扣联
2	到税务局进行抵扣认证	财务部经理	将增值税抵扣联送至税务局,进行抵扣认证
3	审核企业提交的进项税抵扣联	税务专员	对企业提交的进项税抵扣联进行审核,通过后打印认证结果通知书,交给企业办事人员
4	抵扣联装订归档	财务部经理	将从税务局取得的认证结果通知书与抵扣联装订,归档备查

业务流程步骤如图 3-250 所示。

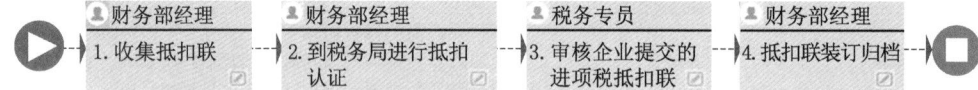

图 3-250 业务流程步骤图

(3) 核算薪酬。行政经理核算职工薪酬,制作工资表。业务流程步骤如表 3-292 所示。

表 3-292 业务流程步骤表

序号	活动名称	角色	活动描述—操作指导
1	收集工资数据	行政经理	1. 依据期初数据查找当月入职人员记录,收集整理新增数据 2. 依据期初数据查找当月离职人员记录,收集整理减少数据 3. 依据期初数据查找当月晋升、调动及工资调整记录,收集整理变更数据 4. 依据期初数据查找当月考勤信息,整理汇总当月考勤数据 5. 依据期初数据查找当期绩效考核评价评分资料,整理汇总绩效考核结果 6. 依据期初数据查找当月奖励、处罚记录,并作汇总整理 7. 依据期初数据查找当月五险一金增减、缴费数据,计算五险一金
2	计算工资	行政经理	1. 下载企业员工花名册信息 2. 依照薪酬规则,参照发放的期初各类有关职工薪酬的各种表格,制作职工薪酬计算的各种表格,包含《职工薪酬统计表》《五险一金缴费统计表》《部门汇总》 3. 按照薪酬体系中每个项目的计算规则进行工资核算 4. 将工资表交给总经理审核
3	审核工资表	总经理	1. 收到行政经理交给的工资表 2. 审核工资结算总金额,了解总人工成本及波动幅度,并就变动的合理性进行核查 3. 审核完成后在表单对应位置签字 4. 将签字完成的表单交还行政经理,拿给财务部记账
4	填制记账凭证	财务部经理	1. 收到行政经理交来的工资表 2. 依据工资表编制本月工资记账凭证,计提本月工资
5	审核记账凭证	总经理	1. 收到财务部经理交来的工资表和记账凭证 2. 审核记账凭证的正确性 3. 审核无误,在记账凭证上签字或盖章 4. 交还给财务部经理工资表和记账凭证

（续表）

序号	活动名称	角色	活动描述—操作指导
6	登记科目明细账	财务部经理	1. 根据记账凭证登记科目明细账 2. 记账后在记账凭证上签字或盖章
7	登记总账	财务部经理	1. 根据记账凭证登记总账 2. 记账后在记账凭证上签字或盖章

业务流程步骤如图 3-251 所示。

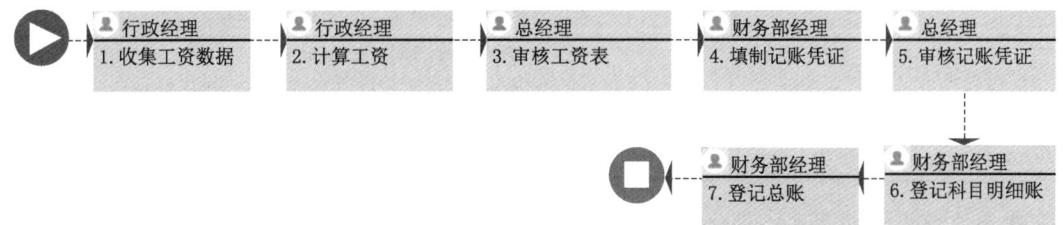

图 3-251　业务流程步骤图

（4）计提折旧。财务部经理计提固定资产折旧。业务流程步骤如表 3-293 所示。

表 3-293　　　　　　　　　　　　　　业务流程步骤表

序号	活动名称	角色	活动描述—操作指导
1	计算固定资产折旧	财务部经理	1. 根据固定资产政策及固定资产明细账计提折旧 2. 填写固定资产折旧计算表
2	填制记账凭证	财务部经理	1. 根据固定资产折旧计算表填写记账凭证，将折旧计算表粘贴在记账凭证后作为附件 2. 将记账凭证交给总经理审核
3	审核记账凭证	总经理	1. 接收财务部经理交给的记账凭证，进行审核 2. 审核无误，在记账凭证上签字或盖章 3. 将记账凭证传递给财务部经理登记科目明细账
4	登记科目明细账	财务部经理	1. 根据记账凭证登记科目明细账 2. 记账后在记账凭证上签字或盖章
5	登记总账	财务部经理	1. 根据记账凭证登记总账 2. 记账后在记账凭证上签字或盖章

业务流程步骤如图 3-252 所示。

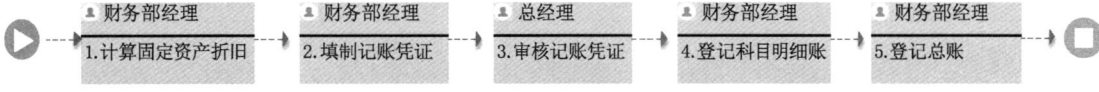

图 3-252　业务流程步骤图

（5）存货核算。财务部经理根据出入库明细表计算存货成本，并结转销售成本。业务流程步骤如表 3-294 所示。

表 3-294   业务流程步骤表

序号	活动名称	角色	活动描述—操作指导
1	编制产品销售成本结转明细表	财务部经理	1. 根据销售出库单汇总销售出库的产品明细数量 2. 根据销售数量和库存商品平均单价，编制销售成本结转明细表 3. 将单据传递给财务部经理填制记账凭证
2	填制记账凭证	财务部经理	1. 根据产品出库单及销售成本结转明细表反映的业务内容，编制记账凭证，将相关单据粘贴在后面作为附件 2. 将记账凭证传递给总经理审核
3	审核记账凭证	总经理	1. 审核记账凭证的附件、记账科目、金额、手续是否正确与齐全 2. 审核无误后在记账凭证上签字或盖章
4	登记科目明细账	财务部经理	1. 根据记账凭证登记科目明细账 2. 记账后在记账凭证上签字或盖章
5	登记总账	财务部经理	1. 根据记账凭证登记总账 2. 记账后在记账凭证上签字或盖章

业务流程步骤如图 3-253 所示。

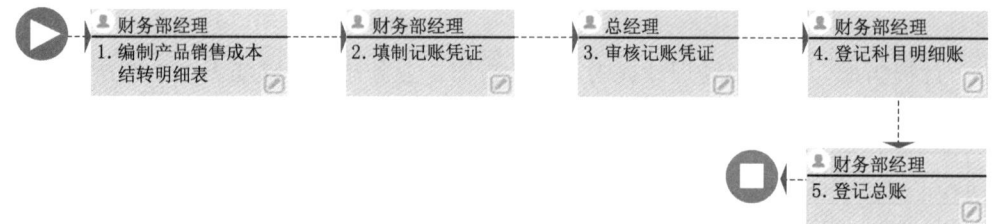

图 3-253 业务流程步骤图

（6）库存盘点。工贸企业实物盘点，并在 U8 系统中进行盘点业务。业务流程步骤如表 3-295 所示。

表 3-295   业务流程步骤表

序号	操作步骤	角色	操作内容
1	盘点通知	总经理	1. 制定盘点通知 2. 通知仓库及其他相关部门
2	实盘	行政经理	1. 收到盘点通知 2. 实际盘点：先找主讲教师，从 VBSE 系统中查询本企业存货明细（代表了库存实物），然后和库存台账进行核对
3	填写盘点单(U8)	行政经理	在 U8 系统中按照实际盘点情况填制盘点单
4	审核盘点单(U8)	总经理	审核行政经理在 U8 系统中填制的盘点单
5	填写盘盈亏报告	行政经理	根据行政经理填制的盘点单，填写盘盈亏报告记录盈亏情况
6	审批盘盈亏报告	总经理	1. 收到盘盈亏报告 2. 审批盘盈亏报告
7	盘亏、盘盈单据审核并打印(U8)	行政经理	根据盘盈亏报告，在 U8 系统中将盘点单生成的其他出入库单（盘盈盘亏处理后引起的出入库）进行审核

业务流程步骤如图 3-254 所示。

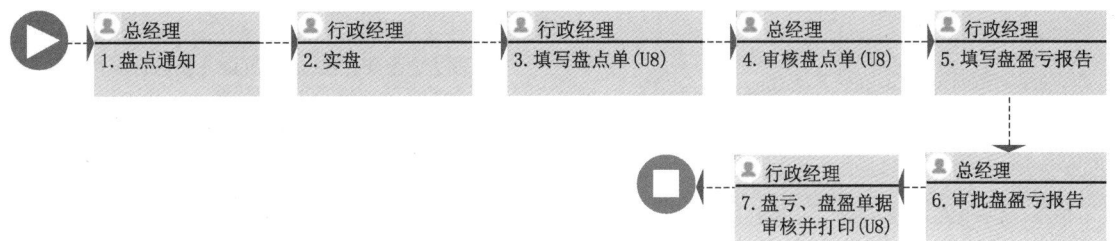

图 3-254 业务流程步骤图

（7）期末结账—库存管理（工贸企业）

工贸企业在 U8 系统中进行库存管理模块的结账。业务流程步骤如表 3-296 所示。

表 3-296　　　　　　　　　　　　业务流程步骤表

序号	操作步骤	角色	操作内容
1	检查采购入库单是否审核(U8)	业务经理	在 U8 系统库存管理入库业务中,查看采购入库单列表,调出栏目中的"审核人"一项,检查是否全部审核
2	检查销售出库单是否审核(U8)	业务经理	在 U8`系统库存管理入库业务中,查看销售出库单列表,调出栏目中的"审核人"一项,检查是否全部审核
3	库存月末结账(U8)	业务经理	在 U8 系统库存模块里做库存月末结账操作

业务流程步骤如图 3-255 所示。

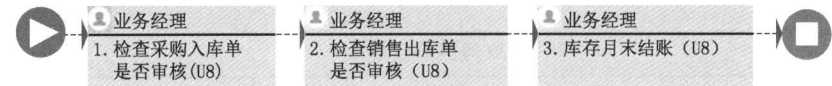

图 3-255 业务流程步骤图

（8）期末账务处理。财务部经理在月末进行财务核算。业务流程步骤如表 3-297 所示。

表 3-297　　　　　　　　　　　　业务流程步骤表

序号	操作步骤	角色	操作内容
1	结转损益	财务部经理	1. 汇总损益类发生额,并与总账核对 2. 将总账里的损益类科目本期发生额结转至本年利润科目 3. 填制记账凭证
2	计提企业所得税费用并结转	财务部经理	1. 根据本年利润余额计算企业所得税 2. 填制记账凭证
3	结转本年利润	财务部经理	1. 根据本年利润余额,结转至利润分配中 2. 填制记账凭证

(续表)

序号	操作步骤	角色	操作内容
4	计提法定盈余公积并结转	财务部经理	1. 按本年净利润(减弥补以前亏损后)的10%提取法定盈余公积,法定盈余公积累计额达到注册资本的50%时可以不再提取 2. 将提取的法定盈余公积结转至利润分配中 3. 编制计提法定盈余公积凭证和结转凭证
5	审核记账凭证	总经理	审核财务部经理提交的记账凭证码,无误后签字确认
6	登记科目明细账	财务会计	1. 根据记账凭证登记科目明细账 2. 记账后在记账凭证上签字或盖章
7	登记总账	财务部经理	1. 根据记账凭证登记总账 2. 记账后在记账凭证上签字或盖章

业务流程步骤如图 3-256 所示。

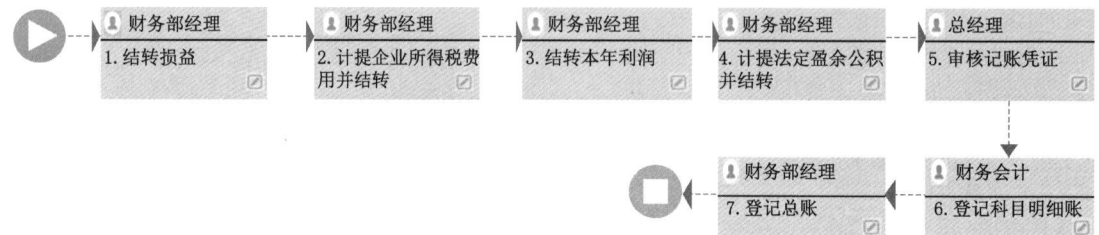

图 3-256 业务流程步骤图

(9) 编制资产负债表。财务部经理整理收到的增值税专业发票,到税务局办理认证。业务流程步骤如表 3-298 所示。

表 3-298 业务流程步骤表

序号	操作步骤	角色	操作内容
1	编制财务报告	财务部经理	1. 财务部经理编制资产负债表、财务报表说明等财务报告相关内容 2. 确认无误后在财务报告上签字并盖章 3. 将财务报告交给总经理审查并签字盖章
2	审查财务报告	总经理	1. 总经理审查财务部经理编制的财务报告 2. 总经理确认无误后在财务报告上签字并盖章

业务流程步骤如图 3-257 所示。

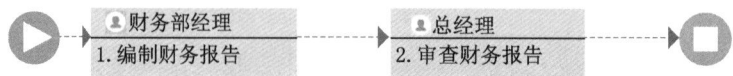

图 3-257 业务流程步骤图

(10) 编制利润表。财务部经理编制利润表。业务流程步骤如表 3-299 所示。

表 3-299　　　　　　　　　　　　　　　　业务流程步骤表

序号	操作步骤	角色	操作内容
1	编制财务报告	财务部经理	1. 财务部经理编制利润表、财务报表说明等财务报告相关内容 2. 确认无误后在财务报告上签字并盖章 3. 将财务报告交给总经理审查并签字盖章
2	审查财务报告	总经理	1. 总经理审查财务部经理编制的财务报告 2. 总经理确认无误后在财务报告上签字并盖章

业务流程步骤如图 3-258 所示。

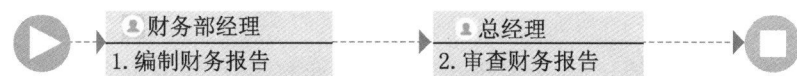

图 3-258　业务流程步骤图

（11）第二次阶段考核工贸企业总经理。

（12）第二次阶段考核工贸企业行政经理。

（13）第二次阶段考核工贸企业业务经理。

（14）第二次阶段考核工贸企业财务部经理。

(四) 外围月末经营

（1）送货到经销商（物流）。业务经理送货到经销商并卸货,增值税专用发票交给经销商。业务流程步骤如表 3-300 所示。

表 3-300　　　　　　　　　　　　　　　　业务流程步骤表

序号	活动名称	角色	活动描述—操作指导
1	车辆到达卸车前检查	业务经理	车辆到达经销商,卸车前检查车辆
2	安排卸货货物交接	业务经理	安排装卸工卸货,与经销商货物交接,请经销商清点货物数量,检查货物质量,合格后经销商在运单上签字确认留存
3	增值税专用发票交经销商	业务经理	增值税专用发票交给经销商

业务流程步骤如图 3-259 所示。

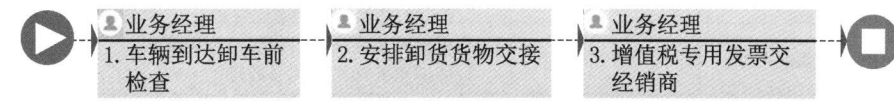

图 3-259　业务流程步骤图

（2）收到经销商运费业务回单（物流）。总经理收到经销商运费业务回单。业务流程步骤如表 3-301 所示。

表 3-301　　　　　　　　　　　　　　业务流程步骤表

序号	活动名称	角色	活动描述—操作指导
1	收到运费业务回单	总经理	1. 查询网银确认收到运费 2. 到银行打印业务回单
2	到银行打印收款业务回单	银行柜员	1. 根据物流总经理提供的信息查询流水 2. 打印回单并交给物流总经理

业务流程步骤如图 3-260 所示。

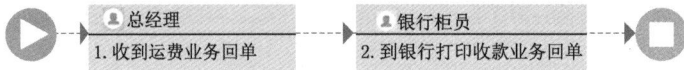

图 3-260　　业务流程步骤图

（3）送货到制造业（物流）。业务经理送货到制造业并卸货,增值税专用发票交给制造业。业务流程步骤表如表 3-302 所示。

表 3-302　　　　　　　　　　　　　　业务流程步骤表

序号	活动名称	角色	活动描述—操作指导
1	车辆到达卸车前检查	业务经理	车辆到达制造业,卸车前检查车辆
2	安排卸货货物交接	业务经理	安排装卸工卸货,与制造业货物交接,请制造业清点货物数量,检查货物质量,合格后制造业运单签字确认留存
3	增值税专用发票交制造业	业务经理	增值税专用发票交给制造业

业务流程步骤如图 3-261 所示。

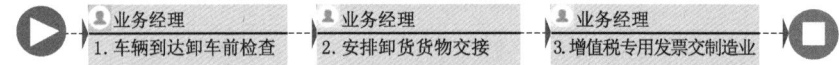

图 3-261　　业务流程步骤图

（4）收到制造业运费业务回单（物流）。总经理收到制造业运费业务回单。业务流程步骤如表 3-303 所示。

表 3-303　　　　　　　　　　　　　　业务流程步骤表

序号	活动名称	角色	活动描述—操作指导
1	查询网银	总经理	1. 查询网银确认收到运费 2. 到银行打印业务回单
2	银行打印收款业务回单	银行柜员	1. 根据物流总经理提供的信息查询流水 2. 打印回单并交给物流总经理

业务流程步骤如图 3-262 所示。

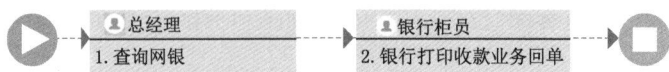

图 3-262　　业务流程步骤图

（5）行政管理检查（工商局）。工商专员根据《工商行政管理暂行规定》进入企业进行检查，记录结果，对确认存在问题企业开具工商行政处罚决定书，并跟踪整改情况。业务流程步骤如表3-304所示。

表3-304　　　　　　　　　　　　　　　　业务流程步骤表

序号	活动名称	角色	活动描述—操作指导
1	根据《工商行政管理暂行规定》对企业进行例行检查，并记录在案	工商专员	1. 根据《工商行政管理暂行规定》，到企业进行现场检查 2. 根据制定、公示的《工商行政管理暂行规定》到企业销售部、采购部或主管销售采购的负责人进行检查
2	下达工商行政处罚决定书	工商专员	根据检查结果对问题企业下达工商行政处罚决定书
3	检查整改情况	工商专员	1. 根据工商行政处罚决定书检查企业整改情况 2. 按期整改的，缴纳罚款，恢复信用评级 3. 未按期整改的，不予恢复信用评级，并给予警告或暂停营业、生产

业务流程步骤如图3-263所示。

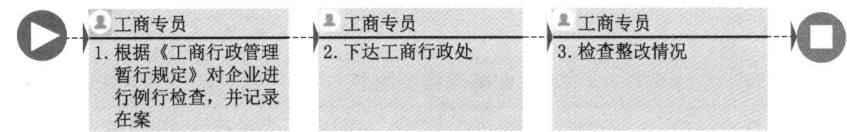

图3-263　业务流程步骤图

（6）就业指导—面试技巧（人社局）。社保公积金专员学习制作面试技巧文档，并组织企业培训学习。业务流程步骤如表3-305所示。

表3-305　　　　　　　　　　　　　　　　业务流程步骤表

序号	活动名称	角色	活动描述—操作指导
1	面试技巧的学习	社保公积金专员	面试技巧的学习
2	面试技巧的培训讲解	社保公积金专员	1. 与主讲老师确认时间和培训方式 2. 组织各企业进行培训，讲解面试技巧

业务流程步骤如图3-264所示。

图3-264　业务流程步骤图

（7）第二次阶段考核物流总经理。

（8）第二次阶段考核物流业务员。

（9）第二次阶段考核银行柜员。

（10）第二次阶段考核税务专员。

（11）第二次阶段考核工商专员。

（12）第二次阶段考核服务公司总经理。

（13）第二次阶段考核服务公司业务员。

（14）第二次阶段考核社保公积金专员。

（15）结算招标服务费（招投标）。总经理结算招投标服务费。业务流程步骤如表 3-306 所示。

表 3-306   **业务流程步骤表**

序号	活动名称	角色	活动描述—操作指导
1	结算招标代理费	总经理	结算招投标公司的服务费

业务流程步骤如图 3-265 所示。

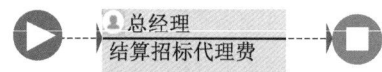

图 3-265 **业务流程步骤图**

（16）第二次阶段考核招投标。

（17）与制造业签订购销合同（国贸）。国贸企业与制造业签订购销合同。业务流程步骤如表 3-307 所示。

表 3-307   **业务流程步骤表**

序号	活动名称	角色	活动描述—操作指导
1	填写购销合同，填制合同会签单	内陆业务经理	1. 内陆业务经理填写购销合同，并填制合同会签单 2. 内陆业务经理将购销合同和合同会签单送交总经理审核
2	审核购销合同和合同会签单	总经理	1. 审核购销合同的条款、期限、付款信息等是否符合公司要求 2. 符合要求在合同会签单上签字 3. 审核通过后的购销合同盖章
3	合同存档	总经理	1. 国贸总经理更新合同管理表—购销合同 2. 将盖章的合同交给制造业营销专员 3. 国贸总经理将合同会签单与一份制造业盖章的购销合同一起进行归档
4	购销合同登记	总经理	购销经理更新购销合同执行情况表

业务流程步骤如图 3-266 所示。

图 3-266 **业务流程步骤图**

（18）录入采购订单（国贸）。国际贸易企业录入与制造业的采购订单。业务流程步骤如表 3-308 所示。

表 3-308   **业务流程步骤表**

序号	活动名称	角色	活动描述—操作指导
1	在系统中录入采购订单	内陆业务经理	根据国贸企业与制造业签订好的购销合同，将采购订单信息录入 VBSE 系统

业务流程步骤如图 3-267 所示。

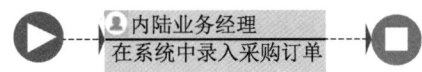

图 3-267　业务流程步骤图

（19）采购入库（国贸）。业务经理接到制造业的货物，办理采购入库。业务流程步骤如表 3-309 所示。

表 3-309　　　　　　　　　　　　　业务流程步骤表

序号	活动名称	角色	活动描述—操作指导
1	依据采购订单填写采购入库单	内陆业务经理	内陆业务经理依照确认的采购订单填写采购入库单
2	审核采购入库单	总经理	审核采购入库单
3	VBSE 系统办理入库	内陆业务经理	依据采购订单、采购入库单在 VBSE 系统中办理货物入库
4	登记库存台账	总经理	依据采购入库单（存根联）信息登记到库存台账中
5	更新采购情况执行表	内陆业务经理	根据入库信息更新采购合同执行情况表

业务流程步骤如图 3-268 所示。

图 3-268　业务流程步骤图

（20）向制造业支付货款（国贸）。内陆业务经理接到制造业的销售增值税专用发票，依据增值税发票信息提交付款申请并付款。业务流程步骤如表 3-310 所示。

表 3-310　　　　　　　　　　　　　业务流程步骤表

序号	活动名称	角色	活动描述—操作指导
1	收到制造业开具的增值税专用发票	内陆业务经理	1. 收到制造业开具的专用增值税发票 2. 在系统中录入付款申请表 3. 将发票和付款申请表提交给总经理审核
2	审核付款申请单	总经理	1. 收到内陆业务经理提交的发票和付款申请表 2. 审核付款申请表与发票信息是否一致，付款要求是否合理 3. 确认合理后，签字
3	办理网银付款（转账）	总经理	对照付款申请表在系统中办理网银付款

业务流程步骤如图 3-269 所示。

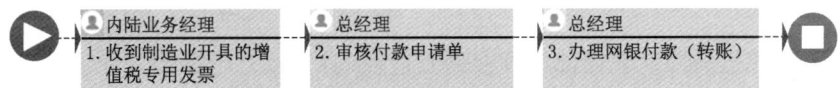

图 3-269　业务流程步骤图

（21）第二次阶段考核国贸总经理。

（22）第二次阶段考核国贸进出口经理。

（23）第二次阶段考核国贸内陆业务经理。

（24）与制造业签订购销合同（连锁）。与制造业签订购销合同。业务流程步骤如表3-311所示。

表 3-311　　　　　　　　　　　　　　　业务流程步骤表

序号	操作步骤	角色	操作内容
1	填写购销合同,填制合同会签单	仓储部经理	1. 连锁仓储部经理填写购销合同,并填制合同会签单 2. 连锁仓储部经理将购销合同和合同会签单送交总经理审核
2	审核购销合同和合同会签单	总经理	1. 审核购销合同的条款、期限、付款信息等是否符合公司要求 2. 符合要求在合同会签单上签字 3. 审核通过后的购销合同盖章
3	合同存档	总经理	1. 连锁总经理更新合同管理表—购销合同 2. 将盖章的合同交给制造业营销专员 3. 连锁总经理将合同会签单与一份制造业盖章的购销合同一起进行归档
4	购销合同登记	总经理	连锁总经理更新购销合同执行情况表

业务流程步骤如图3-270所示。

图 3-270　业务流程步骤图

（25）录入采购订单（连锁）。连锁企业录入与制造业的采购订单。业务流程步骤如表3-312所示。

表 3-312　　　　　　　　　　　　　　　业务流程步骤表

序号	操作步骤	角色	操作内容
1	在系统中录入采购订单	仓储部经理	根据连锁企业与制造业签订好的购销合同,将采购订单信息录入 VBSE 系统

业务流程步骤如图3-271所示。

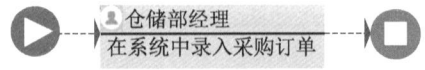

图 3-271　业务流程步骤图

（26）采购入库（连锁）。仓储部经理接到制造业的货物,办理采购入库。业务流程步骤如表3-313所示。

表 3-313 业务流程步骤表

序号	操作步骤	角色	操作内容
1	依据采购订单填写采购入库单	仓储部经理	连锁仓储部经理依照确认的采购订单填写采购入库单
2	审核采购入库单	总经理	审核采购入库单
3	VBSE 系统办理入库	仓储部经理	依据采购订单、采购入库单在 VBSE 系统中办理货物入库
4	登记库存台账	仓储部经理	依据采购入库单(存根联)信息登记到库存台账中
5	更新采购情况执行表	总经理	根据入库信息更新采购合同执行情况表

业务流程步骤如图 3-272 所示。

图 3-272 业务流程步骤图

(27)向制造业支付货款(连锁)。仓储部经理接到制造业的销售增值税专用发票,依据增值税发票信息提交付款申请并付款。业务流程步骤如表 3-314 所示。

表 3-314 业务流程步骤表

序号	操作步骤	角色	操作内容
1	收到制造业开具的增值税专用发票	仓储部经理	1. 收到制造业开具的专用增值税发票 2. 在系统中录入付款申请表 3. 将发票和付款申请表提交给总经理审核
2	审核付款申请单	总经理	1. 收到连锁仓储部经理提交的发票和付款申请表 2. 审核付款申请表与发票信息是否一致,付款要求是否合理 3. 确认合理后,签字
3	办理网银付款(转账)	总经理	对照付款申请表在系统中办理网银付款

业务流程步骤如图 3-273 所示。

图 3-273 业务流程步骤图

(28)第二次阶段考核连锁总经理。

(29)第二次阶段考核连锁东区店长。

(30)第二次阶段考核连锁西区店长。

(31)第二次阶段考核连锁仓储部经理。

(32)审计结束前的工作(事务所)。审计实质性测试工作结束后,会计师事务所项目经理应制定业务完成阶段的审计计划;汇总已更正错报以及列报和披露;评价识别出的错报;编制试算平衡表；与治理层进行沟通，最后评价审计结果，形成审计意见。业务流程步骤如表3-315所示。

表 3-315　　　　　　　　　　　　　　业务流程步骤表

序号	操作步骤	角色	操作内容
1	制定业务完成阶段的审计计划	项目经理	1. 确定业务完成阶段的主要工作及每项工作的具体执行人 2. 编制"业务完成阶段审计工作"工作底稿
2	汇总已更正错报以及已更正列报和披露	审计助理	1. 编制"错报累计和评价表"工作底稿 2. 将审计过程的所有工作底稿中已更正的错报进行汇总，编制"已更正错报汇总表"工作底稿 3. 将已更正的列报和披露进行汇总，编制"已更正的列报和披露错报汇总表"工作底稿
3	汇总未更正错报以及未更正列报和披露错报	审计师	1. 将识别出的影响本期财务报表的未更正错报进行汇总，编制"未更正错报汇总表"工作底稿 2. 将未更正的列报和披露进行汇总，编制"未更正的列报和披露错报汇总表"工作底稿
4	评价识别出的错报	审计师	1. 评价识别出的错报对审计的影响 2. 编制"评价识别出的错报"工作底稿
5	编制试算平衡表	审计师	1. 编制"资产负债表试算平衡表"工作底稿 2. 编制"利润表试算平衡表"工作底稿
6	与管理层和治理层进行沟通	项目经理	1. 就审计中发现的与董事会监督财务报告过程责任相关的重大事项与制造企业总经理进行面谈 2. 编制"与治理层的沟通函"工作底稿 3. 制造企业总经理在"与治理层的沟通函"中签署意见
7	评价审计结果，形成审计意见	项目经理	1. 认知审计意见类型的种类 2. 初步确定拟出具的审计报告意见
8	获取管理层声明书并确定日期	审计助理	1. 向制造企业总经理提交"未分组错报汇总表""未更正的列报和披露错报汇总表"以及"管理层声明书" 2. 制造企业审核后盖章 3. 接收盖章后的管理层声明书
9	复核审计工作底稿	项目经理	1. 复核"错报累计和评价表""已更正错报汇总表""已更正的列报和披露错报汇总表""未更正错报汇总表""未更正的列报和披露错报汇总表""资产负债表试算平衡表""利润表试算平衡表" 2. 在复核人处签字

业务流程步骤如图 3-274 所示。

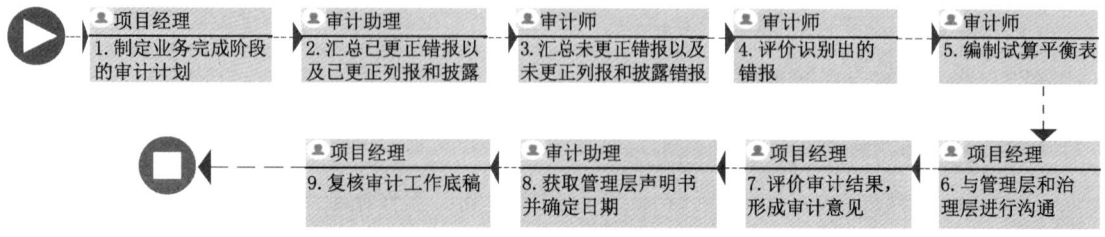

图 3-274　业务流程步骤图

（33）出具审计报告（事务所）。审计外勤工作结束后，会计师事务所项目经理召开项目总结会议，讨论审计中发现的重大问题，最后形成审计结论；逐级对审计工作底稿进行复核；出具审计报告并逐级复核签发，最后将审计报告送达制造企业。业务流程步骤如表 3-316 所示。

表 3-316　　　　　　　　　　　　　业务流程步骤表

序号	操作步骤	角色	操作内容
1	召开审计项目总结会	项目经理	1. 确定会议召开的时间、地点以及参加的人员 2. 确定会议的主要议题
2	撰写审计报告初稿	审计师	1. 确定审计意见类型 2. 编写审计报告
3	工作底稿的一级复核	审计师	1. 接收全部审计工作底稿并复核 2. 在"业务复核核对表"中记录，并在项目经理复核签字处签字并签署复核日期 3. 将工作底稿及"业务复核核对表"提交项目经理复核
4	工作底稿的二级复核	项目经理	1. 接收全部审计工作底稿并复核 2. 在"业务复核核对表"的部门经理复核签字处签字并签署复核日期 3. 将工作底稿及"业务复核核对表"提交项目质量控制部复核
5	出具审计报告	审计师	1. 根据复核意见修改审计报告措辞 2. 出具审计报告 3. 填写"审计报告复核签发单"中的审计报告以及主送和报送单位信息 4. 将审计报告及审计报告复核签发单提交项目经理进行审核
6	项目经理复核审计报告	项目经理	1. 接收并审核审计报告 2. 在"审计报告复核签发单"的项目负责人意见处签署"同意"并签字
7	将审计报告送达制造企业	审计助理	1. 填写"业务报告客户签收单"相关信息，并在事务所经办人处签字 2. 将经过复核同意签发的审计报告送达制造企业 3. 请制造企业人员接收审计报告，并在"业务报告客户签收单"签字
8	制造企业接收审计报告	财务部经理	1. 接收审计报告 2. 在"业务报告客户签收单"接收单位经办人处签字

业务流程步骤如图 3-275 所示。

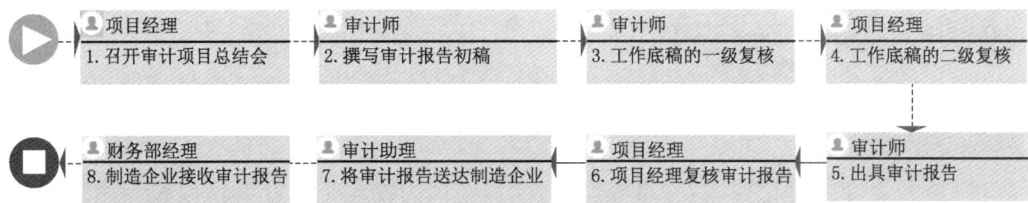

图 3-275　业务流程步骤图

(34)审计工作底稿整理归档(事务所)。审计工作完成后,审计助理将所有审计工作底稿进行归类、编号、整理,装订后移交档案室进行保管。业务流程步骤如表3-317所示。

表 3-317   业务流程步骤表

序号	操作步骤	角色	操作内容
1	整理审计工作底稿	审计助理	1. 复核被审单位相关信息 2. 按照审计工作底稿目录对工作底稿进行分类和编号 3. 对工作底稿进行归纳整理
2	填写审计工作底稿索引目录	审计助理	将对应的工作底稿页码填写在"审计工作底稿目录"中
3	装订审计工作底稿	审计师	将编制好的审计工作底稿目录以及分类编号的工作底稿一并装订成册
4	审计档案归档保管	审计师	将装订好的审计档案归入档案室进行保管

业务流程步骤如图3-276所示。

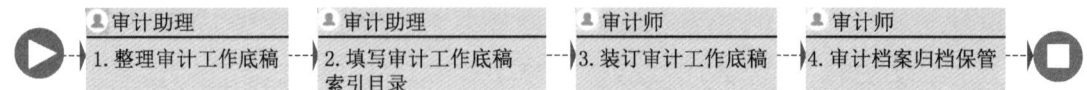

图 3-276   业务流程步骤图

(35)办理审计收费(事务所)。会计师事务所在完成审计工作后,按照审计业务约定书的约定,向制造企业开具发票、收取审计费用并办理存入银行的相关手续。业务流程步骤如表3-318所示。

表 3-318   业务流程步骤表

序号	操作步骤	角色	操作内容
1	为制造企业开具审计收费发票	项目经理	1. 开具增值税专用发票 2. 安排审计助理将增值税专用发票送至制造企业财务部
2	将开具的发票送达制造企业	审计助理	将服务业发票送至制造企业财务部的财务会计

业务流程步骤如图3-277所示。

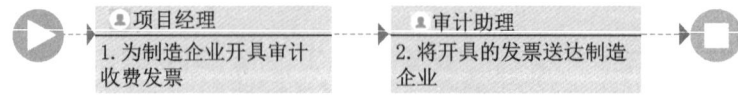

图 3-277   业务流程步骤图

(36)物流企业代理记账收费(事务所)。项目经理为物流企业开具增值税专用发票,交至物流企业,物流企业根据收到的增值税专用发票,向会计师事务所支付代理记账费用款项。业务流程步骤如表3-319所示。

表 3-319   **业务流程步骤表**

序号	操作步骤	角色	操作内容
1	为物流企业开具代理记账发票	项目经理	1. 开具增值税专用发票 2. 安排审计助理将增值税专用发票送至物流企业
2	办理网银转账	物流总经理	1. 收到会计师事务所的增值税专用发票,随即在 VBSE 系统中办理网银转账 2. 到银行打印业务回单

业务流程步骤如图 3-278 所示。

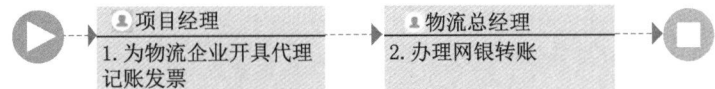

图 3-278   业务流程步骤图

(37) 连锁企业代理记账收费(事务所)。项目经理为连锁企业开具增值税专用发票,交至连锁企业,连锁企业根据收到的增值税专用发票,向会计师事务所支付代理记账费用款项。业务流程步骤如表 3-320 所示。

表 3-320   **业务流程步骤表**

序号	操作步骤	角色	操作内容
1	为连锁企业开具审代理记账发票	项目经理	1. 开具增值税专用发票 2. 安排审计助理将增值税专用发票送至连锁企业
2	办理网银转账	连锁总经理	1. 收到会计师事务所的增值税专用发票,随即在 VBSE 系统中办理网银转账 2. 到银行打印业务回单

业务流程步骤如图 3-279 所示。

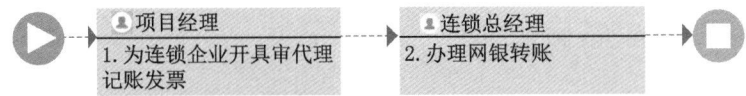

图 3-279   业务流程步骤图

(38) 物流企业月末账务处理(事务所)。审计助理根据物流企业移交的资料、原始凭证编制记账凭证并根据记账凭证登记总分类账。业务流程步骤如表 3-321 所示。

表 3-321   **业务流程步骤表**

序号	操作步骤	角色	操作内容
1	编制记账凭证	审计助理	根据物流企业发生经济业务的原始凭证,填写记账凭证
2	登记总账	审计师	依据记账凭证登记总分类账

业务流程步骤如图 3-279 所示。

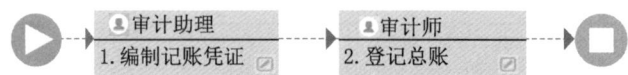

图 3-279　业务流程步骤图

（39）连锁企业月末账务处理（事务所）。审计师根据连锁企业移交的资料、原始凭证编制记账凭证并根据记账凭证登记总分类账。业务流程步骤如表 3-322 所示。

表 3-322　　　　　　　　　　　　业务流程步骤表

序号	操作步骤	角色	操作内容
1	编制记账凭证	审计助理	根据连锁企业发生经济业务的原始凭证,填写记账凭证
2	登记总账	审计师	依据记账凭证登记总分类账

业务流程步骤如图 3-280 所示。

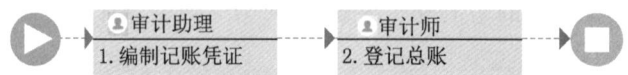

图 3-280　业务流程步骤图

（40）为物流企业编制财务报表（事务所）。审计助理根据总分类账数据,编制利润表和资产负债表。业务流程步骤如表 3-323 所示。

表 3-323　　　　　　　　　　　　业务流程步骤表

序号	操作步骤	角色	操作内容
1	编制利润表	审计助理	根据损益账户明细账本期发生额编制利润表
2	编制资产负债表	审计助理	根据资产、负债、所有者权益类账户的期末余额直接或计算、分析填列资产负债表

业务流程步骤如图 3-281 所示。

图 3-281　业务流程步骤图

（41）为连锁企业编制财务报表（事务所）。审计师根据总分类账数据,编制利润表和资产负债表。业务流程步骤如表 3-324 所示。

表 3-324　　　　　　　　　　　　业务流程步骤表

序号	操作步骤	角色	操作内容
1	编制利润表	审计师	根据损益账户明细账本期发生额编制利润表
2	编制资产负债表	审计师	根据资产、负债、所有者权益类账户的期末余额直接或计算、分析填列资产负债表

业务流程步骤如图 3-282 所示。

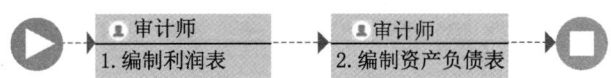

图 3-282 业务流程步骤图

（42）第二次阶段考核项目经理。

（43）第二次阶段考核审计师。

（44）第二次阶段考核审计助理。

第四章　自　主　经　营

第一节｜制造业自主经营规则

（1）收到经销商货款银行回单（制造业）。出纳去银行取回经销商货款的电汇凭单，并交由财务部依据公司流程进行账务处理。业务流程步骤如表 4-1 所示。

表 4-1　　　　　　　　　　　　　　业务流程步骤表

序号	活动名称	角色	活动描述—操作指导
1	查询网银	出纳	1. 接收采购商的付款通知 2. 查询网银，确认已收到货款 3. 到银行打印此款项回单
2	打印业务回单	银行柜员	1. 根据出纳提供的信息查询到转账记录并打印 2. 将打印好的业务回单交给出纳
3	编制记账凭证	财务会计	1. 接收出纳送来的银行进账单回单 2. 编制记账凭证 3. 将电汇回单粘贴到记账凭证后面 4. 将记账凭证交财务部经理审核
4	审核记账凭证	财务部经理	1. 接收财务会计送来的记账凭证 2. 审核记账凭证的附件是否齐全、正确 3. 审核记账凭证的编制是否正确 4. 审核无误后，在记账凭证上签字或盖章 5. 交出纳登记银行存款日记账
5	登记银行日记账	出纳	1. 根据审核后的记账凭证登记银行存款日记账 2. 记账后在记账凭证上签字或盖章 3. 交财务会计登记明细账
6	登记科目明细账	财务会计	1. 接收出纳送来的记账凭证 2. 在记账凭证上签字或盖章 3. 根据审核后的记账凭证登记科目明细账
7	登记总账	财务部经理	1. 接收财务会计交给的记账凭证 2. 在记账凭证上签字或盖章 3. 根据记账凭证登记科目总账

业务流程步骤如图 4-1 所示。

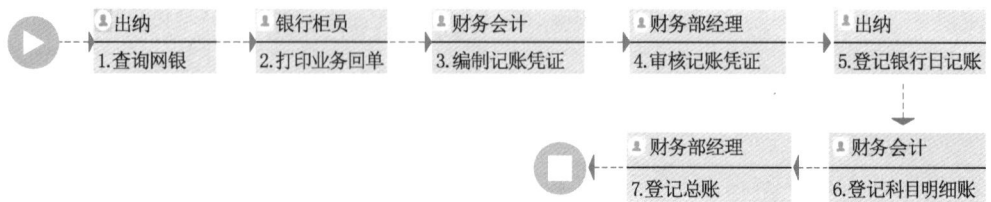

图 4-1　业务流程步骤图

（2）收到市场开拓费发票（制造业）。市场专员收到服务公司关于市场开拓的发票，核对后交本企业相关部门审核，并按照公司的财务付款流程，依次办理财务手续，最终支付市场开拓的费用。业务流程步骤如表4-2所示。

表 4-2   业务流程步骤表

序号	活动名称	角色	活动描述—操作指导
1	到服务公司领取市场开拓费用发票	市场专员	到服务公司领取其开具的市场开拓费发票
2	开具市场开拓费用发票	服务公司业务员	1. 根据市场开拓申请单的金额和市场专员提供的企业信息开具增值税专用发票 2. 将增值税专用发票发票联、抵扣联交给市场专员 3. 将增值税专用发票记账联备案留档
3	收到市场开拓费用发票并登记	市场专员	1. 将发票信息登记到发票记录表上（发票号、开票单位、金额、日期、到期日等） 2. 确认发票信息无误后交给营销部经理审核
4	审核收到的市场开拓费发票	营销部经理	1. 接到市场专员交来的市场开拓费发票 2. 审核市场开拓费发票与市场开拓合同是否一致 3. 确认无误后，由市场专员交给财务会计
5	收到市场开拓费用专用发票并记账	财务会计	1. 收到营销部经理的市场开拓费用专用发票 2. 根据市场开拓费用专用发票填制记账凭证
6	审核记账凭证	财务部经理	1. 审核财务会计编制的记账凭证并对照相关附件检查是否正确 2. 审核无误，在记账凭证上签字或盖章
7	登记科目明细账	财务会计	1. 根据记账凭证登记科目明细账 2. 记账后在记账凭证上签字或盖章
8	登记总账	财务部经理	1. 根据记账凭证登记总账 2. 记账后在记账凭证上签字或盖章

业务流程步骤如图4-2所示。

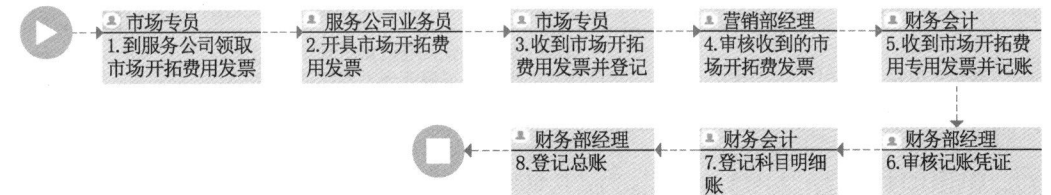

图 4-2   业务流程步骤图

（3）支付市场开拓费（制造业）。市场专员根据收到服务公司关于市场开拓的发票，核对后交本企业相关部门审核，并按照公司的财务付款流程，依次办理财务手续，最终支付市场开拓的费用。业务流程步骤如表4-3所示。

表 4-3   业务流程步骤表

序号	活动名称	角色	活动描述—操作指导
1	填写付款申请单	市场专员	1. 查看发票记录表，确认未支付的发票信息 2. 对照发票记录表上的未支付发票信息填写付款申请单 3. 将付款申请提交给营销部经理审核

（续表）

序号	活动名称	角色	活动描述—操作指导
2	审核付款申请	营销部经理	1. 审核付款申请单和发票金额是否一致,确认无误后在付款申请上签字 2. 将付款申请交市场专员传递给财务部经理审核
3	审核付款申请	财务部经理	1. 审核付款申请单,确认无误后在申请单上签字 2. 将付款申请交还给出纳人员安排付款
4	填写转账支票	出纳	1. 收到财务部经理转交的批复后的付款申请单 2. 确认后对照付款申请单金额开具转账支票 3. 出纳登记支票登记簿,支票领用人签字 4. 将支票正联给财务部经理审核,盖章
5	审核支票	财务部经理	1. 审核支票填写的是否正确 2. 确认无误后签字,加盖公司财务章和法人章 3. 将支票正联交给营销部经理支付给服务公司
6	将支票送至服务公司	市场专员	1. 登记在支票登记簿上 2. 将支票交给服务公司完成支付
7	接收支票并入账	服务公司总经理	1. 向办理市场开拓的企业催收市场开拓费 2. 拿到办理市场开拓企业办理市场开拓开具的转账支票 3. 根据转账支票填写进账单 4. 携带转账支票与进账单到银行进行转账
8	办理转账并打印回单	银行柜员	1. 收到企业提交的进账单与支票 2. 根据进账单信息办理转账业务 3. 根据办理的转账业务,打印银行业务回单 4. 将银行业务回单交给企业办事员
9	填制记账凭证	财务会计	1. 根据审核的付款申请单和支票存根填制记账凭证 2. 将支票存根和付款申请单粘贴在记账凭证后作为附件 3. 将记账凭证传递给财务部经理审核
10	审核记账凭证	财务部经理	1. 审核财务会计填制的记账凭证并对照相关附件检查是否正确 2. 审核无误,在记账凭证上签字或盖章 3. 将确认后的记账凭证传递给出纳登记日记账
11	登记日记账	出纳	1. 根据记账凭证登记银行存款日记账 2. 记账后在记账凭证上签字或盖章 3. 将记账凭证传递给财务会计登记科目明细账
12	登记科目明细账	财务会计	1. 接收出纳交还的记账凭证 2. 根据记账凭证登记科目明细账 3. 记账后在记账凭证上签字或盖章
13	登记总账	财务部经理	1. 接收财务会计的记账凭证 2. 根据记账凭证登记总账 3. 记账后在记账凭证上签字或盖章

业务流程步骤如图 4-3 所示。

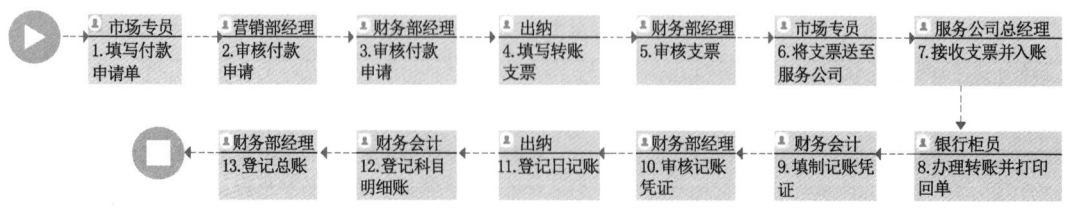

图 4-3　业务流程步骤图

（4）申请和办理广告投放（制造业）。市场专员依据公司的销售策略,提交投放广告申请及预算表,报由营销部经理审核批准后,去服务公司办理投放广告业务。业务流程步骤如表4-4所示。

表4-4 业务流程步骤表

序号	活动名称	角色	活动描述—操作指导
1	申请广告投放并编制广告投放申请单	市场专员	根据公司销售策略,按照广告的主题结构、内容、金额提交广告投放申请单
2	审批广告投放申请单	营销部经理	1. 接收市场专员交来的广告投放申请单 2. 审核广告投放申请单填写的准确性 3. 审核广告投放申请单是否合理 4. 审核通过确认进行广告投放
3	到服务公司办理广告投放	市场专员	持营销部经理批准的广告投放申请单到服务公司办理广告投放业务
4	签订广告合同	服务公司业务员	1. 接收制造业市场专员提交的广告投放申请单 2. 在制造业的申请单上盖章后,办理广告投放业务
5	办理广告投放	服务公司业务员	1. 查看制造业市场专员要办理的广告费投放地点 2. 依据广告费投放地区,为制造业办理广告费投放 3. 告知制造业办理人员业务办理完成,请到总经理处开具增值税专用发票

业务流程步骤如图4-4所示。

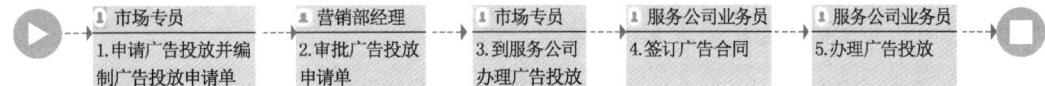

图4-4 业务流程步骤图

（5）收到广告费发票（制造业）。市场专员收到服务公司关于市场广告费的发票,核对后交本企业相关部门审核,并按照公司的财务付款流程,依次办理财务手续,最终支付市场广告的费用。业务流程步骤如表4-5所示。

表4-5 业务流程步骤表

序号	活动名称	角色	活动描述—操作指导
1	收到服务公司领取的广告费用发票	市场专员	到服务公司领取广告费用发票
2	开具广告费用发票	服务公司业务员	1. 根据广告费申请单的金额和市场专员提供的企业信息开具增值税专用发票 2. 将增值税专用发票发票联、抵扣联交给市场专员 3. 将增值税专用发票记账联备案留档
3	收取市场开拓费用发票并交经理审核	市场专员	1. 从服务公司收取广告费专用发票并登记备案,即将发票信息登记到发票记录表上（发票号、开票单位、金额、日期、到期日等） 2. 确认发票信息无误后将发票交给营销部经理审核
4	审核广告费用发票	营销部经理	1. 收到市场专员提交的广告费用发票 2. 审核发票是否与合同规定的金额一致,确认无误后,将广告费用专用发票送至财务会计处

(续表)

序号	活动名称	角色	活动描述—操作指导
5	收到市场开拓费用专用发票并记账	财务会计	1. 收到营销部经理的市场开拓费用专用发票 2. 根据市场开拓费用专用发票填制记账凭证
6	审核记账凭证	财务部经理	1. 审核财务会计编制的记账凭证并对照相关附件检查是否正确 2. 审核无误,在记账凭证上签字或盖章
7	登记科目明细账	财务会计	1. 根据记账凭证登记科目明细账 2. 记账后在记账凭证上签字或盖章
8	登记总账	财务部经理	1. 根据记账凭证登记总账 2. 记账后在记账凭证上签字或盖章

业务流程步骤如图 4-5 所示。

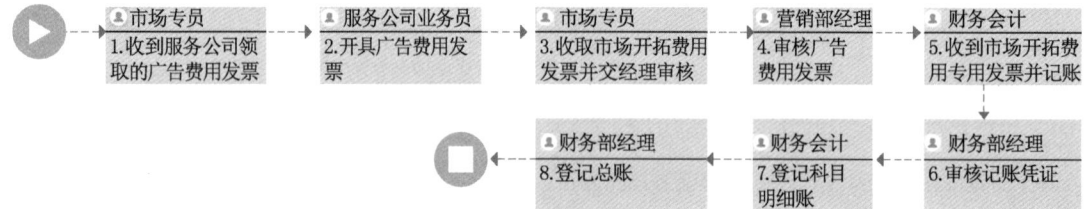

图 4-5　业务流程步骤图

（6）支付广告投放费用（制造业）。市场专员按照收到服务公司关于市场广告费的发票,核对后交本企业相关部门审核,并按照公司的财务付款流程,依次办理财务手续,最终支付市场广告的费用。业务流程步骤如表 4-6 所示。

表 4-6　　　　　　　　　　业务流程步骤表

序号	活动名称	角色	活动描述—操作指导
1	填写付款申请单	市场专员	1. 收到服务公司开具的广告费用发票 2. 对照发票信息填写付款申请单(用途、金额、收款单位、账号等) 3. 将发票与付款申请单,交给营销部经理审核
2	审核付款申请	营销部经理	1. 收到市场专员交给的广告费付款申请单 2. 对照之前审核通过的《广告投放申请单》内容、金额等进行审核 3. 审核无误后,将发票和付款申请交由市场专员提交财务
3	审核付款申请	财务部经理	1. 审核市场专员交给的付款申请单和广告发票 2. 审核付款申请单填写的正确性,确认后签字
4	填写支票并登记支票登记簿	出纳	1. 依照审核通过的付款申请单,填写转账支票,盖财务专用章 2. 将填写好的支票给财务部经理,财务部经理审核合格后,盖法人章 3. 登记支票登记簿,将支票正联交给市场专员,并请其签收 4. 将支票根粘贴在付款申请凭单后面
5	填制记账凭证	财务会计	1. 接收并核对出纳交来的支票根、付款申请单 2. 根据支票根、付款申请单编制记账凭证
6	审核记账凭证	财务部经理	1. 审核财务会计编制的记账凭证并对照支票根、付款申请单检查是否正确 2. 审核记账凭证填写的是否正确 3. 确认无误,在记账凭证上签字或盖章

（续表）

序号	活动名称	角色	活动描述—操作指导
7	登记银行存款日记账	出纳	1. 根据记账凭证登记银行存款日记账 2. 记账后在记账凭证上签字或盖章 3. 将记账凭证交财务会计登账
8	登记科目明细账	财务会计	1. 根据记账凭证登记科目明细账 2. 记账后在记账凭证上签字或盖章
9	登记总账	财务部经理	1. 根据记账凭证登记总账 2. 记账后在记账凭证上签字或盖章
10	将支票送服务公司	市场专员	1. 在支票登记簿上签收 2. 将收到的支票交给收款方及服务公司
11	收到转账支票并到银行办理转账	服务公司总经理	1. 向办理市场广告的企业催收市场广告费 2. 拿到办理市场广告企业开具的转账支票 3. 根据转账支票填写进账单 4. 携带转账支票与进账单到银行进行转账
12	办理转账并打印银行回单(银行)	银行柜员	1. 收到企业提交的进账单与支票 2. 根据进账单信息办理转账业务 3. 根据办理的转账业务,打印银行业务回单 4. 将银行业务回单交给企业办事员

业务流程步骤如图 4-6 所示。

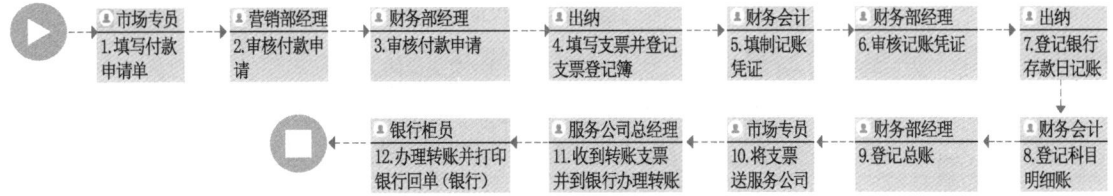

图 4-6 业务流程步骤图

（7）查看虚拟销售订单(制造业)。销售专员在系统中查看销售订单。业务流程步骤如表 4-7 所示。

表 4-7 业务流程步骤表

序号	活动名称	角色	活动描述—操作指导
1	查看订单并确定预期订单	销售专员	1. 在系统中查看可选订单 2. 服务公司通知后,到服务公司进行选单

业务流程步骤如图 4-7 所示。

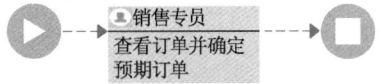

图 4-7 业务流程步骤图

（8）查看竞选结果(制造业)。销售专员在系统中查看竞单。业务流程步骤如表 4-8 所示。

表 4-8　　　　　　　　　　　　　业务流程步骤表

序号	活动名称	角色	活动描述—操作指导
1	查看竞单结果	销售专员	1. 查看已选中订单 2. 确定订单信息是否正确(公司名称、产品规格、价格、数量、质量标准、交货方式等) 3. 确认交货日期是否正确

业务流程步骤如图 4-8 所示。

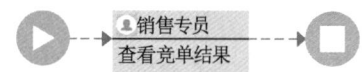

图 4-8　业务流程步骤图

(9) 给虚拟经销商发货(制造业)。销售专员给虚拟经销商发货。业务流程步骤如表 4-9 所示。

表 4-9　　　　　　　　　　　　　业务流程步骤表

序号	活动名称	角色	活动描述—操作指导
1	填制发货单	销售专员	1. 销售专员根据销售订单填写发货单 2. 将发货单的财务联送交财务部的财务会计 3. 将发货单的客户联自留(因为对方是虚拟企业,无实体) 4. 携带发货单的仓储联前往仓储部办理发货
2	审核发货单	营销部经理	1. 收到销售专员提交的发货单 2. 对照销售合同审核销售发货计划的发货订单时间、数量、发货方式是否正确 3. 确认无误,在销售发货单上签字
3	审核发货单	财务会计	1. 收到销售专员传过来的销售发货单 2. 检查本企业的应收账款额度是否过高,如过高则应通知营销部经理限制发货 3. 将发货单留存联交给出纳填制记账凭证
4	确认发货单	仓储部经理	1. 收到交来的销售发货单并审核其填写是否正确,库存是否能够满足 2. 与财务部确认客户会款状态是否符合发货的条件 3. 确认正确无误,依照其登记库存台账并办理出库手续

业务流程步骤如图 4-9 所示。

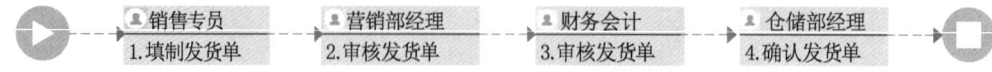

图 4-9　业务流程步骤图

(10) 给虚拟经销商办理出库并开发票(制造业)。仓储部仓管员按照销售部提供的发货单,填制产品出库单,并报与仓储部经理审核,批准后给虚拟客户发货,营销部提交开具增值税专用发票申请,财务部开出增值税专用发票并记账。业务流程步骤如表 4-10 所示。

表 4-10   业务流程步骤表

序号	活动名称	角色	活动描述—操作指导
1	填制产品出库单	仓管员	1. 根据销售专员发货单填制产品的销售出库单(一式三联) 2. 请销售专员签字确认 3. 提交至仓储部经理审批
2	审核产品出库单	仓储部经理	1. 收到仓管员交给的产品出库单并审核 2. 确认正确后转交还仓管员
3	办理出库	仓管员	1. 在 VBSE 系统中办理出库,把出库单给销售专员一联 2. 按照仓库联登记台账 3. 把出库单送给成本会计一联
4	登记销售发货明细表	销售专员	1. 根据发货单进行销售发运 2. 登记并更新销售发货明细表
5	提交增值税专用发票申请	销售专员	1. 根据销售发货明细表和销售订单的信息提交开具增值税专用发票申请 2. 开票申请单提交告知财务出纳开具增值税专用发票
6	开具增值税专用发票	出纳	根据销售专员提供的信息开具增值税专用发票
7	登记发票领用表	出纳	1. 销售专员在发票领用表登记并签字 2. 出纳将增值税专用发票记账联保留,将发票联和抵扣联交给销售专员送给客户
8	发票送给虚拟企业经销商(服务公司代收)	销售专员	收到出纳开具完的销售发票传给购货方(外部虚拟商业社会环境)
9	填制记账凭证	出纳	1. 接收销售专员交来的销售发票和销售回款结果,填制记账凭证 2. 在记账凭证上签字或盖章 3. 将发票粘贴到记账凭证后面 4. 将记账凭证交财务部经理审核
10	审核记账凭证	财务部经理	1. 接收出纳编制的记账凭证并审核 2. 审核无误后在记账凭证上签字或盖章 3. 将记账凭证交给财务会计登记明细账
11	登记三栏式明细账	财务会计	1. 接收财务部经理交给的记账凭证,并审核 2. 审核后,登记三栏式科目明细账 3. 记账后在记账凭证上签字或盖章
12	登记数量金额明细账	成本会计	根据记账凭证后所附销售出库单填写数量金额明细账
13	登记总账	财务部经理	1. 根据记账凭证登记总账 2. 记账后在记账凭证上签字或盖章

业务流程步骤如图 4-10 所示。

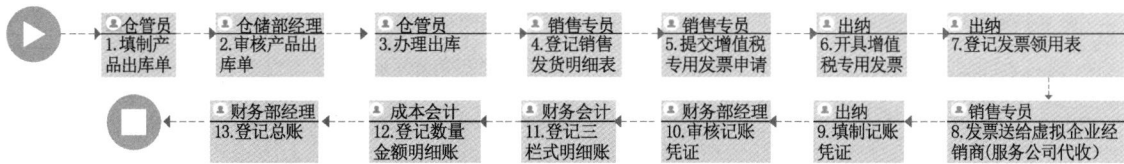

图 4-10   业务流程步骤图

（11）收到虚拟经销商货款(制造业)。销售专员通知出纳查看收款信息,出纳根据收款的回单记账。业务流程步骤如表 4-11 所示。

表 4-11   业务流程步骤表

序号	活动名称	角色	活动描述—操作指导
1	销售收款	销售专员	1. 在 VBSE 系统中办理销售收款 2. 通知出纳查询银行存款
2	收到银行收款结算凭证（电汇回单）	出纳	1. 收到银行收款结算凭证（电汇回单） 2. 将银行收款结算凭证（电汇回单）交给财务会计
3	编制记账凭证	财务会计	1. 收到银行收款结算凭证（电汇回单）并据此编制记账凭证 2. 将电汇回单粘贴到记账凭证后面 3. 将记账凭证交财务部经理审核
4	审核记账凭证	财务部经理	1. 审核财务会计填制的记账凭证并对照相关附件检查是否正确 2. 审核无误,在记账凭证上签字或盖章 3. 将确认后的记账凭证传递给出纳登记日记账
5	登记日记账	出纳	1. 根据记账凭证登记银行存款日记账 2. 记账后在记账凭证上签字或盖章 3. 将记账凭证传递给财务会计登记科目明细账
6	登记科目明细账	财务会计	1. 根据记账凭证登记科目明细账 2. 记账后在记账凭证上签字或盖章
7	登记总账	财务部经理	1. 根据记账凭证登记总账 2. 记账后在记账凭证上签字或盖章

业务流程步骤如图 4-11 所示。

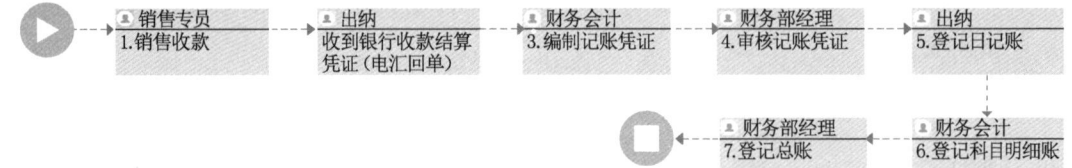

图 4-11   业务流程步骤图

（12）收到虚拟企业货款及账务处理（制造业）。销售专员收到客户交给的用于支付货款的转账支票,交给财务人员办理收款。业务流程步骤如表 4-12 所示。

表 4-12   业务流程步骤表

序号	活动名称	角色	活动描述—操作指导
1	销售收款	销售专员	接收客户采购员交付的转账支票
2	到银行办理入账	出纳	填写银行进账单交给银行柜员进行转账
3	收支票划款转账	银行柜员	1. 收到企业的出纳交来的转账支票 2. 验证支票后办理转账 3. 划款转账后将收款结算凭证交给出纳
4	收支票划款转账	出纳	1. 收到银行柜员打印的收款结算凭证 2. 将银行进账单回单交付会计做记账凭证
5	编制记账凭证	财务会计	1. 根据销售发票和销售回款结果,填制记账凭证 2. 将发票粘贴到记账凭证后面 3. 将记账凭证交财务部经理审核

（续表）

序号	活动名称	角色	活动描述—操作指导
6	审核记账凭证	财务部经理	1. 审核记账凭证的附件是否齐全、正确 2. 审核记账凭证的编制是否正确 3. 审核无误,在记账凭证上签字或盖章 4. 交出纳登记银行存款日记账
7	登记银行日记账	出纳	1. 根据审核后的记账凭证登记银行存款日记账 2. 记账后在记账凭证上签字或盖章 3. 交财务会计登记明细账
8	登记科目明细账	财务会计	1. 接收出纳送来的记账凭证 2. 核对财务部经理是否已审核 3. 根据审核后的记账凭证登记主营业务收入科目明细账 4. 记账后在记账凭证上签字或盖章

业务流程步骤如图 4-12 所示。

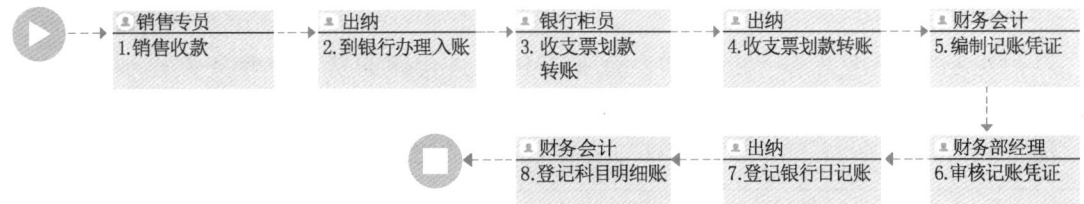

图 4-12 业务流程步骤图

（13）购买仓库（制造业）。按生产需求,采购员向服务公司购买仓库。业务流程步骤如表4-13所示。

表 4-13 业务流程步骤表

序号	活动名称	角色	活动描述—操作指导
1	填写购销合同	采购员	1. 根据公司需求,确定购买需求,到服务公司协商仓库的价格 2. 准备厂房仓库购销合同并签署相关内容
2	填写合同会签单	采购员	1. 拿到签订的购销合同 2. 根据购销合同,填写《合同会签单》
3	采购部经理审核合同会签单	采购部经理	1. 接收采购员发送的合同和合同会签单 2. 审核合同及合同会签单,并在合同会签单上签字
4	财务部经理审核合同会签单	财务部经理	1. 接收采购部经理发送的合同和合同会签单 2. 审核合同及合同会签单,并在合同会签单对应位置上签字
5	总经理审核合同会签单	总经理	1. 接收财务部审核的合同和合同会签单 2. 审核合同及合同会签单,并在合同会签单对应位置上盖章 3. 将合同发送给采购员
6	将购销合同送交给服务公司	采购员	1. 接收总经理发送的合同 2. 拿本公司已盖章的合同,去服务公司盖章
7	服务公司盖章	服务公司总经理	1. 收到企业盖章后的合同,审核并盖章 2. 将盖章后的合同,送交制造业行政助理

（续表）

序号	活动名称	角色	活动描述—操作指导
8	合同归档	行政助理	1. 行政助理更新合同管理表 2. 行政助理登记完,把采购合同留存备案
9	确定仓库销售	服务公司业务员	在系统中确定企业的仓库采购
10	开具发票	服务公司总经理	依据合同金额,为企业开具发票

业务流程步骤如图 4-13 所示。

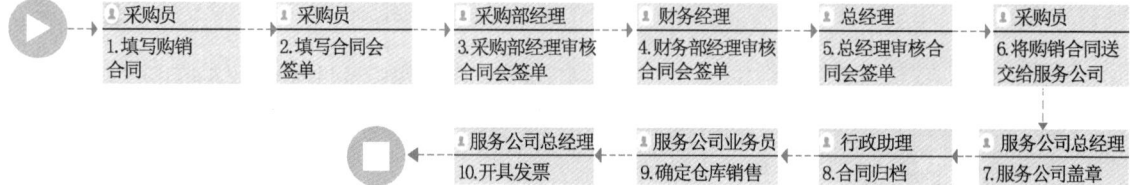

图 4-13　业务流程步骤图

（14）支付购买仓库款（制造业）。企业支付购买仓库的费用。业务流程步骤表如表 4-14 所示。

表 4-14　　　　　　　　　　　　业务流程步骤表

序号	活动名称	角色	活动描述—操作指导
1	收到发票	采购部经理	收到服务公司开具的增值税专用发票
2	填写付款申请单	采购部经理	1. 对照服务公司开具的《增值税专用发票》填写付款申请书 2. 将付款申请书及发票提交给财务部经理审核
3	审核付款申请	财务部经理	1. 审核收到的付款申请书与增值税发票是否相符,并审核其正确性 2. 将发票抵扣联留档 3. 将付款申请书交总经理审核
4	审核付款申请	总经理	1. 审核付款申请书,确认无误后在申请书上签字 2. 将付款申请书交给出纳付款
5	支付货款	出纳	1. 收到总经理转交的批复后的付款申请书,审核其准确性 2. 按付款申请书金额开具转账支票 3. 将转账支票交给服务公司总经理
6	填制记账凭证	财务会计	1. 根据付款申请书和银行回单填制记账凭证 2. 将银行回单、付款申请书和支票存根粘贴在记账凭证后作为附件
7	审核记账凭证	财务部经理	1. 审核财务会计编制的记账凭证并对照相关附件检查是否正确 2. 审核无误,在记账凭证上签字或盖章 3. 将确认后的记账凭证传递给出纳登记日记账
8	登记日记账	出纳	1. 根据记账凭证登记银行存款日记账 2. 记账后在记账凭证上签字或盖章 3. 将记账凭证传递给财务会计登记科目明细
9	登记科目明细账	财务会计	1. 根据记账凭证登记科目明细 2. 记账后在记账凭证上签字或盖章
10	登记总账	财务部经理	1. 根据记账凭证登记总账 2. 记账后在记账凭证上签字或盖章

业务流程步骤如图 4-14 所示。

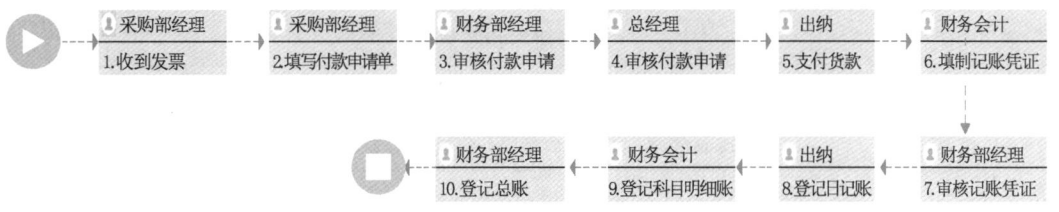

图 4-14　业务流程步骤图

（15）购买厂房（制造业）。按生产需求，向服务公司购买厂房。业务流程步骤如表 4-15 所示。

表 4-15　　　　　　　　　　　　　业务流程步骤表

序号	活动名称	角色	活动描述—操作指导
1	填写购销合同	采购员	1. 根据公司需求，确定购买需求，到服务公司协商厂房的价格 2. 准备厂房仓库购销合同并签署相关内容
2	填写合同会签单	采购员	1. 拿到签订的购销合同 2. 根据购销合同，填写《合同会签单》
3	采购部经理审核合同会签单	采购部经理	1. 接收采购员发送的合同和合同会签单 2. 审核合同及合同会签单，并在合同会签单上签字
4	财务部经理审核合同会签单	财务部经理	1. 接收采购经理发送的合同和合同会签单 2. 审核合同及合同会签单，并在合同会签单对应位置上签字
5	总经理审核合同会签单	总经理	1. 接收财务部审核的合同和合同会签单 2. 审核合同及合同会签单，并在合同会签单对应位置上盖章 3. 将合同发送给采购员
6	将购销合同送交给服务公司	采购员	1. 接收总经理发送的合同 2. 拿本公司已盖章的合同，去服务公司盖章
7	服务公司盖章	服务公司总经理	1. 收到企业盖章后的合同审核并盖章 2. 将盖章后的合同，送交制造业行政助理
8	合同归档	行政助理	1. 行政助理更新合同管理表 2. 行政助理登记完，把采购合同留存备案
9	确定厂房销售	服务公司业务员	在系统中为确定企业的厂房采购
10	开具发票	服务公司总经理	依据合同金额，为企业开具发票

业务流程步骤如图 4-15 所示。

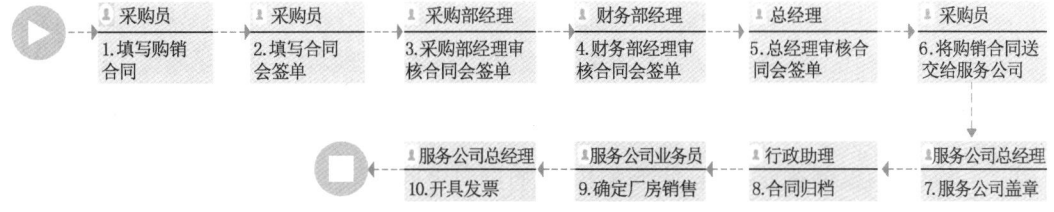

图 4-15　业务流程步骤图

（16）支付购买厂房款（制造业）。企业支付购买厂房的费用。业务流程步骤如表 4-16 所示。

表 4-16　　　　　　　　　　业务流程步骤表

序号	活动名称	角色	活动描述—操作指导
1	收到发票	采购部经理	收到服务公司开具的增值税专用发票
2	填写付款申请单	采购部经理	1. 对照服务公司开具的《增值税专用发票》填写付款申请书 2. 将付款申请书及发票提交给财务部经理审核
3	审核付款申请	财务部经理	1. 审核收到的付款申请书与增值税发票是否相符，并审核其正确性 2. 将发票抵扣联留档 3. 将付款申请书交总经理审核
4	审核付款申请	总经理	1. 审核付款申请书，确认无误后在申请书上签字 2. 将付款申请书交给出纳付款
5	支付货款	出纳	1. 收到总经理转交的批复后的付款申请书，审核其准确性 2. 按付款申请书金额开具转账支票 3. 将转账支票交给服务公司总经理
6	填制记账凭证	财务会计	1. 根据付款申请书和银行回单填制记账凭证 2. 将银行回单、付款申请书和支票存根粘贴在记账凭证后作为附件
7	审核记账凭证	财务部经理	1. 审核财务会计编制的记账凭证并对照相关附件检查是否正确 2. 审核无误，在记账凭证上签字或盖章 3. 将确认后的记账凭证传递给出纳登记日记账
8	登记日记账	出纳	1. 根据记账凭证登记银行存款日记账 2. 记账后在记账凭证上签字或盖章 3. 将记账凭证传递给财务会计登记科目明细账
9	登记科目明细账	财务会计	1. 根据记账凭证登记科目明细账 2. 记账后在记账凭证上签字或盖章
10	登记总账	财务部经理	1. 根据记账凭证登记总账 2. 记账后在记账凭证上签字或盖章

业务流程步骤如图 4-16 所示。

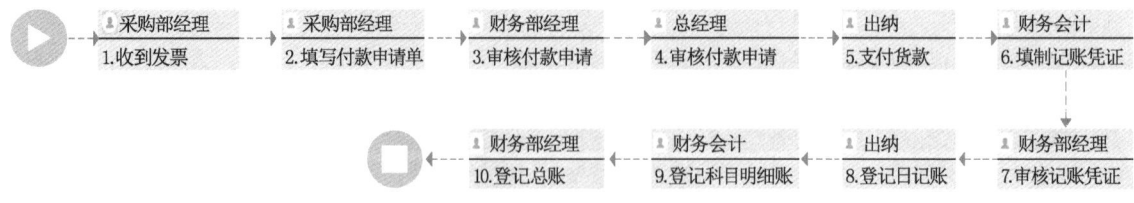

图 4-16　业务流程步骤图

（17）购买设备（制造业）。按生产需求，采购员向服务公司购买设备。业务流程步骤如表 4-17 所示。

表 4-17   业务流程步骤表

序号	活动名称	角色	活动描述—操作指导
1	填写购销合同	采购员	1. 根据公司需求,确定购买需求,到服务公司协商生产线的价格 2. 准备购销合同并签署相关内容(用购销合同即可)
2	填写合同会签单	采购员	1. 拿到签订的购销合同 2. 根据购销合同,填写《合同会签单》
3	采购部经理审核合同会签单	采购部经理	1. 接收采购员发送的合同和合同会签单 2. 审核合同及合同会签单,并在合同会签单上签字
4	财务部经理审核合同会签单	财务部经理	1. 接收采购部经理发送的合同和合同会签单 2. 审核合同及合同会签单,并在合同会签单对应位置上签字
5	总经理审核合同会签单	总经理	1. 接收财务部审核的合同和合同会签单 2. 审核合同及合同会签单,并在合同会签单对应位置上盖章 3. 将合同发送给采购员
6	将购销合同送交给服务公司	采购员	1. 接收总经理发送的合同 2. 拿本公司已盖章的合同,去服务公司盖章
7	服务公司盖章	服务公司总经理	1. 收到企业盖章后的合同审核并盖章 2. 将盖章后的合同,送交制造业行政助理
8	合同归档	行政助理	1. 行政助理更新合同管理表 2. 行政助理登记完,把采购合同留存备案
9	办理设备销售	服务公司业务员	按照合同,在系统中为对应的企业选择相应的设备
10	开具发票	服务公司总经理	依据合同金额,为企业开具发票
11	生产线配置人员	车间管理员	在 VBSE 系统中向新购买的生产线配置生产人员

业务流程步骤如图 4-17 所示。

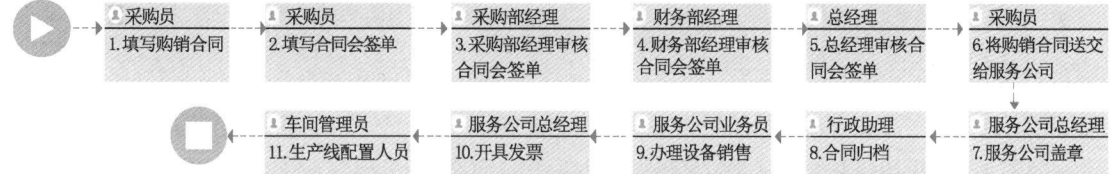

图 4-17   业务流程步骤图

（18）支付设备购买款（制造业）。企业支付购买设备的费用。业务流程步骤如表 4-18 所示。

表 4-18   业务流程步骤表

序号	活动名称	角色	活动描述—操作指导
1	收到发票	采购部经理	收到服务公司开具的增值税专用发票
2	填写付款申请单	采购部经理	1. 对照服务公司开具的《增值税专用发票》填写付款申请书 2. 将付款申请书及发票提交给财务部经理审核
3	审核付款申请	财务部经理	1. 审核收到的付款申请书与增值税发票是否相符,并审核其正确性 2. 将发票抵扣联留档 3. 将付款申请书交总经理审核

（续表）

序号	活动名称	角色	活动描述—操作指导
4	审核付款申请	总经理	1. 审核付款申请书，确认无误后在申请书上签字 2. 将付款申请书交给出纳付款
5	支付货款	出纳	1. 收到总经理转交的批复后的付款申请书，审核其准确性 2. 按付款申请书金额开具转账支票 3. 将转账支票交给服务公司总经理
6	填制记账凭证	财务会计	1. 根据付款申请书和银行回单填制记账凭证 2. 将银行回单、付款申请书和支票存根粘贴在记账凭证后作为附件
7	审核记账凭证	财务部经理	1. 审核财务会计编制的记账凭证并对照相关附件检查是否正确 2. 审核无误，在记账凭证上签字或盖章 3. 将确认后的记账凭证传递给出纳登记日记账
8	登记日记账	出纳	1. 根据记账凭证登记银行存款日记账 2. 记账后在记账凭证上签字或盖章 3. 将记账凭证传递给财务会计登记科目明细账
9	登记科目明细账	财务会计	1. 根据记账凭证登记科目明细账 2. 记账后在记账凭证上签字或盖章
10	登记总账	财务部经理	1. 根据记账凭证登记总账 2. 记账后在记账凭证上签字或盖章

业务流程步骤如图4-18所示。

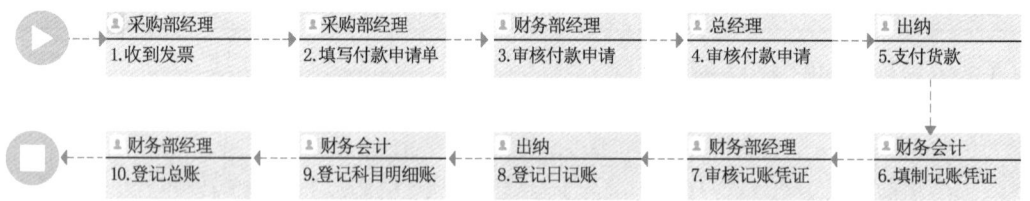

图 4-18　业务流程步骤图

（19）出售设备（制造业）。按生产需求，企业向服务公司出售设备。业务流程步骤如表4-19所示。

表 4-19　　　　　　　　　　　　　业务流程步骤表

序号	活动名称	角色	活动描述—操作指导
1	填写购销合同	采购员	1. 根据公司需求，确定设备销售需求，到服务公司协商销售设备的价格 2. 准备购销合同并签署相关内容（用购销合同即可）
2	填写合同会签单	采购员	1. 拿到签订的购销合同 2. 根据购销合同，填写《合同会签单》
3	采购部经理审核合同会签单	采购部经理	1. 接收采购员发送的合同和合同会签单 2. 审核合同及合同会签单，并在合同会签单上签字
4	财务部经理审核合同会签单	财务部经理	1. 接收采购部经理发送的合同和合同会签单 2. 审核合同及合同会签单，并在合同会签单对应位置上签字

(续表)

序号	活动名称	角色	活动描述—操作指导
5	总经理审核合同会签单	总经理	1. 接收财务部审核的合同和合同会签单 2. 审核合同及合同会签单,并在合同会签单对应位置上盖章 3. 将合同发送给采购员
6	将购销合同送交给服务公司	采购员	1. 接收总经理发送的合同 2. 拿本公司已盖章的合同,去服务公司盖章
7	服务公司盖章	服务公司总经理	1. 收到企业盖章后的合同审核并盖章 2. 将盖章后的合同,送交制造业行政助理
8	合同归档	行政助理	1. 行政助理更新合同管理表 2. 行政助理登记完,把采购合同留存备案
9	生产线人员调整	车间管理员	检查该生产线上是否有工人,如果有工人,需要将工人调离生产线
10	办理设备销售	车间管理员	按照合同,在系统中将对应的设备进行出售
11	办理设备回收	服务公司业务员	在系统中回收合同中签订的设备
12	开具发票	出纳	依据合同金额,为企业开具发票

业务流程步骤如图 4-19 所示。

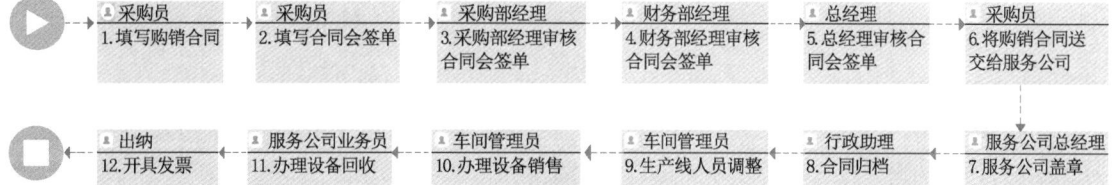

图 4-19 业务流程步骤图

（20）回收设备销售款（制造业）。企业回收销售生产线的设备款。业务流程步骤如表 4-20 所示。

表 4-20 业务流程步骤表

序号	活动名称	角色	活动描述—操作指导
1	催收货款	采购员	1. 向购服务公司催收设备销售款 2. 收到服务公司递交的转账支票 3. 依据购销合同审核支票的金额 4. 将支票交出纳处理
2	支付货款	出纳	1. 收到采购员递交的支票,审核支票的正确性 2. 填写进账单,连同支票一起送交银行进行入账
3	银行转账	银行柜员	1. 收到企业提交的支票与进账单 2. 审核支票的正确性 3. 根据进账单进行转账
4	填制记账凭证	财务会计	1. 根据银行回单填制记账凭证 2. 将银行回单、付款申请书和支票存根粘贴在记账凭证后作为附件

（续表）

序号	活动名称	角色	活动描述—操作指导
5	审核记账凭证	财务部经理	1. 审核财务会计编制的记账凭证并对照相关附件检查是否正确 2. 审核无误，在记账凭证上签字或盖章 3. 将确认后的记账凭证传递给出纳登记日记账
6	登记日记账	出纳	1. 根据记账凭证登记银行存款日记账 2. 记账后在记账凭证上签字或盖章 3. 将记账凭证传递给财务会计登记科目明细账
7	登记科目明细账	财务会计	1. 根据记账凭证登记科目明细账 2. 记账后在记账凭证上签字或盖章
8	登记总账	财务部经理	1. 根据记账凭证登记总账 2. 记账后在记账凭证上签字或盖章

业务流程步骤如图 4-20 所示。

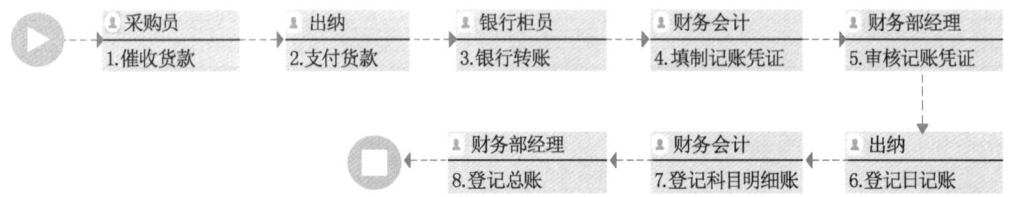

图 4-20　业务流程步骤图

（21）招聘生产工人（制造业）。人力资源部经理根据公司生产需要，按照招聘流程进行人力资源的员工招聘。业务流程步骤如表 4-21 所示。

表 4-21　　　　　　　　　　　　　业务流程步骤表

序号	活动名称	角色	活动描述—操作指导
1	确定人员需求	人力资源部经理	1. 生产计划部经理根据生产需求告知人力资源经理其对工人的需求 2. 与生产计划部经理沟通人才素质要求及职称等 3. 填写招聘计划表，将招聘计划表提交给服务公司业务员
2	人员派遣	服务公司业务员	1. 收到制造业的用人需求 2. 在系统中将对应的人员派遣至对方公司
3	确定招聘人员	人力资源部经理	在系统中，查看服务公司派遣的人员是否正确根据情况选择，是接收，还是拒绝
4	开具发票	服务公司业务员	1. 在派遣页面中，点击查看派遣人员，查看为公司派遣的工人 2. 根据协定的人才推介服务费用金额开具服务业发票，并将发票交给招聘企业，要求其尽快支付费用
5	填写付款申请单	人力资源部经理	1. 对照服务公司开具的《增值税专用发票》填写付款申请书 2. 将付款申请书及发票提交给财务部经理审核
6	审核付款申请	财务部经理	1. 审核收到的付款申请书与增值税发票是否相符，并审核其正确性 2. 将付款申请书交总经理审核

(续表)

序号	活动名称	角色	活动描述—操作指导
7	审核付款申请	总经理	1. 审核付款申请书,确认无误后在申请书上签字 2. 将付款申请书交给出纳付款
8	支付招聘费	出纳	1. 收到总经理审核通过付款申请书 2. 按付款申请书金额开具转账支票 3. 将转账支票交给服务公司总经理
9	填制记账凭证	财务会计	1. 根据付款申请书和银行回单填制记账凭证 2. 将银行回单、付款申请书和支票存根粘贴在记账凭证后作为附件
10	审核记账凭证	财务部经理	1. 审核财务会计编制的记账凭证并对照相关附件检查是否正确 2. 审核无误,在记账凭证上签字或盖章 3. 将确认后的记账凭证传递给出纳登记日记账
11	登记日记账	出纳	1. 根据记账凭证登记银行存款日记账 2. 记账后在记账凭证上签字或盖章 3. 将记账凭证传给财务会计登记科目明细账
12	登记科目明细账	财务会计	1. 根据记账凭证登记科目明细账 2. 记账后在记账凭证上签字或盖章 3. 将记账凭证交给财务部经理登记总账
13	登记总账	财务部经理	1. 根据记账凭证登记总账 2. 记账后在记账凭证上签字或盖章

业务流程步骤如图 4-21 所示。

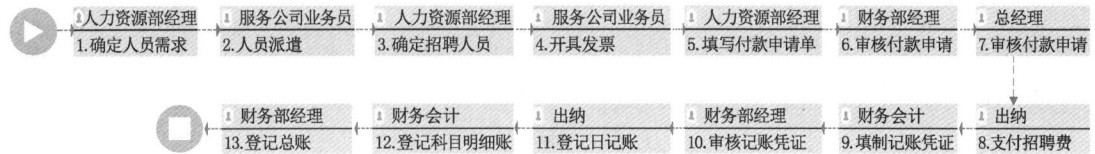

图 4-21　业务流程步骤图

(22) 解聘生产工人(制造业)。人力资源部经理根据公司生产需要,按照解聘流程进行人力资源的员工解聘。业务流程步骤如表 4-22 所示。

表 4-22　　　　　　　　　　　　　　业务流程步骤表

序号	活动名称	角色	活动描述—操作指导
1	解聘工人	人力资源部经理	1. 询问生产计划部经理是否需要裁减冗余的生产工人 2. 登录系统查询生产工人信息,辞退不需要的工人 3. 依照规则结算工人工资

业务流程步骤如图 4-22 所示。

图 4-22　业务流程步骤图

（23）办理产品研发(制造业)。按生产需求,研发新产品。业务流程步骤如表4-23所示。

表 4-23　　　　　　　　　　　　业务流程步骤表

序号	活动名称	角色	活动描述—操作指导
1	产品研发申请	生产计划部经理	1. 确定要研发的产品类型 2. 在系统中,对要研发的产品提出申请
2	填写支出凭单	生产计划部经理	1. 根据研发申请费用,填写支出凭单 2. 研发由服务公司代为办理,费用支付给服务公司
3	审核支出凭单	财务部经理	查看产品研发的信息,审核支出凭单的内容
4	审核支出凭单	总经理	查看产品研发的信息,审核支出凭单的内容
5	填写转账支票更新支付状态	出纳	1. 根据审核通过的支出凭单,填写支票,收款方为服务公司 2. 在系统中将对应的申请研发的产品线点击支付 3. 将转账支票送交服务公司
6	收票入账	服务公司业务员	1. 收到服务公司递交的办理产品研发的支票 2. 根据支票填写进账单 3. 携带支票与进账单到银行入账
7	银行转账	银行柜员	1. 收到服务公司提交的转账支票 2. 在系统中为服务公司办理入账操作
8	打印研发费用回单	银行柜员	1. 将刚办理的研发费用转账业务的回单打印出来 2. 通知对应企业领取回单
9	填制记账凭证	财务会计	1. 到银行领取回单 2. 根据银行回单填制记账凭证 3. 将银行回单粘贴在记账凭证后作为附件
10	审核记账凭证	财务部经理	1. 审核财务会计编制的记账凭证并对照相关附件检查是否正确 2. 审核无误,在记账凭证上签字或盖章 3. 将确认后的记账凭证传递给出纳登记日记账
11	登记日记账	出纳	1. 根据记账凭证登记银行存款日记账 2. 记账后在记账凭证上签字或盖章 3. 将记账凭证传递给财务会计登记科目明细账
12	登记科目明细账	财务会计	1. 根据记账凭证登记科目明细账 2. 记账后在记账凭证上签字或盖章 3. 将记账凭证传递给财务部经理登记总账
13	登记总账	财务部经理	1. 根据记账凭证登记总账 2. 记按生产需求,办理3C认证账后在记账凭证上签字或盖章

业务流程步骤如图4-23所示。

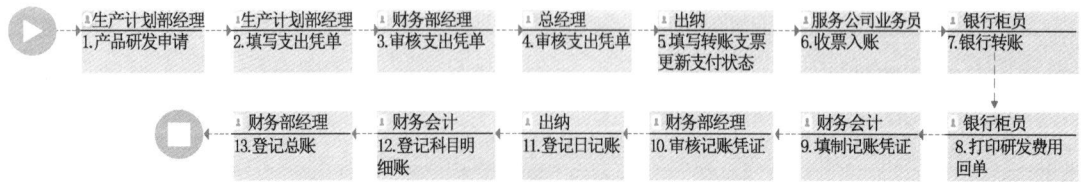

图 4-23　业务流程步骤图

（24）办理 3C 认证（制造业）。企业按生产需求，办理 3C 认证。业务流程步骤如表 4-24 所示。

表 4-24 　　　　　　　　　　　　　　业务流程步骤表

序号	活动名称	角色	活动描述—操作指导
1	填写 3C 认证申请	生产计划部经理	1. 根据公司经营策略，选择需要进行 3C 认证的产品和投入 3C 认证的费用 2. 填写产品 3C 认证的费用申请 3. 将认证申请表提交给总经理
2	审核 3C 认证申请	总经理	1. 接收生产计划部经理提交的 3C 认证申请 2. 根据公司的经营计划，审核 3C 认证费用的合理性、准确性，同意后签字 3. 将认证申请发送给行政助理
3	3C 认证申请盖章	行政助理	1. 接收总经理发送的 3C 认证申请单 2. 查看总经理的审核是否同意，确认无误后盖章 3. 将认证申请发送给生产计划部经理
4	到服务公司办理 3C 认证	生产计划部经理	1. 接收行政助理发送的认证申请 2. 携带 3C 认证到服务公司办理认证
5	办理 3C 认证	服务公司业务员	1. 收到企业的 3C 认证申请单 2. 为对应企业办理 3C 认证
6	开具发票	服务公司总经理	依据办理 3C 认证的金额，为企业开具发票

业务流程步骤如图 4-24 所示。

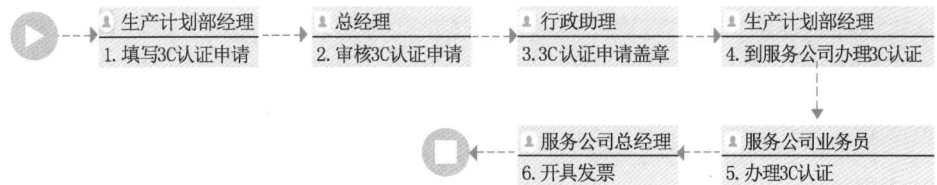

图 4-24 　业务流程步骤图

（25）支付 3C 认证款（制造业）。企业支付办理 3C 认证款。业务流程步骤如表 4-25 所示。

表 4-25 　　　　　　　　　　　　　　业务流程步骤表

序号	活动名称	角色	活动描述—操作指导
1	收到发票	采购部经理	收到服务公司开具的增值税专用发票
2	填写付款申请单	采购部经理	1. 对照服务公司开具的《增值税专用发票》填写付款申请书 2. 将付款申请书及发票提交给财务部经理审核
3	审核付款申请	财务部经理	1. 审核收到的付款申请书与增值税发票是否相符，并审核其正确性 2. 将发票抵扣联留档 3. 将付款申请书交总经理审核
4	审核付款申请	总经理	1. 审核付款申请书，确认无误后在申请书上签字 2. 将付款申请书交给出纳付款

(续表)

序号	活动名称	角色	活动描述—操作指导
5	支付货款	出纳	1. 收到总经理转交的批复后的付款申请书,审核其准确性 2. 按付款申请书金额开具转账支票 3. 将转账支票交给服务公司总经理
6	填制记账凭证	财务会计	1. 根据付款申请书和银行回单填制记账凭证 2. 将银行回单、付款申请书和支票存根粘贴在记账凭证后作为附件
7	审核记账凭证	财务部经理	1. 审核财务会计编制的记账凭证并对照相关附件检查是否正确 2. 审核无误,在记账凭证上签字或盖章 3. 将确认后的记账凭证传递给出纳登记日记账
8	登记日记账	出纳	1. 根据记账凭证登记银行存款日记账 2. 记账后在记账凭证上签字或盖章 3. 将记账凭证传递给财务会计登记科目明细账
9	登记科目明细账	财务会计	1. 根据记账凭证登记科目明细账 2. 记账后在记账凭证上签字或盖章
10	登记总账	财务部经理	1. 根据记账凭证登记总账 2. 记账后在记账凭证上签字或盖章

业务流程步骤如图 4-25 所示。

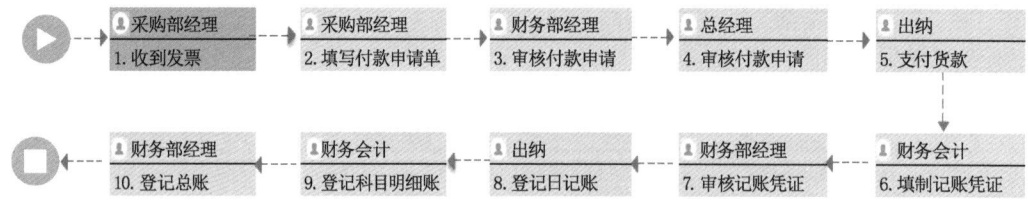

图 4-25　业务流程步骤图

(26) 申报五险一金增(减)员(制造业)。人力资源部根据本企业实际用工的情况,依照公司的相关规定办理入职、离职的社保变更手续。业务流程步骤如表 4-26 所示。

表 4-26　　　　　　　　　　　　　　业务流程步骤表

序号	操作步骤	角色	操作内容
1	查询新进/离职员工信息	人力资源助理	登录系统界面,查询当月新入职/离职人员信息
2	填写北京市社会保险参保人员增加表	人力资源助理	根据新增/减少人员实际情况填写社会保险参保人员增加/减少表,《北京市社会保险参保人员增加表》一式两份(缴费基数按照参保人员基本工资标准填写)
3	审核北京市社会保险参保人员增加表	人力资源部经理	1. 审核北京市社会保险参保人员增加表 2. 确认无误,签字并交还给人力资源助理
4	登录更新北京市社会保险增加表	人力资源助理	1. 收到人力资源部经理审核批准的北京市社会保险增加表 2. 登录系统并在线更新北京市社会保险增加表

业务流程步骤如图 4-26 所示。

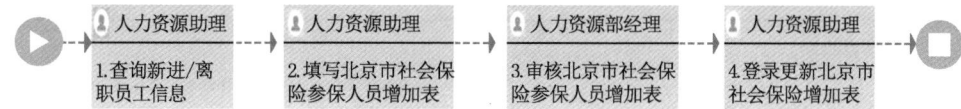

图 4-26　业务流程步骤图

（27）社会保险和公积金增（减）员（制造业）。人力资源部根据本企业实际用工的情况，依照公司的相关规定办理入职、离职的社保变更手续。业务流程步骤如表 4-27 所示。

表 4-27　　　　　　　　　　　　　　业务流程步骤表

序号	活动名称	角色	活动描述—操作指导
1	整理新进/离职员工信息	人力资源助理	1. 整理本月的招解聘人员信息 2. 提交人力资源经理
2	社会保险增减员	人力资源部经理	依据人力资源助理提交的招解聘人员信息在 VBSE 系统中做相应社会保险的增减员
3	住房公积金增减员	人力资源部经理	依据人力资源助理提交的招解聘人员信息在 VBSE 系统中做相应的公积金增减员

业务流程步骤如图 4-27 所示。

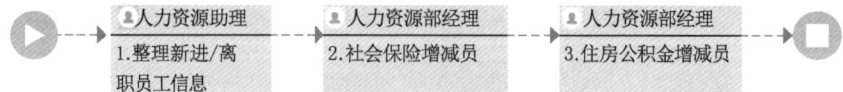

图 4-27　业务流程步骤图

（28）申领增值税发票（制造业）。出纳向税务机关领用发票。业务流程步骤如表 4-28 所示。

表 4-28　　　　　　　　　　　　　　业务流程步骤表

序号	活动名称	角色	活动描述—操作指导
1	申请领用发票	出纳	1. 申领人携带《营业执照》副本、经办人身份证到税务局 2. 向税务专员说明申请发票类型及数量
2	登记并发放发票	税务专员	1. 收到企业的申请后，将信息录入《发票领用表》，《发票领用表》参照教学资源中的格式自行设计 2. 发票号由税务专员按序号排列即可 3. 填写后，发放发票

业务流程步骤如图 4-28 所示。

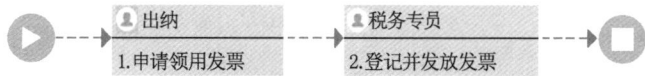

图 4-28　业务流程步骤图

（29）购买支票（制造业）。企业向银行购买支票。业务流程步骤如表4-29所示。

表4-29　　　　　　　　　　　　　　业务流程步骤表

序号	活动名称	角色	活动描述—操作指导
1	填写票据领用登记单	出纳	1. 制造业出纳到银行，向银行柜员索要《票据领用登记单》 2. 填写《票据领用登记单》，将现金一并交给银行柜员
2	发放支票	银行柜员	收到企业提交的《票据领用登记单》，根据领用单填写数量，为企业准备支票，并发放支票
3	编制记账凭证	财务会计	1. 领用相关票据 2. 编制记账凭证 3. 将电汇回单粘贴到记账凭证后面 4. 将记账凭证交财务部经理审核
4	审核记账凭证	财务部经理	1. 审核出纳填制的记账凭证并对照相关附件检查是否正确 2. 审核无误，在记账凭证上签字或盖章 3. 将审核后的记账凭证传递给出纳登记日记账
5	登记日记账	出纳	1. 根据记账凭证登记库存现金日记账 2. 记账后在记账凭证上签字或盖章 3. 将记账凭证传递给财务会计登记科目明细账
6	登记科目明细账	财务会计	1. 根据记账凭证登记科目明细账 2. 记账后在记账凭证上签字或盖章
7	登记总账	财务部经理	1. 根据记账凭证登记总账 2. 记账后在记账凭证上签字或盖章

业务流程步骤如图4-29所示。

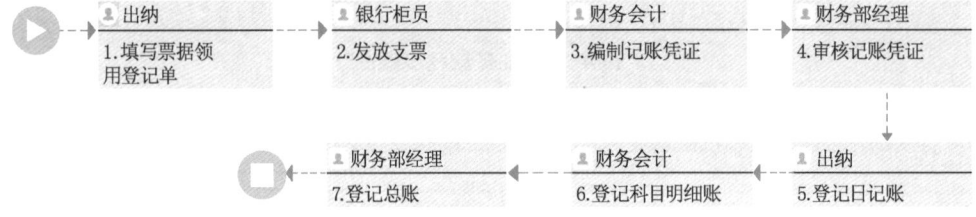

图4-29　业务流程步骤图

（30）接收工商行政处罚并处理（制造业）。企业接收工商专员送达的工商行政处罚决定书，根据工商行政处罚决定书缴纳罚款。业务流程步骤如表4-30所示。

表4-30　　　　　　　　　　　　　　业务流程步骤表

序号	活动名称	角色	活动描述—操作指导
1	接收工商行政处罚决定书	行政助理	1. 接收工商行政处罚决定书 2. 根据工商行政处罚决定书填写付款申请单并提交至总经理
2	审核付款申请	总经理	1. 根据工商行政处罚决定书审核行政助理提交的付款申请单 2. 将审核通过的付款申请单返回行政助理
3	将审核的付款申请单提交财务	行政助理	1. 接收审核通过的付款申请单 2. 将收到的工商行政处罚决定书和审核通过的付款申请单一并送至财务部出纳

(续表)

序号	活动名称	角色	活动描述—操作指导
4	接收审核付款申请单	出纳	1. 审核行政助理提交的工商行政处罚决定书、付款申请单 2. 审核通过后提交财务部经理审核
5	审核付款申请	财务部经理	1. 审核出纳提交的工商行政处罚决定书、付款申请单 2. 审核通过后返回出纳进行转账付款
6	转账付款	出纳	1. 接收财务部经理审核通过的付款申请单 2. 根据付款申请单进行转账付款 3. 转账后查询网银,确认转账成果后到银行取业务回单
7	查询并打印业务回单	银行柜员	1. 根据出纳提供的信息查询并打印业务回单,打印两份 2. 将打印好的两份业务回单交给出纳
8	取得银行业务回单	出纳	1. 取得银行业务回单 2. 将其中一份送至行政助理 3. 将另一份送至财务会计填写记账凭证
9	填写记账凭证	财务会计	1. 接收出纳提交的工商行政处罚决定书、付款申请单、银行业务回单 2. 根据工商行政处罚决定书、付款申请单、银行业务回单填写记账凭证 3. 填写完成后将工商行政处罚决定书、付款申请单、银行业务回单贴到记账凭证后面,并提交财务部经理审核
10	审核记账凭证	财务部经理	1. 审核财务会计提交的记账凭证 2. 审核通过后返回出纳登记银行存款日记账
11	登记日记账	出纳	1. 接收财务部经理审核通过的记账凭证 2. 根据记账凭证登记银行存款日记账 3. 登记完成后将凭证送至财务会计处登记明细账
12	登记明细账	财务会计	1. 接收出纳送过来的记账凭证 2. 根据记账凭证登记明细账 3. 登记完成后将凭证送至财务部经理处登记总账
13	登记总账	财务部经理	1. 接收财务会计送过来的记账凭证 2. 根据记账凭证登记总账
14	接收银行付款回单并送至工商局	行政助理	1. 接收出纳送过来的银行业务回单 2. 将银行业务回单送至工商局
15	接收银行付款回单并销案	工商专员	1. 接收行政助理送过来的银行业务回单 2. 核对金额无误后销案处理,并做好记录

业务流程步骤如图 4-30 所示。

图 4-30 业务流程步骤图

(31) 接收社保行政处罚并处理(制造业)。企业接收社保公积金专员送达的劳动保障监察行政处罚决定书,根据劳动保障监察行政处罚决定书缴纳罚款。业务流程步骤如表 4-31 所示。

表 4-31   业务流程步骤表

序号	活动名称	角色	活动描述—操作指导
1	接收劳动保障监察行政处罚决定书	行政助理	1. 接收劳动保障监察行政处罚决定书 2. 根据劳动保障监察行政处罚决定书填写付款申请单并提交至总经理
2	审核付款申请	总经理	1. 根据劳动保障监察行政处罚决定书审核行政助理提交的付款申请单 2. 将审核通过的付款申请单返回行政助理
3	将审核的付款申请单提交财务	行政助理	1. 接收审核通过的付款申请单 2. 将收到的劳动保障监察行政处罚决定书和审核通过的付款申请单一并送至财务部出纳
4	接收审核付款申请单	出纳	1. 审核行政助理提交的劳动保障监察行政处罚决定书、付款申请单 2. 审核通过后提交财务部经理审核
5	审核付款申请	财务部经理	1. 审核出纳提交的劳动保障监察行政处罚决定书、付款申请单 2. 审核通过后返回出纳进行转账付款
6	转账付款	出纳	1. 接收财务部经理审核通过的付款申请单 2. 根据付款申请单进行转账付款 3. 转账后查询网银,确认转账成果后到银行取业务回单
7	查询并打印业务回单	银行柜员	1. 根据出纳提供的信息查询并打印业务回单,打印两份 2. 将打印好的两份业务回单交给出纳
8	取回银行业务回单	出纳	1. 取得银行业务回单 2. 将其中一份送至行政助理 3. 将另一份送至财务会计填写记账凭证
9	填写记账凭证	财务会计	1. 接收出纳提交的劳动保障监察行政处罚决定书、付款申请单、银行业务回单 2. 根据劳动保障监察行政处罚决定书、付款申请单、银行业务回单填写记账凭证 3. 填写完成后将劳动保障监察行政处罚决定书、付款申请单、银行业务回单贴到记账凭证后面,并提交财务部经理审核
10	审核记账凭证	财务部经理	1. 审核财务会计提交的记账凭证 2. 审核通过后返回出纳登记银行存款日记账
11	登记日记账	出纳	1. 接收财务部经理审核通过的记账凭证 2. 根据记账凭证登记银行存款日记账 3. 登记完成后将凭证送至财务会计处登记明细账
12	登记明细账	财务会计	1. 接收出纳送过来的记账凭证 2. 根据记账凭证登记明细账 3. 登记完成后将凭证送至财务部经理处登记总账
13	登记总账	财务部经理	1. 接收财务会计送过来的记账凭证 2. 根据记账凭证登记总账
14	接收银行付款回单并送至人社局(或社保中心)	行政助理	1. 接收出纳送过来的银行业务回单 2. 将银行业务回单送至人社局(或社保中心)
15	接收银行付款回单并销案	社保公积金专员	1. 接收行政助理送过来的银行业务回单 2. 核对金额无误后销案处理,并做好记录

业务流程步骤如图 4-31 所示。

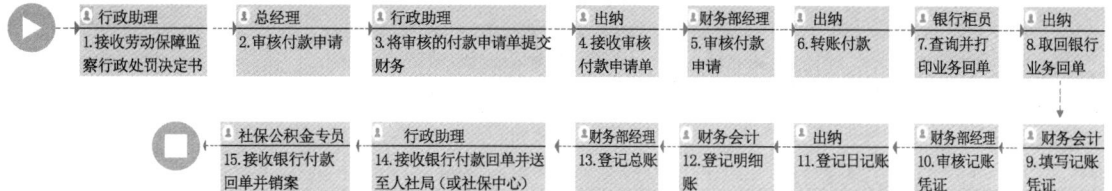

图 4-31　业务流程步骤图

(32) 接收税务行政处罚并处理（制造业）。企业接收税务专员送达的税务行政处罚决定书，根据税务行政处罚决定书补缴税款及罚款。业务流程步骤如表 4-32 所示。

表 4-32　　　　　　　　　　　　　　业务流程步骤表

序号	活动名称	角色	活动描述—操作指导
1	接收税务行政处罚决定书	行政助理	1. 接收税务行政处罚决定书 2. 根据税务行政处罚决定书填写付款申请单并提交至总经理
2	审核付款申请	总经理	1. 根据税务行政处罚决定书审核行政助理提交的付款申请单 2. 将审核通过的付款申请单返回行政助理
3	将审核的付款申请单提交财务	行政助理	1. 接收审核通过的付款申请单 2. 将收到的税务行政处罚决定书和审核通过的付款申请单一并送至财务部出纳
4	接收审核付款申请单	出纳	1. 审核行政助理提交的税务行政处罚决定书、付款申请单 2. 审核通过后提交财务部经理审核
5	审核付款申请	财务部经理	1. 审核出纳提交的税务行政处罚决定书、付款申请单 2. 审核通过后返回出纳进行转账付款
6	转账付款	出纳	1. 接收财务部经理审核通过的付款申请单 2. 根据付款申请单进行转账付款 3. 转账后查询网银，确认转账成果后到银行取业务回单
7	查询并打印业务回单	银行柜员	1. 根据出纳提供的信息查询并打印业务回单，打印两份 2. 将打印好的两份业务回单交给出纳
8	取回银行业务回单	出纳	1. 取得银行业务回单 2. 将其中一份送至行政助理 3. 将另一份送至财务会计填写记账凭证
9	填写记账凭证	财务会计	1. 接收出纳提交的税务行政处罚决定书、付款申请单、银行业务回单 2. 根据税务行政处罚决定书、付款申请单、银行业务回单填写记账凭证 3. 填写完成后将税务行政处罚决定书、付款申请单、银行业务回单贴到记账凭证后面，并提交财务部经理审核
10	审核记账凭证	财务部经理	1. 审核财务会计提交的记账凭证 2. 审核通过后返回出纳登记银行存款日记账
11	登记日记账	出纳	1. 接收财务部经理审核通过的记账凭证 2. 根据记账凭证登记银行存款日记账 3. 登记完成后将凭证送至财务会计处登记明细账

（续表）

序号	活动名称	角色	活动描述—操作指导
12	登记明细账	财务会计	1. 接收出纳送过来的记账凭证 2. 根据记账凭证登记明细账 3. 登记完成后将凭证送至财务部经理处登记总账
13	登记总账	财务部经理	1. 接收财务会计送过来的记账凭证 2. 根据记账凭证登记总账
14	接收银行付款回单并送至税务局	行政助理	1. 接收出纳送过来的银行业务回单 2. 将银行业务回单送至税务局
15	接收银行付款回单并销案	税务专员	1. 接收行政助理送过来的银行业务回单 2. 核对金额无误后销案处理，并做好记录

业务流程步骤如图 4-32 所示。

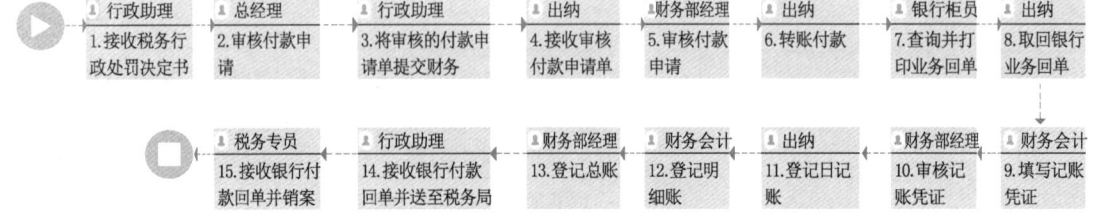

图 4-32　业务流程步骤图

第二节 | 商贸(经销商)自主经营规则

（1）购买仓库(经销商)。按生产需求,采购经理向服务公司购买仓库。业务流程步骤如表 4-33 所示。

表 4-33　　　　　　　　　　　　　　　业务流程步骤表

序号	活动名称	角色	活动描述—操作指导
1	填写购销合同	采购部经理	1. 根据公司需求,确定购买需求,到服务公司协商仓库的价格 2. 准备购销合同并签署相关内容
2	填写合同会签单	采购部经理	1. 拿到双方盖章的购销合同 2. 根据购销合同,填写《合同会签单》
3	财务部经理审核合同会签单	财务部经理	1. 接收采购部经理发送的合同和合同会签单 2. 审核合同及合同会签单,并在合同会签单上签字
4	总经理审核合同会签单	总经理	1. 接收财务部审核的合同和合同会签单 2. 审核合同及合同会签单,并在合同会签单对应的位置上盖章 3. 将合同发送给仓储部经理
5	将购销合同送交给服务公司	采购部经理	1. 接收总经理发送的合同 2. 拿本公司已盖章的合同,去服务公司盖章
6	服务公司盖章	服务公司总经理	1. 收到企业盖章后的合同,审核并盖章 2. 将盖章后的合同,送交行政经理

（续表）

序号	活动名称	角色	活动描述—操作指导
7	合同归档	行政经理	1. 行政经理更新合同管理表 2. 行政经理登记完，把购销合同留存备案
8	办理仓库购买	采购经理	按照合同，在系统中选择相应的仓库进行采购
9	确定仓库销售	服务公司业务员	在系统中为确定企业的仓库采购
10	开具发票	服务公司总经理	依据合同金额，为企业开具发票

业务流程步骤如图 4-33 所示。

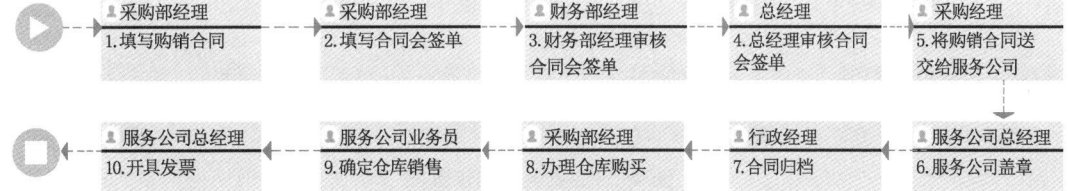

图 4-33　业务流程步骤图

（2）支付购买仓库款（经销商）。企业支付购买仓库的费用。业务流程步骤如表 4-34 所示。

表 4-34　　　　　　　　　　　　　业务流程步骤表

序号	活动名称	角色	活动描述—操作指导
1	收到发票	采购部经理	收到服务公司开具的增值税专用发票
2	填写付款申请单	采购部经理	1. 对照服务公司开具的《增值税专用发票》填写付款申请书 2. 将付款申请书及发票提交给财务部经理审核
3	财务部经理审核付款申请	财务部经理	1. 审核收到的付款申请书与增值税发票是否相符，并审核其正确性 2. 将发票抵扣联留档 3. 将付款申请书交总经理审核
4	总经理审核付款申请	总经理	1. 审核付款申请书，确认无误后在申请书上签字 2. 将付款申请书交给出纳付款
5	支付货款	出纳	1. 收到总经理转交的批复后的付款申请书，审核其准确性 2. 按付款申请书金额开具转账支票 3. 将转账支票交给服务公司总经理
6	填制记账凭证	出纳	1. 根据付款申请书和银行回单填制记账凭证 2. 将银行回单、付款申请书和支票存根粘贴在记账凭证后作为附件
7	审核记账凭证	财务部经理	1. 审核出纳编制的记账凭证并对照相关附件检查是否正确 2. 审核无误，在记账凭证上签字或盖章 3. 将确认后的记账凭证传递给出纳登记日记账
8	登记日记账	出纳	1. 根据记账凭证登记银行存款日记账 2. 记账后在记账凭证上签字或盖章 3. 将记账凭证传递给财务部经理登记科目明细账

（续表）

序号	活动名称	角色	活动描述—操作指导
9	登记科目明细账	财务部经理	1. 根据记账凭证登记科目明细账 2. 记账后在记账凭证上签字或盖章
10	登记总账	财务部经理	1. 根据记账凭证登记总账 2. 记账后在记账凭证上签字或盖章

业务流程步骤如图 4-34 所示。

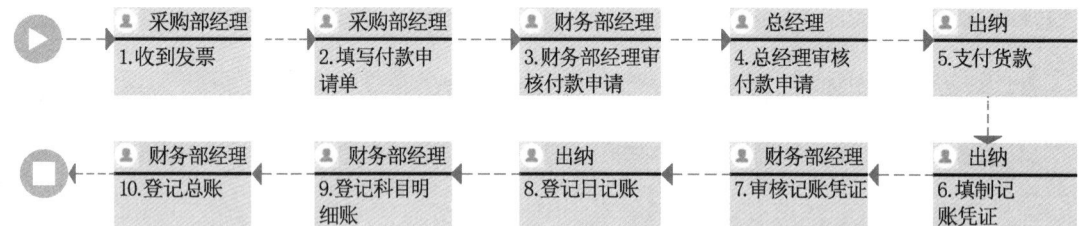

图 4-34　业务流程步骤图

（3）申领增值税发票（经销商）。出纳向税务机关领用发票。业务流程步骤如表 4-35 所示。

表 4-35　　　　　　　　　　　　　业务流程步骤表

序号	活动名称	角色	活动描述—操作指导
1	申请领用发票	出纳	1. 申领人携带《营业执照》副本、经办人身份证到税务局 2. 向税务专员说明申请发票类型及数量
2	登记并发放发票	税务专员	1. 收到企业的申请后，填写《发票领用表》 2. 发票号由税务专员按序号排列即可 3. 填写后，发放发票

业务流程步骤如图 4-35 所示。

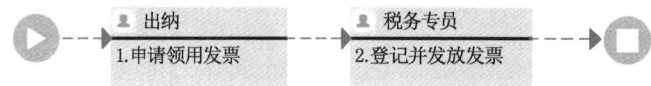

图 4-35　业务流程步骤图

（4）购买支票（经销商）。企业向银行购买支票。业务流程步骤如表 4-36 所示。

表 4-36　　　　　　　　　　　　　业务流程步骤表

序号	活动名称	角色	活动描述—操作指导
1	填写票据领用登记单	出纳	1. 经销商出纳到银行，向银行柜员索要《票据领用登记单》 2. 填写《票据领用登记单》交给银行柜员
2	发放支票	银行柜员	1. 收到企业提交的《票据领用登记单》，根据领用单填写数量，为企业准备支票 2. 根据企业购买支票的金额办理转账并打印业务回单 3. 发放支票

(续表)

序号	活动名称	角色	活动描述—操作指导
3	编制记账凭证	出纳	1. 领用相关票据 2. 根据银行业务回单编制记账凭证 3. 将电汇回单粘贴到记账凭证后面 4. 将记账凭证交财务部经理审核
4	审核记账凭证	财务部经理	1. 审核出纳填制的记账凭证并对照相关附件检查是否正确 2. 审核无误,在记账凭证上签字或盖章 3. 将确认后的记账凭证传递给出纳登记日记账
5	登记日记账	出纳	1. 根据记账凭证登记银行存款日记账 2. 记账后在记账凭证上签字或盖章 3. 将记账凭证传递给财务部经理登记科目明细账
6	登记科目明细账	财务部经理	1. 根据记账凭证登记科目明细账 2. 记账后在记账凭证上签字或盖章
7	登记总账	财务部经理	1. 根据记账凭证登记总账 2. 记账后在记账凭证上签字或盖章

业务流程步骤如图 4-36 所示。

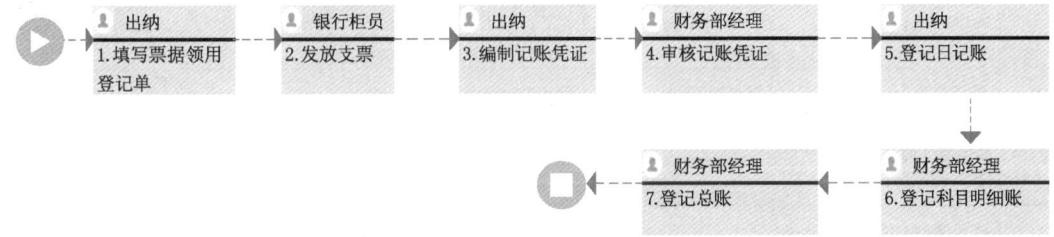

图 4-36　业务流程步骤图

(5) 接收工商行政处罚并处理(经销商)。企业接收工商专员送达的工商行政处罚决定书,根据工商行政处罚决定书缴纳罚款。业务流程步骤如表 4-37 所示。

表 4-37　　　　　　　　　　业务流程步骤表

序号	活动名称	角色	活动描述—操作指导
1	接收工商行政处罚决定书	行政经理	1. 接收工商行政处罚决定书 2. 根据工商行政处罚决定书填写付款申请单并提交至总经理
2	审核付款申请	总经理	1. 根据工商行政处罚决定书审核行政经理提交的付款申请单 2. 将审核通过的付款申请单返回行政经理
3	将审核的付款申请单提交财务	行政经理	1. 接收审核通过的付款申请单 2. 将收到的工商行政处罚决定书和审核通过的付款申请单一并送至财务部出纳
4	接收审核付款申请单	出纳	1. 审核行政经理提交的工商行政处罚决定书、付款申请单 2. 审核通过后提交财务部经理审核
5	审核付款申请	财务部经理	1. 审核出纳提交的工商行政处罚决定书、付款申请单 2. 审核通过后返回出纳进行转账付款

（续表）

序号	活动名称	角色	活动描述—操作指导
6	转账付款	出纳	1. 接收财务部经理审核通过的付款申请单 2. 根据付款申请单进行转账付款 3. 转账后查询网银，确认转账成果后到银行取业务回单
7	查询并打印业务回单	银行柜员	1. 根据出纳提供的信息，查询并打印业务回单，打印两份 2. 将打印好的两份业务回单交给出纳
8	根据业务回单填写记账凭证	出纳	1. 取得银行业务回单 2. 将其中一份送至行政经理 3. 根据另一份工商行政处罚决定书、付款申请单、银行业务回单填写记账凭证 4. 填写完成后将工商行政处罚决定书、付款申请单、银行业务回单贴到记账凭证后面，并提交财务部经理审核
9	审核记账凭证	财务部经理	1. 审核出纳提交的记账凭证 2. 审核通过后返回出纳登记银行存款日记账
10	登记日记账	出纳	1. 接收财务部经理审核通过的记账凭证 2. 根据记账凭证登记银行存款日记账 3. 登记完成后将凭证送至财务部经理处登记明细账
11	登记明细账	财务部经理	1. 接收出纳送过来的记账凭证 2. 根据记账凭证登记明细账
12	登记总账	财务部经理	根据记账凭证登记总账
13	接收银行付款回单并送至工商局	行政经理	1. 接收出纳送过来的银行业务回单 2. 将银行业务回单送至工商局
14	接收银行付款回单并销案	工商专员	1. 接收行政经理送过来的银行业务回单 2. 核对金额无误后销案处理，并做好记录

业务流程步骤如图 4-37 所示。

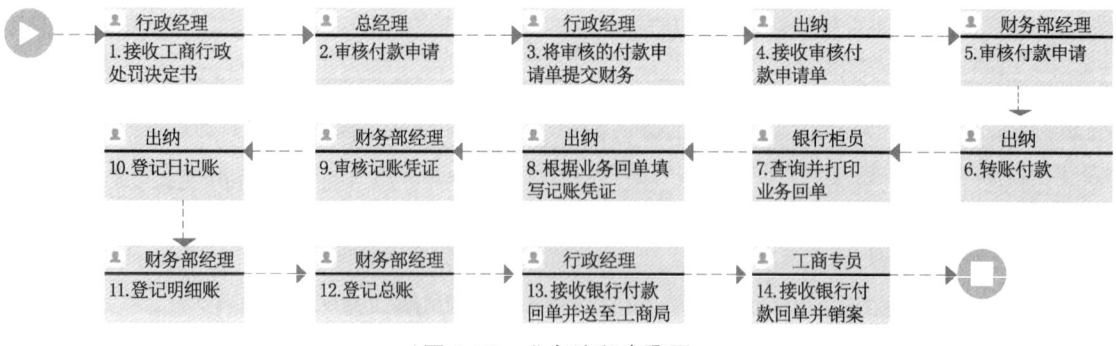

图 4-37　业务流程步骤图

（6）接收社保行政处罚并处理(经销商)。企业接收社保公积金专员送达的劳动保障监察行政处罚决定书，根据劳动保障监察行政处罚决定书缴纳罚款。业务流程步骤如表 4-38所示。

表 4-38　　　　　　　　　　　　业务流程步骤表

序号	活动名称	角色	活动描述—操作指导
1	接收劳动保障监察行政处罚决定书	行政经理	1. 接收劳动保障监察行政处罚决定书 2. 根据劳动保障监察行政处罚决定书填写付款申请单并提交至总经理
2	审核付款申请	总经理	1. 根据劳动保障监察行政处罚决定书审核行政经理提交的付款申请单 2. 将审核通过的付款申请单返回行政经理
3	将审核的付款申请单提交财务	行政经理	1. 接收审核通过的付款申请单 2. 将收到的劳动保障监察行政处罚决定书和审核通过的付款申请单一并送至财务部出纳
4	接收审核付款申请单	出纳	1. 审核行政经理提交的劳动保障监察行政处罚决定书、付款申请单 2. 审核通过后提交财务部经理审核
5	审核付款申请	财务部经理	1. 审核出纳提交的劳动保障监察行政处罚决定书、付款申请单 2. 审核通过后返回出纳进行转账付款
6	转账付款	出纳	1. 接收财务部经理审核通过的付款申请单 2. 根据付款申请单进行转账付款 3. 转账后查询网银，确认转账成果后到银行取业务回单
7	查询并打印业务回单	银行柜员	1. 根据出纳提供的信息查询并打印业务回单，打印两份 2. 将打印好的两份业务回单交给出纳
8	根据业务回单填写记账凭证	出纳	1. 取得银行业务回单 2. 将其中一份送至行政经理 3. 根据另一份劳动保障监察行政处罚决定书、付款申请单、银行业务回单填写记账凭证 4. 填写完成后将劳动保障监察行政处罚决定书、付款申请单、银行业务回单贴到记账凭证后面，并提交财务部经理审核
9	审核记账凭证	财务部经理	1. 审核出纳提交的记账凭证 2. 审核通过后返回出纳登记银行存款日记账
10	登记日记账	出纳	1. 接收财务部经理审核通过的记账凭证 2. 根据记账凭证登记银行存款日记账 3. 登记完成后将凭证送至财务部经理处登记明细账
11	登记明细账	财务部经理	1. 接收出纳送过来的记账凭证 2. 根据记账凭证登记明细账
12	登记总账	财务部经理	根据记账凭证登记总账
13	接收银行付款回单并送至人社局(或社保中心)	行政经理	1. 接收出纳送过来的银行业务回单 2. 将银行业务回单送至人社局(或社保中心)
14	接收银行付款回单并销案	社保公积金专员	1. 接收行政经理送过来的银行业务回单 2. 核对金额无误后销案处理，并做好记录

业务流程步骤如图 4-38 所示。

（7）接收税务行政处罚并处理（商贸企业）。企业接收税务专员送达的税务行政处罚决定书，根据税务行政处罚决定书补缴税款及罚款。业务流程步骤如表 4-39 所示。

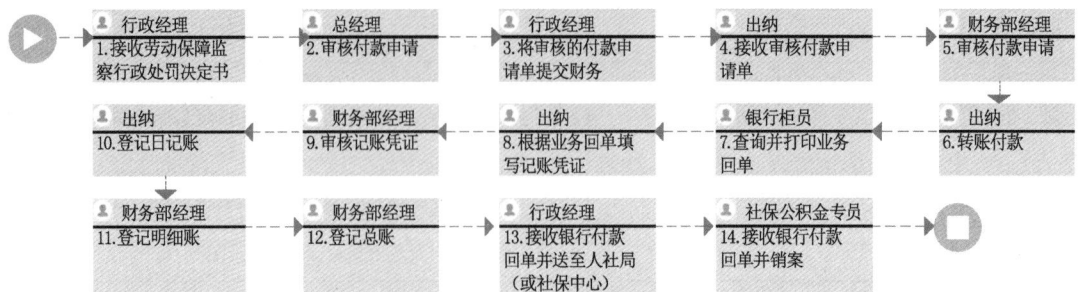

图 4-38　业务流程步骤图

表 4-39　　　　　　　　　　　　　　业务流程步骤表

序号	活动名称	角色	活动描述—操作指导
1	接收税务行政处罚决定书	行政经理	1. 接收税务行政处罚决定书 2. 根据税务行政处罚决定书填写付款申请单并提交至总经理
2	审核付款申请	总经理	1. 根据税务行政处罚决定书审核行政经理提交的付款申请单 2. 将审核通过的付款申请单返回行政经理
3	将审核的付款申请单提交财务	行政经理	1. 接收审核通过的付款申请单 2. 将收到的税务行政处罚决定书和审核通过的付款申请单一并送至财务部出纳
4	接收审核付款申请单	出纳	1. 审核行政经理提交的税务行政处罚决定书、付款申请单 2. 审核通过后提交财务部经理审核
5	审核付款申请	财务部经理	1. 审核出纳提交的税务行政处罚决定书、付款申请单 2. 审核通过后返回出纳进行转账付款
6	转账付款	出纳	1. 接收财务部经理审核通过的付款申请单 2. 根据付款申请单进行转账付款 3. 转账后查询网银,确认转账成果后到银行取业务回单
7	查询并打印业务回单	银行柜员	1. 根据出纳提供的信息查询并打印业务回单,打印两份 2. 将打印好的两份业务回单交给出纳
8	根据业务回单填写记账凭证	出纳	1. 取得银行业务回单 2. 将其中一份送至行政经理 3. 根据另一份税务行政处罚决定书、付款申请单、银行业务回单填写记账凭证 4. 填写完成后将税务行政处罚决定书、付款申请单、银行业务回单贴到记账凭证后面,并提交财务部经理审核
9	审核记账凭证	财务部经理	1. 审核出纳提交的记账凭证 2. 审核通过后返回出纳登记银行存款日记账
10	登记日记账	出纳	1. 接收财务部经理审核通过的记账凭证 2. 根据记账凭证登记银行存款日记账 3. 登记完成后将凭证送至财务部经理处登记明细账
11	登记明细账	财务部经理	1. 接收出纳送过来的记账凭证 2. 根据记账凭证登记明细账
12	登记总账	财务部经理	根据记账凭证登记总账

(续表)

序号	活动名称	角色	活动描述—操作指导
13	接收银行付款回单并送至税务局	行政经理	1. 接收出纳送过来的银行业务回单 2. 将银行业务回单送至税务局
14	接收银行付款回单并销案	税务专员	1. 接收行政经理送过来的银行业务回单 2. 核对金额无误后销案处理,并做好记录

业务流程步骤如图 4-39 所示。

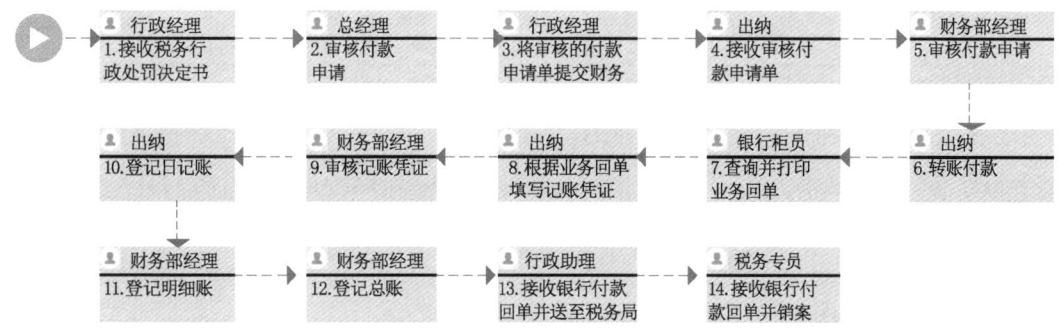

图 4-39　业务流程步骤图

第三节 | 工贸(供应商)自主经营规则

(1) 支付虚拟工贸企业货款(工贸企业)。企业支付虚拟供应商的货款。业务流程步骤如表 4-40 所示。

表 4-40　　　　　　　　　　业务流程步骤表

序号	活动名称	角色	活动描述—操作指导
1	提交付款申请	业务经理	依据采购入库单提交付款申请单
2	审核付款申请	财务部经理	1. 接收业务经理提交的付款申请单 2. 依据采购入库单审核付款申请单
3	审核付款申请	总经理	审核财务部经理提交的付款申请单
4	付款	总经理	1. 接收总经理提交审核通过的付款申请单 2. 依据审核通过的付款申请单在 VBSE 系统中进行付款 3. 通知财务部经理到银行取得付款业务回单
5	打印银行付款回单	银行柜员	1. 查询并打印付款业务回单 2. 将付款业务回单交给财务部经理 3. 财务部经理取得业务回单,回公司填制记账凭证
6	去税务局代开增值税专用发票	业务经理	1. 业务经理整理采购订单信息 2. 根据信息到税务局找税务专员开具增值税专用发票
7	为虚拟供应商代开增值税专用发票	税务专员	1. 根据业务经理整理的信息开具增值税专用发票 2. 将开具好的增值税专用发票交给业务经理

(续表)

序号	活动名称	角色	活动描述—操作指导
8	收到税务局代开的增值税专用发票	业务经理	1. 收到税务局代开的增值税专用发票 2. 将收到的增值税专用发票带回并送至财务部经理处
9	填制记账凭证	财务部经理	1. 将银行业务回单、增值税专用发票与付款申请单核对 2. 填制记账凭证,将银行业务回单粘贴在记账凭证背面作为原始凭证 3. 提交总经理审核
10	审核记账凭证	总经理	1. 审核财务部经理填制的记账凭证并对照相关附件检查是否正确 2. 审核无误,在记账凭证上签字或盖章 3. 将审核后的记账凭证传递给总经理登记日记账
11	登记日记账	总经理	1. 根据记账凭证登记银行存款日记账 2. 记账后在记账凭证上签字或盖章
12	登记科目明细账	财务部经理	1. 根据记账凭证登记科目明细账 2. 记账后在记账凭证上签字或盖章
13	登记总账	财务部经理	1. 根据记账凭证登记总账 2. 记账后在记账凭证上签字或盖章

业务流程步骤如图 4-40 所示。

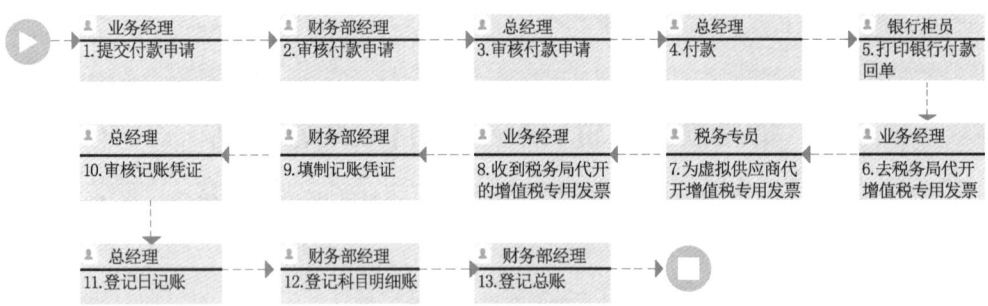

图 4-40　业务流程步骤图

(2) 接收工商行政处罚并处理(工贸企业)。企业接收工商专员送达的工商行政处罚决定书,根据工商行政处罚决定书缴纳罚款。业务流程步骤如表 4-41 所示。

表 4-41　　　　　　　　　　　　　　业务流程步骤表

序号	活动名称	角色	活动描述—操作指导
1	接收工商行政处罚决定书	行政经理	1. 接收工商行政处罚决定书 2. 根据工商行政处罚决定书填写付款申请单并提交至总经理
2	审核付款申请	总经理	1. 根据工商行政处罚决定书审核行政经理提交的付款申请单 2. 将审核通过的付款申请单提交至财务部经理审核
3	审核付款申请	财务部经理	1. 审核总经理提交的工商行政处罚决定书、付款申请单 2. 审核通过后返回总经理进行转账付款
4	转账付款	总经理	1. 接收财务部经理审核通过的付款申请单 2. 根据付款申请单进行转账付款 3. 转账后查询网银,确认转账成果后通知财务部经理到银行取业务回单

（续表）

序号	活动名称	角色	活动描述—操作指导
5	查询并打印业务回单	银行柜员	1. 根据财务部经理提供的信息查询并打印业务回单,打印两份 2. 将打印好的两份业务回单交给财务部经理
6	取得银行业务回单	财务部经理	1. 取得银行业务回单 2. 将其中一份送至行政经理 3. 将另一份送至总经理填写记账凭证
7	填写记账凭证	总经理	1. 接收财务部经理提交的工商行政处罚决定书、付款申请单、银行业务回单 2. 根据工商行政处罚决定书、付款申请单、银行业务回单填写记账凭证 3. 填写完成后将工商行政处罚决定书、付款申请单、银行业务回单贴到记账凭证后面,并提交财务部经理审核
8	审核记账凭证	财务部经理	1. 审核总经理提交的记账凭证 2. 审核通过后返回总经理登记银行存款日记账
9	登记日记账	总经理	1. 接收财务部经理审核通过的记账凭证 2. 根据记账凭证登记银行存款日记账 3. 登记完成后将凭证送至财务部经理处登记明细账
10	登记明细账	财务部经理	1. 接收总经理送过来的记账凭证 2. 根据记账凭证登记明细账
11	登记总账	财务部经理	根据记账凭证登记总账
12	接收银行付款回单并送至工商局	行政经理	1. 接收财务部经理送过来的银行业务回单 2. 将银行业务回单送至工商局
13	接收银行付款回单并销案	工商专员	1. 接收行政经理送过来的银行业务回单 2. 核对金额无误后销案处理,并做好记录

业务流程步骤如图 4-41 所示。

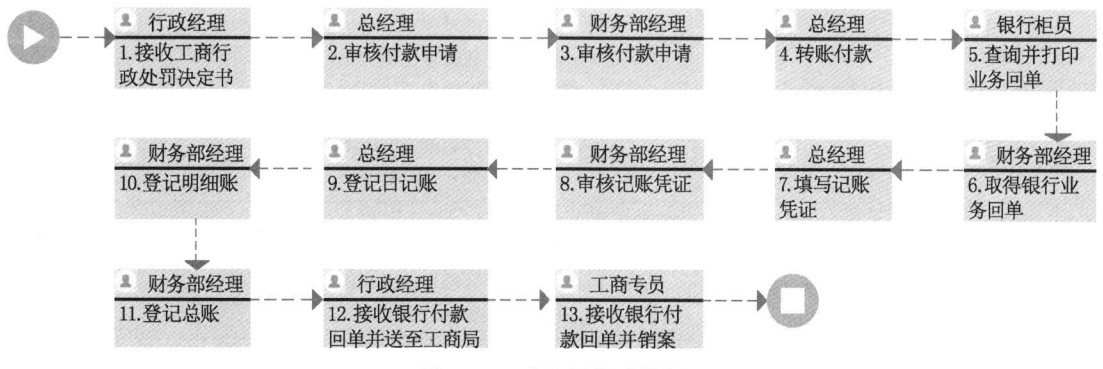

图 4-41 业务流程步骤图

（3）接收社保行政处罚并处理(工贸企业)。企业接收社保公积金专员送达的劳动保障监察行政处罚决定书,根据劳动保障监察行政处罚决定书缴纳罚款。业务流程步骤如表4-42所示。

表 4-42 　　　　　　　　　　　　　业务流程步骤表

序号	活动名称	角色	活动描述—操作指导
1	接收劳动保障监察行政处罚决定书	行政经理	1. 接收劳动保障监察行政处罚决定书 2. 根据劳动保障监察行政处罚决定书填写付款申请单并提交至总经理
2	审核付款申请	总经理	1. 根据劳动保障监察行政处罚决定书审核行政经理提交的付款申请单 2. 将审核通过的付款申请单交给财务部经理
3	审核付款申请	财务部经理	1. 审核总经理提交的劳动保障监察行政处罚决定书、付款申请单 2. 审核通过后返回总经理进行转账付款
4	转账付款	总经理	1. 接收财务部经理审核通过的付款申请单 2. 根据付款申请单进行转账付款 3. 转账后查询网银,确认转账成果后通知财务部经理到银行取业务回单
5	查询并打印业务回单	银行柜员	1. 根据财务部经理提供的信息查询并打印业务回单,打印两份 2. 将打印好的两份业务回单交给财务部经理
6	取回银行业务回单	财务部经理	1. 取得银行业务回单 2. 将其中一份送至行政经理 3. 将另一份送至总经理填写记账凭证
7	填写记账凭证	总经理	1. 接收财务部经理提交的劳动保障监察行政处罚决定书、付款申请单、银行业务回单 2. 根据劳动保障监察行政处罚决定书、付款申请单、银行业务回单填写记账凭证 3. 填写完成后将劳动保障监察行政处罚决定书、付款申请单、银行业务回单贴到记账凭证后面,并提交财务部经理审核
8	审核记账凭证	财务部经理	1. 审核总经理提交的记账凭证 2. 审核通过后返回总经理登记银行存款日记账
9	登记日记账	总经理	1. 接收财务部经理审核通过的记账凭证 2. 根据记账凭证登记银行存款日记账 3. 登记完成后将凭证送至财务部经理处登记明细账
10	登记明细账	财务部经理	1. 接收总经理送过来的记账凭证 2. 根据记账凭证登记明细账
11	登记总账	财务部经理	根据记账凭证登记总账
12	接收银行付款回单并送至人社局(或社保中心)	行政经理	1. 接收财务部经理送过来的银行业务回单 2. 将银行业务回单送至人社局(或社保中心)
13	接收银行付款回单并销案	社保公积金专员	1. 接收行政经理送过来的银行业务回单 2. 核对金额无误后销案处理,并做好记录

业务流程步骤如图 4-42 所示。

　　(4) 接收税务行政处罚并处理(工贸企业)。企业接收税务专员送达的税务行政处罚决定书,根据税务行政处罚决定书补缴税款及罚款。业务流程步骤如表 4-43 所示。

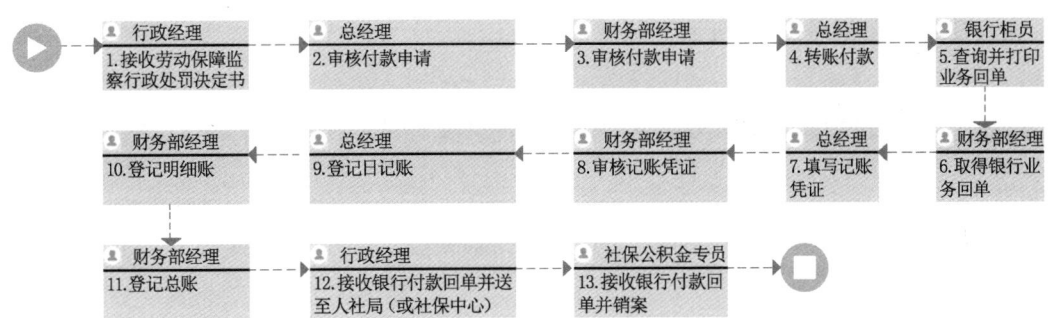

图 4-42　业务流程步骤图

表 4-43　　　　　　　　　　　　　　　　业务流程步骤表

序号	活动名称	角色	活动描述—操作指导
1	接收税务行政处罚决定书	行政经理	1. 接收税务行政处罚决定书 2. 根据税务行政处罚决定书填写付款申请单并提交至总经理
2	审核付款申请	总经理	1. 根据税务行政处罚决定书审核行政经理提交的付款申请单 2. 将审核通过的付款申请单交给财务部经理
3	审核付款申请	财务部经理	1. 审核总经理提交的税务行政处罚决定书、付款申请单 2. 审核通过后返回总经理进行转账付款
4	转账付款	总经理	1. 接收财务部经理审核通过的付款申请单 2. 根据付款申请单进行转账付款 3. 转账后查询网银,确认转账成果后通知财务部经理到银行取业务回单
5	查询并打印业务回单	银行柜员	1. 根据财务部经理提供的信息查询并打印业务回单,打印两份 2. 将打印好的两份业务回单交给财务部经理
6	取回银行业务回单	财务部经理	1. 取得银行业务回单 2. 将其中一份送至行政经理 3. 将另一份送至总经理填写记账凭证
7	填写记账凭证	总经理	1. 接收财务部经理提交的税务行政处罚决定书、付款申请单、银行业务回单 2. 根据税务行政处罚决定书、付款申请单、银行业务回单填写记账凭证 3. 填写完成后将税务行政处罚决定书、付款申请单、银行业务回单贴到记账凭证后面,并提交财务部经理审核
8	审核记账凭证	财务部经理	1. 审核总经理提交的记账凭证 2. 审核通过后返回总经理登记银行存款日记账
9	登记日记账	总经理	1. 接收财务部经理审核通过的记账凭证 2. 根据记账凭证登记银行存款日记账 3. 登记完成后将凭证送至财务部经理处登记明细账
10	登记明细账	财务部经理	1. 接收总经理送过来的记账凭证 2. 根据记账凭证登记明细账
11	登记总账	财务部经理	根据记账凭证登记总账
12	接收银行付款回单并送至税务局	行政经理	1. 接收财务部经理送过来的银行业务回单 2. 将银行业务回单送至税务局
13	接收银行付款回单并销案	税务专员	1. 接收行政经理送过来的银行业务回单 2. 核对金额无误后销案处理,并做好记录

业务流程步骤如图 4-43 所示。

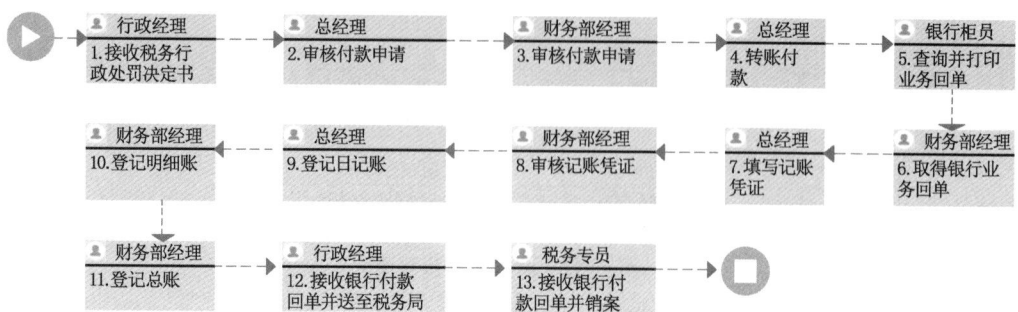

图 4-43 业务流程步骤图

（5）申领增值税发票。财务部经理向税务机关领用发票。业务流程步骤如表 4-44 所示。

表 4-44 业务流程步骤表

序号	活动名称	角色	活动描述—操作指导
1	申请领用发票	财务部经理	1. 申领人携带《营业执照》副本、经办人身份证到税务局 2. 向税务专员说明申请发票类型及数量
2	登记并发放发票	税务专员	1. 收到企业的申请后，填写《发票领用表》 2. 发票号由税务专员按序号排列即可 3. 填写后，发放发票

业务流程步骤如图 4-44 所示。

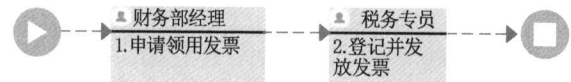

图 4-44 业务流程步骤图

（6）购买支票。企业向银行购买支票。业务流程步骤如表 4-45 所示。

表 4-45 业务流程步骤表

序号	活动名称	角色	活动描述—操作指导
1	填写票据领用单	财务部经理	1. 经销商出纳到银行，向银行柜员索要《票据领用单》 2. 填写《票据领用单》交给银行柜员
2	发放支票	银行柜员	1. 收到企业提交的《票据领用单》，根据领用单填写数量，为企业准备支票 2. 根据企业购买支票的金额办理转账并打印业务回单 3. 发放支票
3	编制记账凭证	财务部经理	1. 领用相关票据 2. 根据银行业务回单编制记账凭证 3. 将电汇回单粘贴到记账凭证后面 4. 将记账凭证交总经理审核
4	审核记账凭证	总经理	1. 审核财务部经理填制的记账凭证并对照相关附件检查是否正确 2. 审核无误，在记账凭证上签字或盖章

（续表）

序号	活动名称	角色	活动描述—操作指导
5	登记日记账	总经理	1. 根据记账凭证登记银行存款日记账 2. 记账后在记账凭证上签字或盖章 3. 将记账凭证传递给财务部经理登记科目明细账
6	登记科目明细账	财务部经理	1. 根据记账凭证登记科目明细账 2. 记账后在记账凭证上签字或盖章
7	登记总账	财务部经理	1. 根据记账凭证登记总账 2. 记账后在记账凭证上签字或盖章

业务流程步骤如图 4-45 所示。

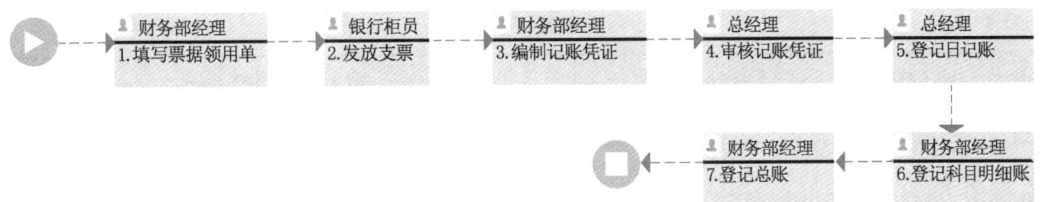

图 4-45 业务流程步骤图

（7）购买仓库。按生产需求，企业向服务公司购买仓库。业务流程步骤如表 4-46 所示。

表 4-46   业务流程步骤表

序号	活动名称	角色	活动描述—操作指导
1	填写购销合同	业务经理	1. 根据公司需求，确定购买需求，到服务公司协商仓库的价格 2. 准备购销合同并签署相关内容
2	填写合同会签单	业务经理	1. 拿到双方盖章的购销合同 2. 根据购销合同，填写《合同会签单》
3	财务审核合同会签单	财务部经理	1. 接收业务经理发送的合同和合同会签单 2. 审核合同及合同会签单，并在合同会签单上签字
4	总经理审核合同会签单	总经理	1. 接收财务部审核的合同和合同会签单 2. 审核合同及合同会签单，并在合同会签单上签字 3. 在合同文件对应的位置盖章 4. 将合同发送给业务经理
5	将购销合同送交给服务公司	业务经理	1. 接收总经理发送的合同 2. 拿本公司已盖章的合同，去服务公司盖章
6	服务公司盖章	服务公司总经理	1. 收到企业盖章后的合同，审核并盖章 2. 将盖章后的合同，送交行政经理
7	合同归档	行政经理	1. 行政经理更新合同管理表—采购合同 2. 行政经理登记完，把采购合同留存备案
8	办理仓库销售	服务公司业务员	按照合同，为企业办理仓库
9	开具发票	服务公司总经理	依据合同金额，为企业开具发票

业务流程步骤如图 4-46 所示。

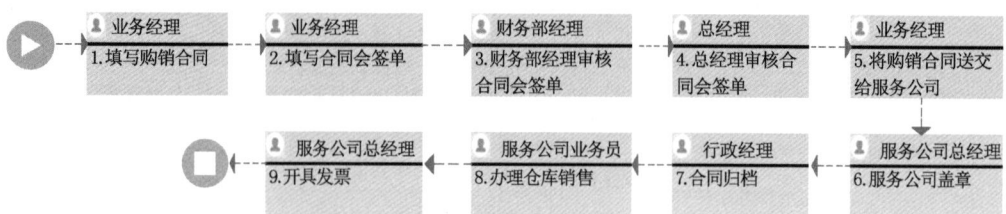

图 4-46　业务流程步骤图

（8）支付购买仓库款。企业支付购买仓库的费用。业务流程步骤如表 4-47 所示。

表 4-47　　　　　　　　　　　　　　业务流程步骤表

序号	活动名称	角色	活动描述—操作指导
1	收到发票	业务经理	收到服务公司开具的增值税专用发票
2	填写付款申请单	业务经理	1. 对照服务公司开具的《增值税专用发票》填写付款申请书 2. 将付款申请书及发票提交给财务部经理审核
3	财务部经理审核付款申请	财务部经理	1. 审核收到的付款申请书与增值税发票是否相符，并审核其正确性 2. 将发票抵扣联留档 3. 将付款申请书交总经理审核
4	总经理审核付款申请	总经理	1. 审核付款申请书，确认无误后在申请书上签字 2. 将付款申请书交财务部经理
5	支付货款	财务部经理	1. 收到总经理转交的批复后的付款申请书 2. 按付款申请书金额开具转账支票 3. 将转账支票交给服务公司总经理
6	填制记账凭证	财务部经理	1. 根据付款申请书和银行回单填制记账凭证 2. 将银行回单、付款申请书和支票存根粘贴在记账凭证后作为附件
7	登记日记账	财务部经理	1. 根据记账凭证登记银行存款日记账 2. 记账后在记账凭证上签字或盖章
8	登记科目明细账	财务部经理	1. 根据记账凭证登记科目明细账 2. 记账后在记账凭证上签字或盖章
9	登记总账	财务部经理	1. 根据记账凭证登记总账 2. 记账在记账凭证上签字或盖章

业务流程步骤如图 4-47 所示。

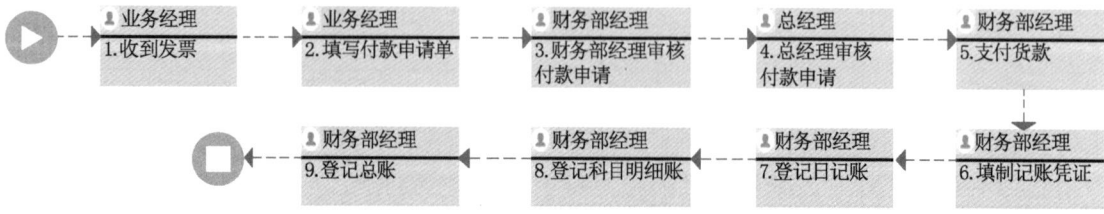

图 4-47　业务流程步骤图

第四节 | 外围自主经营规则

（1）核对车间水电费并开发票（服务公司）。业务员核对各企业车间水电费，并为企业开具发票。业务流程步骤如表4-48所示。

表4-48　　　　　　　　　　　　　　业务流程步骤表

序号	活动名称	角色	活动描述—操作指导
1	查看水电费单	业务员	1. 收到企业提交的《水电费付款单》，核准单据 2. 并通知企业找服务公司总经理领取发票
2	开具发票	总经理	1. 与业务员确定服务金额 2. 根据金额为经销商开具发票

业务流程步骤如图4-48所示。

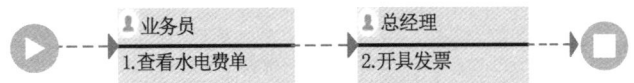

图4-48　业务流程步骤图

（2）收取车间水电费（服务公司）。服务公司按月收取各企业的水电费。业务流程步骤如表4-49所示。

表4-49　　　　　　　　　　　　　　业务流程步骤表

序号	活动名称	角色	活动描述—操作指导
1	收到转账支票	总经理	1. 向办理业务的企业收取水电费 2. 拿到申请企业开具的支票
2	到银行办理转账	总经理	1. 根据转账支票填写进账单 2. 携带转账支票与进账单到银行进行转账
3	办理转账—水电费（银行）	银行柜员	1. 收到企业提交的进账单与支票 2. 根据进账单信息办理转账业务
4	打印银行回单（银行）	银行柜员	1. 找到办理的转账业务，打印回单 2. 将回单交给企业办事员

业务流程步骤如图4-49所示。

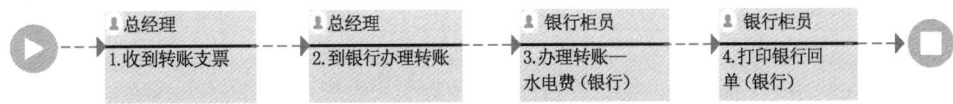

图4-49　业务流程步骤图

（3）组织制造业竞单（服务公司）。服务公司组织制造业进行竞单。业务流程步骤如表4-50所示。

表 4-50 业务流程步骤表

序号	活动名称	角色	活动描述—操作指导
1	通知制造业竞单	总经理	让服务公司业务员去通知已投放广告的企业到服务公司进行竞单
2	为制造业办理选单	总经理	1. 选择中部区域 2. 按该区域中各公司投放广告顺序依次选单 3. 收到企业选单命令后,选择对应企业和对应的订单,进行确认

业务流程步骤如图 4-50 所示。

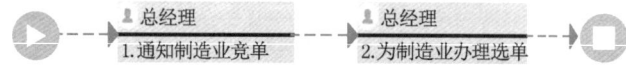

图 4-50 业务流程步骤图

(4)回收仓库销售款(服务公司)。业务员回收销售给企业的仓库销售款。业务流程步骤如表 4-51 所示。

表 4-51 业务流程步骤表

序号	活动名称	角色	活动描述—操作指导
1	催收货款	业务员	1. 向购买仓库的企业催收货款 2. 收到企业递交的转账支票 3. 依据仓库购销合同审核支票的金额 4. 填写进账单,连同支票一起送交银行进行转账
2	银行转账	银行柜员	1. 收到企业提交的支票与进账单 2. 审核支票的正确性 3. 根据进账单进行转账

业务流程步骤如图 4-51 所示。

图 4-51 业务流程步骤图

(5)回收厂房销售款(服务公司)。业务员回收销售给企业的厂房销售款。业务流程步骤如表 4-52 所示。

表 4-52 业务流程步骤表

序号	活动名称	角色	活动描述—操作指导
1	催收货款	业务员	1. 向购买厂房的企业催收货款 2. 收到企业递交的转账支票 3. 依据仓库购销合同审核支票的金额 4. 填写进账单,连同支票一起送交银行进行转账
2	银行转账	银行柜员	1. 收到企业提交的支票与进账单 2. 审核支票的正确性 3. 根据进账单进行转账

业务流程步骤如图 4-52 所示。

图 4-52　业务流程步骤图

(6) 回收设备销售款(服务公司)。业务员回收企业购买设备款。业务流程步骤如表 4-53 所示。

表 4-53 　　　　　　　　　　　　　**业务流程步骤表**

序号	活动名称	角色	活动描述—操作指导
1	催收货款	业务员	1. 向购买设备的企业催收货款 2. 收到企业递交的转账支票 3. 依据设备销售合同审核支票的金额 4. 填写进账单,连同支票一起送交银行进行转账
2	银行转账	银行柜员	1. 收到企业提交的支票与进账单 2. 审核支票的正确性 3. 根据进账单进行转账

业务流程步骤如图 4-53 所示。

图 4-53　业务流程步骤图

(7) 支付设备回购款(服务公司)。公司支付回收设备的货款。业务流程步骤如表 4-54 所示。

表 4-54 　　　　　　　　　　　　　**业务流程步骤表**

序号	活动名称	角色	活动描述—操作指导
1	填写支票	总经理	1. 回收制造企业设备后,按回收价格,找到支票,按回收价格填写支票 2. 填写后交由业务员送交对应企业采购员
2	递送支票	业务员	从总经理处拿过支票,送到相应企业

业务流程步骤如图 4-54 所示。

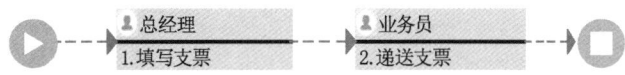

图 4-54　业务流程步骤图

(8) 回收 3C 认证款(服务公司)。业务员回收企业办理 3C 认证款。业务流程步骤如表

4-55 所示。

表 4-55 　　　　　　　　　　　　业务流程步骤表

序号	活动名称	角色	活动描述—操作指导
1	催收货款	业务员	1. 向办理 3C 认证的企业催收货款 2. 收到企业递交的转账支票 3. 依据 3C 认证办理费审核支票的金额 4. 填写进账单，连同支票一起送交银行进行转账
2	银行转账	银行柜员	1. 收到企业提交的支票与进账单 2. 审核支票的正确性 3. 根据进账单进行转账

业务流程步骤如图 4-55 所示。

图 4-55　业务流程步骤图